Automatisierter Journalismus – Rechte und vertragliche Schuldverhältnisse

Schriften zum Medien-, Urheber- und Wirtschaftsrecht

Herausgegeben von Prof. Dr. Georgios Gounalakis

Band 29

PETER LANG

Julius Alexander Remmers

Automatisierter Journalismus – Rechte und vertragliche Schuldverhältnisse

PETER LANG

Bibliografische Information der Deutschen Nationalbibliothek
Die Deutsche Nationalbibliothek verzeichnet diese Publikation in der Deutschen Nationalbibliografie; detaillierte bibliografische Daten sind im Internet über http://dnb.d-nb.de abrufbar.

Gedruckt auf alterungsbeständigem, säurefreiem Papier.

ISSN 1867-1012
ISBN 978-3-631-85718-2 (Print)
E-ISBN 978-3-631-86356-5 (E-Book)
E-ISBN 978-3-631-86357-2 (E-Pub)
DOI 10.3726/b18814

PL Academic Research ist ein Imprint der Peter Lang GmbH.
Peter Lang – Berlin · Bern · Bruxelles · New York · Oxford · Warszawa · Wien

Diese Publikation wurde begutachtet.

www.peterlang.com

Vorwort

Die vorliegende Arbeit wurde im Sommersemester 2021 als Dissertation von der juristischen Fakultät der Gottfried Wilhelm Leibniz Universität Hannover angenommen. Die Themenfindung und das grobe Konzept entstanden größtenteils während meines Masterstudiums an der University of Edinburgh in den Jahren 2017 bis 2018. Rechtsprechung und Literatur wurden bis zum Mai 2021 berücksichtigt.

Mein besonderer Dank gilt meinem Doktorvater Prof. Dr. Jan Eichelberger, LL.M.oec. Ihm danke ich für die Unterstützung bei der Themenfindung und die hilfreichen Anregungen im Rahmen der Erstellung der Arbeit.

Zudem bedanke ich mich bei Herrn Prof. Dr. Maximilian Becker für die zügige Erstellung des Zweitgutachtens.

Herrn Prof. Dr. Georgios Gounalakis danke ich für die Aufnahme meiner Arbeit in die Schriftenreihe zum Medien-, Urheber- und Wirtschaftsrecht im Verlag Peter Lang.

Den Bezug zur Praxis konnte ich in der vorliegenden Arbeit u.a. mit Hilfe der Musterverträge und AGB der Unternehmen Retresco und AX Semantics herstellen. Für die Zurverfügungstellung dieser Dokumente und die hilfreichen Gespräche mit den dortigen Verantwortlichen bedanke ich mich ebenfalls.

Von ganzem Herzen danke ich meinen Eltern Anne und Dr. Thomas Remmers für die familiäre Unterstützung während der gesamten Promotionszeit und des Referendariats.

Hamburg, Mai 2021
Julius Remmers

Inhaltsverzeichnis

Einleitung

Aus den beiden Begriffen „Massen“ und „Medien“ lassen sich zwei weitere Begriffe bilden:

Massenmedien und *Medienmassen.*

Der Begriff „Massenmedien“ beschreibt Medien, mit denen eine große Anzahl an Rezipienten[1] erreicht werden können.[2] Hierfür kann allein eine einzige Schlagzeile in einem Online-Zeitungsartikel ausreichen. Massenmedien beziehen sich somit auf die Anzahl der Rezipienten. Medienmassen hingegen beziehen sich auf die Vielzahl der Medienarten. Denn unabhängig davon, wie viele Rezipienten die Medieninhalte konsumieren, sind Medienmassen dadurch gekennzeichnet, dass neben die klassischen Medienarten, wie Tageszeitungen, Radio usw., weitere neuere Medienarten getreten sind, wie Blogs oder Podcasts.

Im Kontext des sog. „automatisierten Journalismus“[3] haben diese beiden Begriffe eine große Bedeutung.

Mithilfe der Textgenerierung, die eine technische Grundvoraussetzung für den automatisierten Journalismus ist,[4] können einerseits Medienhäuser eine erhöhte Anzahl an Nachrichtentexten produzieren und veröffentlichen und somit eine Vielzahl an Rezipienten erreichen (Massenmedien). Andererseits können andere Personen und Unternehmen mit der Textgenerierung ohne große finanzielle Aufwände auf diversen Medienplattformen Nachrichtentexte verfassen lassen (Medienmassen).

Ein für die automatisierte Nachrichtentextgenerierung erforderliches Computerprogramm[5] benötigt mittlerweile nur noch ca. 15 Sekunden für das Verfassen eines Nachrichtentextes, nachdem die hierfür erforderlichen Daten verfügbar gemacht worden sind.[6]

---

1 Zur angenehmeren Lesbarkeit dieser Arbeit wird bei Personenbezeichnungen nur die männliche Sprachform gewählt. Hiermit sind jedoch beide Geschlechter gemeint.

2 So auch *Schierbaum*, Sorgfaltspflichten von professionellen Journalisten und Laienjournalisten im Internet, S. 84.

3 Zur Begrifflichkeit des „automatisierten Journalismus“ siehe 1. Kap. B. III.

4 Siehe hierzu in 1. Kap. A.

5 *Haarkötter*, Tendenz 2017, 24 (24).

6 *Jensen*, brand eins 2015, 100 (100).

Es lässt sich also festhalten, dass die neuartige Innovation der Textgenerierung den gesamten Journalismus revolutioniert.

A. Rechtliche Problemstellung und Relevanz

Aus rechtlicher Perspektive finden sich zum automatisierten Journalismus bisher sehr wenige Veröffentlichungen,[7] obwohl der automatisierte Journalismus insbesondere im Zivilrecht eine Reihe von neuen rechtlichen Fragen aufwirft.

Der Bedarf einer rechtlichen Untersuchung ist hauptsächlich darin zu sehen, dass sich die zwei eigenständigen Bereiche „Journalismus" und „Textgenerierung"[8] im automatisierten Journalismus überschneiden und dadurch rechtliche Besonderheiten auftreten. Von daher ist das Ziel dieser Arbeit, viele ungeklärte rechtliche Fragen im Bereich des automatisierten Journalismus zu beantworten. Den Schwerpunkt dieser Arbeit bildet daher der zivilrechtliche Bereich. Hierbei sind zwei Bereiche zu unterscheiden. Einerseits liegt der Fokus auf den computergenerierten Nachrichtentexten an sich (I.), andererseits sind die vertraglichen Schuldverhältnisse zwischen den am automatisierten Journalismus beteiligten Akteuren zu untersuchen (II.).

I. Computergenerierte Nachrichtentexte

Im Rahmen der von den vertraglichen Schuldverhältnissen losgelösten Untersuchung der computergenerierten Nachrichtentexte an sich sind zwei relevante Fragen bisher unzureichend diskutiert worden.

Die erste Frage betrifft die im Medienrecht zu verordnende Kennzeichnungspflicht computergenerierter Nachrichtentexte.[9] Praktische Relevanz erfährt diese Frage dadurch, dass manche computergenerierten Nachrichtentexte mit dem Namen des hierfür verwendeten Computerprogramms oder des Anbieters bzw. Herstellers dieses Computerprogramms gekennzeichnet werden. Aus dem deutschen Recht lässt sich solch eine Kennzeichnungspflicht de lege lata jedoch

---

7 So auch *Oster*, MedienWirtschaft 2019, 32 (33); *Giessmann/Goutrié/Herzog*, in: Dachselt/Weber, Mensch und Computer 2018 - Tagungsband, 02.-05. September 2018, Dresden, S. 225 (226). Soweit ersichtlich gibt es an juristisch umfangreichen Untersuchungen bisher lediglich eine Dissertation zum „Roboterjournalismus": *Habel*, Roboterjournalismus.

8 Die Textgenerierung gehört zum Bereich der Computerlinguistik: *Ertel*, Grundkurs Künstliche Intelligenz, S. XI.

9 Siehe 2. Kap. A.

nicht herleiten. Deswegen wird teilweise eine solche Kennzeichnungspflicht de lege ferenda gefordert, sodass diese Frage einen hohen Grad an Aktualität aufweist. Es bedarf daher einer rechtlichen Untersuchung, ob und wenn ja, wie eine solche Kennzeichnungspflicht de lege ferenda bestehen soll.

Die zweite Frage ist, ob Rechte an computergenerierten Nachrichtentexten nach dem Urheberrechtsgesetz bestehen, und wenn dies der Fall ist, wem diese Rechte zustehen.[10] Aus vertragsrechtlicher Perspektive würde im Falle eines solchen Schutzes das Urhebervertragsrecht[11] hinsichtlich der Verwertung relevant werden. Auch wenn ein computergenerierter Nachrichtentext sehr ähnlich zu einem von Menschenhand geschriebenen Nachrichtentext sein kann, unterscheiden sich beide Arten in dem Schaffensvorgang, der einerseits „computergeneriert“ und andererseits „menschlich“ ist.[12] Dieser Schaffensvorgang wirkt sich entscheidend auf den Schutz nach dem Urheberrechtsgesetz aus, sodass im Ergebnis unbearbeitete computergenerierte Nachrichtentexte, die im automatisierten Journalismus dem Regelfall entsprechen, nach dem Urheberrechtsgesetz nicht geschützt sind.[13] In der Literatur wird zwar ausführlich diskutiert, ob und worin der Schutz von Erzeugnissen eines künstlich intelligenten Computerprogramms nach dem Urheberrechtsgesetz de lege ferenda zu bestehen hat.[14] Diese Diskussion lässt jedoch, soweit ersichtlich, den automatisierten Journalismus unberücksichtigt, sodass es einer umfangreichen rechtlichen Untersuchung des Schutzes nach dem Urheberrechtsgesetzes de lege lata und de lege ferenda bedarf.[15]

II. Vertragliche Schuldverhältnisse

Im Bereich der vertraglichen Schuldverhältnisse sind die Einordnung und die Rechtfolgen der vertraglichen Schuldverhältnisse zwischen folgenden im automatisierten Journalismus beteiligten Akteuren in den Blick zu nehmen: Datenlieferant, Computerprogrammhersteller, Computerprogrammanbieter[16] und

10 Siehe 2. Kap. B.
11 Zum Beispiel die Vergütungsregelungen nach §§ 32, 32a UrhG.
12 Zur Funktionsweise der Textgenerierung siehe 1. Kap. C.
13 Im Ergebnis siehe 2. Kap. B. II. 3.
14 Unter anderem: *Dornis*, GRUR 2019, 1252 (1252 ff.); *Ehinger*, K&R 2019, 12 (12 ff.); *Legner*, ZUM 2020, 807 (807 ff.); *Papastefanou*, WRP 2020, 290 (290 ff.).
15 Siehe im Detail 2. Kap. B.
16 In manchen Konstellationen ist nicht von einem Computerprogramm, sondern von einer Software die Rede, sodass auch die Begrifflichkeiten „Softwarehersteller“ und „Softwareanbieter“ verwendet werden. Zur Unterscheidung siehe 1. Kap. C. I. 2. b).

Medienunternehmen.[17] Im weiten Sinne würden der Rezipient eines computergenerierten Nachrichtentextes und ein Dritter, der von dem Inhalt eines computergenerierten Nachrichtentextes betroffen ist, ebenfalls zu den Akteuren zählen. Streng genommen sind diese beiden Akteure nicht an der automatisierten Nachrichtentextgenerierung beteiligt, sondern konsumieren lediglich bereits fertig gestellte computergenerierte Nachrichtentexte. Deswegen umfasst der Anwendungsbereich dieser Arbeit weder Schuldverhältnisse zwischen einem der oben genannten Akteure und Dritten[18] noch vertragliche Schuldverhältnisse zwischen einem der oben genannten Akteure und Rezipienten[19].

Folgende vertragliche Schuldverhältnisse sind zwischen den im automatisierten Journalismus beteiligten Akteuren zu betrachten:

- Computerprogrammanbieter und Medienunternehmen (3. Kap. A.),
- Softwarehersteller[20] und Computerprogrammanbieter (3. Kap. B.), und
- Datenlieferant und Medienunternehmen bzw. Computerprogrammanbieter/-hersteller (3. Kap. C.).

Die Besonderheit dieser vertraglichen Schuldverhältnisse ist, dass die automatisierte Nachrichtentextgenerierung jeweils eine zentrale Rolle einnimmt und hiervon der jeweiligen Vertragsinhalt und/oder die jeweilige Haftungslage beeinflusst wird.

Das Urhebervertragsrecht wird in dieser Arbeit außer Betracht gelassen, da dieses beim automatisierten Journalismus im Hinblick auf das Computerprogramm bzw. die Software keine Besonderheiten aufweist und bei computergenerierten Nachrichtentexten mangels Schutzes nach dem Urheberrechtsgesetz[21] keine Relevanz hat.

---

17 3. Kap. A. – C. Zu den einzelnen Akteuren siehe 1. Kap. F.

18 Ein gesetzliches Schuldverhältnis zwischen einem Medienunternehmen und einem Dritten kann beispielsweise entstehen, wenn durch einen inhaltlich fehlerhaften computergenerierten Nachrichtentext in die Rechte eines Dritten, etwa Persönlichkeitsrechte, eingegriffen wird.

19 In diesem vertraglichen Schuldverhältnis kommt insbesondere eine Haftung des Medienunternehmens gegenüber dem Rezipienten in Betracht, wenn dem Rezipienten beispielsweise aufgrund eines inhaltlich fehlerhaften computergenerierten Nachrichtentextes ein Schaden entsteht. Diese Haftungsfrage stellt jedoch beim automatisierten Journalismus keine Besonderheit dar und wird somit in dieser Arbeit außer Betracht gelassen.

20 Zu den Begrifflichkeiten „Computerprogramm" und „Software" siehe 1. Kap. C. I. 2. b).

21 Im Ergebnis siehe 2. Kap. B. II. 3.

Zu den vertraglichen Schuldverhältnissen im automatisierten Journalismus wurden bisher, soweit ersichtlich, keine umfangreichen rechtlichen Untersuchungen veröffentlicht, sodass auch hier Bedarf für eine umfangreiche rechtliche Untersuchung besteht.

B. Gang der Untersuchung

Diese Arbeit gliedert sich in drei Kapitel. Im ersten Kapitel werden die Grundlagen des automatisierten Journalismus vorgestellt. Das zweite Kapitel setzt den Fokus einerseits auf die Kennzeichnungspflicht computergenerierter Nachrichtentexte und andererseits auf den rechtlichen Schutz von computergenerierten Nachrichtentexten nach dem Urheberrechtsgesetz. Im dritten Kapitel werden die oben genannten drei vertraglichen Schuldverhältnisse genauer untersucht.[22]

Innerhalb dieser vertraglichen Schuldverhältnisse sind insbesondere die vertragstypologische Einordnung[23] und die Haftung[24] zu untersuchen. Die Haftung kann sich neben der vertraglichen Haftung auch aus dem Deliktsrecht ergeben, da die vertragliche Haftung die deliktsrechtliche Haftung nicht ausschließt.[25] Folglich ist die Haftung gegenüber Dritten, die also keine Vertragspartei sind, nicht Untersuchungsgegenstand dieser Arbeit.[26]

---

22 Siehe Einleitung A. I.

23 Siehe 3. Kap. A. I., B. I, C. I.

24 Siehe 3. Kap. A. III., B. II., C. II.

25 So auch die herrschende Meinung: *Hager* in: Staudinger, 2017, Vorbemerkung zu §§ 823 ff., Rn. 38.

26 Siehe Einleitung A. II.

1. Kapitel Grundlagen des automatisierten Journalismus

In diesem Kapitel werden die Grundlagen des automatisierten Journalismus dargestellt. Unter anderem helfen diese Grundlagen dabei, die technischen Grundlagen des automatisierten Journalismus zu verstehen. Zudem erleichtern die Grundlagen das Verständnis der Ausführungen zu den Schuldverhältnissen zwischen den Akteuren im 3. Kapitel.

A. Hintergrund

Im Wesentlichen haben drei Faktoren dazu geführt, dass Nachrichten durch ein Computerprogramm automatisiert generiert werden können und dadurch vermehrt über den „automatisierten Journalismus“ bzw. „Roboterjournalismus“ gesprochen wird:

- große digitalisierte Datenmengen,
- der ökonomische Druck auf die Medienunternehmen und
- fortgeschrittene Technologien im Bereich der Textgenerierung.

I. Datenmengen

Die Grundvoraussetzung für die vorhandenen großen digitalisierten Datenmengen ist das Vorliegen einer Vielzahl von Rohdaten, also „noch unverarbeitete, noch nicht ausgewertete Daten“[27]. Die vorhandenen Rohdaten in unserer Welt, wie beispielsweise die Außentemperatur, das Alter einer Person oder die Anzahl von Hunden in einem Wohngebiet, sind zwar keine Neuigkeit. Jedoch ist es heutzutage dank der fortgeschrittenen Digitalisierung möglich, diese Rohdaten digital zu erfassen und in große Datenmengen zu verarbeiten. Somit entstehen Daten durch die Verarbeitung von Rohdaten. Es wird sogar davon gesprochen, dass sich jedes Jahr die Menge an Daten verdoppelt, die von der Menschheit erzeugt werden.[28] Je mehr Daten zur Verfügung stehen, desto mehr Texte und insbesondere Nachrichtentexte können erstellt werden. Aufgrund der begrenzten Kapazitäten von Journalisten und der begrenzten Anzahl an Nachrichtentexten,

27 *Duden*, Rohdaten, die.
28 *Scheja*, CR 2018, 485 (485).

die ein Journalist in einem bestimmten Zeitraum erfassen kann, ist ein Computerprogramm eine nützliche Alternative, Nachrichtentexte zu verfassen.

In Bezug auf das Vorliegen dieser großen Datenmengen wird auch von „Datenjournalismus" gesprochen.[29] Eine Legaldefinition oder einheitlich anerkannte Definition des Datenjournalismus gibt es bisher nicht.

Einer Ansicht zufolge versteht man unter „Datenjournalismus" die Aufarbeitung großer Datenmengen, indem mithilfe von Algorithmen diese Datenmengen durchsucht und Erkenntnisse daraus gewonnen werden.[30] Zur Veranschaulichung von großen Datenmengen wird dieser Ansicht nach als Beispiel angeführt, dass bei einem Rennen der Formel 1 ca. 243 Terabyte an Daten gesammelt würden.[31] Das würde also heißen, dass beim „Datenjournalismus" eine große Menge an Daten vorliegt und diese je nach Vorgabe des Inhalts mittels Algorithmen aufgearbeitet und gefiltert werden.

Ähnlich wird von anderer Seite vertreten, dass im „Datenjournalismus" mehrere Schritte erfolgen, beginnend mit dem Herausfiltern von entscheidenden Informationen, dann dem Erkennen von Zusammenhängen und schließlich der Aufbereitung dieser Daten durch Visualisierung.[32]

Zum „Datenjournalismus" lassen sich demnach zwei Aussagen festhalten: Erstens gibt es heutzutage größere Datenmengen, da mehr Daten gesammelt werden, und zweitens hat der Journalismus eine neue Form insofern angenommen, als es nun auch zur journalistischen Aufgabe gehört, diese Vielzahl an Daten zu strukturieren, zu filtern und aufzubereiten.

II. Ökonomischer Druck

Zudem sind viele Medienunternehmen einem hohen ökonomischen Druck ausgesetzt, der sich nicht nur negativ auf die Quantität der Nachrichtentexte, sondern auch auf deren Qualität auswirkt. Ausschlaggebend dafür sind unter anderem die sozialen Medien, die mitunter als Nachrichtenplattform verwendet werden und somit das Spektrum für Nachrichten erweitern.[33] Die Konkurrenz der Medienunternehmen hat also zugenommen. Je höher die Anzahl an

29 Siehe zum Beispiel *Hasebrink/Schulz/Dreyer/u. a.*, Zur Entwicklung der Medien in Deutschland zwischen 2013 und 2016, S. 206 ff.

30 *Reichelt*, Einführung in den Roboterjournalismus, S. 85.

31 *Reichelt*, Einführung in den Roboterjournalismus, S. 88.

32 *Mey*, Groundbreaking Journalism 2014, 60 (61).

33 Die sozialen Medien führen in diesem Kontext zu Medienmassen. Zum Begriff „Medienmassen" siehe 1. Kap.

Medienunternehmen ist und je breiter das Spektrum der Mediennutzung ist, desto höher ist die Wahrscheinlichkeit, dass Medienunternehmen weniger Rezipienten erreichen und weniger Umsatz und Gewinn generieren. Viele von ihnen geraten deswegen in finanzielle Schwierigkeiten, was wiederum zum Stellenabbau und anderen Einsparmaßnahmen führen kann. Der Einsatz eines Computerprogramms für die Textgenerierung[34] ist eine kostengünstige Alternative, da die Beschäftigung von Journalisten für Medienunternehmen einen Großteil der Gesamtkosten verursachen kann. Somit wirkt sich der ökonomische Druck, der auf den Medienunternehmen lastet, auf den Einsatz von Computerprogrammen für die Textgenerierung aus.

III. Fortgeschrittene Technologien

Darüber hinaus hat die automatisierte Texterstellung den technischen Stand erreicht, dass mittlerweile solche Texte mit einem Computerprogramm erstellt werden können, die eine große Ähnlichkeit zu den von Menschen geschriebenen Texten aufweisen und teilweise von diesen nicht mehr unterschieden werden können.[35]

B. Bezeichnung der Nachrichtentextgenerierung

Die automatisierte Nachrichtentextgenerierung wird in den Medien, in der Literatur, in Nachschlagewerken und von anderen Seiten unterschiedlich bezeichnet. Bevor auf die verschiedenen Bezeichnungen eingegangen wird, ist kurz auf den Begriff „Nachricht" im journalistischen Kontext einzugehen.

Eine journalistische Nachricht kann verstanden werden als eine Mitteilung mit Relevanz für die Öffentlichkeit in knapper und unparteiischer Weise, und gliedert sich in Einzelnachrichten bzw. Berichte und Kurznachrichten bzw. Meldungen.[36] Somit hat die automatisierte Nachrichtentextgenerierung nicht bloß zum Gegenstand, dass Texte aller Art generiert werden, sondern es sich um journalistische Texte mit Öffentlichkeitsbezug handelt, wie beispielsweise Sportnachrichten oder Wettermeldungen.[37]

---

34 Von den Begriffen „automatische Textgenerierung" oder „automatisierte Textgenerierung" wird in dieser Arbeit abgesehen, da der Begriff „Textgenerierung" bereits impliziert, dass die Texterstellung automatisch/automatisiert ausgeführt wird.

35 *Haim/Graefe*, in: Rössler/Rossmann, Kumulierte Evidenzen, (202).

36 Statt aller *Rehbinder*, ZUM 2000, 1 (2).

37 Siehe 1. Kap. D.

I. Roboterjournalismus

Die Generierung journalistischer Texte wird verschiedenartig bezeichnet. In den Medien wird oftmals von „Roboterjournalismus" gesprochen. Der Begriff „Roboterjournalismus" ist nicht selbsterklärend und kann dazu führen, dass er missverstanden wird. Es handelt sich hierbei nicht um einen juristischen Fachbegriff, sondern um ein Schlagwort, das seit mehreren Jahren, insbesondere von den Medien, für die Textgenerierung bzw. automatische Texterstellung durch ein Computerprogramm verwendet wird.[38] Mangels Legaldefinition gibt es keine einheitliche Definition. Es wurden hingegen verschiedene Versuche unternommen, dieses Schlagwort zu definieren und einzugrenzen.

Einer Ansicht zufolge liegt dem „Roboterjournalismus" ein Computerprogramm zugrunde, das journalistische Texte in bestimmten Bereichen des Journalismus automatisch produzieren könne.[39] Hierbei sei vielmehr der Nachrichtenjournalismus gemeint und weniger die Bereiche „Analyse, Kommentar, Interview und Investigation".[40] Eine andere Ansicht ergänzt, dass mit Algorithmen journalistische Inhalte aus strukturierten Daten generiert werden.[41]

Allerdings ist der Begriff „Roboterjournalismus" unpräzise und unter strenger Betrachtung der Wortbedeutung schlichtweg falsch.[42] Durch den Einsatz der automatisierten Texterstellung im Medienbereich ist zwar der Teilbegriff „-journalismus" passend. Problematisch ist allerdings der Teilbegriff „Roboter-". Der Begriff „Roboter" stammt aus der slawischen Sprache und leitet sich von „robota" ab, was übersetzt werden kann als „Arbeit" oder „Zwangsarbeit".[43] Ein Roboter kann als Automat gesehen werden, der menschenähnliche Befehle ausführen kann,[44] oder als eine Art „Hilfsmaschine".[45] Somit muss ein Roboter verkörpert und physisch sichtbar sein. Der Begriff „Roboter" ist folglich ein „Maschinen-Begriff" und passt nicht als Bezeichnung für ein Computerprogramm, das Nachrichtentexte automatisiert erstellt. Denn es wird gerade kein physischer Roboter journalistisch tätig. Argumentiert werden kann damit, dass

---

38 Statt aller *Lobe*, Roboterjournalismus: Prosa als Programm, faz.net v. 21.02.2017; *Schweizer*, Forecast 2017, 27 (27).

39 *Matzat*, Was ist eigentlich Roboterjournalismus?, S. 36.

40 Ebd.

41 *Haim/Graefe*, in: Rössler/Rossmann, Kumulierte Evidenzen, (192).

42 Vgl. auch *Dörr*, Digital Journalism 2016, 700 (703).

43 *Beck*, JR 2009, 225 (226).

44 *Duden*, Roboter, der.

45 *Keßler*, MMR 2017, 589 (589).

der „Roboterjournalismus“ nicht wortwörtlich genommen werden darf, sondern im übertragenden Sinne zu verstehen und lediglich als Marketingbegriff einzuordnen ist. Im Rahmen einer wissenschaftlichen Arbeit ist der Teilbegriff „Roboter-“ dennoch zu unpräzise und missverständlich.

Auch wenn sich der Begriff „Roboterjournalismus“ in vielen Zeitschriftenartikeln, Büchern oder auch Nachrichtenmeldungen als gängiger Begriff etabliert hat und es zwar nahe liegt, diesen Begriff fortan zu verwenden, widerstrebt es dem juristisch-wissenschaftlichen Anspruch, der unter anderem sprachliche Präzision voraussetzt, diesen missverständlichen Begriff zu verwenden.

II. Journalismus-Bot

Eine andere Bezeichnung ist „Journalismus-Bot“.[46] Zwar leitet sich der Begriff „Bot“ aus dem Wort „Roboter“ ab.[47] Allerdings wird dieser in der Rechtswissenschaft als eigenständiger Begriff angesehen, der keine Verkörperung voraussetzt, sondern lediglich als Kommunikationssystem verstanden wird.[48] Ein Computerprogramm für die reine Textgenerierung kann also durchaus als „Journalismus-Bot“ bezeichnet werden. Dennoch impliziert die Eigenschaft eines Kommunikationssystems, dass ein solches Computerprogramm nicht nur Texte generiert, sondern auch auf eine gegenseitige Kommunikation mit einer anderen Person abzielt. Gerade dies ist bei der Generierung von Nachrichtentexten nicht der Fall, da die Kommunikation lediglich einseitig seitens des Computerprogramms stattfindet. Insofern ist der Begriff „Journalismus-Bot“ ebenfalls nicht passend.

III. Automatisierter Journalismus

Der passendste Begriff für die Textgenerierung im journalistischen Bereich ist „automatisierter Journalismus“[49]. Denn dieser Begriff vereint die Bedeutungen

46 *Habel*, Roboterjournalismus, S. 23.

47 Vgl. *Volkmann*, MMR 2018, 58 (59).

48 *Volkmann*, MMR 2018, 58 (59); *Steinbach*, ZRP 2017, 101 (102); *Milker*, ZUM 2017, 216 (217).

49 So auch *Haim/Graefe*, in: Rössler/Rossmann, Kumulierte Evidenzen, (192); *Graefe*, Guide to Automated Journalism, S. 9. Eine ähnlich Bezeichnung verwenden *Dörr* und *Oster*, die vom „Algorithmic Journalism“ bzw. „Algorithmischen Journalismus“ sprechen: *Dörr*, Digital Journalism 2016, 700 (702) und *Oster*, MedienWirtschaft 2019, 32 (33).

der Textgenerierung, die automatisiert geschieht, mit dem journalistischen Bereich, in dem die generierten Texte als Nachrichtentexte verwendet werden.

C. Funktionsweise

Nachdem der Begriff „automatisierter Journalismus" weitestgehend definiert wurde, soll in diesem Abschnitt die Funktionsweise des automatisierten Journalismus erklärt werden. Die Grundlage dafür ist die „Textgenerierung" (I.).[50] Aus den Erklärungen zur Textgenerierung lässt sich ein Fazit ziehen (II.).

I. Textgenerierung

Die Textgenerierung wird von der Literatur auch als sog. „Natural Language Generation" (NLG) bezeichnet[51], was im Deutschen mit „natürlich sprachliche Textgenerierung" übersetzt werden kann. Wie der Bezeichnung zu entnehmen ist, handelt es sich dabei um computergenerierte Texte in natürlicher Sprache, die durch Anwendung von Algorithmen aus einem Bestand von Rohdaten entstehen.[52]

Natürliche Sprache wird unterschiedlich definiert. Einer Ansicht zufolge ist mit der natürlichen Sprache ein „kognitiver, normativer und informativer Gebrauchstext" gemeint.[53] Innerhalb dieser Bezeichnung könne man anhand von Kriterien wie Thema, Vokabular, Inhalt und Ausdruck wiederum Untergruppen bilden.[54] Diese Definition besagt also, dass die natürliche Sprache als eine Art Gebrauchstext zu sehen ist und ihre Gestaltung davon abhängt, welches Thema und Vokabular sowie welchen Inhalt und Ausdruck sie beinhaltet. Diese Definition ist präzise, vernachlässigt aber die historische Komponente, die die Enzyklopädie Brockhaus mit aufnimmt: hiernach ist die natürliche Sprache

---

50 So auch *Dörr*, Digital Journalism 2016, 700 (702).

51 *Reichelt*, Einführung in den Roboterjournalismus, S. 16; *Graefe/Haim/Haarmann/Brosius*, Journalism 2018, 595 (596); *Jensen*, brand eins 2015, 100 (103); *Oster*, MedienWirtschaft 2019, 32 (34); *Dornis*, GRUR 2019, 1252 (1253).

52 *Haim/Graefe*, in: Nuernbergk/Neuberger, Journalismus im Internet, S. 139 (150); *Weber*, Roboterjournalismus, Chatbots & Co., S. 133; *Reiter/Dale*, Building Natural Language Generation Systems, S. 1.

53 *Gelhausen*, Modellextraktion aus natürlichen Sprachen: Eine Methode zur systematischen Erstellung von Domänenmodellen, S. 6.

54 *Gelhausen*, Modellextraktion aus natürlichen Sprachen: Eine Methode zur systematischen Erstellung von Domänenmodellen, S. 7.

eine „historisch gewachsene Sprache“, die von verschiedenen Sprachschichten geprägt ist, in Wortschatz und Grammatik mehrdeutig ist und im Kontrast zur künstlichen Sprache steht.[55]

Es lässt sich also festhalten, dass natürliche Sprache ein Oberbegriff für eine historische Sprache ist, die anhand verschiedener Kriterien unterteilt werden kann. Sie unterscheidet sich von der künstlichen Sprache und kann auf verschiedene Weisen formuliert sein. Ein wichtiger Bestandteil ist, dass in der natürlichen Sprache sowohl Wörter als auch die Grammatik mehrere Bedeutungen haben können und kontextabhängig sind. Auch wenn die Generierung von Nachrichtentexten künstlich geschieht, soll der zu publizierende Text in natürlicher Sprache verfasst sein.[56]

Um den technischen Hintergrund der Textgenerierung besser verstehen zu können, hilft ein Blick auf die Abgrenzung zu einem anderen Sprachverarbeitungscomputerprogramm (1.). Die technische Voraussetzung für die automatisierte Nachrichtentextgenerierung ist ein Computerprogramm, das sich von der Software und der Hardware unterscheidet (2.). Auch ein Blick auf Algorithmen, die ein wesentlicher Bestandteil eines Computerprogramms sind, erleichtert das Verständnis zur Funktionsweise von Textgenerierung (3.). Computerprogramme lassen sich hauptsächlich in zwei Typen unterteilen, namentlich in regelbasierte und künstlich intelligente Computerprogramme (4.). Die Ausführungen zu den Arbeitsschritten eines Computerprogramms zur Textgenerierung verdeutlichen, wie aus Daten Texte erstellt werden können (5.).

1. Abgrenzung zu NLG und NLU

Die Textgenerierung bzw. NLG ist abzugrenzen vom sog. „Natural Language Understanding“ (NLU).[57] Beide System (NLG und NLU) werden jedoch als Untergruppen vom sog. „Natural Language Processing“ (NLP) eingeordnet.[58] Hierbei handelt es sich um die Verarbeitung von natürlicher Sprache. Ob diese Verarbeitung entweder *in* natürliche Sprache oder *aus* natürlicher Sprache erfolgt, hängt von der benannten Untergruppe (NLG oder NLU) ab.

---

55 *Brockhaus*, Natürliche Sprache, S. 401.

56 Siehe 1. Kap. B. I. 1. und 5.

57 *Weber*, Roboterjournalismus, Chatbots & Co., S. 133; *Reiter/Dale*, Building Natural Language Generation Systems, S. 2.

58 *Weber*, Roboterjournalismus, Chatbots & Co., S. 133; *Reiter/Dale*, Building Natural Language Generation Systems, S. 3.

Das NLU beschreibt ein System, mit dem die natürliche Sprache eines Menschen erkannt und eingeordnet wird.[59] Insofern muss ein NLU-System die einzelnen Satzbestandteile richtig analysieren können. Es muss analysieren, welche Wörter in dem Satz jeweils Subjekt und Objekt sind, worauf sich Pronomen und Verben beziehen und in welchem Kontext bestimmte Wörter stehen. Somit basiert NLU darauf, Textbausteine zu interpretieren, indem das System die natürliche Sprache in eindeutige formale Sprache übersetzt.[60] NLU-Systeme versuchen also zu „verstehen", was ein Mensch mit seiner natürlichen Sprache ausgedrückt hat.

Folglich kann man die beiden Untergruppen NLU und NLG als Gegen-sätze ansehen: NLG wandelt Textbausteine anhand von Informationen in vollständig natürlich sprachliche Sätze um; NLU hingegen erkennt Sätze aus natürlicher Sprache und wandelt diese in eine formale Sprache um. Insofern könnte ein System, das sowohl auf NLU als auch NLG programmiert ist, natürlich sprachliche Sätze erkennen und „verstehen" und im Anschluss in natürlich sprachlichen Sätzen antworten. Mit diesen Fähigkeiten könnte ein Mensch einen normalen Dialog mit einem Computerprogramm führen.[61] Ein Beispiel hierfür ist der Sprachassistent „Siri" von dem Unternehmen Apple oder „Alexa" von dem Unternehmen Amazon.[62]

Bei der Textgenerierung im Bereich des automatisierten Journalismus werden Texte in natürlicher Sprache erstellt.[63] Das NLU findet mangels bereits vorhandener formulierter Sätze keine Anwendung, sodass hierauf nicht weiter eingegangen wird.[64]

2. *Computerprogramm*

Die technische Voraussetzung für die Nachrichtentextgenerierung ist ein Computerprogramm, mit dem die Textgenerierung ausgeführt wird. Die Definition eines Computerprogramms ist nicht einheitlich und bedarf einer genaueren

59 *Weber*, Roboterjournalismus, Chatbots & Co., S. 133; *Reiter/Dale*, Building Natural Language Generation Systems, S. 2 f.; *Sieber*, Dialogroboter, S. 44.

60 *Ovchinnikova*, in: Integration of World Knowledge for Natural Language Understanding, (15); *Sieber*, Dialogroboter, S. 44.

61 Vgl. *Sieber*, Dialogroboter, S. 43.

62 Vgl. *Keßler*, MMR 2017, 589 (590).

63 *Dörr*, Digital Journalism 2016, 700 (704); *Graefe*, Guide to Automated Journalism, S. 12.

64 Zur Vertiefung von „NLU" wird verwiesen auf: *Ovchinnikova*, in: Integration of World Knowledge for Natural Language Understanding.

Betrachtung (a)). Nicht nur einen begrifflichen, sondern auch einen inhaltlichen Unterschied hat das Computerprogramm zur Software und haben beide zur Hardware (b)). Die Differenzierung dieser Begriffe wirkt sich auf den Vertragsgegenstand im jeweiligen Schuldverhältnis zwischen den Akteuren aus.[65]

a) Definition

Der deutsche Gesetzgeber hat mit Absicht von einer Begriffsdefinition des „Computerprogramms" abgesehen, da die Befürchtung bestanden habe, dass eine Definition im Zuge der technischen Entwicklung bald überholt sein würde.[66] Allerdings findet das Computerprogramm seine Erwähnung im Urheberrecht.[67] Gem. § 69a Abs. 1 UrhG sind „Computerprogramme im Sinne dieses Gesetzes (...) Programme in jeder Gestalt, einschließlich des Entwurfsmaterials". Diese Beschreibung ist jedoch keine Definition, sondern dient als Festlegung des Schutzumfanges im Urheberrechtsgesetzes und ist weit zu verstehen.[68]

Nach § 1 (i) der Mustervorschriften aus dem Jahr 1977 der Weltorganisation für geistiges Eigentum (WIPO) ist ein Computerprogramm „eine Folge von Befehlen, die nach Aufnahme in einen maschinenlesbaren Träger fähig sind zu bewirken, dass eine Maschine mit informationsverarbeitenden Fähigkeiten eine bestimmte Funktion oder Aufgabe oder ein bestimmtes Ergebnis anzeigt, ausführt oder erzielt".[69] Diese Definition der WIPO wurde von Teilen der Literatur[70] und von Gerichten[71] übernommen. In der Kurzform lässt sich festhalten, dass mit einem Computerprogramm Befehle ausgeführt werden, durch die der Computer Aufgaben ausführt oder Ergebnisse anzeigt.

---

65 Siehe 3. Kap.

66 Gesetzentwurf der Bundesregierung, Entwurf eines Zweiten Gesetzes zur Änderung des Urheberrechtsgesetzes v. 19.12.1992, BT-Drucks. 12/4022, S. 9.

67 In Teil 1, Abschnitt 8 UrhG.

68 So auch *Dreier* in: Urheberrechtsgesetz Kommentar, § 69a, Rn. 12; a.A. *Lettl*, Urheberrecht, § 8, Rn. 4 (in § 8 Rn. 6 nimmt *Lettl* wiederum an, dass § 69a Abs. 1 UrhG das Computerprogramm gerade nicht definiert).

69 Mustervorschriften der WIPO für den Schutz von Computersoftware, in: Industrial Property 1977, 259 und Copyright 1978, 6 = GRUR Int 1978, 286 (290).

70 Unter anderen: *Brüggemann*, CR 2015, 697 (699); *Nebel/Stiemerling*, CR 2016, 61 (63).

71 BGHZ 94, 276, 283 – Inkasso-Programm; OLG Karlsruhe, NJW 1989, 2630, 2631 .

b) Abgrenzung zur Software und Hardware

Zwar wird der Begriff „Software“[72] teilweise als Synonym für den Begriff „Computerprogramm“ verwendet.[73] Es bestehen jedoch Unterschiede zwischen der Software und dem Computerprogramm.

Dazu zeigt ein Blick auf viele verschiedene Definitionen der Software, dass die Software enge Gemeinsamkeiten mit einem Computerprogramm hat.

Der Begriff „Software“ kommt aus dem Englischen[74], befindet sich jedoch schon seit dem Jahr 1973 im deutschen Rechtschreibduden.[75] In der aktuellen Fassung des Duden ist Software definiert als „nicht technisch-physikalischer Funktionsbestandteil einer Datenverarbeitungsanlage“.[76] Eine Datenverarbeitungsanlage definiert der Duden als „elektronische oder elektromechanische Rechenanlage, die bei der Datenverarbeitung eingesetzt wird“.[77] In der Umgangssprache würde man von einem Computer reden. Einer Ansicht der Literatur zufolge sind mit dem Begriff „Software“ nicht physische „Funktionsbestandteile eines Computers“ gemeint.[78] Eine etwas präzisere Definition nimmt eine andere Ansicht der Literatur vor, die unter einer Software eine Anreihung von Befehlen versteht, die von einer Datenverarbeitungsanlage ausgeführt werden.[79] Die Enzyklopädie Brockhaus definiert die Software als „immaterielle Komponente eines Computersystems“.[80] Der deutsche Gesetzgeber hat den Begriff „Computersoftware“ bzw. „Software“ zwar nicht definiert, jedoch wird dieser u.a. in § 312g Abs.2 Nr.6 BGB und im KONSENS-Gesetz[81] erwähnt.

Das heißt also, dass eine Software mangels physischer Erscheinung nicht sichtbar ist und als Funktionsbestandteil für die Funktion eines Computers notwendig ist. Dies gilt ebenfalls für das Computerprogramm.

---

72 Manchmal ist auch von „Computersoftware“ die Rede. Dieser Begriff ist in dieser Arbeit als Synonym von „Software“ zu verstehen.

73 *Adler*, Rechtsfragen der Softwareüberlassung, S. 9; *Braun*, Die Zulässigkeit von Service Level Agreements - am Beispiel der Verfügbarkeitsklausel, S. 33; *Bartsch*, CR 2010, 553 (553).

74 Auf deutsch etwa „weiche Ware“.

75 *Duden*, Software, die.

76 Ebd.

77 *Duden*, Datenverarbeitungsanlage, die.

78 *Dreier/Vogel*, Software- und Computerrecht, S. 115.

79 *Redeker*, NJOZ 2008, 2917 (2917 f.).

80 *Brockhaus*, Software, S. 433 f.

81 Gesetz über die Koordinierung der Entwicklung und des Einsatzes neuer Software der Steuerverwaltung vom 14.08.2017 (BGBl. I S. 3122, 3129).

Der Unterschied zwischen Software und Computerprogramm wird durch die Sicht der WIPO deutlich. Nach § 1 (iv) besteht eine Software nicht nur aus dem Computerprogramm, sondern auch aus der Programmbeschreibung und dem Begleitmaterial.[82] Es lässt sich also festhalten, dass ein Computerprogramm erst als Software bezeichnet werden kann, wenn die Programmbeschreibung und das Begleitmaterial vorhanden sind.

Die Programmbeschreibung und das Begleitmaterial sind ebenfalls in der gleichen Norm definiert. Nach § 1 (ii) ist die Programmbeschreibung eine „vollständige prozedurale Darstellung in sprachlicher, schematischer oder anderer Form, deren Angaben ausreichend sind, um eine Folge von Befehlen festzulegen, die ein ihr entsprechendes Computerprogramm darstellen".[83] Gemäß § 1 (iii) umfasst das Begleitmaterial „alle Unterlagen, die weder Computerprogramm noch Programmbeschreibung sind, und die dazu bestimmt und geeignet sind, das Verständnis oder die Anwendung eines Computerprogramms zu fördern, z.B. Problembeschreibungen und Benutzungsanweisungen".[84] Auch diese Definitionen der WIPO wurden von Teilen der Literatur[85] und von Gerichten[86] übernommen.

Eine andere Ansicht der Literatur verwendet hingegen beide Begriffe synonym.[87]

Eine weitere Ansicht der Literatur nimmt eine Abgrenzung dahingehend vor, dass in einer Software – im Gegensatz zum Computerprogramm – eine Menge an „verkörperten und nicht-verkörperten Vor-, Zwischen-, End-, Hilfs- und Peripherieprodukten und Arbeitsergebnissen" zu finden sind, die darauf abzielen, durch Datenverarbeitung Aufgaben zu lösen.[88] Allerdings wird aus dieser

---

82 GRUR Int 1978, 286 (290). § 1 (iv) definiert gerade nicht ein „Computerprogramm", wie *Lenhard* schreibt: *Lenhard*, Vertragstypologie von Softwareüberlassungsverträgen, S. 5.

83 GRUR Int 1978, 286 (290).

84 Ebd.

85 Unter anderen: *Brüggemann*, CR 2015, 697 (699); *Nebel/Stiemerling*, CR 2016, 61 (63); *Wiebe* in: Recht der elektronischen Medien, Zwölfter Teil, § 69a, Rn. 7; vgl. *Weyand/Haase*, GRUR 2004, 198 (199).

86 BGHZ 94, 276, 284 – Inkasso-Programm; OLG Karlsruhe, NJW 1989, 2630, 2631 .

87 *Adler*, Rechtsfragen der Softwareüberlassung, S. 8 f.; *Lenhard*, Vertragstypologie von Softwareüberlassungsverträgen, S. 6. *Servais* hingegen argumentiert, dass es zwar Unterschiede zwischen einem Computerprogramm und einer Software gibt, aber eine Auslegung gem. §§ 133, 157 BGB ergibt, dass nach dem allgemeinen Sprachgebrauch eine Software und ein Computerprogramm gleichbedeutend seien: *Servais*, Der Softwarepflegevertrag, S. 25.

88 *Kolle*, GRUR 1982, 443 (444).

Differenzierung nicht deutlich, welche Produkte und Arbeitsergebnisse eine Software von einem Computerprogramm unterscheiden.

Aufgrund der Plausibilität der Definitionen und Abgrenzungen von der WIPO ist diesen zu folgen.

In dieser Arbeit wird der Begriff „Software" dann verwendet, wenn das Computerprogramm mit Programmbeschreibung und Begleitmaterial als Vertragsgegenstand innerhalb bestimmter Schuldverhältnisse veräußert, also dauerhaft überlassen wird.[89] Der Begriff „Computerprogramm" wird verwendet, wenn lediglich die Nutzung des Computerprogramms, also die zeitlich beschränkte Überlassung gemeint ist. Somit ist die Verwendung der Begriffe abhängig von der Einordnung des Vertrags. Zwar wird im zweiten Kapitel dieser Arbeit bei einigen Vertragsnamen der Begriff „Software" verwendet,[90] jedoch ist diese Bezeichnung manchen Ansichten der Literatur bzw. Rechtsprechung zuzuordnen und ist „untechnisch" zu verstehen.

Das Gegenstück zur Software und zum Computerprogramm ist die sog. „Hardware", die ebenfalls für das Funktionieren eines Computers notwendig ist.[91] Unter einer Hardware wird die „gesamte technische Anlage eines Computers" verstanden.[92] Die Definition des Begriffs „Hardware" ist im Duden ähnlich definiert, da darin die Hardware als die „Gesamtheit der technisch-physikalischen Teile einer Datenverarbeitungsanlage" definiert wird.[93] Hierzu gehören diverse Komponenten des Computersystems, beispielsweise die Zentraleinheit, der Speicher, Eingabegeräte (z.B. Maus und Tastatur) sowie Ausgabegeräte (z.B. Bildschirm und Drucker).[94] Es lässt sich festhalten, dass ein Computersystem nur funktioniert, wenn die Bestandteile Hardware und Software bzw. Computerprogramm miteinander verknüpft sind. Somit können eine Software und ein Computerprogramm auch nur ausgeführt werden, wenn sie auf einem Computer installiert sind.[95] Beim automatisierten Journalismus ist die

---

89 Siehe 3. Kap. B. vor I.

90 Siehe 3. Kap. B. I. 4.

91 *Marly*, Praxishandbuch Softwarerecht Rn. 2.

92 *Marly*, Praxishandbuch Softwarerecht Rn. 3. In dieser Arbeit wird der Begriff „Computer" mit dem Begriff „Datenverarbeitungsanlage" gleichgesetzt und ist deswegen als Synonym zu verstehen.

93 *Duden*, Hardware, die.

94 *Marly*, Praxishandbuch Softwarerecht Rn. 3; *Straßer* in: Münchener Anwaltshandbuch Gewerblicher Rechtsschutz, Teil G, § 48, Rn. 85.

95 So auch *Redeker*, NJOZ 2008, 2917 (2917).

Hardware allerdings weniger relevant, da es vielmehr auf die Nachrichtentextgenerierung und damit auf das Computerprogramm bzw. die Software ankommt.

3. *Algorithmen*

Einen engen Bezug zu Computerprogrammen und zur Textgenerierung weisen Algorithmen auf.[96] Denn jedes Computerprogramm besteht aus einer Kette von Algorithmen.[97] Ein Algorithmus kann sowohl im weiten Sinne (a)) als auch im Zusammenhang mit von Computerprogrammen (b)) definiert werden. Aufgrund des Vorliegens riesiger Datenmengen (Big Data) kommt den Algorithmen eine besondere Funktion zu (c)).

a) Allgemeines Verständnis

Allgemein gesprochen ist ein Algorithmus eine bestimmte Regel bzw. Handlungsvorschrift, die ein Problem lösen soll.[98] Als Beispiel hierfür wird ein Kochrezept angeführt.[99] Durch das Folgen der Kochanweisungen kann das Problem eines noch nicht fertigen Gerichts durch die Verarbeitung der Zutaten gelöst werden. Auch wenn es realitätsfremd erscheint, ist es plausibel, ein Kochrezept als Algorithmus zu qualifizieren.

b) Algorithmen in Computerprogrammen

Die Definition eines Algorithmus als Teil eines Computerprogramms unterscheidet sich von der allgemeinen Definition.

Die Enzyklopädie Brockhaus definiert solch einen Algorithmus als eine aus mehreren Anweisungen bestehende Verarbeitungsvorschrift, die der Lösung vieler Aufgaben dienen soll.[100] Eine Anweisung wiederum zeige an, wie bestimmte Eingabegrößen in Ausgabegrößen transformiert werden.[101] In dieser Definition wird also ein technischer Bezug hergestellt.

Ein Teil der juristischen Literatur schließt das Medium, auf dem die Algorithmen ausgeführt werden, in die Definition des Algorithmus mit ein: bei Algorithmen handele es sich um genaue Verarbeitungsvorschriften, die mithilfe eines

96 *Dörr*, Digital Journalism 2016, 700 (703).

97 *Scheja*, CR 2018, 485 (486); vgl. *Ory/Sorge*, NJW 2019, 710 (712).

98 Statt aller *Wischmeyer*, AöR 2018, 1 (4); *Hoffmann-Riem*, AöR 2017, 1 (2 f.); *Martini*, JZ 2017, 1017 (1017); *Ory/Sorge*, NJW 2019, 710 (710); vgl. *Scheja*, CR 2018, 485 (486).

99 *Wischmeyer*, AöR 2018, 1 (4).

100 *Brockhaus*, Algorithmus, S. 526.

101 Ebd.

mechanischen oder eines elektronischen Geräts bzw. einer Maschine ausgeführt werden.[102] Solche Algorithmen sind in Programmiersprache verfasst.[103] Das heißt, dass ein Computer mittels eines Computerprogramms Algorithmen ausführen und somit Aufgaben lösen kann. Wie umfangreich ein Algorithmus in der Programmiersprache verfasst ist, variiert.[104]

Vor dem Hintergrund der vorgestellten Definitionen eines Algorithmus, bietet sich folgende Definition an, die die meisten Komponenten der vorgestellten Definitionen miteinschließt:

> *„Im Kontext der Informationstechnologie verstehen sich Algorithmen als Verarbeitungsvorschriften, die aus einer Folge von bestimmten Anweisungen bestehen und so programmiert sind, dass sie mithilfe von mechanischen und elektronischen Geräten bestimmte Aufgaben lösen und sie folglich in ihrer Gesamtheit ein Computerprogramm sein können.“*

Algorithmen können durchaus komplex und anspruchsvoll programmiert sein, wie beispielsweise folgender Algorithmus:

> *„min G max D Ex [log (D [x])]+Ez [log (1-D [G [z]])]“.*[105]

c) *Big Data*

Aufgrund der vermehrten Internetnutzung in den vergangenen Jahren, wenn nicht sogar Jahrzehnten, und der Speicherung vieler Internetnutzerdaten durch Anbieter wie beispielsweise Google, gibt es riesige Datenmengen. In diesem Kontext wird auch von „Big Data“ gesprochen.[106] Assoziiert werden hiermit die Zugriffsmöglichkeit auf riesige Datenbestände („High Volume“), die Vielseitigkeit der Daten bezüglich Qualität und Art („High Variety“) und die hohe Verarbeitungsgeschwindigkeit („High Velocity“).[107] Ohne diese Vorteile wäre es

---

102 *Dreier* in: Urheberrechtsgesetz Kommentar, § 69a, Rn. 22; *Lettl*, Urheberrecht, § 8, Rn. 14; *Kastl*, GRUR 2015, 136 (136); vgl. *Ottmann/Widmayer*, Algorithmen und Datenstrukturen, S. 1; vgl. *Martini*, JZ 2017, 1017 (1017).

103 *Martini*, JZ 2017, 1017 (1017); zum Begriff „digitale Sprache“: *Hoffmann-Riem*, AöR 2017, 1 (3); *Ory/Sorge*, NJW 2019, 710 (712).

104 *Ensthaler* und *Möllenkamp* unterteilen Algorithmen in Basis- und Komplexalgorithmen: *Ensthaler/Möllenkamp*, GRUR 1994, 151 (152 ff.).

105 Mittels dieses Algorithmus wurde das Gemälde „Edmond de Belamy“, das im Oktober 2018 für 432.500 US-Dollar versteigert wurde, künstlich generiert: *Ory/Sorge*, NJW 2019, 710 (710); vgl. *Ehinger/Grünberg*, K&R 2019, 232 (234).

106 Statt aller *Kastl*, GRUR 2015, 136 (136); *Hoffmann-Riem*, AöR 2017, 1 (7); *Wischmeyer*, AöR 2018, 1 (10 f.); *Haun*, Cognitive Computing, S. 493; *Young/Hermida*, Digital Journalism 2015, 381 (384).

107 *Hoffmann-Riem*, AöR 2017, 1 (7); *Haun*, Cognitive Computing, S. 494 f.

aufgrund der vorhandenen großen Datenmenge unmöglich, die Daten manuell zu sortieren und verwerten. Um dies zu ermöglichen, werden Algorithmen eingesetzt.[108] Beispielsweise können Online-Suchmaschinen dank hochentwickelter Algorithmen sehr schnell Ergebnisse liefern.[109] Dieses Beispiel verdeutlicht, dass von nun an, d.h. ab diesem Stand der Technik hochentwickelter Algorithmen, ein Mensch die Arbeitsergebnisse von einem Algorithmus entweder selbst nicht erreichen oder er sie nur mit einem großen Zeitaufwand bewältigen kann.

Die Kombination von Algorithmen und Big Data führt also zu einer schnellen und effektiven Datenverarbeitung. Im Vergleich dazu konnte ein Mensch zuvor erstens weniger Daten sammeln und zweitens diese langsamer verarbeiten. Hieran wird deutlich, dass die Textgenerierung nur mittels Algorithmen und Big Data effektiv funktionieren kann und somit insbesondere für Medienunternehmen attraktiv geworden ist.

4. Typen der Computerprogramme für die Nachrichtentextgenerierung

Die Qualität eines generierten Nachrichtentextes hängt von dem Typ des verwendeten Computerprogramms ab. Qualitätskriterien sind unter anderem die Richtigkeit des Inhalts und der Grammatik, der Schreibstil und der Aufbau des Nachrichtentextes. Grundsätzlich lassen sich Computerprogramme für die Textgenerierung in zwei Gruppen unterteilen: Regelbasierte (a)) und künstlich intelligente Computerprogramme (b)). In der Praxis der automatisierten Nachrichtentextgenerierung ist der aktuelle Stand, dass regelbasierte Computerprogramme verwendet werden (c)).

a) Regelbasiertes Computerprogramm

Computerprogramme, die lediglich vorprogrammierte Algorithmen ausführen, können als „regelbasierte Computerprogramme“ bezeichnet werden.[110] Diese folgen sogenannten „wenn-dann-Anweisungen“[111], d.h. die Eingabe von bestimmten Daten führt jedes Mal zu demselben Ergebnis. Ein Beispiel dafür liefert das Computerprogramm Excel von Microsoft. Eine „wenn-dann-Anweisung“ in Excel kann so formuliert sein, dass bei der Eingabe von „Baum“

---

108 *Kastl*, GRUR 2015, 136 (136).
109 Ebd.
110 *Sieber*, Dialogroboter, S. 61.
111 *Ory/Sorge*, NJW 2019, 710 (711).

in einem bestimmten Textfeld immer „falsch“ und bei dem Wort „Auto“ immer „richtig“ angezeigt wird. Bei regelbasierten Computerprogrammen zur Textgenerierung sind Textbausteine vorformuliert[112] und werden abhängig von dem Inhalt der eingegebenen Daten unterschiedlich verwendet. Ein Textbaustein kann sein: „*startete mit einem Kantersieg in die Rückrunde*“. Dieser würde dann verwendet werden, wenn beispielsweise beim 1. Spieltag der Rückrunde (in der Fußball-Bundesliga also der 18. Spieltag) eine Mannschaft sehr hoch gegen eine andere Mannschaft gewonnen hat und die Daten in das Computerprogramm übertragen werden. Gewinnt beispielsweise in einem DFB-Pokal-Endspiel (Fußball-Pokalwettbewerb des Deutschen Fußball-Bundes) ein Außenseiter, wie Hannover 96, gegen einen Favoriten, wie den FC Bayern München, wird eher ein Textbaustein verwendet, der von einem unerwarteten Ereignis oder einer Überraschung spricht, als einer, der eine neutrale Formulierung beinhaltet. Folglich bestimmen sich die Textbausteine nach dem Inhalt der Daten. Dadurch entstehen Nachrichtentexte, die eine Aneinanderreihung von Textbausteinen abbilden.[113]

Diese bestimmte Aneinanderreihung verschiedener Textbausteine und deren Austausch zur Vermeidung von Wiederholungen geschieht durch die Anwendung bestimmter Regeln (sog. Permutation).[114] Hierdurch wirkt der Text „lebendiger“ und „natürlicher“.

Aus der Perspektive einer Person, die das Computerprogramm nicht programmiert hat, mag es den Anschein erwecken, dass ein Computerprogramm mit „Künstlicher Intelligenz“ (KI)[115] ausgestattet ist. Ein gutes Beispiel liefert der Computer „Deep Blue“ von IBM, der im Jahr 1997 in einer Schachpartie den ehemaligen Schachweltmeister Gari Kasparov besiegte.[116] Auch wenn manch einer mit diesem Computer KI assoziiert, basierten die Schachzüge von „Deep Blue“ und auch anderen modernen Schachcomputern[117] lediglich auf großer

---

112 Siehe 1. Kap. C. I. 1. So auch *Graefe*, Guide to Automated Journalism, S. 20.

113 *Habel* differenziert bei den Textbausteinen insofern, als er zwischen „flache Generierung“ und „tiefer Generierung“ unterscheidet: *Habel*, Roboterjournalismus, S. 42 f.

114 *Haarkötter*, Tendenz 2017, 24 (25).

115 Oft wird auch die Abkürzung „AI“ verwendet, die auf dem englischen Begriff „Artificial Intelligence“ beruht.

116 *Wildemann*, Künstliche Intelligenz ist wie ein Kleinkind, Frankfurter Allgemeine Zeitung für Deutschland v. 06.05.2019; *Ertel*, Grundkurs Künstliche Intelligenz, S. 131; *Sieber*, Dialogroboter, S. 63.

117 Als Beispiel dienen die Schachcomputer „Hydra“ oder „Pocket Fritz 4“: *Ertel*, Grundkurs Künstliche Intelligenz, S. 131.

Rechenleistung und Speichervolumen[118], genauer gesagt auf bloßen „wenn-dann-Anweisungen“ und nicht auf lernfähigen Algorithmen[119]. Der Computer funktionierte also regelbasiert statt künstlich intelligent.

Eher selten aber durchaus möglich ist die Variante, dass das Computerprogramm aus bereits strukturierten Daten einen „Rohtext“ erstellt, der lediglich datenbasiert ist und viele Zahlen beinhaltet.[120] Dieser Text dient als Vorlage und wird von einem Journalisten bearbeitet und angepasst, wobei sich der Journalist weiterer Textbausteine bedienen kann, die ihm von dem Computerprogramm vorgeschlagen werden.[121] Der automatisierte Journalismus kommt in diesem Modell nur bedingt zum Tragen, da der Nachrichtentext von Menschenhand noch verändert wird und lediglich als Vorlage dient.

b) Künstlich intelligentes Computerprogramm

Ein künstlich intelligentes Computerprogramm trifft nach der Eingabe von Daten Entscheidungen ohne vorprogrammierte Anweisungen, sondern aufgrund von Lernerfahrungen.[122] Aufgrund dieser Weisungsunabhängigkeit unterscheidet es sich also von einem regelbasierten Computerprogramm. Der Unterschied wird auch darin deutlich, dass die Entscheidungen eines intelligenten Computerprogramms regelmäßig nicht nachvollziehbar sind, weswegen der Begriff „Black Box“ in diesem Zusammenhang genannt wird.[123] Somit funktioniert ein künstlich intelligentes Computerprogramm nicht nur mit „wenn-dann-Anweisungen“, sondern lernt selbst dazu und programmiert seine eigenen Algorithmen.

Grundsätzlich fällt schon die Definition von „Künstlicher Intelligenz“ nicht leicht. Dies zeigt sich unter anderem darin, dass es mittlerweile sehr viele verschiedene Definitionen gibt.[124] Eine Legaldefinition vom Gesetzgeber ist bisher

---

118 *Wildemann*, Künstliche Intelligenz ist wie ein Kleinkind, Frankfurter Allgemeine Zeitung für Deutschland v. 06.05.2019.

119 *Ertel*, Grundkurs Künstliche Intelligenz, S. 131.

120 *Haim/Graefe*, in: Nuernbergk/Neuberger, Journalismus im Internet, S. 139 (144).

121 Ebd.

122 *Dornis*, GRUR 2019, 1252 (1253); *Wischmeyer*, AöR 2018, 1 (3); *Oster*, MedienWirtschaft 2019, 32 (33); vgl. *Spanner-Ulmer/Bruder*, MedienWirtschaft 2019, 25 ff. (28).

123 Statt aller *Wischmeyer*, AöR 2018, 1 (8); *Herberger*, NJW 2018, 2825 (2828); *Hoffmann-Riem*, AöR 2017, 1 (29); *Martini*, JZ 2017, 1017 (1018); *Haun*, Cognitive Computing, S. 112.

124 So auch *Reiter/Dale*, Building Natural Language Generation Systems, S. 122; *Ertel*, Grundkurs Künstliche Intelligenz, S. 1; vgl. *Sieber*, Dialogroboter, S. 60.

ausgeblieben, was einer von mehreren Gründen sein mag, weswegen viele Definitionsversuche unternommen wurden.

Der erste Definitionsversuch stammte von John McCarthy, welcher im Jahr 1955 KI als das Verhalten von Maschinen mit Intelligenz definierte.[125] Der Begriff der „Maschine" passt in der heutigen Zeit nicht mehr zur Beschreibung von KI, da mittlerweile auch Computerprogramme „intelligent" sein können.[126] Ein Großteil der Literatur sieht als KI automatisiertes intelligentes Verhalten.[127] Etwas weiter geht eine Ansicht, nach der KI das Ziel habe, Computermaschinen und Computersysteme weiter zu entwickeln.[128] Unter anderem werden komplexe Algorithmen der KI zugeordnet.[129]

Ein Beispiel für KI hat Microsoft mit dem Computerprogramm „Tay" gezeigt, das auf der Online-Plattform Twitter mittels Textgenerierung mit menschlichen Nutzern kommunizierte.[130] Der ausschlaggebende Faktor, weshalb dieser Chat-Bot mit KI assoziiert wurde, war, dass „Tay" von den Fragen und Antworten der menschlichen Nutzer dazulernte und neue Algorithmen entwickelte.[131] Dies funktionierte „technisch" gut, jedoch äußerte der Chat-Bot mit der Zeit rassistische Aussagen, veranlasst durch bestimmte Aussagen von Nutzern.[132] Denn das Computerprogramm lernte aus Trainingsdaten und erweiterte seinen Algorithmenbestand.

Ob ein Computerprogramm für die Textgenerierung im Allgemeinen regelbasiert ist oder künstlich intelligent funktioniert, hängt von der Programmierung ab. Wenn es mittels Trainingsdaten dazulernt und neue Textbausteine selbstständig erstellen und anwenden kann, ist von einem KI basierten NLG-System auszugehen.[133]

In dem Kontext von künstlich intelligenten Systemen wird auch von „maschinellem Lernen" gesprochen, das ein bestimmter Bereich künstlich intelligenter Systeme

---

125 *Ertel*, Grundkurs Künstliche Intelligenz, S. 1.

126 Siehe 1. Kap. B. I. Zu den beiden Erscheinungsformen (Maschine und Computerprogramm): *John*, Haftung für künstliche Intelligenz, S. 14.

127 Statt aller *Haun*, Cognitive Computing, S. 112; *Sieber*, Dialogroboter, S. 61.

128 *Ammann*, in: Taeger, Recht 4.0 - Innovationen aus den rechtswissenschaftlichen Laboren, S. 503 (503).

129 *Herberger*, NJW 2018, 2825 (2827); *Hetmank/Lauber-Rönsberg*, GRUR 2018, 574 (575).

130 *Wischmeyer*, AöR 2018, 1 (10).

131 Ebd.

132 Ebd.

133 Vgl. auch *Papastefanou*, WRP 2020, 290 (291).

ist.[134] Zu verstehen ist hierunter, dass ein Computerprogramm Entscheidungen treffen kann, ohne dass hierfür Trainingsdaten vorliegen bzw. angewendet werden.[135]

c) Status quo und Ausblick

Der aktuelle technische Stand ist, dass für die automatisierte Texterstellung (noch) regelbasierte Computerprogramm verwendet werden, bei denen vorformulierte Textbausteine verwendet werden.[136] Künstlich intelligente Computerprogramme für die automatisierte Nachrichtentextgenerierung werden zwar schon getestet,[137] sind aber noch nicht tauglich für die journalistische Praxis. Einhergehend mit dem aktuellen Stand wird es sicherlich noch lange dauern, bis ein Computerprogramm in der Lage ist, emotionsbezogene oder inhaltlich anspruchsvolle Texte verfassen zu können, wie beispielsweise eine umfassende Filmkritik.

5. Arbeitsschritte

Der Ausgangspunkt, und damit auch der erste Arbeitsschritt bei der Textgenerierung, ist das Übernehmen von Daten aus einem Datensatz in strukturierte Datenbanken.[138] Üblicherweise werden die Daten als Datensammlung auf einer Online-Plattform hochgeladen, um dann verarbeitet zu werden.[139] Als nächstes werden die Daten mithilfe von Algorithmen identifiziert, wodurch relevante Daten ausgewählt und „gefiltert" werden.[140] Dieser Arbeitsschritt wird auch als

---

134 *Ertel*, Grundkurs Künstliche Intelligenz, S. 191; vgl. *Papastefanou*, WRP 2020, 290 (291).

135 *Hoffmann-Riem*, AöR 2017, 1 (3); *Sieber*, Dialogroboter, S. 63; vgl. *Ménière/Pihlajamaa*, GRUR 2019, 332 (332); vgl. *Lewke*, InTeR 2017, 207 (209).

136 *Graefe*, Guide to Automated Journalism, S. 23; *Dörr*, Digital Journalism 2016, 700 (704).

137 Vgl. auch *Dornis*, GRUR 2019, 1252 (1255).

138 *Dörr*, Digital Journalism 2016, 700 (703); *Haim/Graefe*, in: Nuernbergk/Neuberger, Journalismus im Internet, S. 139 (151).

139 Dies geschieht zum Beispiel über das sog. „API" (Application Programming Interface), das als Schnittstelle dient und den Zweck hat, Daten hochzuladen und computergenerierte Texte herunterzuladen. Siehe dazu bei AX Semantics: Anhang A1: *AX Semantics*, Softwarenutzungsvertrag, S. 5.

140 *Dörr*, Digital Journalism 2016, 700 (704); *Haim/Graefe*, in: Nuernbergk/Neuberger, Journalismus im Internet, S. 139 (151).

„Dokumentenplanung“ bezeichnet.[141] Im nächsten Schritt werden die Daten abhängig von dem zu erstellenden Text und der Textgattung ausgewählt und priorisiert.[142] An dieser Stelle entsteht noch kein fertiger Text.[143] Anschließend wird ein sog. Narrativ erstellt, d.h. eine Textform, in der Informationen nach bestimmten Gesichtspunkten gruppiert, doppelte Aussagen gelöscht und wichtige Inhalte für Überschriften o.ä. bestimmt werden.[144] Auch hier entsteht noch kein Text in natürlicher Sprache, sondern eine logische Aneinanderreihung von Informationen. Hiernach geschieht die Umwandlung des Narrativs in natürliche Sprache unter Anwendung von korrekter Konjugation, Deklination, Grammatik oder auch korrektem Vokabular.[145] Dabei beachtet das Computerprogramm, dass auch Synonyme verwendet werden und somit Wiederholungen ausbleiben.[146] Der letzte Schritt ist die Veröffentlichung des generierten Nachrichtentextes.[147]

II. Fazit

Die Ausführungen zeigen auf, dass die journalistische Tätigkeit der Quellenauswahl für das Sammeln von Daten, das Überprüfen der Fakten und das Schreiben der Nachrichtentexte durch den automatisierten Journalismus bei vielen Textgattungen[148] im positiven Sinn obsolet geworden ist.[149]

D. Einsatzfelder

Die Einsatzbereiche des automatisierten Journalismus sind vielseitig. In den folgenden Unterabschnitten werden fünf Bereiche vorgestellt: Sportnachrichten (I.), Finanznachrichten (II.), Wettermeldungen (III.), Feinstaubmeldungen (IV.) und Lokalnachrichten (V.). Dieser Abschnitt endet mit einem Fazit (VI.).

---

141 *Dörr*, Digital Journalism 2016, 700 (704); *Reiter/Dale*, Building Natural Language Generation Systems, S. 79.

142 *Dörr*, Digital Journalism 2016, 700 (705); *Haim/Graefe*, in: Nuernbergk/Neuberger, Journalismus im Internet, S. 139 (151).

143 *Reiter/Dale*, Building Natural Language Generation Systems, S. 114.

144 *Dörr*, Digital Journalism 2016, 700 (705); *Haim/Graefe*, in: Nuernbergk/Neuberger, Journalismus im Internet, S. 139 (151).

145 *Haim/Graefe*, in: Nuernbergk/Neuberger, Journalismus im Internet, S. 139 (151 f.); vgl. *Dörr*, Digital Journalism 2016, 700 (705).

146 Siehe „Permutation“ in: 1. Kap. C. I. 4. a).

147 *Dörr*, Digital Journalism 2016, 700 (705).

148 Siehe 1. Kap. D.

149 So auch *Dörr*, Digital Journalism 2016, 700 (708).

Ein Grund, weswegen Nachrichten der oben beschriebenen Bereiche generiert werden, kann darin gesehen werden, dass dort Daten strukturiert gesammelt und verwendet werden können.[150] Andere Bereiche, wie zum Beispiel Interviews, Kommentare, Analysen oder Kritikäußerungen sind weniger datenbasiert und weisen dem automatisierten Journalismus (bisher) Grenzen auf.[151] Die generierten Texte beinhalten oftmals viele Zahlen und basieren vielmehr auf Fakten als auf Lebenserfahrung.[152]

I. Sportnachrichten

Computergenerierte Sportnachrichten werden in Deutschland hauptsächlich in der Fußballbranche angewendet. Jedoch finden die Berichterstattungen mit generierten Nachrichtentexten größtenteils in unteren Fußballligen statt, da dort bisher nur wenig bis keine Berichtserstattung stattgefunden hat und aufgrund der vielen vorhandenen Daten Texte generiert werden können. Einer Ansicht zufolge wäre ohne den automatisierten Journalismus journalistische Berichterstattung in unteren Fußballligen überhaupt nicht möglich.[153] Neben dem Fußball wurden generierte Nachrichten bei den Olympischen Sommerspielen in Rio de Janeiro im Jahr 2016 eingesetzt, indem von dem Computerprogramm „Heliograf" über die Sportergebnisse oder Termine berichtet wurde.[154]

II. Finanznachrichten

Im Finanzsektor kann die Textgenerierung nicht nur für Börsenmeldungen, sondern auch für Finanzberichte von Unternehmen verwendet werden. Da Finanznachrichten/-berichte typischerweise viele Zahlen beinhalten, können diese sinnvoll strukturiert und von dem Computerprogramm in Texte verarbeitet werden.

---

150 *Dörr*, Digital Journalism 2016, 700 (708); vgl. *Sieber*, Dialogroboter, S. 49.

151 So auch *Reichelt*, Einführung in den Roboterjournalismus, S. 50; vgl. *Haim/Graefe*, in: Nuernbergk/Neuberger, Journalismus im Internet, S. 139 (144).

152 *Haim/Graefe*, in: Nuernbergk/Neuberger, Journalismus im Internet, S. 139 (144).

153 *Habel*, Roboterjournalismus, S. 254.

154 *Schweizer*, Forecast 2017, 27 (28).

III. Wettermeldungen

Computererstellte Wettermeldungen gibt es schon seit mehreren Jahrzehnten.[155] Jedoch bestanden solche Wettermeldungen nur aus wenigen Sätzen,[156] sodass diese Form der Nachrichtentextgenerierung noch sehr weit vom Level der KI entfernt war. Dieser Bereich ist äußerst datenbasiert und somit für den automatisierten Journalismus besonders geeignet, da sich beim Wetter viele Messwerte bestimmen lassen, wie die Temperatur, die Windstärke, der Druck, die Dichte, die Luftfeuchtigkeit etc.

Im weitesten Sinne können unter Wettermeldungen auch Erdbebenwarnungen fallen.

Zum Beispiel wurde im März 2014 eine Erdbebenwarnung von der Zeitung Los Angeles Times auf deren Webseite veröffentlicht, kurz nachdem ein kleines Erdbeben die Stadt Los Angeles erschütterte.[157] Diese Meldung wurde von einem Computerprogramm namens „Quakebot" erfasst, das die vorhandenen Geodaten analysierte.[158] Die Geodaten wiederum wurden auf der Webseite der US-amerikanischen Geologiebehörde bereitgestellt, die jedes Erdbeben registriert und die Informationen zu Stärke, Uhrzeit, geografische Lage und Tiefe des Epizentrums etc. veröffentlicht.[159]

IV. Feinstaubmeldungen

Feinstaubmeldungen beziehen sich auf das Feinstaubvorkommen in einem bestimmten Gebiet. Solche Meldungen werden heutzutage von einem Computerprogramm erstellt. Zum Beispiel nutzt die Berliner Morgenpost ein Computerprogramm, mit dem sie täglich mittels eines „Feinstaub-Monitors" über die Luftqualität in Berlin informiert.[160] Neben der Berliner Morgenpost bietet die Stuttgarter Zeitung ebenfalls Meldungen über den Feinstaub in bestimmten Regionen an.[161] Auf deren Webseite kann der Ort aus einer Liste ausgewählt werden, woraufhin eine aktuelle Meldung zu dem Feinstaubvorkommen erscheint.[162]

155 *Reichelt*, Einführung in den Roboterjournalismus, S. 22; *Dörr*, Digital Journalism 2016, 700 (703).
156 *Reichelt*, Einführung in den Roboterjournalismus, S. 22.
157 *Lokshin*, Erdbeben-Bericht; *Mey*, Groundbreaking Journalism 2014, 40 (40).
158 Ebd.
159 *Lokshin*, Erdbeben-Bericht.
160 *Tröger/Klack/Pätzold*, Alle Berliner Messstationen unter EU-Jahresgrenzwert.
161 *Stuttgarter Zeitung*, Feinstaubalarm und Feinstaub in Stuttgart und Region.
162 Ebd.

V. Lokalnachrichten

Lokalnachrichten haben durch den automatisierten Journalismus eine ganz neue Bedeutung erlangt. Während Lokalnachrichten lange Zeit einen vergleichsweise kleinen Anteil der Berichterstattung ausmachten, bieten sich auch in diesem Bereich aufgrund der automatisierten Nachrichtentexterstellung neue Möglichkeiten. Ein Grund für die bislang vergleichsweise geringe lokale Berichterstattung mag darin liegen, dass Medienunternehmen aus finanziellen Gründen von Berichterstattungen aus kleineren Regionen Abstand nehmen, da die Nachfrage aufgrund der kleineren Leserschaft geringer ist. Beispielsweise interessieren sich in Deutschland lebende Menschen mehr für einen Orkan, der von Bayern nach Schleswig-Holstein hochzieht, als für den Feinstaubanteil in einem kleinen Stadtteil der Stadt Stuttgart. Aufgrund der in kleinen Regionen vorhandenen Daten, wie beispielsweise der Feinstaub oder ein Fußball-Kreisligaspiel zwischen zwei kleinen Orten, lassen sich mit Hilfe der automatisierten Nachrichtentexterstellung auch in diesem Bereich potentiell kostengünstig Lokalnachrichten erstellen. Ein bekanntes Beispiel ist die Internetplattform „The Homicide Report“[163], auf der mittels Textgenerierung Kurzmeldungen zu Todesfällen in Los Angeles publiziert werden.[164]

Somit gewinnt der automatisierte Journalismus im Zuge von Lokalnachrichten immer mehr an Bedeutung.

VI. Fazit

Die beschriebenen Bereiche haben gezeigt, wie sehr die Nachrichtentextgenerierung schon etabliert ist. Der gemeinsame Nenner liegt in dem Vorhandensein von vielen Daten, die nach einer Analyse der Grundbaustein für die generierten Texte sind. Jedoch zeigt sich, dass die Mehrzahl an Medienunternehmen noch keine computergenerierten Nachrichtentexte verwendet.[165] Dies könnte sich in der Zukunft ändern.

E. Textgeneratoren

Da es mittlerweile unzählige Textgeneratoren weltweit gibt, beschränkt sich dieser Abschnitt auf die bekanntesten Textgeneratoren.

163 *Los Angeles Times*, The Homicide Report.
164 *Young/Hermida*, Digital Journalism 2015, 381 (382).
165 *Reichelt*, Einführung in den Roboterjournalismus, S. 27.

Das wohl bekannteste auf KI basierende Computerprogramm ist „Watson" von IBM.[166] Bekannt wurde das Computerprogramm „Watson" durch die Quizshow „Jeopardy!", als es im Jahr 2011 das Quiz gegen zwei Quizexperten gewann.[167] Hinsichtlich der automatischen Texterstellung wurde „Watson" im Jahr 2016 dazu eingesetzt, eine Ausgabe des Magazins „The Drum" zu gestalten.[168] Dabei wählte „Watson" nicht nur Bilder aus, sondern generierte Texte und passte diese dem Format an.[169] Dieses Beispiel zeigt, dass IBMs Computerprogramm insofern vielseitig einsetzbar ist, als es mit Algorithmen auch Texte erstellen kann. Es muss also nicht zwangsläufig ein neues Computerprogramm für die Textgenerierung programmiert werden, sondern es ist möglich, ein bereits existierendes Computerprogramm neu zu programmieren.

Ein weiteres Beispiel ist das Computerprogramm „Wordsmith", das für das Anfertigen von Quartalsberichten bei der Nachrichtenagentur Associated Press eingesetzt wurde.[170] Entwickelt wurde es von dem Unternehmen Automated Insights (Ai).[171]

Zu den größten Unternehmen, die sich mit Textgenerierung beschäftigen, gehört das Unternehmen Narrative Science, das mit seinem Textgenerator viele Artikel schreiben lässt.[172] Dieser nennt sich „Quill".[173] In Zusammenarbeit mit dem Wirtschaftsmagazin „Forbes", verfasst „Quill" Unternehmensporträts.[174]

Bezüglich der Generierung von Meldungen zu Erdbeben ist das Computerprogramm „Quakebot" bekannt.[175]

Zwei in dem Bereich der automatisierten Nachrichtentextgenerierung bekannte Unternehmen in Deutschland sind die Retresco GmbH[176] mit Sitz in Berlin und die AX Semantics GmbH[177] mit Sitz in Stuttgart. Retresco verwendet

---

166 *IBM*, IBM Watson.

167 *Sieber*, Dialogroboter, S. 6.

168 *Lobe*, Roboterjournalismus: Der Computer bestimmt, was auf die Titelseite kommt, faz.net v. 03.07.2016; *Staff Writer*, IBM Watson & The Drum team up for first magazine edited with AI.

169 *Lobe*, Roboterjournalismus: Der Computer bestimmt, was auf die Titelseite kommt, faz.net v. 03.07.2016.

170 *Jensen*, brand eins 2015, 100 (100).

171 *Jensen*, brand eins 2015, 100 (101).

172 *Mey*, Groundbreaking Journalism 2014, 40 (40).

173 *Quill*, Quill.

174 *Mey*, Groundbreaking Journalism 2014, 40 (40).

175 Siehe 1. Kap. D. III.

176 Im Folgenden „Retresco" genannt.

177 Im Folgenden „AX Semantics" genannt.

seinen Textgenerator namens „rtr textengine“[178] und AX Semantics verwendet die Plattform und das Computerprogramm „AX Semantics NLG Cloud“[179].

F. Akteure

An dem Prozess von der Erfassung von Rohdaten bis hin zum Konsum generierter Nachrichtentexte sind regelmäßig folgende Akteure beteiligt: der Datenlieferant (I.), der Computerprogrammhersteller (II.), der Computerprogrammanbieter (III.) und das Medienunternehmen (IV.).

I. Datenlieferant

Am Anfang des Prozesses der Nachrichtentextgenerierung steht die Übernahme von Daten aus einem Datensatz.[180] Wie dem Begriff „Datenlieferant“ zu entnehmen ist, stellen Datenlieferanten diese für die automatisierte Nachrichtentextgenerierung notwendigen Daten bereit. Datenlieferanten sind meistens spezialisierte Datenunternehmen, wie zum Beispiel Deltatre[181], Tableau[182] oder der Sport-Informations-Dienst SID.[183] Die Daten können auch solchen Plattformen wie Wikidata[184] oder anderen offenen Quellen entnommen werden.

Datenlieferanten verarbeiten strukturiert Rohdaten und stellen mittels Computerprogrammen Datensätze her.

II. Computerprogrammhersteller

Der Computerprogrammhersteller[185] ist ein Unternehmen, das sich mit der Programmierung des Computerprogramms für die Textgenerierung beschäftigt. Zu den Computerprogrammherstellern zählen etwa Narrative Science, Retresco

178 Vgl. Anhang A3: *Retresco*, Allgemeine Geschäftsbedingungen der Retresco GmbH für die Textgenerierungsplattform „rtr textengine.io“.

179 *AX Semantics*, AX Semantics NLG Cloud.

180 Siehe 1. Kap. C. I. 5.

181 *Weber*, Roboterjournalismus, Chatbots & Co., S. 36; *Reichelt*, Einführung in den Roboterjournalismus, S. 21.

182 *Reichelt*, Einführung in den Roboterjournalismus, S. 21.

183 *SID*, SID – Sport-Informations-Dienst.

184 *Wikidata*, Main Page.

185 Im Falle des Verkaufs einer Software ist der Terminus „Softwarehersteller“ zu verwenden, da der Vertragsgegenstand kein Computerprogramm ist, siehe 1. Kap. C. I. 2. b). Gleiches gilt für den Terminus „Softwareanbieter“ statt „Computerprogrammanbieter“.

oder AX Semantics. Innerhalb solcher Unternehmen werden die Computerprogramme von natürlichen Personen programmiert.

III. Computerprogrammanbieter

Der Computerprogrammanbieter[186] versteht sich meistens als ein Unternehmen, das das Computerprogramm betreibt und anderen Unternehmen oder Privatpersonen zur Nutzung anbietet. Zu den Computerprogrammanbietern lassen sich die Unternehmen Narrative Science, Retresco und AX Semantics zuordnen,[187] die gleichzeitig auch Computerprogrammhersteller sind. Insofern ist es beim automatisierten Journalismus der Regelfall, dass der Computerprogrammanbieter auch gleichzeitig der Computerprogrammhersteller ist, und somit Personenidentität zwischen diesen beiden Akteuren besteht.

IV. Medienunternehmen

Der vierte Akteur sind Medienunternehmen, also Unternehmen, die Medienarbeit betreiben und für die Produktion von Medien verantwortlich sind, wie beispielsweise ein Verlag. Im automatisierten Journalismus nehmen diese eine besondere Rolle ein, da sie generierte Nachrichtentexte publizieren. Medienunternehmen sind entweder Computerprogrammhersteller und -anwender in einer Person, d.h. sie stellen das Computerprogramm für Textgenerierung her und betreiben es (z.B. der Feinstaubmonitor der Berliner Morgenpost), oder sie wenden das Computerprogramm eines anderen Computerprogrammherstellers bzw. -anbieters an.[188]

G. Vor- und Nachteile des automatisierten Journalismus

In diesem Abschnitt werden die Vor- und Nachteile des automatisierten Journalismus aufgezeigt. Hierbei soll deutlich gemacht werden, weshalb einerseits computergenerierte Nachrichtentexte in der Praxis verwendet werden und inwiefern andererseits die Generierung von Nachrichtentexten bisher (noch) Probleme bereitet.

---

186 In dieser Arbeit wird der Computerprogrammanbieter an manchen Stellen auch in der Kurzform als „Anbieter" bezeichnet.

187 *Reichelt*, Einführung in den Roboterjournalismus, S. 24; *Weber*, Roboterjournalismus, Chatbots & Co., S. 10.

188 *Dörr*, Digital Journalism 2016, 700 (710).

I. Vorteile

Zu den Vorteilen gehört erstens die Arbeitserleichterung. Beispielsweise wird bei der Finanzberichterstattungen die journalistische Aufgabe der Datenanalyse von dem Computerprogramm übernommen, sodass sich der Journalist mit tieferen Analysen beschäftigen kann.[189] Damit werden dem Journalisten eher weniger anspruchsvolle Aufgaben abgenommen.[190]

Ein weiterer Vorteil wird in der Individualisierung der Nachrichtentexte gesehen.[191] Damit ist gemeint, dass ein Datenbankprogramm so programmiert ist, dass bestimmte Inhalte ständig aktualisiert und verschieden adressiert werden können, sodass die Nachrichtentextinhalte personalisierter werden.[192] Beispielsweise könnte ein Computerprogramm anhand der Nutzerdaten erkennen, welche Wetterinformationen für diesen Nutzer relevant sind und daraufhin eine für diesen Nutzer personalisierte Wettermeldung generieren. Solche Wettermeldungen würde ein Journalist normalerweise ohne ein Computerprogramm für die Nachrichtentextgenerierung nicht verfassen, da zu lokal zugeschnittene Wettermeldungen nicht berichtenswert sind. Eine Ansicht der Literatur nennt in diesem Zusammenhang den Begriff „hyperlokale Nischenthemen“[193], der bei der Individualisierung von Nachrichtentexten sehr passend ist.

Ein weiteres Argument kann darin gesehen werden, dass die Qualität der Nachrichtentexte sachlicher, d.h. objektiver und vertrauenswürdiger ist. Dies kann jedoch auch ein Nachteil sein, da sachliche Nachrichtentexte als langweilig empfunden werden können und objektive Texte zu wenig kritisch verfasst sind.[194]

Zudem ist die Effektivität der Nachrichtenerstellung durch ein Computerprogramm vorteilhaft. Generierte Nachrichtentexte werden demnach schneller und in größerer Anzahl erstellt.[195] Der Grund ist offensichtlich: Ein Computerprogramm hat keine Arbeitszeiten und kann, abgesehen von Wartungsarbeiten etc., ohne Unterbrechungen eingesetzt werden, wohingegen ein Journalist aufgrund

---

189 *Reichelt*, Einführung in den Roboterjournalismus, S. 87; vgl. *Dörr*, Digital Journalism 2016, 700 (708).

190 Vgl. *Weber*, Roboterjournalismus, Chatbots & Co., S. 12.

191 *Weber*, Roboterjournalismus, Chatbots & Co., S. 52.

192 *Matzat*, Was ist eigentlich Roboterjournalismus?, S. 37.

193 *Weber*, Roboterjournalismus, Chatbots & Co., S. 53.

194 Siehe 1. Kap. F. II.

195 *Reichelt*, Einführung in den Roboterjournalismus, S. 18; *Graefe*, Guide to Automated Journalism, S. 18.

seiner menschlichen Natur zu Krankheiten und Müdigkeit neigt und damit nicht gleichsam belastbar ist.

Hinsichtlich der Fehlerquote in Nachrichtentexten wird argumentiert, dass generierte Nachrichtentexte weniger fehleranfällig sind als von Menschenhand verfasste Texte.[196] Hiergegen kann freilich eingewendet werden, dass unabhängig von der Textgenerierung die heutzutage existierenden Rechtschreibprogramme einen Text grammatikalisch prüfen und sogar verbessern. Jedoch weiß nahezu jedermann, der mit einem solchen Programm schon einmal einen Text geschrieben hat, dass aufgrund von gleichbedeutenden Wörtern manche semantischen oder syntaktischen Fehler nicht korrigiert werden. Nichtsdestotrotz sind generierte Nachrichtentexte aufgrund der vorformulierten Textbausteine weniger fehleranfällig.

Als vorteilhaft wird auch die Kostenersparnis gesehen.[197] Die Kostenersparnis entsteht dadurch, dass die Nachrichtentextgenerierung keine oder zumindest sehr geringe Personalkosten verursacht, da die Nachricht nicht von einem Journalisten geschrieben wird und dieser allenfalls den fertig verfassten Nachrichtentext Korrektur liest.

Schließlich ermöglicht es ein Textgenerierungscomputerprogramm, Texte in unterschiedlichen Sprachen zu generieren,[198] sofern die Textbausteine in der jeweiligen Sprache erstellt wurden. Damit wird der Journalismus zugänglicher, denn bei gleicher Faktenlage können mehrere Nachrichtentexte in verschiedenen Sprachen generiert werden.

II. Nachteile

Auf der Seite der Nachteile kann argumentiert werden, dass computergenerierte Nachrichtentexte das Lesevergnügen mindern und diese Texte als „langweiliger" bewertet werden. Dies belegen Studien.[199]

---

196 Interview in *Reichelt*, Einführung in den Roboterjournalismus, S. 93; *Hasebrink/Schulz/Dreyer/u. a.*, Zur Entwicklung der Medien in Deutschland zwischen 2013 und 2016, S. 207; *Weber*, Roboterjournalismus, Chatbots & Co., S. 107; *Graefe*, Guide to Automated Journalism, S. 18.

197 Interview in *Reichelt*, Einführung in den Roboterjournalismus, S. 93; *Dörr*, Digital Journalism 2016, 700 (708).

198 Interview in *Reichelt*, Einführung in den Roboterjournalismus, S. 93; *Hasebrink/Schulz/Dreyer/u. a.*, Zur Entwicklung der Medien in Deutschland zwischen 2013 und 2016, S. 207; *Weber*, Roboterjournalismus, Chatbots & Co., S. 52.

199 Siehe zum Beispiel *Haim/Graefe*, in: Rössler/Rossmann, Kumulierte Evidenzen, (193).

Ein weiterer Nachteil kann darin gesehen werden, dass computergenerierte Nachrichtentexte einerseits zu objektiv und andererseits zu subjektiv geschrieben sind. Dies klingt auf den ersten Blick paradox und bedarf einer Konkretisierung.

Mit Objektivität ist gemeint, dass das Computerprogramm bei der Textgenerierung (noch) keine kritischen, kreativen oder investigativen Fähigkeiten hat und anwenden kann.[200] Das Anfertigen einer Buchkritik, bei der kritisches Denken und investigative Aktivitäten erforderlich sind, kann bislang von einem Journalisten besser durchgeführt werden als von einem Computerprogramm.

Die subjektive Komponente hingegen liegt darin, dass computergenerierte Nachrichtentexte aufgrund der vorformulierten Textbausteine nicht neutral sind.[201] Dadurch, dass ein Mensch mit subjektiver Meinung und individuellem Lebenslauf die Textbausteine selbst formuliert, werden diese subjektiv gefärbt. Das Computerprogramm übernimmt – je nach Auswahl der Daten – diese Textbausteine und damit auch die persönliche Wertung des Erstellers der Textbausteine. Insofern lässt sich konstatieren, dass die erforderliche Subjektivität und Objektivität an der „richtigen" Stelle fehlen.

Ein weiterer Nachteil kann in Situationen vor der Textgenerierung auftreten, in denen das Computerprogramm die unterschiedliche Semantik von bestimmten Wörtern nicht erkennt, d.h. wenn beispielsweise ein Wort zweideutig ist, wie das Wort „Ball" (einerseits als Abkürzung für „Fußball" und andererseits als Abkürzung für „Festball"), und es dem falschen Datensatz zuordnet.[202]

Ein weiterer Nachteil ist bei künstlich intelligenten Computerprogrammen für die Nachrichtentextgenerierung zu sehen, wobei deren Anwendung in der Praxis noch in weiter Ferne liegt[203]. Die Anwendung solcher Computerprogramme könnte zu nicht vorhersehbaren inhaltlichen Tendenzen führen, die sich negativ auf die öffentliche Meinungsbildung auswirken.[204] Insbesondere bei Medienunternehmen ist diese Gefahr relevant, da Medien einen Einfluss auf die öffentliche Meinungsbildung haben.[205]

Schließlich könnte ein Nachteil darin gesehen werden, dass durch den automatisierten Journalismus die Arbeit von Journalisten ersetzt werden und dadurch der Beruf der Journalisten in Gefahr geraten könnte.[206]

---

200 Vgl. *Haarkötter*, Tendenz 2017, 24 (26).

201 Vgl. *Habel*, Roboterjournalismus, S. 224; vgl. *Martini*, JZ 2017, 1017 (1018).

202 *Dörr*, Digital Journalism 2016, 700 (708).

203 Siehe 1. Kap. C. I. 4. c).

204 So zum Beispiel das Computerprogramm „Tay": 1. Kap. C. I. 4. b).

205 Siehe im Detail: *Habel*, Roboterjournalismus, S. 46 ff.

206 *Weber*, Roboterjournalismus, Chatbots & Co., S. 52.

III. Stellungnahme

Ein klarer Vorteil des automatisierten Journalismus ist die Arbeitserleichterung für Journalisten. Aufwendige Recherchearbeiten oder andere für einen Nachrichtentext vorbereitende Aufgaben können oft von dem Computerprogramm übernommen werden, sodass sich der Journalist anderen Aufgaben zuwenden kann. Insofern sprechen die besseren Argumente dafür, dass das Computerprogramm für die Generierung von Nachrichtentexten weniger eine Konkurrenz für Journalisten darstellt, sondern vielmehr „lästige“ Aufgaben des Journalisten übernimmt und diesen damit unterstützt.

Hinsichtlich des Zugangs zu den Medien schafft die automatisierte Texterstellung einen breiteren Zugang. Das heißt, dass durch den automatisierten Journalismus selbst in solchen Bereichen berichtet wird, in denen Medienunternehmen keine Nachrichten publizieren, da es für solche Nachrichten zu wenige Rezipienten gibt und die Kosten zu hoch sind. Beispielsweise lohnt es sich für Medienunternehmen weniger, über das Feinstaubvorkommen in bestimmten Bereichen oder über Fußballspiele der Kreisklasse zu berichten, wenn es nur von einer Handvoll Menschen konsumiert wird. Durch die Berichterstattung in solchen Bereichen werden Nachrichten zugeschnittener und individualisierter. Dies ist ein klarer Vorteil.

Die Qualität der Nachrichtentexte führt zu Vor- und Nachteilen. Einerseits sind computergenerierte Texte zwar sachlicher und objektiver, jedoch senkt dies oft das Lesevergnügen, wie auch manche Studien zeigen.[207] Die Objektivität reicht jedoch nur soweit, wie die Textbausteine vorformuliert sind. Je mehr persönliche Wertung in einem Textbaustein vorhanden ist, desto mehr Subjektivität kann der Nachrichtentext annehmen. Insofern hängt die Sachlichkeit bzw. Objektivität eines Nachrichtentextes insbesondere von dem Ersteller der Textbausteine ab. Künstlich intelligente Computerprogramme können neue Textbausteine erstellen, sodass das Argument der mangelnden Sachlichkeit bei künstlich intelligenten Computerprogrammen weniger Tragkraft hat.

Die geringe Fehleranfälligkeit von generierten Texten ist zwar ein Vorteil, aber kein ausschlaggebendes Argument, da die meisten Rechtschreibprogramme heutzutage einen hohen technischen Stand haben und die meisten Rechtschreibfehler erkennen.

---

207 *Haim/Graefe*, in: Rössler/Rossmann, Kumulierte Evidenzen, (193); *Graefe*, Guide to Automated Journalism, S. 31.

Insbesondere für kleinere Medienunternehmen sind die anfallenden Kosten ein sehr relevanter Faktor bei der Berichterstattung. Hier liegt ein Vorteil im automatisierten Journalismus, weil Nachrichtentexte mit wenig menschlichem Zutun erstellt werden können. Dies spart vor allem Personalkosten. Durch diese Kostenersparnis ist es wiederum Medienunternehmen finanziell möglich, in kleineren Bereichen Nachrichtentexte zu publizieren, da in diesen Bereichen der Journalismus üblicherweise nicht lukrativ ist. Als Folge würde der Zugang zu Nachrichten erweitert werden.

Letztlich spricht für den automatisierten Journalismus die Schnelligkeit der Berichterstattung, die im Journalismus ein wichtiger Faktor ist, um konkurrenzfähig zu bleiben. Im Umkehrschluss zeigt dies zum Beispiel die Berichterstattung zum Urteil des Bundesverfassungsgerichts vom 17.01.2017 im NPD-Verbotsverfahren[208], als die Nachrichten-Website Spiegel Online während der Urteilsverkündung fälschlicherweise berichtet hatte, dass das Bundesverfassungsgericht die NPD verboten habe, obwohl dies nicht der Fall gewesen ist.[209] Diese Fehlermeldung beruhte auf menschlichem Versagen und ist nicht auf technische Fehler zurückzuführen. Möglicherweise hätte ein Computerprogramm die Urteilsverkündung anders analysiert und einen anderen Nachrichtentext formuliert. Unabhängig von diesem Vorkommen können Texte von einem Computerprogramm innerhalb weniger Sekunden oder Zehntelsekunden geschrieben werden, wohingegen ein Journalist mehr Zeit benötigt.

Im Ergebnis lässt sich festhalten, dass mehr und vor allem die besseren Argumente für die automatisierte Nachrichtentexterstellung sprechen als dagegen. In der Praxis zeigt sich diese Tendenz darin, dass die hinter dem automatisierten Journalismus vorhandene Technologie stets weiterentwickelt wird.

H. Zusammenfassung

Grundsätzlich sind drei Faktoren dafür ausschlaggebend, dass automatisierter Journalismus betrieben werden kann.

Erstens liegen immer größere digitalisierte Datenmengen vor, weswegen auch von „Big Data“ und „Datenjournalismus“ im Kontext des Journalismus gesprochen wird. Im Wesentlichen haben zwei Umstände zu diesen großen digitalisierten Datenmengen geführt. Einerseits werden heutzutage – auch dank der

208 *Bundesverfassungsgericht*, Pressemitteilung Nr. 4/2017 vom 17. Januar 2017.
209 *Die Redaktion*, Eilmeldung zu NPD-Urteil.

verbesserten Technologie – immer mehr Daten gesammelt. Andererseits gehört es mittlerweile auch zur journalistischen Aufgabe, diese Vielzahl an Daten zu strukturieren, zu filtern und aufzubereiten.

Zweitens hat sich der ökonomische Druck auf die Medienunternehmen verstärkt. Grund dafür sind unter anderem die sozialen Medien, die mitunter als Nachrichtenplattformen verwendet werden und somit das Spektrum für Nachrichten erweitern.

Drittens hat sich die Technologie im Bereich der Textgenerierung verbessert, sodass mittlerweile Texte mit einem Computerprogramm generiert werden können, die den von Menschenhand geschriebenen Texten sehr ähnlich sind.

Für die Nachrichtentextgenerierung innerhalb des Journalismus bietet sich der Begriff „automatisierter Journalismus“ am besten an, da dieser Begriff die Bedeutung der Textgenerierung berücksichtigt und einen Bezug zum Journalismus herstellt. Daneben werden auch die Schlagwörter „Roboterjournalismus“ und „Journalismus-Bot“ verwendet, die allerdings sprachlich unpräzise sind.

Die Textgenerierung („Natural Language Generation“, kurz „NLG“) beschäftigt sich mit der Erstellung von Texten in natürlicher Sprache mittels Algorithmen, die aus Rohdaten Texte erstellen. Die natürliche Sprache wird von Menschen verwendet und unterscheidet sich von der künstlichen Sprache. NLG ist die Untergruppe vom „Natural Language Processing“ (NLP), womit im Allgemeinen natürliche Sprache verarbeitet wird. Die technische Voraussetzung für die Textgenerierung ist ein Computerprogramm. Dieses unterscheidet sich von der Software dadurch, dass eine Software nicht nur aus einem Computerprogramm besteht, sondern zur Software auch noch die Programmbeschreibung und das Begleitmaterial zählen. Ein Computerprogramm besteht aus einer Vielzahl von Algorithmen. Unter einem Algorithmus im technischen Sinne versteht man eine Verarbeitungsvorschrift, die aus einer Folge von bestimmten Anweisungen besteht und für das Lösen bestimmter Aufgaben mithilfe von mechanischen und elektronischen Geräten programmiert ist. Die Nachrichtentextgenerierung setzt für ihre effektive Funktionalität einen großen Datenbestand voraus. Hochentwickelte Algorithmen sind imstande, diese Datenmengen zu verarbeiten, um u.a. hieraus Texte zu generieren. Der Typ des Computerprogramms für die Nachrichtentextgenerierung wirkt sich auf die Qualität des Nachrichtentextes aus. Zu unterteilen sind hierbei die regelbasierten und die künstlich intelligenten Computerprogramme. Regelbasierte Computerprogramme arbeiten mit sog. „wenn-dann-Anweisungen“, wohingegen künstlich intelligente

Computerprogramme selbst lernend funktionieren, d.h. ohne vorprogrammierte Anweisungen Lernerfahrung sammeln. Mit Künstlicher Intelligenz (KI) kann ein System bezeichnet werden, das ein automatisiertes intelligentes Verhalten zeigt.

Was den *status quo* und den Ausblick der automatisierten Nachrichtentexterstellung betrifft, lässt sich feststellen, dass bislang in der Praxis überwiegend regelbasierte Computerprogramme für die Nachrichtentextgenerierung verwendet werden, weil künstlich intelligente Computerprogramme für diese Zwecke noch nicht tauglich sind.

Die Nachrichtentextgenerierung durchläuft mehrere Arbeitsschritte, beginnend mit der Übernahme von Daten aus einem Datenbestand. Diese Daten werden gefiltert, ausgewählt und priorisiert, bevor ein Narrativ erstellt und hieraus ein Text in natürlicher Sprache generiert wird. Handelt es sich um einen Nachrichtentext, wird der generierte Text schließlich veröffentlicht.

Eingesetzt wird das Computerprogramm für die Nachrichtentextgenerierung insbesondere im Bereich der Sportnachrichten, Finanznachrichten, Wettermeldungen, Feinstaubmeldungen und Lokalnachrichten. In diesen Bereichen werden Daten strukturiert gesammelt und verwendet, sodass sich die automatisierte Generierung von Nachrichtentexten in diesen Bereichen gut eignet. Zwar nutzt die Mehrzahl an Medienunternehmen bisher noch keine computergenerierten Nachrichtentexte. Aber dies könnte sich in der Zukunft ändern.

In Deutschland gibt es bereits mehrere Unternehmen, die sich mit der Nachrichtentextgenerierung beschäftigen. Zwei in diesem Bereich bekannte Unternehmen sind die Retresco GmbH mit Sitz in Berlin und die AX Semantics GmbH mit Sitz in Stuttgart. Retresco verwendet seinen Textgenerator namens „rtr textengine", wohingegen AX Semantics die Plattform und das Computerprogramm „AX Semantics NLG Cloud" verwendet.

Die beim automatisierten Journalismus beteiligten Akteure sind hauptsächlich Folgende: Datenlieferant, Computerprogrammhersteller, Computerprogrammanbieter und Medienunternehmen.

Zu den Vorteilen des automatisierten Journalismus zählen die Arbeitserleichterung für den Journalisten, der breitere Zugang zu den Medien, die Sachlichkeit und Objektivität von computergenerierten Nachrichtentexten, die geringe Fehleranfälligkeit, die Kostenersparnis (insb. Personalkosten eines Medienunternehmens) und die Schnelligkeit der Berichterstattung.

Die Nachteile des automatisierten Journalismus sind, dass das Lesevergnügen bei computergenerierten Nachrichtentexten kleiner ist als bei den von Menschen geschriebenen Nachrichtentexten, und dass computergenerierte Nachrichtentexte üblicherweise zu objektiv, d.h. weniger kritisch, kreativ oder investigativ, aber teilweise auch zu subjektiv sind, da durch die vorformulierten Textbausteine die sprachliche Wertung des Programmierers zum Vorschein tritt. Zudem kann es nachteilig sein, dass das Computerprogramm für die Nachrichtentextgenerierung Wörter falsch zuordnet, wenn es die Semantik eines Wortes aufgrund von Zweideutigkeit verkennt.

2. Kapitel Rechtliche Grundlagen bei computergenerierten Nachrichtentexten

Aufgrund der technischen Neuheit, Nachrichtentexte mittels eines Computerprogramms generieren zu können, stellen sich bei den rechtlichen Grundlagen die Fragen, ob bereits geltende Normen aus dem Medien- und Urheberrecht auf computergenerierte Nachrichtentexte anwendbar sind und ob Regelungsbedarf besteht. In diesem Rahmen bietet es sich an, die Einführung einer bisher noch nicht geltenden Kennzeichnungspflicht computergenerierter Nachrichtentexte zu diskutieren (A.). Außerdem stellt sich die Frage nach dem urheberrechtlichen Schutz computergenerierter Nachrichtentexte (B.).

A. Kennzeichnungspflicht computergenerierter Nachrichtentexte

Die Praxis des automatisierten Journalismus zeigt, dass manche computergenerierte Nachrichtentexte mit dem Namen des Computerprogramms für die Nachrichtentextgenerierung oder des Computerprogrammanbieters/-herstellers gekennzeichnet werden,[210] wobei dies bisher nicht der Regelfall ist.[211] Es gilt zu untersuchen, ob eine Kennzeichnungspflicht für Medienunternehmen, die computergenerierte Nachrichtentexte verwenden, besteht oder, falls dies nicht der Fall ist, bestehen sollte. Unter der Kennzeichnungspflicht computergenerierter Nachrichtentexte ist die Pflicht des Medienunternehmens zu verstehen, solche Nachrichtentexte zu kennzeichnen, die von einem Computerprogramm generiert wurden.

Das deutsche Recht kennt de lege lata keine für computergenierte Nachrichtentexte geltende Kennzeichnungspflicht. Eine Kennzeichnungspflicht ist

---

210 *Haim/Graefe*, in: Nuernbergk/Neuberger, Journalismus im Internet, S. 139 (143). Als Beispiel dient die Meldung zum Feinstaub in Stuttgart, verfasst von „ax", was auf den Computerprogrammhersteller/-anbieter AX Semantics schließen lässt: *Stuttgarter Zeitung*, Feinstaubalarm und Feinstaub in Stuttgart und Region.

211 *Reichelt*, Einführung in den Roboterjournalismus, S. 82; *Giessmann/Goutrié/Herzog*, in: Dachselt/Weber, Mensch und Computer 2018 - Tagungsband, 02.-05. September 2018, Dresden, S. 225 (226).

allenfalls für Werbung in § 8 MStV (Medienstaatsvertrag) normiert.[212] Für Anbieter von Telemedien in sozialen Netzwerken ist eine Kennzeichnungspflicht im MStV geregelt. § 18 Abs. 3 MStV regelt, dass nach S. 1 „Anbieter von Telemedien in sozialen Netzwerken [...] verpflichtet [sind], bei mittels eines Computerprogramms automatisiert erstellten Inhalten oder Mitteilungen den Umstand der Automatisierung kenntlich zu machen, sofern das hierfür verwandte Nutzerkonto seinem äußeren Erscheinungsbild nach für die Nutzung durch natürliche Personen bereitgestellt wurde“ und nach S. 2, dass „dem Inhalt oder der Mitteilung [...] der Hinweis gut lesbar bei- oder voranzustellen [ist], dass diese unter Einsatz eines das Nutzerkonto steuernden Computerprogramms automatisiert erstellt und versandt wurde.“ Zusammenfassend soll diese Vorschrift also den Anbietern von Telemedien in sozialen Medien die Verpflichtung auferlegen, computergenerierte Texte zu kennzeichnen. Diese Regelung bezieht sich allerdings lediglich auf sog. Social-Bots in sozialen Medien.[213] Solche Social-Bots sind nicht Teil der automatisierten Nachrichtentextgenerierung. Zudem sind die Adressaten des § 18 Abs. 3 MStV lediglich Intermediäre und keine Medienunternehmen. Insofern ist diese Norm auf computergenerierte Nachrichtentexte nicht anwendbar.

Von daher ist zu diskutieren, ob es sinnvoll ist, eine Kennzeichnungspflicht de lege ferenda zu normieren (II.). Hierzu stellt sich auch die Frage, ob eine erweiterte Impressumspflicht eine Kennzeichnungspflicht ersetzt (II.). Anschließend folgt ein Fazit zu den gemachten Ausführungen (III.).

I. Kennzeichnungspflicht de lege ferenda

Es werden Stimmen lauter, dass eine Kennzeichnungspflicht eingeführt werden soll.[214] Beispielsweise wird die Einführung einer Kennzeichnungspflicht vom Deutschen Journalisten-Verband befürwortet, da das Ausbleiben der Kennzeichnung von computergenerierten Nachrichtentexten „berufsethisch unverantwortbar“ sei.[215] Die Kennzeichnung computergenerierter Texte wird auch in

212 Die Textgenerierung wird mittlerweile ebenfalls zur Anfertigung personalisierter Werbetexte verwendet: *Giessmann/Goutrié/Herzog*, in: Dachselt/Weber, Mensch und Computer 2018 - Tagungsband, 02.-05. September 2018, Dresden, S. 225 (225).

213 *Paal/Heidtke*, ZUM 2020, 230 (234); *Ory*, ZUM 2019, 139 (141).

214 *Sommer* im Interview: *Reichelt*, Einführung in den Roboterjournalismus, S. 86; *Dörr*, Digital Journalism 2016, 700 (710).

215 *Giessmann/Goutrié/Herzog*, in: Dachselt/Weber, Mensch und Computer 2018 - Tagungsband, 02.-05. September 2018, Dresden, S. 225 (226).

anderen Bereichen diskutiert. So wird diskutiert, ob für Chat-Bots bzw. Social-Bots auf nationaler und europäischer Ebene Kennzeichnungspflichten normiert werden sollen.[216]

Für eine Kennzeichnungspflicht de lege ferenda spricht zunächst, dass den Texten mehr Transparenz gegenüber den Rezipienten[217] verliehen wird.[218] Die Transparenz hilft dem Rezipienten vor allem, einen Nachrichtentext inhaltlich besser einordnen zu können, da jeder Journalist einen individuellen Schreibstil und eine eigene Darstellung der Inhalte hat. Der Vorteil hierbei ist, dass der Rezipient bei Kenntnis des Autorennamens Parallelen zwischen mehreren Nachrichtentexten des gleichen Autors feststellen und dadurch den Inhalt des jeweiligen Nachrichtentextes möglicherweise besser verstehen kann. Zudem sind bestimmte Autorennamen für Medienunternehmen ein „Qualitätssiegel", sodass manche Rezipienten Zeitungsartikel von einem bestimmten Autor immer wieder lesen möchten. Dieses Argument gilt allerdings eher für subjektive Nachrichtentexte, in denen der Schreibstil, der inhaltliche Aufbau usw. zum Ausdruck kommen. Diese haben jedoch im automatisierten Journalismus bisher noch keine Relevanz erlangt, da nach dem derzeitigen technischen Stand computergenerierte Nachrichtentexte mangels kritischen, kreativen oder investigativen Inhalts einen eher faktenbasierten Charakter haben.[219] Dennoch kann nicht davon ausgegangen werden, dass der Rezipient bei nicht gekennzeichneten Nachrichtentexten annimmt, dass diese von einem Computerprogramm generiert wurden.

Außerdem kann das Argument angeführt werden, dass ohne eine Angabe, ob und wodurch ein Nachrichtentext computergeneriert wurde, die Kenntlichkeit der Verantwortlichkeit des Inhalts erschwert werden würde. Hiergegen spricht jedoch, dass die Transparenz im Rahmen der Verantwortlichkeit gerade durch das Impressum gewährt wird.[220]

Für den Bedarf einer Kennzeichnungspflicht für computergenerierte Nachrichtentexte könnte der Vergleich mit der bereits geltenden Kennzeichnungspflicht für Kommentare nach § 6 Abs. 1 S. 4 MStV sprechen. Hiernach sind

216 *Löber/Roßnagel*, MMR 2019, 493 (495).

217 Hierunter sind auch Dritte zu verstehen, die vom Inhalt des Nachrichtentextes betroffen sind.

218 *Giessmann/Goutrié/Herzog*, in: Dachselt/Weber, Mensch und Computer 2018 - Tagungsband, 02.-05. September 2018, Dresden, S. 225 (226).

219 Siehe 1. Kap. G. I.

220 Siehe 2. Kap. A. II. So auch *Oster*, MedienWirtschaft 2019, 32 (35).

Kommentare „von der Berichterstattung deutlich zu trennen und unter Nennung des Verfassers als solche zu kennzeichnen.“ Ein Vergleich mit § 6 Abs. 1 S. 4 MStV scheidet allerdings aus dem Grund aus, da diese Norm nur auf Kommentare Anwendung findet und solche zum heutigen Zeitpunkt im automatisierten Journalismus praxisfern sind.[221] Computergenerierte Nachrichtentexte sind vielmehr Gegenstand der Berichterstattung, die nach § 6 Abs. 1 S. 4 MStV im Umkehrschluss keiner Kennzeichnungspflicht unterliegen. Denn der Zweck der Namensnennung nach § 6 Abs. 1 S. 4 MStV liegt, wie auch bei der Vorgängernorm (§ 10 Abs. 1 S. 4 RStV), darin, dass sich die Meinung und persönliche Einstellung des Kommentators von dem restlichen Programm abheben soll, um Verwirrungen des Rezipienten vorzubeugen, dass die Äußerungen des Kommentators der Meinung des Rundfunks entsprechen.[222]

Gegen eine Kennzeichnungspflicht de lege ferenda könnte ein Vergleich mit dem „Recht auf informationelle Selbstbestimmung“ sprechen. Das vom Bundesverfassungsgericht entwickelte Grundrecht „Recht auf informationelle Selbstbestimmung“ gem. Art. 2 Abs. 1 i.V.m. Art. 1 Abs. 1 GG gewährleistet dem Einzelnen, über die Preisgabe seiner personenbezogenen Daten selbst zu bestimmen.[223] Der Einzelne ist in diesem Fall der Journalist bzw. Autor eines Nachrichtentextes. Im Rahmen dieses Rechts leitet eine Ansicht der Literatur ab, dass der Einzelne Veröffentlichungen von journalistisch-redaktionell gestalteten Angeboten ohne Nennung des Namens, also anonym, durchführen dürfe.[224] Das heißt, dass Nachrichtentexte eines Journalisten aufgrund des Rechts auf informationelle Selbstbestimmung ohne Nennung des Namens des Journalisten veröffentlicht werden dürfen.[225] Ein Argument gegen die Kennzeichnungspflicht kann sich folglich daraus ergeben, dass computergenerierte Nachrichtentexte ebenfalls anonym veröffentlicht werden dürfen. Jedoch spricht dagegen, dass das „Recht auf informationelle Selbstbestimmung“ als höchstpersönliches Grundrecht nur

221 Siehe 1. Kap. D. vor I. Sobald in der Zukunft auch künstlich intelligente Computerprogramme für die Nachrichtentextgenerierung eingesetzt werden, wird die Heranziehung von § 6 Abs. 1 S. 4 MStV erneut in Betracht zu ziehen sein.

222 Vgl. *Flechsig* in: Beck'scher Kommentar zum Rundfunkrecht, § 10 RStV, Rn. 62.

223 BVerfG, Urteil vom 15.12.1983 - 1 BvR 209/83, Rn. 147.

224 *Heilmann*, Anonymität für User-Generated Content?, S. 85. *Heilmann* zieht zudem einen Vergleich zum Urheberpersönlichkeitsrecht gem. § 13 UrhG, wonach der Urheber entscheiden kann, ob er sein Werk mit einer Urheberbezeichnung versieht oder dies unterlässt: *Heilmann*, Anonymität für User-Generated Content?, S. 87.

225 Insofern ist die Aussage von *Oster* unzutreffend, dass sich Journalismus und Anonymität gegenseitig ausschließen: *Oster*, MedienWirtschaft 2019, 32 (35).

für natürliche Personen gilt und nicht für einen Computerprogrammhersteller/-anbieter als Unternehmen. Zudem ist das „Recht auf informationelle Selbstbestimmung“ erst recht nicht berührt, wenn lediglich gekennzeichnet wird, dass ein Nachrichtentext computergeneriert wurde.

Gegen eine Kennzeichnungspflicht de lege ferenda ist anzuführen, dass bei manchen Nachrichtentexten Pseudonyme verwendet werden, die nicht unbedingt auf die dahinstehende Person schließen lassen.[226] Eine Transparenz ist hierdurch also auch nicht gegeben. Ausreichend sind vielmehr die Angaben im Impressum.[227]

Schließlich sprechen die besseren Argumente gegen die Einführung einer Kennzeichnungspflicht. Zwar verleiht die Angabe eines Medienunternehmens, dass ein Nachrichtentext computergeneriert ist, dem Rezipienten mehr Transparenz und lässt das Medienunternehmen möglicherweise seriöser wirken, als wenn keine Herkunftsangabe des Verfassers getätigt wird. Allerdings entstehen hierdurch dem Rezipienten keine rechtlichen Nachteile, zumal die Verantwortlichkeit für den Inhalt durch das Impressum gewahrt wird.[228] Ein Bedarf für eine Kennzeichnungspflicht de lege ferenda ist somit abzulehnen.

II. Erweiterte Impressumspflicht als Alternative

Alternativ zu einer Kennzeichnungspflicht de lege ferenda könnte der Bedarf bestehen, die bestehende Impressumspflicht zu erweitern. Der Sinn und Zweck eines Impressums ist, anzugeben, wer für die veröffentlichten Inhalte verantwortlich ist.[229] Die Haftungslage wird also durch das Impressum konkretisiert. Bei computergenerierten Nachrichtentexten ist die Autorenangabe für die Haftung demnach grundsätzlich irrelevant, weil durch das Impressum die Verantwortlichkeit bestimmt wird.

Hinsichtlich der bestehenden Impressumspflicht ist die maßgebliche Norm beim Online-Journalismus § 18 Abs. 2 MStV, wohingegen sich beim Print-Journalismus die Regelungen in den meisten Landespressegesetzen finden.[230] Aufgrund der vorherrschenden Anwendung des automatisierten Journalismus

---

226 So auch *Heilmann*, Anonymität für User-Generated Content?, S. 86.

227 Siehe 2. Kap. A. II.

228 *Lent*, ZUM 2015, 134 (134); *Held* in: Hamburger Kommentar Gesamtes Medienrecht, 69. Abschnitt, Rn. 1; *Fechner*, Medienrecht, Kap. 8, Rn. 119.

229 Ebd.

230 *Lent*, ZUM 2015, 134 (134); *Held* in: Hamburger Kommentar Gesamtes Medienrecht, 69. Abschnitt, Rn. 3 i.V.m. 49.

im Internet[231] wäre § 18 Abs. 2 S. 1 MStV maßgeblich relevant, wonach „Anbieter von Telemedien mit journalistisch-redaktionell gestalteten Angeboten, in denen insbesondere vollständig oder teilweise Inhalte periodischer Druckerzeugnisse in Text oder Bild wiedergegeben werden, [...] einen Verantwortlichen mit Angabe des Namens und der Anschrift zu benennen [haben]." Jedoch umfasst diese Impressumspflicht nicht, dass eine Angabe des Autors erfolgen muss.

Die Argumente für die Einführung einer erweiterten Impressumspflicht mit der Angabe, ob ein Nachrichtentext computergeneriert wurde, gleichen größtenteils den Argumenten in der Diskussion über die Einführung einer Kennzeichnungspflicht.[232] Für eine erweiterte Impressumspflicht spricht auch hier die Transparenz gegenüber dem Rezipienten. Jedoch ist der entscheidende Faktor gegen die Einführung einer erweiterten Impressumspflicht, dass das Medienunternehmen die Veröffentlichung vornimmt und nicht der Computerprogrammhersteller/-anbieter selbst. Da die Impressumsangaben nach § 18 Abs. 1 MStV nur die Anbieter von Telemedien betreffen und somit auf die Veröffentlichung und nicht auf die für die Erstellung der Texte betroffenen Unternehmen bezogen sind, liegt eine solche erweiterte Impressumspflicht fern.

III. Fazit

Die Diskussionen führen zu dem Schluss, dass es keiner Regelung de lege ferenda bedarf, Medienunternehmen zu verpflichten, computergenerierte Nachrichtentexte zu kennzeichnen. Dass sich ein Medienunternehmen ohne Autorenangabe bei computergenerierten oder von Menschenhand geschriebenen Nachrichtentexten der Haftung des Inhalts entziehen könnte, ist aufgrund der bestehenden Impressumspflicht abzulehnen. Es ist möglich, dass die Reputation eines Medienunternehmens sinkt, wenn es computergenerierte Nachrichtentexte nicht kennzeichnet. Insofern bleibt es den Medienunternehmen de lege lata selbst überlassen, ob sie veröffentlichte computergenerierte Nachrichtentexte dementsprechend kennzeichnen.

B. Urheberrechtlicher Schutz von computergenerierten Nachrichtentexten

Die Neuheit, die mit dem automatisierten Journalismus einhergeht, liegt nicht in den Nachrichtentexten an sich. Denn diese gibt es schon seit einer sehr langen

231 Vgl. *Reichelt*, Einführung in den Roboterjournalismus, S. 12–14.
232 Siehe 2. Kap. A. I.

Zeit. Die Neuheit ist vielmehr in der Art und Weise der Erstellung eines Nachrichtentextes zu sehen. Mithilfe der mittlerweile vorhandenen Computerprogramme für die Nachrichtentextgenerierung[233] kann ein computergenerierter Nachrichtentext heute schon als ein von Menschenhand geschriebener Nachrichtentext eingestuft werden. Hiermit einhergehend stellt sich vor allem die Frage, ob computergenerierte Nachrichtentexte Schutz nach dem Urheberrecht genießen.

Ein Schutzmechanismus könnte darin bestehen, dass computergenerierte Nachrichtentexte durch abgeleitete Rechte von geschützten Computerprogrammen geschützt werden (I.). Jedoch ist die Reichweite des Schutzes von Computerprogrammen nicht groß genug ist, um auch Erzeugnisse in Gestalt von generierten Nachrichtentexten zu umfassen. Somit bleibt nur ein eigenständiger Schutz von generierten Nachrichtentexten (II.).

I. Derivativer Schutz

Die grundlegende Voraussetzung für einen derivativen, d.h. abgeleiteten Schutz von computergenerierten Nachrichtentexten, ist der Schutz des Computerprogramms an sich.

Computerprogramme können sowohl durch das Urheberrecht als auch durch andere Normen des gewerblichen Rechtsschutzes geschützt sein, wie § 69g Abs. 1 UrhG festlegt.

Im Urheberrecht ergibt sich der Schutz von Computerprogrammen aus dem Schutz von Sprachwerken gem. §§ 2 Abs. 1 Nr. 1, 69a Abs. 1 UrhG.[234] Sinn und Zweck dieses Schutzes ist unter anderem, die unerlaubte Vervielfältigung von Computerprogrammen zu verhindern und Softwarepiraterie zu bekämpfen.[235] Der Schutz wird durch die §§ 69a-69g UrhG spezifisch geregelt. Essenzielle Voraussetzung dafür ist, dass das Computerprogramm das Ergebnis einer „eigenen geistigen Schöpfung" gem. § 69a Abs. 3 UrhG ist. Urheber sind in solchen Fällen diejenigen Personen, die das Computerprogramm erstellt und entwickelt haben.[236] Übertragen auf den automatisierten Journalismus heißt

---

233 Siehe 1. Kap. C. I.

234 Auf Unionsebene enthält die Richtlinie 2009/24/EG des Europäischen Parlaments und des Rates vom 23. April 2009 über den Rechtsschutz von Computerprogrammen Vorgaben für den urheberrechtlichen Schutz für Computerprogramme. Im deutschen Recht wurden unter anderem §§ 69a-69g UrhG umgesetzt und diese sind im Lichte der Richtlinie auszulegen.

235 *Lettl*, Urheberrecht, § 8, Rn. 3.

236 BGH, GRUR 2005, 860, 861 – Fash 2000.

dies, dass die programmierende natürliche Person auf der Seite des Computerprogrammherstellers der Urheber des Computerprogramms ist.[237] Ob ein Computerprogramm das Produkt einer eigenen geistigen Schöpfung ist, lässt sich der Rechtsprechung des BGH zufolge zwar „gesetzlich" nicht vermuten.[238] Allerdings gebe es für komplexe Computerprogramme eine „tatsächliche" Vermutung.[239] Hieraus folgt, dass bei komplexen Computerprogrammen vermutet werden kann, dass diese auf einer eigenen geistigen Schöpfung beruhen und deshalb urheberrechtlich geschützt sind. Eine Ansicht in der Literatur verneint den Urheberrechtsschutz bei Computerprogrammen, die das Können eines durchschnittlichen Computerprogramms nicht deutlich überragen.[240]

Die Anforderungen an die Höhe der geistigen Schöpfung sind laut der Rechtsprechung nicht hoch, sondern lediglich das bloße Vorliegen einer „individuellen geistigen Schöpfung" durch den Programmierer reiche für einen Urheberrechtsschutz aus.[241] Insofern ist die Frage, „ob" ein solcher Schutz an einem Computerprogramm für die Nachrichtentextgenerierung besteht, zu bejahen.[242]

Die weitergehende Frage ist, „wie weit" der urheberrechtliche Schutz bei einem Computerprogramm geht. In § 69a Abs. 2 UrhG wird der im Urheberrecht geltende Grundsatz wiederholend genannt, dass nur Ausdrucksformen geschützt sind, aber keine Ideen und Grundsätze.[243] Der Rechtsprechung des EuGH und einem Großteil der Literatur zufolge sind bei einem Computerprogramm der Quellcode und der Objektcode als Ausdrucksform des Computerprogramms geschützt,[244] nicht jedoch die Programmiersprache.[245] Somit ist der

---

237 Zum urheberrechtlichen Schutz von Computerprogrammen: *Habel*, Roboterjournalismus, S. 164 f.

238 BGH, GRUR 2005, 860, 861 – Fash 2000.

239 BGH, MMR 2013, 526, 528, Rn. 24 – UniBasic-IDOS; BGH, GRUR 2005, 860, 861 – Fash 2000; OLG Frankfurt/M., GRUR 2015, 784, 787, Rn. 36; vgl. *Marly*, Praxishandbuch Softwarerecht Rn. 79.

240 *Dreier* in: Urheberrechtsgesetz Kommentar, § 2, Rn. 126.

241 BGH, MMR 2013, 526, 528, Rn. 24 – UniBasic-IDOS; OLG Frankfurt/M., GRUR 2015, 784, 787, Rn. 36; BGH, GRUR 2005, 860, 861 – Fash 2000.

242 Gleiches gilt für die Software.

243 So auch *Marly*, Praxishandbuch Softwarerecht Rn. 85.

244 EuGH, MMR 2012, 468, 469, Rn. 34, 35 – SAS Institute; *Wiebe* in: Recht der elektronischen Medien, Zwölfter Teil, § 69a, Rn. 4; *Lettl*, Urheberrecht, § 8, Rn. 12; *Haedicke*, Patentrecht, 10. Kapitel, Rn. 3.

245 EuGH, MMR 2012, 468, 469, Rn. 39, 46 – SAS Institute; *Wiebe* in: Recht der elektronischen Medien, Zwölfter Teil, § 69a, Rn. 4.

urheberrechtliche Schutz am Maßstab des Quellcodes und des Objektcodes zu messen,[246] wenngleich nach der Rechtsprechung des EuGH auch andere Datenverarbeitungssprachen einen Schutz genießen können.[247] Der Quellcode wird vom Programmierer als Text geschrieben und ist für einen Menschen lesbar, wohingegen der Objektcode die maschinenlesbare Fassung des Quellcodes ist.[248]

Computerprogramme für die Nachrichtentextgenerierung sind, unabhängig von dem bestimmten Computerprogrammtyp, geschützt, da der urheberrechtliche Schutz unabhängig vom Typ des Computerprogramms als Standard- oder Individualcomputerprogramm besteht.[249] Die Algorithmen eines Computerprogramms unterliegen hingegen grundsätzlich keinem Urheberrechtsschutz.[250]

Allerdings weist der urheberrechtliche Schutz von Computerprogrammen aus folgendem Grund Lücken auf. Wie bereits in diesem Unterabschnitt erwähnt, schützt das Urheberrecht unter anderem den Quellcode, aber nicht die Funktionalität eines Computerprogramms. Somit kann es zu einer Urheberrechtsverletzung kommen, wenn ein Computerprogramm beispielsweise mit einem Quellcode erstellt wird, der selbst urheberrechtlich geschützt ist. Allerdings liegt keine Urheberrechtsverletzung vor, wenn ein mit gleicher Funktionalität programmiertes Computerprogramm mit einem anderen Quellcode erstellt wird.[251] Für den Computerprogrammanwender ist üblicherweise die Funktionalität des Computerprogramms relevant, wohingegen für den Computerprogrammhersteller der Quellcode ausschlaggebend ist, da er mit diesem das Computerprogramm erstellt.

Diese rechtliche Lücke kann auch nicht durch das Patentrecht geschlossen werden. Zwar steht das Patentrecht dem Computerprogramm schon aus zwei Gründen näher als das Urheberrecht. Erstens ist ein Computerprogramm weniger auf Persönlichkeitsrechte des Urheberrechts bezogen,[252] da bei Computerprogrammen vielmehr ein technischer Rechtsschutz im Vordergrund steht und Computerprogramme weniger Ausdruck der Persönlichkeit des Urhebers sind. Zweitens ist die urheberrechtliche Schutzdauer von 70 Jahren *post mortem auctoris* für den Schutz von Computerprogrammen in der Regel zu lang,[253] da sich

246 So auch *Wiebe* in: Recht der elektronischen Medien, Zwölfter Teil, § 69a, Rn. 4.

247 EuGH, MMR 2012, 468, 469, Rn. 35 – SAS Institute.

248 *Wiebe* in: Recht der elektronischen Medien, Zwölfter Teil, § 69a, Rn. 4; *Papastefanou*, WRP 2020, 290 (292).

249 Vgl. *Dreier* in: Urheberrechtsgesetz Kommentar, § 69a, Rn. 12.

250 *Ehinger/Grünberg*, K&R 2019, 232 (233).

251 So auch EuGH, MMR 2012, 468, 469, Rn. 41 – SAS Institute.

252 So auch *Haedicke*, Patentrecht, 10. Kapitel, Rn. 4.

253 Ebd.

technische Neuheiten zeitnaher und vor Ende der 70 Jahre nach dem Tod des Urhebers zutragen.

Allerdings wird für ein Computerprogramm für die Nachrichtentextgenerierung kein Patent nach § 1 Abs. 1 PatG erteilt werden können, da die Voraussetzungen nicht vorliegen. Gem. § 1 Abs. 1 PatG sind die Voraussetzungen bei einer Patenterteilung für Computerprogramme erfüllt, wenn sie neu und gewerblich anwendbar sind und eine erfinderische Tätigkeit darstellen. Computerprogramme genießen gem. § 1 Abs. 3 Nr. 3, Abs. 4 PatG keinen Patentschutz, sofern für sie „als solche Schutz begehrt wird". Diese Differenzierung zwischen dem Patentschutz von Computerprogrammen „als solche" oder von Computerprogrammen im Übrigen wird als nicht trivial angesehen,[254] wie auch die folgenden Ausführungen zeigen. Der Versuch einer Auslegung dieses unbestimmten Rechtsbegriffes („als solche") führt zu keinem befriedigenden Ergebnis.

Der BGH führt zur Bedeutung des Rechtsbegriffs „als solche" aus, dass für die Auslegung der Sinn und Zweck der gesetzlichen Regelung maßgeblich ist und nicht etwa das Verständnis von Computerfachleuten.[255] So sei nicht die Benutzung eines Computerprogramms patentfähig, sondern die Lösung eines technischen Problems mithilfe eines Computerprogramms.[256] Die Datenverarbeitung reiche dabei als Lösung eines technischen Problems nicht aus, sondern das technische Problem muss über die Datenverarbeitung hinausgehen.[257]

Computerprogramme zur Nachrichtentextgenerierung lösen kein technisches Problem, sondern erstellen „lediglich" Texte mithilfe von Textbausteinen oder kombinierten Begriffen. Somit stellen Computerprogramme für die Nachrichtentextgenerierung keine Erfindung gem. § 1 Abs. 3 Nr. 3 PatG dar.[258]

Somit bleibt es bei dem urheberrechtlichen Schutz des Computerprogrammes und seiner Ausdrucksformen nach §§ 2 Abs. 1 Nr. 1, 69a Abs. 1 UrhG.

Das Urheberrecht sieht allerdings keinen abgeleiteten Schutz für Erzeugnisse von urheberrechtlich geschützten Werken vor.[259] In der Literatur wird dennoch

254 So auch *Marly*, Praxishandbuch Softwarerecht Rn. 417; *Nirk u. a.*, Patentrecht Rn. 161.

255 BGHZ 149, 68, 73 – Suche fehlerhafter Zeichenketten.

256 BGH, GRUR 2011, 610, 612, Rn. 17 – Webseitenanzeige; BGHZ 185, 214, 222 f. – Dynamische Dokumentengenerierung; BGHZ 149, 68, 74 – Suche fehlerhafter Zeichenketten; in der Literatur statt aller *Mes*, Patentgesetz Gebrauchsmustergesetz, § 1 Rn. 125.

257 BGH, GRUR 2009, 479, 480, Rn. 11 – Steuerungseinrichtung für Untersuchungsmodalitäten.

258 *Habel*, Roboterjournalismus, S. 162.

259 So auch *Hetmank/Lauber-Rönsberg*, GRUR 2018, 574 (577).

vertreten, dass auch Arbeitsergebnisse von urheberrechtlich geschützten Computerprogrammen urheberrechtlich geschützt sein können.[260] Diese Ansicht hat jedoch keine große Zustimmung in der Literatur erfahren.[261] Mangels patentrechtlichen Schutzes von Computerprogrammen für die Nachrichtentextgenerierung entsteht auch kein patentrechtlicher derivativer Schutz für computergenerierte Nachrichtentexte.[262]

II. Schutz von computergenerierten Nachrichtentexten

Beim eigenständigen Schutz von computergenerierten Nachrichtentexten ergibt sich ein Unterschied zwischen einerseits solchen Texten, die nach der Generierung nicht mehr bearbeitet werden (1.), und andererseits solchen Texten, die im Nachhinein vor Veröffentlichung – auch als Vorlage[263] – von einem Journalisten bearbeitet werden (2.). Das Hauptaugenmerk liegt dabei auf den unbearbeiteten computergenerierten Nachrichtentexten.

In beiden Varianten kann das Computerprogramm selbst nicht Urheber sein, da als Urheber nach deutschem Urheberrecht nur eine natürliche Person in Betracht kommen kann[264]. Die Begründungen hierfür sind vielseitig und können unter anderem darin gesehen werden, dass einerseits in § 2 Abs. 2 UrhG der Begriff „persönliche“ geistige Schöpfungen genannt wird und lediglich ein Mensch „Persönlichkeit“ besitzt, um geistige Schöpfungen zu erbringen,[265] und andererseits gem. § 64 UrhG das Urheberrecht 70 Jahre nach dem Tod des (menschlichen) Urhebers erlischt.[266]

Unabhängig davon, welche Person beim automatisierten Journalismus als Urheber in Betracht kommt, müsste für die Bestimmung der Urheberschaft ein computergenerierter Nachrichtentext ein urheberrechtliches Werk darstellen, was im Folgenden ein Teil der Untersuchung ist.

---

260 *Weissthanner*, Urheberrechtliche Probleme Neuer Musik, S. 75 f.

261 *Hetmank/Lauber-Rönsberg*, GRUR 2018, 574 (577) m.w.N.

262 Vgl. *Hetmank/Lauber-Rönsberg*, GRUR 2018, 574 (576).

263 Zu dieser Form des automatisierten Journalismus siehe 1. Kap. C. I. 4. b).

264 So auch *Ehinger/Grünberg*, K&R 2019, 232 (233); *Nordemann* in: Urheberrecht, § 2, Rn. 21; *Schulze* in: Urheberrechtsgesetz Kommentar, § 2, Rn. 8; *Bullinger* in: Praxiskommentar zum Urheberrecht, § 2, Rn. 15; *Rehbinder/Peukert*, Urheberrecht und verwandte Schutzrechte Rn. 188; vgl. *Schack*, Urheber- und Urhebervertragsrecht Rn. 184; vgl. *Legner*, ZUM 2020, 807 (808).

265 *Schulze* in: Urheberrechtsgesetz Kommentar, § 2, Rn. 8.

266 Ein Computerprogramm kann denklogisch nicht sterben.

1. Unbearbeiteter computergenerierter Nachrichtentext

Die wirtschaftliche Relevanz von unbearbeiteten computergenerierten Nachrichtentexten zeigt sich insbesondere in § 12 Abs. 1 UrhG, wonach der Urheber das Recht hat, zu bestimmen, ob und wie sein Werk veröffentlicht wird. Wenn ein Medienunternehmen einen urheberrechtlich geschützten computergenerierten Nachrichtentext[267] publiziert bzw. der Öffentlichkeit zugänglich machen möchte, ohne der Urheber zu sein, muss es hierfür nach § 6 Abs. 1 i.V.m. § 12 Abs. 1 UrhG die Zustimmung des Urhebers einholen. Auch Bearbeitungen von computergenerierten Nachrichtentexten dürfen nach § 23 S. 1 UrhG nur mit Einwilligung des Urhebers veröffentlicht oder verwertet werden. Ein Medienunternehmen dürfte also einen urheberrechtlich geschützten computergenerierten Text auch dann nicht veröffentlichen, wenn es diesen ohne die Einwilligung des Urhebers zuvor bearbeitet hat. Eine freie Benutzung gem. § 24 Abs. 1 UrhG hingegen, für die keine Zustimmung für eine Veröffentlichung und Verwertung erforderlich ist, liegt vor, wenn der computergenerierte Text vor der Bearbeitung lediglich als Anregung dient und sich die individuellen Züge des computergenerierten Textes nicht mehr in der bearbeiteten Fassung zeigen.

Es lässt sich also schlussfolgern, dass sowohl § 23 S. 1 UrhG als auch § 12 Abs. 1 UrhG für die Medienunternehmen sehr einschränkend sein können. Ohne eine gegebenenfalls erforderliche Zustimmung des Urhebers an den generierten Nachrichtentexten können Medienunternehmen mangels Veröffentlichung bestimmter Nachrichtentexte finanzielle Einbußen erleiden.[268]

Eine Zustimmung ist aber ohnehin nicht erforderlich, wenn an einem unbearbeiteten computergenerierten Nachrichtentext kein Urheberrecht besteht. Gänzlich schutzlos ist ein unbearbeiteter computergenerierter Nachrichtentext im urheberrechtlichen Kontext, wenn zudem auch keine verwandten Schutzrechte nach §§ 70 ff. UrhG Schutz gewähren. Im Einzelnen ist zu untersuchen, ob ein unbearbeiteter computergenerierter Nachrichtentext eine „Ausdrucksform" des Computerprogramms nach § 69a Abs. 2 S. 1 i.V.m. § 2 Abs. 1 Nr. 1, Abs. 2 UrhG darstellt (a)), ein Schriftwerk nach § 2 Abs. 1 Nr. 1, Abs. 2 UrhG ist (b)) oder Schutz nach §§ 87a ff. und § 4 UrhG (c)) genießt. Anschließend ist zu diskutieren, ob eine Notwendigkeit für Schutz nach dem Urheberrecht de lege ferenda besteht (d)).

---

267 Der Schutz wird in diesem Beispiel unterstellt und ist kein vorweg gestelltes Ergebnis der rechtlichen Untersuchung.

268 Vgl. Ausführungen in: 1. Kap. A.

a) Als „Ausdrucksform" des Computerprogramms nach § 69a Abs. 2 S. 1 i.V.m. § 2 Abs. 1 Nr. 1, Abs. 2 UrhG

Nach Ansicht der Rechtsprechung und einem Teil der Literatur umfasst der Schutz der Ausdrucksform gem. § 69a Abs. 2 S. 1 UrhG lediglich das Computerprogramm in seiner inneren Gestaltung (z.B. seinen Quellcode und Objektcode).[269] Computergenerierte (Nachrichten-)Texte sind nicht mit dem Quellcode oder Objektcode gleichzusetzen.[270] Somit sind computergenerierte Nachrichtentexte nicht als Ausdrucksform des Computerprogramms geschützt.

b) Schriftwerk nach § 2 Abs. 1 Nr. 1, Abs. 2 UrhG

Schriftwerke, die zu den in § 2 Abs. 1 Nr. 1 UrhG als Oberbegriff aufgezählten Sprachwerken zählen, lassen sich wiederum in verschiedene Untergruppen unterteilen: Sprachwerke schöngeistigen Inhalts, Sprachwerke wissenschaftlichen und technischen Inhalts, Sprachwerke des täglichen Bedarfs sowie Sprachwerke, die Gebrauchszwecken dienen.[271] Computergenerierte Nachrichtentexte können Urheberrechtsschutz als Sprachwerke des täglichen Bedarfs erlangen.

Für diesen urheberrechtlichen Schutz müssen computergenerierte Nachrichtentexte gem. § 2 Abs. 2 UrhG „persönliche geistige Schöpfungen" sein. Bei den hinter diesem Begriff („persönliche geistige Schöpfungen") stehenden Voraussetzungen[272] sind Folgende in Betracht zu nehmen: die „Individualität" (aa)), die „Gestaltungshöhe" (bb)) und die „persönliche" Schöpfung (cc)). Die erforderliche Zurechenbarkeit ist dabei das Kernproblem (dd)). Die Ergebnisse aus dieser Untersuchung werden in einem Fazit festgehalten (ee)).

aa) Individualität

Eine persönliche geistige Schöpfung weist Individualität auf, wenn sich das Werk in seiner Konzeption, seinem Inhalt und der Form von anderen Werken abgrenzt und dadurch keinen alltäglichen Charakter inne hat,[273] also sich vom Bisherigen unterscheidet.[274] Zudem muss das Werk einen geistigen Gehalt insofern

---

269 OLG Düsseldorf, MMR 1999, 729, 730; LG Köln, ZUM 2005, 910, 915; *Grützmacher* in: Praxiskommentar zum Urheberrecht, § 69a, Rn. 23; vgl. *Dreier* in: Urheberrechtsgesetz Kommentar, § 69a, Rn. 16.

270 Siehe 2. Kap. B. I.

271 *Nordemann* in: Urheberrecht, § 2, Rn. 56.

272 Statt aller *Nordemann* in: Urheberrecht, § 2, Rn. 20.

273 *Nordemann* in: Urheberrecht, § 2, Rn. 24.

274 *Schulze* in: Urheberrechtsgesetz Kommentar, § 2, Rn. 18; vgl. *Rehbinder*, ZUM 2000, 1 (2).

aufweisen, als die Gedanken eines Menschen aus dem Werk hervorgehen müssen.[275] Der BGH verwendet verschiedene Begrifflichkeiten als Beschreibung für die Individualität und nennt unter anderem den Begriff „eigenschöpferische Prägung".[276] Es lässt sich zudem sagen, dass die Individualität bestimmt, „ob" einem Werk überhaupt ein geistiger Gehalt zukommt, wohingegen die Gestaltungshöhe[277] danach fragt, „wieviel" geistiger Gehalt und damit Individualität in einem Werk vorhanden ist.[278] Denklogisch weist also ein Werk einen geistigen Gehalt auf, wenn die Individualität des Werkes gegeben ist. Infolgedessen wäre lediglich das Ausmaß der Individualität zu bestimmen. Dieses Ausmaß wirkt sich hauptsächlich auf den Schutzumfang bei dem geschützten Werk aus. Je ausgeprägter die Individualität ist und je mehr Gestaltungshöhe die Schöpfung vorweist, desto größer ist der Schutzumfang.[279]

Für die Beurteilung, ob ein Sprachwerk Individualität aufweist, sind alle gestalterischen Elemente dieses Werkes im Ganzen zu betrachten.[280] Hierbei bietet sich regelmäßig ein Vergleich mit anderen Werken gleicher Art an, um die Individualität festzustellen.[281] Die Beurteilung soll nach ständiger Rechtsprechung des BGH von dem einigermaßen vertrauten und aufgeschlossenen Verkehrskreis bemessen werden.[282]

Der Großteil der computergenerierten Texte erfüllt die Voraussetzung der Individualität. Denn computergenerierte Nachrichten weisen üblicherweise keinen alltäglichen Charakter auf, da es Nachrichtentexten immanent ist, dass sich ihr Inhalt von anderen Inhalten unterscheidet. Zwar gibt es verschiedene Nachrichten zu demselben Thema (z.B. zum Finale der Fußball-Weltmeisterschaft in Rio de Janeiro, Brasilien, im Jahr 2014), jedoch unterscheiden sich diese Nachrichten voneinander durch ihre Formulierung und ihren Aufbau. Folglich ist

275 *Nordemann* in: Urheberrecht, § 2, Rn. 25; *Schulze* in: Urheberrechtsgesetz Kommentar, § 2, Rn. 81; *Haberstumpf* in: Handbuch des Fachanwalts Gewerblicher Rechtsschutz, Kap. 7, Rn. 66.

276 BGH, GRUR 2002, 958, 960 – Technische Lieferbedingungen; BGH, GRUR 1993, 34, 36 – Bedienungsanweisung; BGHZ 94, 276, 285 – Inkasso-Programm; BGH, GRUR 1991, 529, 530 – Explosionszeichnungen.

277 Ausführlich zur Gestaltungshöhe in: 2. Kap. B. II. 1. b) bb).

278 Vgl. *Nordemann* in: Urheberrecht, § 2, Rn. 30.

279 Ebd.

280 BGH, GRUR 1990, 669, 673 – Bibelreproduktion.

281 *Schulze* in: Urheberrechtsgesetz Kommentar, § 2, Rn. 57.

282 BGH, GRUR 2015, 1189, 1194, Rn. 63 – Goldrapper; BGH, GRUR 1981, 267, 268 – Dirlada; BGH, GRUR 1972, 143, 144 – Biografie:‚Ein Spiel'.

dem Großteil von Nachrichten ein individueller Gehalt zu unterstellen. Aufgrund ihrer Ähnlichkeit zu den von Menschen geschriebenen Nachrichten ist insbesondere für den einigermaßen vertrauten und aufgeschlossenen Verkehrskreis der Rezipienten zu erkennen, dass menschliche Gedanken in computergenerierten Nachrichten ausgedrückt werden. Selbst der Programmierer oder Redakteur bzw. Journalist würde bei einem computergenerierten Nachrichtentext annehmen, dass dieser den von Menschen verfassten Nachrichtentexten sehr ähnlich, wenn nicht sogar gleich ist.[283]

Handelt es sich wiederum um beispielsweise eher sachlich formulierte Wettermeldungen, die aus wenigen Wörtern bestehen, ist die Individualität eher abzulehnen.

bb) Gestaltungshöhe

Aufgrund der Individualität, die bei dem Großteil der computergenerierten Nachrichten vorliegt, kann auch eine bestimmte Gestaltungshöhe bei diesen festgestellt werden. Zwar ist die Voraussetzung der Gestaltungshöhe nicht normiert, ergibt sich jedoch aus § 2 Abs. 2 UrhG und kann eigenständig neben der Individualität festgestellt werden. Bei Sprachwerken und damit auch Nachrichtentexten ist das erforderliche Maß der Gestaltungshöhe nicht groß, sondern der Textinhalt muss für das Erreichen der erforderlichen Gestaltungshöhe lediglich über das durchschnittliche, alltägliche Maß hinausreichen, wie die Rechtsprechung mit dem Grundsatz der „kleinen Münze" darlegte.[284] Es ist allerdings schwierig festzustellen, wie das durchschnittliche, alltägliche Maß bei Nachrichtentexten zu bestimmen ist. Hierzu haben sich Ansichten in der Literatur und Rechtsprechung herausgebildet.

Sowohl objektiv neutrale Nachrichten als auch subjektiv gefärbte Nachrichten[285] erreichen regelmäßig die erforderliche Gestaltungshöhe[286], wobei die Schutzfähigkeit entfällt, wenn der Nachrichtentext kurz ist und lediglich einen

283 Vgl. *Haim/Graefe*, in: Rössler/Rossmann, Kumulierte Evidenzen, (202).

284 BGHZ 199, 52, 59 – Geburtstagszug. Der Begriff geht zurück auf *Elster*: *Elster*, Gewerblicher Rechtsschutz, S. 40.

285 Siehe 1. Kap. G. II.

286 BGHZ 134, 250, 254 ff. – CB-infobank I; OLG Düsseldorf, ZUM 2014, 242, 243; OLG Brandenburg, ZUM-RD 2013, 376, 379; OLG Karlsruhe, ZUM 2012, 49, 50; KG, GRUR-RR 2004, 228, 229; LG München I, ZUM 2011, 685, 688; *Schulze* in: Urheberrechtsgesetz Kommentar, § 2, Rn. 92; *Schippan*, ZUM 2013, 358 (367). Der Österreichische Oberste Gerichtshof verneint den Urheberrechtsschutz bei bestimmten Arten von Nachrichten: Österreichischer Oberster Gerichtshof, ZUM-RD 2005, 14, 16.

tatsächlichen Inhalt aufweist, wie etwa bei Kurzmeldungen[287]. Dieser meist vorliegende Schutz kann mit dem Gesetz insofern begründet werden, als § 49 UrhG den Schutz von Nachrichtentexten voraussetzt.[288] Die Länge eines Textes ist grundsätzlich ein Indiz für das Erreichen der geistigen Schöpfungshöhe.[289] Wenn ein Nachrichtentext jedoch nur einen kurzen Satz oder wenige kurze Sätze beinhaltet, ist davon auszugehen, dass die Schöpfungshöhe nicht erreicht wird, da in diesem Fall der Nachrichtentext eine alltägliche Form annimmt. Zum Beispiel erreicht folgende Meldung nicht die erforderliche Schöpfungshöhe und genießt somit keinen Urheberrechtsschutz: „Bundeskanzlerin Merkel trifft den Papst".[290] Folgender (computergenerierter) Nachrichtentext würde hingegen die erforderliche Gestaltungshöhe erreichen: „Mit einem Zuwachs von 1,4 Prozent gehört der Wert des Automobilherstellers Volkswagen heute zu den Erfolgreichen des Tages"[291]. Denn dieser Satz ist vergleichsweise lang und der Satzbau, die Wortwahl, die Grammatik und die Wertung („Zuwachs von 1,4 Prozent") schließen auf eine Gestaltungshöhe, die über das „durchschnittliche, alltägliche Maß" hinausreicht.

Ein weiterer Grund ist, dass eine starke Individualprägung schon dadurch entsteht, dass bei Nachrichtentexten unzählige Möglichkeiten bestehen, den Inhalt darzustellen und auszudrücken.[292]

Eine Differenzierung zwischen regelbasierten Computerprogrammen und künstlich intelligenten Computerprogrammen ist bei Untersuchung der erforderlichen Gestaltungshöhe bei Nachrichtentexten weniger relevant, da die Schöpfungshöhe mit dem erstellten Text selbst verknüpft ist und nicht mit der Art und Weise, wie der Text generiert wird. Wenn man einen Schritt vorher ansetzt, kann konstatiert werden, dass die bei regelbasierten Computerprogrammen vorformulierten Textbausteine[293] selbst eine eigene Schöpfungshöhe

---

287 OLG Brandenburg, ZUM-RD 2013, 376, 379; OLG Karlsruhe, ZUM 2012, 49, 50; LG Düsseldorf, ZUM-RD 2007, 367, 368; KG, GRUR-RR 2004, 228, 229; vgl. OLG Düsseldorf, ZUM 2014, 242, 243; *Nordemann* in: Urheberrecht, § 2, Rn. 121.

288 So auch *Nordemann* in: Urheberrecht, § 2, Rn. 121; *Schippan*, ZUM 2013, 358 (367); BGHZ 134, 250, 255 – CB-infobank I; OLG Karlsruhe, ZUM 2012, 49, 50; KG, GRUR-RR 2004, 228, 229; vgl. LG München I, ZUM 2011, 685, 688.

289 *Reinemann/Remmertz*, ZUM 2012, 216 (218).

290 *Schippan*, ZUM 2013, 358 (367).

291 *Reichelt*, Einführung in den Roboterjournalismus, S. 37, mit der Ausführung, dass dieser Text mit dem Computerprogramm „textomatic" erstellt und von dem Handelsblatt publiziert wurde.

292 *Nordemann* in: Urheberrecht, § 2, Rn. 121; OLG Düsseldorf, ZUM 2014, 242, 243.

293 Siehe 1. Kap. C. I. 4. a).

aufweisen können, wenn sie die oben beschriebenen Voraussetzungen (die erforderliche Gestaltungshöhe muss über das „durchschnittliche, alltägliche Maß" hinausreichen) erfüllen.[294]

Zu differenzieren ist vielmehr zwischen den Arten eines Nachrichtentextes:[295] Fußballberichte sind meistens länger, sprachlich vielseitiger und erreichen somit üblicherweise die erforderliche Gestaltungshöhe, wohingegen Finanznachrichten und Wettermeldungen eher objektiv, kurz und faktenbasiert sind[296] und überwiegend keine erforderliche Gestaltungshöhe erreichen[297].

cc) Persönliche Schöpfung

Wie bereits erwähnt, kann nur eine natürliche Person eine persönliche Schöpfung schaffen und damit Urheber eines computergenerierten Textes sein.[298] Der persönliche Bezug wird besonders in § 11 S. 1 UrhG deutlich, wonach das Urheberrecht „den Urheber in seinen geistigen und persönlichen Beziehungen zum Werk und in der Nutzung des Werkes" schützt. Juristische Personen, Maschinen oder gar Tiere können also keinen Urheberstatus erlangen.[299] Erfüllt ein von einem Journalisten verfasster Nachrichtentext die anderen Voraussetzungen für ein Werk nach § 2 Abs. 1 Nr. 1 UrhG, wird der Journalist Urheber dieses Nachrichtentextes. Die im automatisierten Journalismus computergenerierten Nachrichtentexte werden jedoch von einem Computerprogramm generiert und nicht von einem Menschen geschrieben, sodass die Frage nach dem Urheber problematisch ist.

Wer und überhaupt ob einer von den am automatisierten Journalismus beteiligten Akteure[300] Urheber von computergenerierten Texten ist, hängt davon ab, ob der Einsatz eines solchen Computerprogrammes eine Urheberschaft begründet[301]. Das Problem ist in der Zurechenbarkeit zu sehen, wie folgende Ausführungen zeigen werden.

---

294 So auch *Habel*, Roboterjournalismus, S. 213.

295 Vgl. *Habel*, Roboterjournalismus, S. 213.

296 Siehe 1. Kap. D. II. und III.

297 Vgl. *Rehbinder*, ZUM 2000, 1 (5).

298 Siehe 2. Kap. B. II. vor 1.

299 So auch *Nordemann* in: Urheberrecht, § 2, Rn. 21; *Weberling*, NJW 2018, 735 (738).

300 Siehe 1. Kap. F.

301 Vgl. *Wiebe* in: Recht der elektronischen Medien, Zwölfter Teil, § 2, Rn. 1.

dd) Problem der Zurechenbarkeit

Grundsätzlich ist es für die Annahme eines urheberrechtlichen Schutzes ohne Belang, wenn technische Hilfsmittel eingesetzt werden.[302] Bei der Verwendung technischer Hilfsmittel wird die technisch generierte Schöpfung dem Anwender des technischen Geräts zugerechnet. Ein anschauliches Beispiel ist der Einsatz einer Kamera, mit der ein Foto gemacht wird.[303] Urheber nach § 7 UrhG ist derjenige, der mit der Kamera das Foto gemacht hat und nicht etwa der Hersteller oder Eigentümer der Kamera. Allein der normierte Urheberrechtsschutz eines Lichtbildwerks gem. § 2 Abs. 1 Nr. 5 UrhG zeigt, dass der Gesetzgeber von der Benutzung technischer Hilfsmittel ausgeht, da ohne technische Hilfsmittel kein Lichtbildwerk entstehen kann.[304] Gleiches gilt konsequenterweise für die Benutzung einer Computertastatur und eines Textbearbeitungsprogramms zum Verfassen eines Textes, der eine geistige Schöpfungshöhe aufweist. Sowohl beim Fotografieren als auch beim Verfassen eines Textes schafft ein Mensch das Werk, das bei dem Vorliegen der anderen Voraussetzungen Urheberrechtsschutz genießen kann.

Beim automatisierten Journalismus stellt sich die Frage, ob das Computerprogramm für die Nachrichtentextgenerierung ein technisches Hilfsmittel ist.[305] Da sich im deutschen Urheberrecht ein urheberrechtlicher Schutz computergenerierter Erzeugnisse nicht aus dem Gesetzeswortlaut ergibt,[306] ist das Vorliegen eines Schutzes durch Auslegung und Argumentation zu ermitteln. Das entscheidende Kriterium hierfür ist der Unmittelbarkeitszusammenhang ((1)). Zudem

---

302 So auch *Hetmank/Lauber-Rönsberg*, GRUR 2018, 574 (577); *Nordemann* in: Urheberrecht, § 2, Rn. 21; *Schulze* in: Urheberrechtsgesetz Kommentar, § 2, Rn. 8; *Ehinger/Grünberg*, K&R 2019, 232 (233); *Weberling*, NJW 2018, 735 (738); *Lewke*, InTeR 2017, 207 (214); *Schack*, Urheber- und Urhebervertragsrecht Rn. 184; *Dornis*, GRUR 2019, 1252 (1255).

303 *Nordemann* in: Urheberrecht, § 2, Rn. 25; *Ehinger/Grünberg*, K&R 2019, 232 (233).

304 So auch *Nordemann* in: Urheberrecht, § 2, Rn. 25.

305 Zu der Problematik bei Erzeugnissen von Computerprogrammen: *Ehinger/Grünberg*, K&R 2019, 232 (233); vgl. *Hetmank/Lauber-Rönsberg*, GRUR 2018, 574 (577).

306 Anders ist der Schutz computergenerierter Erzeugnisse in anderen nationalen Rechtsordnungen, wie beispielsweise in Großbritannien im Copyright, Designs and Patents Act 1988 (CDPA 1988): sec. 9 (3) (zur Urheberschaft: „the author shall be taken to be the person by whom the arrangements necessary for the creation of the [computer-generated] work are undertaken") und sec. 178 (zum Begriff: „computer-generated" work). *Dornis* spricht hierbei von einer „Fiktion der Rechteinhaberschaft": *Dornis*, GRUR 2019, 1252 (1255).

bietet sich ein Vergleich zwischen dem Computerprogramm für die Nachrichtentextgenerierung mit einem Computerprogramm mit Zufallsgenerator einerseits ((2)) und einem Übersetzungscomputerprogrammen andererseits ((3)) an. Ein Vergleich kann auch zum derivativen Erzeugnisschutz nach § 9 S. 2 Nr. 3 PatG gezogen werden ((4)).

(1) Unmittelbarkeitszusammenhang

Die Einordnung als technisches Hilfsmittel ist davon abhängig, ob ein Unmittelbarkeitszusammenhang zwischen der menschlichen geistigen Leistung und dem Ergebnis der Schöpfung besteht.[307] Ein Unmittelbarkeitszusammenhang besteht dann nicht, wenn die menschliche Leistung im Schöpfungsvorgang stark vermindert oder gar nicht vorhanden ist.[308] Im Falle des Fehlens eines Unmittelbarkeitszusammenhangs ist das Computerprogramm für die Nachrichtentextgenerierung kein im urheberrechtlichen Sinne technisches Hilfsmittel und die computergenerierten Nachrichtentexte sind somit keine urheberrechtlich geschützten Werke. Ob ein Unmittelbarkeitszusammenhang zwischen einem computergenerierten Text und einer menschlichen geistigen Leistung vorliegt, kann mithilfe unterschiedlicher Kriterien untersucht und begründet werden. Aus der nachfolgenden Argumentation ergibt sich, dass lediglich das Vorliegen eines „menschlichen Beitrages“ als passendes Kriterium herangezogen werden kann.

(a) Anknüpfung an die Persönlichkeit

Ein mögliches Kriterium ist die Persönlichkeit des Schöpfers, die einen Urheberrechtsschutz entstehen lassen kann.[309] Allerdings ist die Heranziehung dieses Gedankens für das Vorliegen einer persönlichen Schöpfung aus hauptsächlich zwei Gründen abzulehnen.

Erstens spricht dagegen, dass Schöpfer mit hohem Bekanntheitsgrad ungerechterweise durch das Urheberrecht begünstigt würden. Denn mit diesem Kriterium würden solche Schöpfer Urheberrechtsschutz erlangen, deren Identität bekannt ist und „unbekannten“ Schöpfern würde der Urheberrechtsschutz entzogen werden.[310] Hieraus entsteht der Eindruck, dass das Urheberrecht ein

---

307 *Ehinger/Grünberg*, K&R 2019, 232 (233); *Hetmank/Lauber-Rönsberg*, GRUR 2018, 574 (577); *Dornis*, GRUR 2019, 1252 (1255).

308 *Ehinger/Grünberg*, K&R 2019, 232 (233); *Hetmank/Lauber-Rönsberg*, GRUR 2018, 574 (577); vgl. *Dreyer* in: Urheberrecht, § 2, Rn. 26.

309 *Nordemann* in: Urheberrecht, § 2, Rn. 22.

310 Vgl. *Nordemann* in: Urheberrecht, § 2, Rn. 22.

Schutzmechanismus für im jeweiligen Markt bereits etablierte Schöpfer ist, wofür es keine rationale Begründung gibt.

Zweitens entsteht ein Zirkelschluss mit der Behauptung, dass mit der Entstehung von Werken die Persönlichkeit des Schöpfers geprägt wird.[311] Denn für die Entstehung von Werken ist nach diesem Gedanken gerade die Voraussetzung, dass dem Schöpfer die Persönlichkeit durch das Werk zugewiesen werden muss. Diese Persönlichkeit kann jedoch nur zugewiesen werden, wenn das Werk bereits entstanden ist. Wenn der Schöpfer und sein Werk sich gegenseitig Persönlichkeit zuweisen, kann eine Schöpfung nicht als (urheberrechtlich geschütztes) Werk qualifiziert werden, weil für die Entstehung des Werkes gerade die Prägung der Persönlichkeit Voraussetzung ist.

Selbst wenn die Anknüpfung an die Persönlichkeit als Kriterium angewendet werden würde, würde dies zu unbilligen Ergebnissen beim automatisierten Journalismus führen, wie folgende Ausführungen zeigen. Wenn ein computergenerierter Nachrichtentext keine Anknüpfung zur Persönlichkeit der dahinterstehenden Person (Programmierer oder Computerprogrammanwender) aufweist, dann ist ein Unmittelbarkeitsbezug unter Anwendung des Persönlichkeitsbezugs als Kriterium zu verneinen. Andersherum wäre ein Unmittelbarkeitsbezug zu bejahen, wenn ein Persönlichkeitsbezug vorliegt. In Bezugnahme auf die Art des Nachrichtentextes würde der Persönlichkeitsbezug als Kriterium dazu führen, dass die von Menschenhand geschriebenen objektiv neutralen Nachrichtentexte in der Regel den dahinterstehenden Autor weniger erkennen lassen als die von Menschenhand geschriebenen subjektiv gefärbten Nachrichten.[312] Beispielsweise haben Fußballberichte aufgrund ihrer Länge und sprachlichen Vielseitigkeit einen engeren Bezug zur Persönlichkeit des dahinterstehenden Autors als Finanznachrichten und Wettermeldungen, die typischerweise objektiv und faktenbasiert sind.[313] Dennoch können alle Nachrichtentexte der verschiedener Arten Individualität aufweisen und das erforderliche Maß der Gestaltungshöhe erreichen, unabhängig von ihrem Themenbereich. Jeder Kommentar oder jede Filmkritik würde als persönliche geistige Schöpfung und gem. § 2 Abs. 2 i.V.m. § 2 Abs. 1 Nr. 1 UrhG als geschütztes Schriftwerk gelten, wohingegen eine objektiv geschriebene Wettermeldung urheberrechtlich nicht geschützt sein würde. Die Anknüpfung an die Persönlichkeit ist somit nicht

---

311 *Rehbinder/Peukert*, Urheberrecht und verwandte Schutzrechte Rn. 187.

312 So auch *Habel*, Roboterjournalismus, S. 197.

313 Siehe 1. Kap. D. II und III.

mit den anderen Anforderungen der urheberrechtlich geschützten Schöpfung vereinbar.

(b) Selektionsentscheidung

Ein anderes Kriterium wird von einem Teil der Literatur darin gesehen, dass durch die Selektion eines von mehreren Erzeugnissen ein Unmittelbarkeitszusammenhang und damit auch ein urheberrechtlicher Schutz gegeben ist (sog. Selektionsentscheidung).[314] Dies würde beim automatisierten Journalismus bedeuten, dass einer von mehreren computergenerierten Texten Urheberrechtsschutz genießt, wenn dieser eine Text als endgültiges Werk ausgewählt wird. Auch dieses Kriterium ist abzulehnen. Eine solche Regelung findet sich erstens weder im Urheberrechtsgesetz selbst, noch lässt es sich aus dem Urheberrecht interpretieren, und zweitens würde die auswählende Person lediglich „nach" dem fertigen Schöpfungsakt einen Beitrag leisten, indem sie bloß auswählt, sodass sie gerade nicht „während" oder „vor" dem Schöpfungsvorgang tätig wird[315]. Die Schöpfung würde also schon zum urheberrechtlich geschützten Werk erstarken, bevor überhaupt ein Mensch eingreift.

(c) Selektion der Datensätze

Ein ähnliches Kriterium in Bezug auf die Selektionsentscheidung kann damit begründet werden, dass durch die Selektion der Datensätze, die dem Computerprogramm zugrunde liegen, „vor" der Schaffung des Erzeugnisses ein Unmittelbarkeitszusammenhang begründet werden kann.[316] Denn die Leistung des Computerprogramms sei lediglich, dass dieses schneller als der Mensch Erzeugnisse aus einem Datensatz schaffen kann, sodass es aufgrund der technischen Schnelligkeit lediglich als bloßes Hilfswerkzeug fungiert, sofern ein Mensch bereits vorher bestimmte Datensätze ausgewählt hat.[317] Hierzu wird folgende „Je-desto-Formel" angeführt: Je kleiner der Umfang der Datensätze ist, desto eher kann das Computerprogramm als urheberrechtlich relevantes Hilfsmittel betrachtet werden.[318] Kein Unmittelbarkeitszusammenhang würde angenommen werden, wenn das Computerprogramm die Inhalte aus den Datensätzen

---

314 *Schulze* in: Urheberrechtsgesetz Kommentar, § 2, Rn. 8.

315 So auch *Ehinger/Grünberg*, K&R 2019, 232 (235). Vgl. *Papastefanou*, WRP 2020, 290 (292).

316 *Ehinger/Grünberg*, K&R 2019, 232 (234 f.).

317 *Ehinger/Grünberg*, K&R 2019, 232 (235).

318 Ebd.

selbstständig und aus Sicht des Menschen zufällig auswählt und kombiniert, und die Datenbank so groß ist, dass nicht antizipiert werden kann, welche Inhalte entstehen.[319] Diese Ansicht überzeugt nicht, da die bloße menschliche Auswahl der Datensätze keinen ausreichenden und überhaupt kausalen Bezug zu dem generierten Erzeugnis von einem Computerprogramm begründen kann. Genauso wenig würde ein Künstler ein Urheberrecht an einem computergenerierten Gemälde gem. § 2 Abs. 1 Nr. 4 UrhG erlangen können, wenn er lediglich die Farben auswählt, mit denen ein Computerprogramm jenes Gemälde durch eine zufällig gewählte Kombination an Farben und Mustern generieren würde.

Selbst wenn man dieses Kriterium befürwortet und anwendet, ist ein Unmittelbarkeitszusammenhang bei Computerprogrammen für die Nachrichtentextgenerierung eher abzulehnen. Denn ein solches Computerprogramm selektiert die Inhalte üblicherweise eigenständig aus den Datensätzen und kombiniert diese ohne menschliche Beiträge.[320]

(d) Nachvollziehbarkeit

Das von einer anderen Ansicht der Literatur vorgeschlagene Kriterium der menschlichen Nachvollziehbarkeit[321] ist ebenfalls abzulehnen. Begründet wird dieses damit, dass anhand der menschlichen Nachvollziehbarkeit festgelegt werden kann, ob ein Mensch die für einen urheberrechtlichen Schutz erforderlichen wesentlichen Rahmenbedingungen für einen computergenerierten Nachrichtentext getroffen hat.[322] Dieser Ansicht zufolge liegt ein Unmittelbarkeitszusammenhang vor, wenn ein durchschnittlicher Fachmann im Nachhinein schlussfolgern kann, wie das Computerprogramm einen Text generieren konnte.[323]

Es ist abzulehnen, mittels der bloßen Nachvollziehbarkeit eines Fachmanns zum Ablauf des Computerprogramms für die Nachrichtentextgenerierung den Unmittelbarkeitszusammenhang für eine persönliche Schöpfung zu bejahen, wenn für den Fachmann zwar der Ablauf des Computerprogramms nachvollziehbar ist, aber für diesen noch nicht einmal ersichtlich ist, was für ein Nachrichtentext generiert wird.

---

319 Ebd.

320 *Graefe*, Guide to Automated Journalism, S. 12.

321 *Habel*, Roboterjournalismus, S. 202 ff.

322 *Habel*, Roboterjournalismus, S. 201.

323 *Habel*, Roboterjournalismus, S. 202.

Dies würde zudem der einhelligen Meinung widersprechen, die beispielsweise in einer Kamera ein technisches Hilfsmittel sieht. Denn beim Fotografieren mit einer Kamera kann derjenige, der mit der Kamera das Foto macht, üblicherweise nicht nachvollziehen, wie die Kamera technisch funktioniert[324] und doch weiß er, wie das Foto aussehen wird. In diesem Fall ist es also andersherum: Der technische Ablauf der Kamera ist üblicherweise nicht nachvollziehbar, wohingegen der Inhalt des Erzeugnisses in Gestalt des Fotos vorhersehbar ist.

Bei der Heranziehung der menschlichen Nachvollziehbarkeit als Kriterium würde dem Hersteller der Kamera ein Urheberrecht an dem Foto zustehen, weil ein durchschnittlicher Fachmann den technischen Ablauf der Kamera nachvollziehen kann, obwohl der Hersteller nicht weiß, wie das Foto aussehen wird. Dies ist abwegig und widerspricht dem Sinn und Zweck des Urheberrechts, dass die schöpferische Leistung geschützt wird, die sich allein in dem Werk ausdrückt und nicht in der Nachvollziehbarkeit des Schöpfungsaktes (hier die Funktionsweise der Kamera).

(e) Menschlicher Beitrag

Als weiteres Kriterium wird von einer Ansicht der Literatur angeführt, dass das Vorliegen eines menschlichen Beitrags ausschlaggebend für das Vorliegen eines Unmittelbarkeitszusammenhangs ist.[325] Diesem Kriterium ist zuzustimmen, denn einerseits kann im Urheberrecht als Urheber nur eine natürliche Person in Betracht kommen.[326] Somit muss ein Mensch in einer bestimmten Art an dem Schöpfungsakt beteiligt sein. Andererseits ist als Schöpfungsakt ein Realakt erforderlich,[327] sodass von einem prozessorientierten statt einem ergebnisorientierten Ansatz auszugehen ist[328]. Kombiniert man diese beiden Argumente, ergibt sich das Erfordernis eines menschlichen Beitrages in Gestalt eines Realaktes. Wenn also ein Computerprogramm eigenständig ohne menschliches

---

324 Dies wird umso deutlicher bei der Benutzung einer digitalen Spiegelreflexkamera.

325 *Ehinger/Grünberg*, K&R 2019, 232 (233); *Lauber-Rönsberg*, GRUR 2019, 244 (247). Differenzierend nach dem Anteil des menschlichen Beitrags: *Legner*, ZUM 2020, 807 (808) m.w.N.

326 Siehe 2. Kap. B. II.

327 *Rehbinder/Peukert*, Urheberrecht und verwandte Schutzrechte Rn. 188; *Thum* in: Praxiskommentar zum Urheberrecht, § 7, Rn. 5; *Wiebe* in: Recht der elektronischen Medien, Zwölfter Teil, § 7, Rn. 1; *Schulze* in: Urheberrechtsgesetz Kommentar, § 7, Rn. 3.

328 Zur Begründung siehe *Dornis*, GRUR 2019, 1252 (1254).

Tätigwerden Ausführungen macht, wäre ein urheberrechtlicher Schutz an den Erzeugnissen zu verneinen, sodass diese schutzlos blieben.[329]

Während des Vorganges der Nachrichtentextgenerierung fehlt es üblicherweise an einem menschlichen Beitrag. Denn während das Computerprogramm Nachrichtentexte generiert, greift niemand in diesen Prozess ein.

Allerdings könnte eine menschliche Vorleistung als menschlicher Beitrag gelten. Hiermit stellt sich auch die Frage, welche Person letztendlich einen menschlichen Beitrag leistet, somit einen Unmittelbarkeitszusammenhang begründet und schließlich Urheber des generierten Nachrichtentextes ist.

Die Vorleistung des Programmierers des Computerprogramms für die Nachrichtentextgenerierung durch seine Programmierung ist kein urheberrechtlich relevanter menschlicher Beitrag. Zwar wird vertreten, dass der Programmierer durch die Programmierung des Computerprogramms kreativ wird und somit die Grundlage für kreativ erschaffene Ergebnisse schafft, wodurch ein geistigerpersönlicher Bezug zwischen Erzeugnis und Programmierer entsteht.[330] Allerdings wird dem mit dem entscheidenden Argument zu Recht widersprochen, dass diese Zurechnung jedoch nur dann zu einem Unmittelbarkeitszusammenhang führt, wenn aus Ex-ante-Sicht ein Ergebnis eines Computerprogramms bestimmbar ist und dieses die Merkmale der Individualität und der Gestaltungshöhe erfüllt.[331] Diese Bestimmbarkeit ist bei computergenerierten Nachrichtentexten nicht gegeben. In beiden Fällen „trifft" das Computerprogramm die „Gestaltungsentscheidungen" hauptsächlich selbst und die vorprogrammierten Entscheidungen des Programmierers treten gänzlich in den Hintergrund, sodass ein Unmittelbarkeitszusammenhang abzulehnen ist.[332]

Beim Computerprogrammanwender besteht die Vorleistung darin, dass dieser das Computerprogramm mit Daten speist und den Dateninhalt und -umfang bestimmt.[333] Hierin kann eine Parallele zu der Selektionsentscheidung durch die Selektion der Datensätze gesehen werden. Eine Selektionsentscheidung ist aber – wie bereits erwähnt – abzulehnen. Ein anderer menschlicher Beitrag kann

329 *Schulze* in: Urheberrechtsgesetz Kommentar, § 2, Rn. 14.

330 *Ehinger/Grünberg*, K&R 2019, 232 (234).

331 *Ehinger/Grünberg*, K&R 2019, 232 (234); vgl. *Lauber-Rönsberg*, GRUR 2019, 244 (248). Hinsichtlich der Nachvollziehbarkeit des Programmablaufs vgl. *Habel*, Roboterjournalismus, S. 201 ff.

332 Vgl. auch *Lauber-Rönsberg*, GRUR 2019, 244 (248).

333 *Ehinger/Grünberg*, K&R 2019, 232 (235).

in der Veröffentlichung des computergenerierten Nachrichtentextes seitens des Medienunternehmens gesehen werden.

Allerdings geschieht dieses Zutun erstens nicht „während“ oder „vor“ der Textgenerierung, sondern erst „danach“ und hat somit keine Auswirkung auf die Erstellung des Nachrichtentextes. Zweitens kann in der bloßen Veröffentlichung kein urheberrechtlich relevanter Beitrag gesehen werden, weil die Veröffentlichung keinen Charakter einer Schöpfungshandlung aufweist.[334] Das Kriterium einer menschlichen Vorleistung ist somit abzulehnen.

(f) Fazit

Der für den Unmittelbarkeitszusammenhang erforderliche menschliche Beitrag als einschlägiges Kriterium ist beim automatisierten Journalismus nicht vorhanden. Somit kann ein Computerprogramm für die Nachrichtentextgenerierung nicht als technisches Hilfsmittel gesehen werden.

(2) Vergleich mit Computerprogramm mit Zufallsgenerator

Allerdings könnte ein passender Vergleich zwischen dem Computerprogramm für Nachrichtentextgenerierung und einem Computerprogramm mit einem Zufallsgenerator ein Argument für die Bejahung der persönlichen Schöpfung bei computergenerierten Nachrichtentexten sein. Der Zufallsgenerator wählt unter mehreren Varianten hintereinander eine oder mehrere von diesen aus.

Über den urheberrechtlichen Schutz von Erzeugnissen, die mit Computerprogrammen mit integriertem Zufallsgenerator generiert wurden, wurde in der Literatur bislang viel diskutiert.[335] Eine Ansicht der Literatur sieht Zufallserzeugnisse[336] nicht als urheberrechtlich geschützte Werke.[337] Eine andere Ansicht bejaht den Urheberrechtsschutz von Zufallserzeugnissen, wenn erstens das Grundmuster der Schöpfung vom Schöpfer geschaffen wurde und zweitens dieser bei mehreren Erzeugnissen mindestens eines der Erzeugnisse als definitiv

334 Vgl. auch *Habel*, Roboterjournalismus, S. 200.

335 Statt aller *Hetmank/Lauber-Rönsberg*, GRUR 2018, 574 (577).

336 Von dem oft verwendeten Begriff „Zufallswerk“ wird abgesehen, wenn Zufallserzeugnisse gemeint sind, bei denen der urheberrechtliche Status eines „Werkes“ noch in Frage steht, da ein Zufallserzeugnis erst dann als Zufallswerk zu verstehen ist, wenn dieses urheberrechtlich geschützt ist.

337 *Nordemann* in: Urheberrecht, § 2, Rn. 25; *Bullinger* in: Praxiskommentar zum Urheberrecht, § 2, Rn. 15; *Schack*, Urheber- und Urhebervertragsrecht Rn. 184.

bestimmt.[338] Der menschliche Beitrag wird auch in diesem Kontext insofern thematisiert, als bei einem Zufallserzeugnis keine persönliche geistige Schöpfung vorliege, wenn kein Mensch mitgewirkt hat.[339] Im Umkehrschluss ergibt sich, dass beide Ansichten somit den Urheberrechtsschutz von Zufallserzeugnissen ablehnen, wenn ein Mensch keinerlei Grundentscheidung der Schöpfung für die aleatorische Kreation getroffen hat.

Dennoch ist der ersten Ansicht zuzustimmen, dass Zufallserzeugnisse, unabhängig von einem gelegten Grundmuster oder anderen Faktoren, keinen urheberrechtlichen Schutz genießen. Zwar könnte der Anwender eines Computerprogramms mit einem Zufallsgenerator das Zufallserzeugnis besser nachvollziehen, wenn er das Grundmuster hierfür schafft und eines der Zufallserzeugnisse auswählt. Allerdings begründet die Nachvollziehbarkeit keinen urheberrechtlichen Schutz, wie bereits dargestellt.[340]

Diese Handlungen (Schaffung des Grundmusters und Auswahl des Zufallserzeugnisses) können zwar als menschlicher Beitrag im Rahmen der persönlichen geistigen Schöpfung gesehen werden, jedoch geschieht die Auswahl des Zufallserzeugnisses „nach" der Generierung und begründet als bloße Selektion ohnehin keinen Unmittelbarkeitszusammenhang[341], und andererseits ist der menschliche Beitrag des Programmierers nicht ausschlaggebend für das generierte Erzeugnis.[342]

Auf den automatisierten Journalismus hat dies folgende Auswirkungen:

Die in der Praxis eingesetzten regelbasierten Computerprogramme können nicht mit Computerprogrammen mit einem Zufallsgenerator verglichen werden. Zwar kann aufgrund der Algorithmen und vorhandenen Textbausteine, mit denen der Text generiert wird, von einem durchschnittlichen Programmierer nicht vorhergesehen werden, was für ein Text generiert wird.[343] Allerdings kann dieser nachvollziehen, weswegen das Computerprogramm an einer bestimmten

338 *Schulze* in: Urheberrechtsgesetz Kommentar, § 2, Rn. 8; *Ulmer/Kolle*, GRUR Int 1982, 489 (489); vgl. *Lauber-Rönsberg*, GRUR 2019, 244 (247); dem widersprechend: *Dreyer* in: Urheberrecht, § 2, Rn. 29. Zum urheberrechtlichen Schutz trotz Vorliegen von Zufallselementen: *Papastefanou*, WRP 2020, 290 (292).

339 *Schulze* in: Urheberrechtsgesetz Kommentar, § 2, Rn. 8; *Bullinger* in: Praxiskommentar zum Urheberrecht, § 2, Rn. 15; *Lewke*, InTeR 2017, 207 (214); *Weberling*, NJW 2018, 735 (738); *Dreyer* in: Urheberrecht, § 2, Rn. 25.

340 Siehe 2. Kap. B. II. 1. b) dd) (1) (d).

341 Siehe 2. Kap. B. II. 1. b) dd) (1) (b).

342 Siehe 2. Kap. B. II. 1. b) dd) (1) (e).

343 So auch *Habel*, Roboterjournalismus, S. 135 ff.

Textstelle eine bestimmte Formulierung gewählt hat.[344] Diese Nachvollziehbarkeit unterscheidet sich grundlegend von der bei Zufallsgeneratoren.

Anders fällt der Vergleich mit künstlich intelligenten Computerprogrammen aus. Wegen der Komplexität künstlich intelligenter Computerprogramme ist es für den durchschnittlichen Programmierer nicht nachvollziehbar, welches Erzeugnis entsteht.[345] Somit ähneln sich beide Arten der Computerprogramme (solche mit Zufallsgenerator und künstlich intelligente Computerprogramme). Da jedoch Zufallserzeugnisse keinen urheberrechtlichen Schutz genießen, können die computergenerierten Nachrichtentexte von einem künstlich intelligenten Computerprogramm ebenso wenig Schutz genießen.

(3) Vergleich mit Übersetzungscomputerprogramm

Auch ein Vergleich zwischen dem Computerprogramm für Nachrichtentextgenerierung und einem Übersetzungscomputerprogramm[346] begründet keinen Urheberrechtsschutz von computergenerierten Nachrichtentexten.

Zwar ähneln sich beide Computerprogramme, da das Erzeugnis beider Computerprogramme ein neu generierter Text ist und dies von einem Menschen üblicherweise nicht vorhergesehen werden kann.[347] Die weitverbreitete Ansicht der Literatur vertritt allerdings, dass bei übersetzten Texten mittels eines Übersetzungscomputerprogramms ein menschlicher Beitrag fehlt und somit kein Urheberrechtsschutz für die generierten Texte besteht.[348] Dieser Ansicht ist zu folgen. Zwar sind Übersetzungen eines urheberrechtlich geschützten Werkes nach § 3 UrhG geschützt, jedoch bezieht sich dieser Schutz nur auf „persönliche geistige Schöpfungen des Bearbeiters" und nicht auf Erzeugnisse eines Übersetzungscomputerprogramms. Auch bei übersetzten Texten mittels eines Übersetzungscomputerprogramms ist nicht vorhersehbar, welchen Inhalt die Übersetzung haben wird.

---

344 Vgl. *Habel*, Roboterjournalismus, S. 135 ff.

345 Siehe 2. Kap. B. II. 1. b) dd) (1) (d).

346 Gemeint sich solche Übersetzungscomputerprogramme, die einen Text als Ganzes und nicht bloß einzelne Wörter übersetzen.

347 Als Beispiel dient der Online-Dienst für Übersetzungen „DeepL" (www.deepl.com).

348 *Schulze* in: Urheberrechtsgesetz Kommentar, § 2, Rn. 8; *Lewke*, InTeR 2017, 207 (215); *Schack*, Urheber- und Urhebervertragsrecht Rn. 184; *Dreyer* in: Urheberrecht, § 2, Rn. 33.

(4) Vergleich mit § 9 S. 2 Nr. 3 PatG

Ein Schutz von computergenerierten Nachrichten ergibt sich auch nicht durch einen Vergleich mit der Regelung des § 9 S. 2 Nr. 3 PatG, der einen „derivativen Erzeugnisschutz" gewährt[349]. Nach § 9 S. 2 Nr. 3 PatG unterliegt jeder Dritter dem Verbot, ohne die Zustimmung des Patentinhabers, „das durch ein Verfahren, das Gegenstand des Patents ist, unmittelbar hergestellte Erzeugnis anzubieten, in Verkehr zu bringen oder zu gebrauchen oder zu den genannten Zwecken entweder einzuführen oder zu besitzen." Direkt anwendbar ist diese Regelung nicht auf die Erzeugnisse in Gestalt von computergenerierten Nachrichtentexten, da ein Computerprogramm für Nachrichtentextgenerierung patentrechtlich nicht geschützt ist.[350] Allerdings könnte diese Vorschrift analog herangezogen werden. Dies würde beim automatisierten Journalismus dazu führen, dass computergenerierte Nachrichtentexte urheberrechtlich geschützt wären, wenn auch das dahinterstehende Computerprogramm urheberrechtlich geschützt wäre.

Für die analoge Anwendung einer Norm ist erforderlich, dass erstens eine Auslegung nicht möglich ist, eine gesetzliche Lücke vorliegt und eine vergleichbare Interessenlage besteht.[351] Eine Auslegung des § 9 S. 2 Nr. 3 PatG kann nicht dazu führen, dass computergenerierte Nachrichtentexte unter diese Norm subsumiert werden können. Zudem besteht eine Lücke, weil eine gleichartige Norm im Urheberrecht nicht existiert. Jedoch ist die vergleichbare Interessenlage aufgrund des Sinn und Zweck des § 9 S. 2 Nr. 3 PatG abzulehnen. Denn die Regelung des § 9 S. 2 Nr. 3 PatG stellt ein Verbot für die Handlungen von Dritten ohne Zustimmung des Patentinhabers dar. Übertragen hieße dies, dass – sofern das Computerprogramm für Nachrichtentextgenerierung urheberrechtlich geschützt sein sollte – Dritte die computergenerierten Nachrichtentexte nicht anbieten, in Verkehr bringen, gebrauchen oder besitzen dürfen. Diese Vorschrift gewährt den Erzeugnissen zwar wörtlich keinen Rechtsschutz, jedoch ergibt sich der Rechtsschutz aus dieser Norm[352]. Somit würde durch eine analoge Anwendung auch ein Rechtsschutz für computergenerierte Nachrichtentexte gewährt werden. Allerdings ergibt sich aus der Rechtsprechung des BGH, dass eine Ausdehnung des Erzeugnisschutzes durch § 9 S. 2 Nr. 3 PatG auf andere Technologiebereiche im Wege der Analogie ausgeschlossen ist.[353]

---

349 *Mes*, Patentgesetz Gebrauchsmustergesetz, § 9 Rn. 68.

350 Siehe 2. Kap. B. I.

351 Statt aller *Wank*, Die Auslegung von Gesetzen, S. 87; *Beaucamp/Beaucamp*, Methoden und Technik der Rechtsanwendung, S. 265.

352 Vgl. BGHZ 212, 115, 122 – Rezeptortyrosinkinase II.

353 Ebd.

Die Heranziehung der Regelung des § 9 S. 2 Nr. 3 PatG für computergenerierte Nachrichtentexte führt somit nicht zur Bejahung der Zurechenbarkeit.

ee) Fazit

Die vorherigen Ausführungen haben ergeben, dass bei computergenerierten Nachrichtentexten die für die persönliche Schöpfung erforderliche Zurechenbarkeit fehlt und solche Nachrichtentexte somit keinen urheberrechtlichen Schutz als Schriftwerk gem. § 2 Abs. 1 Nr. 1, Abs. 2 UrhG genießen können.[354]

c) Schutz nach §§ 87a ff. und § 4 UrhG

Der Schutz von computergenerierten Nachrichtentexten könnte durch das Datenbankherstellerrecht nach §§ 87a ff. UrhG oder das Datenbankwerkrecht gem. § 4 Abs. 2 UrhG begründet werden. Trotz der ähnlichen Begrifflichkeit („Datenbank-") zeigen beide Recht unterschiedliche Schutzrichtungen auf (aa)). Der Schutz nach §§ 87a ff. und § 4 UrhG kann sich im Wesentlichen auf zwei Bestandteile der Nachrichtentextgenerierung beziehen: die Datensammlungen für die Nachrichtentextgenerierung (bb)) und die computergenerierten Nachrichtentexte an sich (cc)). Darüber hinaus wäre auch ein derivativer Schutz der computergenerierten Nachrichtentexte durch einen Schutz des Computerprogramms denkbar (dd)). Die Ausführungen dieses Abschnittes bedürfen eines anschließenden Fazits (ee)).

aa) Begrifflichkeiten der §§ 87a ff. und § 4 UrhG

Eine Datenbank ist gem. § 87a Abs. 1 UrhG im Sinne des Urheberrechtsgesetzes „eine Sammlung von Werken, Daten oder anderen unabhängigen Elementen, die systematisch oder methodisch angeordnet und einzeln mit Hilfe elektronischer Mittel oder auf andere Weise zugänglich sind und deren Beschaffung, Überprüfung oder Darstellung eine nach Art oder Umfang wesentliche Investition erfordert".[355]

Hiervon zu unterscheiden ist das Datenbankwerk, das nach § 4 Abs. 2 S. 1 UrhG ein Sammelwerk ist, bei dem die einzelnen Elemente einer systematischen oder methodischen Anordnung unterliegen und mithilfe unter anderem elektronischer Mittel zugänglich sind. Ein Sammelwerk wiederum ist nach § 4 Abs. 1 UrhG eine Sammlung von Werken, Daten oder anderen unabhängigen

354 So auch *Weberling*, NJW 2018, 735 (738).

355 Andere (nicht juristische) Definitionen von „Datenbank" finden sich zum Beispiel im Duden, siehe dazu: *Duden*, Datenbank, die.

Elementen, sofern die Auswahl oder Anordnung der Elemente eine „persönliche geistige Schöpfung" darstellt. Im Gegensatz zur Datenbank ist für das Vorliegen eines Datenbankwerks und Sammelwerks eine „wesentliche Investition" keine Voraussetzung.[356] Trotz der verschiedenen Schutzrichtungen des Datenbankherstellerrechts gem. §§ 87a ff. UrhG (Schutz der Investition) und des Datenbankwerkrechts gem. § 4 Abs. 2 UrhG (Schutz der persönlich geistigen Schöpfung) kann eine Sammlung von Daten den Schutz beider Rechte genießen, wenn bei dieser Datensammlung sowohl die Auswahl oder Anordnung der Elemente eine persönliche geistige Schöpfung ist, als auch eine wesentliche Investition vorliegt.[357]

Außerdem ist jedes Datenbankwerk gleichzeitig ein Sammelwerk aufgrund der sich überschneidenden und zudem zusätzlichen Voraussetzungen eines Datenbankwerkes. Zwar sind sowohl das Datenbankwerk als auch das Sammelwerk urheberrechtlich geschützt, jedoch rechtfertigen sich die erhöhten Voraussetzungen für das Vorliegen eines Datenbankwerkes insofern, als ein Datenbankwerk aufgrund anderer Vorschriften des Urheberrechtsgesetzes (z.B. § 23 S. 2 UrhG, § 53 Abs. 5 UrhG) einen höheren Schutz erfährt.

Sowohl der Schutz von Datenbanken als auch von Datenbankwerken gehen auf die Datenbankrichtlinie[358] zurück.

bb) Schutz von Datensammlungen für Nachrichtentextgenerierung

Im automatisierten Journalismus werden bei der „Dokumentenplanung" Datenbanken[359] mit verschiedenen Datensätze verwendet und hieraus strukturiert Daten entnommen.[360] Diese Datenbanken werden entweder vom Computerprogrammhersteller/-anbieter, vom Medienunternehmen selbst oder von einem Datenlieferanten gepflegt und verwendet.[361]

356 *Czychowski* in: Urheberrecht, § 87a, Rn. 23; *Dreier* in: Urheberrechtsgesetz Kommentar, Vormerkung zu §§ 87a ff., Rn. 1; *Kotthoff* in: Urheberrecht, § 87a, Rn. 6; vgl. *Hermes* in: Praxiskommentar zum Urheberrecht, Vorbemerkung Vor §§ 87a ff., Rn. 29.

357 So auch *Czychowski* in: Urheberrecht, § 4, Rn. 49; *Dreier* in: Urheberrechtsgesetz Kommentar, § 4, Rn. 12.

358 Richtlinie 96/9/EG des Europäischen Parlaments und des Rates vom 11. März 1996 über den rechtlichen Schutz von Datenbanken, Abl. EG Nr. L 77 S. 20, GRUR Int. 1996, 806.

359 Der Begriff „Datenbank" ist in diesem Kontext umgangssprachlich und somit „unjuristisch" zu verstehen, da er im allgemeinen Sprachgebraucht vielseitig verwendet wird.

360 Siehe 1. Kap. C. I. 5.

361 Siehe 1. Kap. F.

In jedem im automatisierten Journalismus relevanten Bereich der Nachrichtenberichterstattung[362] werden Datensammlungen verwendet: Wetterdatenbanken, Sportdatenbanken, Datenbanken zu Aktienkursen oder Unternehmenskennzahlen bei Finanznachrichten, Feinstaubdatenbanken oder Datenbanken für Lokalnachrichten. Bei Wettermeldungen werden Messwerte, wie die Temperatur, die Windstärke, der Druck, die Dichte und die Luftfeuchtigkeit in den Datenbanken gespeichert.[363] Bei Fußballmeldungen werden in den Datenbanken zu einzelnen Spielbegegnungen beispielsweise die Namen der Teams, die Namen der Torschützen, die Zeiten der Auswechslungen und Namen der Auswechselspieler als Daten aufgenommen.[364] Denkbar ist dies auch bei einer Vorberichterstattung zu einem Fußballspiel, in der üblicherweise Fakten zu den beiden Teams präsentiert werden, wie zum Beispiel eine Statistik zu den letzten Spielbegegnungen der beiden Teams.[365] Bei Finanznachrichten finden sich beispielsweise Unternehmenskennzahlen in Datenbanken für die Nachrichtentextgenerierung. Bei Feinstaubmeldungen werden Messwerte vom Feinstaubvorkommen in Datenbanken festgehalten. Bei Lokalnachrichten sind Daten zu kleinen lokalen Ereignissen in Datenbanken festgehalten.

Es fragt sich also, wie diese Datensammlungen rechtlich einzuordnen sind. In Betracht kommt die Einordnung als Datenbank gem. § 87a UrhG ((1)) und/oder als Datenbankwerk gem. § 4 Abs. 2 UrhG ((2)).

(1) Datenbank gem. § 87a UrhG

Als Datenbank nach § 87a Abs. 1 UrhG müssen diese die im automatisierten Journalismus verwendeten Datensammlungen eine Sammlung von Werken, Daten oder anderen unabhängigen Elementen sein, einer systematischer oder methodischer Anordnung unterliegen, mit Hilfe elektronischer Mittel zugänglich sein, und für ihre Beschaffung, Überprüfung oder Darstellung eine nach Art oder Umfang wesentliche Investition erfordern. Solche Datensammlungen sind üblicherweise nach § 87a Abs. 1 UrhG Datenbanken, wie folgende Ausführungen zeigen ((a) – (d)). Welcher Akteur i.S.d. § 87a Abs. 2 UrhG der Datenbankhersteller solcher Datenbanken ist, hängt von dem Einzelfall ab ((e)).

362 Siehe 1. Kap. D.

363 Siehe 1. Kap. D. III.

364 Vgl. *Reinholz*, GRUR-Prax 2011, 438 (439); vgl. EuGH, GRUR 2005, 254, 255, Rn. 33 – Fixtures-Fußballspielpläne II.

365 Vgl. *Habel*, Roboterjournalismus, S. 169.

(a) *Sammlung von Werken, Daten oder anderen unabhängigen Elementen*

Aus der Formulierung „Werke, Daten oder andere unabhängige Elemente" ergibt sich, dass „Elemente" der Oberbegriff des Inhalts von Sammelwerken sind.[366] Die „Unabhängigkeit" der Elemente ist zwingende Voraussetzung für das Vorliegen eines Sammelwerkes und gilt ebenfalls für „Werke" und „Daten".[367] Da der Begriff „Unabhängigkeit" sehr weit gefasst ist, muss dieser eingeschränkt werden, da ansonsten der Anwendungsbereich ausufern würde.[368] Ohne solch eine Einschränkung würde zum Beispiel ein ohnehin urheberrechtlich geschütztes Musikstück zudem auch ein Sammelwerk nach § 4 Abs. 1 UrhG sein, wenn jeder Ton als unabhängiges Element zu verstehen wäre.[369] Der EuGH setzt für die Unabhängigkeit der Elemente voraus, dass den Daten nach Entfernung aus der Datenbank noch ein „selbstständiger Informationswert" anhaftet.[370] Unter einem selbstständigen Informationswert versteht der EuGH solche Elemente, die „voneinander getrennt werden können, ohne dass der Wert ihres Inhalts dadurch beeinträchtigt wird".[371] Eine Ansicht der Literatur bejaht den Informationswert eines Elements schon dann, wenn es nicht auf andere Elemente der Sammlung bezogen ist und nicht mit diesen verschmilzt.[372] Die Perspektive für das Vorliegen eines selbstständigen Informationswertes ist die eines interessierten Dritten, so der EuGH.[373]

Ein interessierter Dritter würde aufgezeichneten Messwerten des Wetters und Feinstaubs, Unternehmenskennzahlen und anderen vergleichbaren Informationen auch dann einen selbstständigen Informationswert beimessen, wenn diese isoliert betrachtet werden, weil damit eine eigene Aussagekraft besteht.

---

366 So auch *Dreier* in: Urheberrechtsgesetz Kommentar, § 4, Rn. 10.

367 *Dreier* in: Urheberrechtsgesetz Kommentar, § 4, Rn. 10; *Kotthoff* in: Urheberrecht, § 4, Rn. 6 f.

368 *Czychowski* in: Urheberrecht, § 4, Rn. 24. So auch der Gedanke des Gesetzgebers: Erwägungsgrund 17, S. 3 der Richtlinie 96/9/EG des Europäischen Parlaments und des Rates vom 11. März 1996 über den rechtlichen Schutz von Datenbanken, Abl. EG Nr. L 77 S. 20, GRUR Int. 1996, 806.

369 *Czychowski* in: Urheberrecht, § 4, Rn. 24; vgl. *Marquardt* in: Praxiskommentar zum Urheberrecht, § 4, Rn. 10.

370 EuGH, GRUR 2015, 1187, 1188, Rn. 22 – Verlag Esterbauer; EuGH, GRUR 2005, 254, 255, Rn. 33 – Fixtures-Fußballspielpläne II.

371 EuGH, GRUR 2005, 254, 255, Rn. 32 – Fixtures-Fußballspielpläne II.

372 *Leistner*, GRUR Int 1999, 819 (821).

373 EuGH, GRUR 2005, 254, 255, Rn. 34 – Fixtures-Fußballspielpläne II.

Beispielsweise hat eine Temperaturangabe zum Wetter einen selbstständigen Informationswert, da mit dieser Information bereits festgestellt wird, wie warm es ist. Auch die bloße Information „1:0" als Ergebnis eines Fußballspiels zeigt auf, dass die Heimmannschaft gegen die Gastmannschaft knapp gewonnen hat.[374] Die meisten im automatisierten Journalismus erhobenen Informationen sind somit als Sammlung unabhängiger Elemente einzuordnen.

(b) Systematische oder methodische Anordnung

Eine systematische oder methodische Anordnung gem. § 87a Abs. 1 UrhG liegt vor, wenn die Daten mittels bestimmter Ordnungskriterien alphabetisch, numerisch und chronologisch zusammengestellt sind.[375] Nicht hiervon umfasst sind willkürliche und unstrukturierte Datenanhäufungen.[376] Bei gesammelten Daten zu Fußballbegegnungen bejaht der EuGH eine systematische und methodische Anordnung,[377] da es sich bei gespeicherte Daten, wie Namen der Fußballspieler, Zeitangaben zu den Toren usw. um sortierte Datensätze handele, die keine unstrukturierten Datenanhäufungen darstellen. Dem ist zuzustimmen. Anders wäre dies, wenn jegliche Informationen ohne System und Ordnung abgespeichert und keine Informationsgruppen gebildet werden. Bei aufgezeichneten Messwerten des Wetters und Feinstaubs, Unternehmenskennzahlen und anderen vergleichbaren Datensätzen ist ebenfalls davon auszugehen, dass diese Daten systematisch und methodisch angeordnet sind. Auch hier zeigt sich, dass die meisten im automatisierten Journalismus erhobenen Informationen systematisch oder methodisch angeordnet sind.

(c) Einzelne Zugänglichkeit

Die Zugänglichkeit mit Hilfe elektronischer Mittel oder auf andere Weise gem. § 87a Abs. 1 UrhG ist gegeben, wenn aufgrund der Anordnungskriterien auf

---

374 Der EuGH bejahte einen selbstständigen Informationswert und damit die Einordnung als „unselbstständiges Element" bei dem Datum, der Uhrzeit und der Identität der beiden Fußballmannschaften, da diese für einen interessierten Dritten sachdienliche Informationen enthalten, EuGH, GRUR 2005, 254, 255, Rn. 33 f. – Fixtures-Fußballspielpläne II.

375 OLG München, GRUR-RR 2001, 228, 229, Rn. 1; *Czychowski* in: Urheberrecht, § 87a, Rn. 9, § 4, Rn. 34; *Kotthoff* in: Urheberrecht, § 87a, Rn. 19; *Wenzel/Burkhardt*, Urheberrecht für die Praxis, 8. Kap., Rn. 42.

376 OLG München, GRUR-RR 2001, 228, 229, Rn. 3a); *Wenzel/Burkhardt*, Urheberrecht für die Praxis, 8. Kap., Rn. 42.

377 EuGH, GRUR 2005, 254, 255, Rn. 35 – Fixtures-Fußballspielpläne II.

die Daten zugegriffen werden kann und diese abgefragt werden können.[378] Laut EuGH muss hierfür die Datensammlung auf einem Träger beliebiger Art zu finden sein und es muss mittels eines technischen oder sonstigen Mittels möglich sein, diese Daten aufzufinden.[379] Umfasst sind also sowohl elektronische als auch nicht elektronische Datenbanken.[380] Bei den im automatisierten Journalismus verwendeten Datensammlungen ist üblicherweise davon auszugehen, dass die strukturierten Datensätze auf einem Computer abgespeichert und auffindbar sind. Dies ist deshalb sehr naheliegend, da andernfalls die Anwendung eines Computerprogramms für die Nachrichtentextgenerierung erschwert werden würde, wenn nicht elektronische Datenbanken erst digitalisiert werden müssen, um dann von solch einem Computerprogramm verarbeitet werden zu können.

(d) Wesentliche Investition

Für die gem. § 87a Abs. 1 UrhG erforderliche wesentliche Investition hinsichtlich der Beschaffung, Überprüfung oder Darstellung der Datensammlung muss eine wirtschaftliche Leistung vollzogen werden,[381] gleich ob finanzieller oder technischer Art, oder mittels menschlicher Ressourcen[382]. Diese Investition kann auch darin bestehen, dass finanzielle Mitteln oder auch der Einsatz von Zeit, Arbeit und Energie zur Verfügung gestellt wird.[383] Laut BGH kann sich eine wesentliche Investition auch in den Kosten widerspiegeln, die jemand unter anderem für die „Programmierung, Weiterentwicklung und Betreuung" eines Datenbankcomputerprogramms aufgewendet hat.[384]

Beim automatisierten Journalismus ist in diesem Kontext zunächst relevant, dass eine Datensammlung beschafft wird. Somit stellt sich die Frage, ob mit dieser Datensammlungsbeschaffung eine – den oben genannten Voraussetzungen und Merkmalen entsprechend – wesentliche Investition getätigt wird. Zur Sammlung von beispielsweise Daten eines Fußballbegegnung, Wetterdaten oder

378 *Czychowski* in: Urheberrecht, § 87a, Rn. 9 und § 4, Rn. 36.

379 EuGH, GRUR 2005, 254, 255, Rn. 30 – Fixtures-Fußballspielpläne II.

380 *Marquardt* in: Praxiskommentar zum Urheberrecht, § 4, Rn. 10; *Kotthoff* in: Urheberrecht, § 87a, Rn. 22.

381 OLG Köln, MMR 2007, 443, 444, Rn. 1.

382 EuGH, GRUR 2005, 254, 256, Rn. 44 – Fixtures-Fußballspielpläne II; *Wiebe*, GRUR 2017, 338 (340 f.).

383 Erwägungsgrund 40 der Richtlinie 96/9/EG des Europäischen Parlaments und des Rates vom 11. März 1996 über den rechtlichen Schutz von Datenbanken, Abl. EG Nr. L 77 S. 20, GRUR Int. 1996, 806.

384 BGH, GRUR 2011, 724, 725, Rn. 16 – Zweite Zahnarztmeinung II.

Feinstaubdaten werden meistens technische Geräte benötigt, die einen finanziellen Aufwand in ihrer Anschaffung erfordern und für ihre Nutzung einen variablen Grad an menschlicher Zeit und Arbeit fordern. Der EuGH hat in mehreren Entscheidungen jedoch klar gestellt, dass solche Investitionen nicht als Beschaffung des Inhalts einer Datenbank zu sehen sind, die lediglich eingesetzt werden, um wesentliche Informationen erst zu erzeugen, sondern es müssen diese wesentlichen Informationen schon bestehen.[385] Somit sind die Anschaffung und Nutzung technischer Geräte für die Erzeugung von Daten für eine Datenbank nicht als wesentliche Investition zu verstehen. Wenn hingegen Investitionen in die Programmierung, Entwicklung und Betreuung von Computerprogrammen vorgenommen werden, wodurch vorhandene Daten strukturiert aufgearbeitet werden, würden diese Investitionen der Beschaffung des Inhalts einer Datenbank i.S.d. § 87a Abs. 1 UrhG dienen.

Im automatisierten Journalismus kann es zudem vorkommen, dass gesammelte Daten überprüft werden müssen, um die Richtigkeit zu bestätigen und um die Entstehung fehlerhafter Nachrichtentextinhalte zu vermeiden. Der finanzielle und menschliche Aufwand für diese Überprüfung kann ebenso als wesentliche Investition qualifiziert werden.[386]

Auch die Darstellung von Datensammlungen kann im automatisierten Journalismus eine Relevanz haben. Zu den Investitionen in die Darstellung von Datensammlung zählen auch solche Kosten, die der Datenaufbereitung für die Einspeisung in eine Datenbank dienen.[387] Die Daten müssen hier bereits vorhanden sein und dürfen nicht erst beschafft werden.[388] Ebenfalls sind die Kosten umfasst, die für die Erstellung von Einteilungssystemen[389] oder für die Lizenzerwerb an dem Computerprogramm für die Erstellung und die Nutzung der Datenbank[390] entstehen. Wenn ein Medienunternehmen die Nutzung des Computerprogramms mit dem Computerprogrammanbieter vereinbart und eine Lizenz an dem Computerprogramm für die Erstellung und Nutzung einer Datenbank erwirbt, fallen Kosten für die Datenaufbereitung und für den

385 Statt aller EuGH, GRUR 2005, 244, 247 f., Rn. 31, 42 – BHB-Pferdewetten.

386 So auch *Habel*, Roboterjournalismus, S. 174 f.

387 *Hermes* in: Praxiskommentar zum Urheberrecht, § 87a, Rn. 38.

388 EuGH, GRUR 2005, 244, 247 f., Rn. 42 – BHB-Pferdewetten; BGH, GRUR 2010, 1004, 1005, Rn. 18 – Autobahnmaut; *Dreier* in: Urheberrechtsgesetz Kommentar, § 87a, Rn. 13.

389 *Hermes* in: Praxiskommentar zum Urheberrecht, § 87a, Rn. 38.

390 *Hermes* in: Praxiskommentar zum Urheberrecht, § 87a, Rn. 39; vgl. *Dreier* in: Urheberrechtsgesetz Kommentar, § 87a, Rn. 13.

Lizenzerwerb an, sodass diese wesentliche Investitionen in die Darstellung von Datensammlungen darstellen.[391] Genauso entstehen wesentliche Investitionen, wenn der Computerprogrammanbieter eine Datenbank dem Medienunternehmen auf der Online-Plattform bereitstellt, da die Kosten für die physische Zurverfügungstellung der Datenbank ebenfalls als wesentliche Investition gesehen werden.[392]

(e) Datenbankhersteller

Der Datenbankhersteller ist nach § 87a Abs. 2 UrhG derjenige, der die wesentliche Investition getätigt hat. Hiermit ist dem europäischen Gesetzgeber und einem Teil der Literatur zufolge derjenige gemeint, der das unternehmerische Risiko infolge der Investition trägt.[393] Allerdings sollen laut europäischem Gesetzgeber Auftragnehmer von der Qualifikation als Datenbankhersteller ausgenommen sein.[394] Diese gesetzgeberische Ansicht ist nachvollziehbar, da ein Auftragnehmer bei der Erstellung einer Datenbank keinem wirtschaftlichen Risiko unterliegt und gerade keine Verträge über die Kosten im eigenen Namen und für eigene Rechnung schließt. Ähnlich ist die Auffassung vom BGH und von einem Teil der Literatur, wonach derjenige kein Datenbankhersteller ist, der zwar Daten erhoben und zu einer Datensammlung geformt hat, jedoch dann an ein Unternehmen übertragen hat, das allein das wirtschaftliche Risiko trägt.[395]

Datenlieferanten sammeln Rohdaten und erstellen daraus Datensätze, um diese Datensätze an den Computerprogrammanbieter oder das Medienunternehmen verkaufen.[396] Wenn ein Vertragsverhältnis für das Erstellen einer Datenbank zwischen dem Datenlieferant und einem anderen Akteur vorliegt, erfordert das Sammeln von Daten für Datenlieferanten zwar einen finanziellen Aufwand, jedoch ist hiermit kein wirtschaftliches Risiko verbunden. In solch einem Fall

391 So auch *Habel*, Roboterjournalismus, S. 175.

392 *Hermes* in: Praxiskommentar zum Urheberrecht, § 87a, Rn. 40.

393 Erwägungsgrund 41 S. 2 der Richtlinie 96/9/EG des Europäischen Parlaments und des Rates vom 11. März 1996 über den rechtlichen Schutz von Datenbanken, Abl. EG Nr. L 77 S. 20, GRUR Int. 1996, 806; *Kotthoff* in: Urheberrecht, § 87a, Rn. 41; *Hermes* in: Praxiskommentar zum Urheberrecht, § 87a, Rn. 131; *Wenzel/Burkhardt*, Urheberrecht für die Praxis, 8. Kap., Rn. 45.

394 Erwägungsgrund 41 S. 3 der Richtlinie 96/9/EG des Europäischen Parlaments und des Rates vom 11. März 1996 über den rechtlichen Schutz von Datenbanken, Abl. EG Nr. L 77 S. 20, GRUR Int. 1996, 806.

395 BGHZ 141, 329, 338 – Tele-Info-CD.

396 Siehe 1. Kap. F. I.

sind Datenlieferanten somit im Sinne der Erläuterung des europäischen Gesetzgebers als Auftragsnehmer zu qualifizieren und kein Datenbankhersteller. Als Datenbankhersteller würde man hingegen solche Datenlieferanten qualifizieren, die ohne einen erhaltenen Auftrag zunächst Daten/Elemente sammeln und zu einer Datendanken verarbeiten, und erst danach die erstellten Datenbanken wirtschaftlich verwerten. Dies ist beispielsweise beim SID[397] der Fall.[398]

Sowohl Medienunternehmen als auch der Computerprogrammhersteller und der Computerprogrammanbieter können ebenfalls Datenbankhersteller gem. § 87a Abs. 2 UrhG sein und somit Schutz nach §§ 87a ff. UrhG genießen, wie im Folgenden erklärt wird.

In der Regel entstehen diesen drei Akteuren bei der Erstellung und Nutzung von Datensammlungen Kosten, die als wesentliche Investitionen in die Beschaffung, Überprüfung oder Darstellung von Datensammlungen gelten.

Medienunternehmen sind zwar dann kein Investor und damit kein Datenbankhersteller i.S.d. § 87a Abs. 2 UrhG, wenn bereits fertig gestellte Datenbanken von diesem gekauft werden oder eine Lizenz an solchen Datenbanken[399] erworben wird, da in beiden Situationen die Kosten keinen Bezug zur Erstellung einer Datenbank haben.[400] In solch einem Fall kann das Medienunternehmen allerdings das Datenbankherstellerrecht gem. § 87a UrhG, § 398 BGB vom Datenbankhersteller übertragen bekommen.[401]

Computerprogrammhersteller und -anbieter sind grundsätzlich dann Datenbankhersteller, wenn sie mit Computerprogrammen strukturierte Datenbanken aus Daten/Elementen erstellen und sie dem Medienunternehmen zur Verfügung stellen, auch wenn dieses Szenario nicht dem Normalfall im automatisierten Journalismus entspricht.[402] Ebenfalls nicht dem Normalfall entsprechend kauft ein Computerprogrammhersteller oder -anbieter fertig gestellte Datenbanken

397 Siehe 1. Kap. F. I.

398 *SID*, SID Daten.

399 Damit ist nicht die Lizenz hinsichtlich des Computerprogramms für die Erstellung und Nutzung von Datenbanken gemeint.

400 BGH, GRUR 2009, 852, 853, Rn. 24 – Elektronischer Zolltarif; *Hermes* in: Praxiskommentar zum Urheberrecht, § 87a, Rn. 39; *Dreier* in: Urheberrechtsgesetz Kommentar, § 87a, Rn. 13.

401 Zur Übertragbarkeit des Datenbankherstellerrechts: BGH, GRUR 2009, 852, 853, Rn. 27 – Elektronischer Zolltarif; *Kotthoff* in: Urheberrecht, § 87a, Rn. 41; *Hermes* in: Praxiskommentar zum Urheberrecht, § 87a, Rn. 39.

402 Vgl. Ausführungen in 1. Kap. F.

von einem Datenlieferanten. Folglich sind der Computerprogrammhersteller und -anbieter regelmäßig keine Datenbankhersteller.

Ein Sonderfall würde sich dann ergeben, wenn mehrere Akteure als Datenbankhersteller in Betracht kommen. Im automatisierten Journalismus wäre der theoretische Fall denkbar, dass sowohl das Medienunternehmen als auch der Computerprogrammhersteller oder -anbieter gemeinsam die Initiative ergreifen, eine Datenbank von einem Datenlieferant erstellen zu lassen.[403] In diesem Falle würde beiden Akteuren das Datenbankherstellerrecht gem. § 87a UrhG gemeinschaftlich zustehen.[404]

(2) Datenbankwerk gem. § 4 Abs. 2 UrhG

Für die Einordnung von Datensammlungen als Datenbankwerke nach § 4 Abs. 2 UrhG müsste zusätzlich zu den Voraussetzungen einer Datenbank[405] eine persönliche geistige Schöpfung aufgrund der Auswahl oder Anordnung der Elemente vorliegen.

Unter der Auswahl der Elemente wird verstanden, dass die Elemente unter Hinzuziehung bestimmter Kriterien erkannt, gesammelt oder zusammengestellt werden, wohingegen mit der Anordnung das Zusammenfügen der ausgewählten Elemente gemeint ist.[406] Eine Auswahl im Bereich der Wetterberichterstattung wird dadurch ausgeführt, dass die aufgezeichneten Messdaten von dem Computerprogramm erkannt und zusammengestellt werden. Die Messdaten werden hierbei in den gebildeten Kategorien (z.B. Temperatur, Windstärke, Druck, Dichte und Luftfeuchtigkeit) angeordnet. In den anderen Bereichen des automatisierten Journalismus werden Daten üblicherweise ebenfalls ausgewählt und angeordnet. Diese Auswahl und Anordnung muss eine persönliche geistige Schöpfung i.S.d. § 2 Abs. 2 UrhG sein, wobei die Anforderungen hieran nicht besonders hoch sind.[407] Denn auch hier gilt das Prinzip der „kleinen

403 Vgl. *Dreier* in: Urheberrechtsgesetz Kommentar, § 87a, Rn. 21.

404 So auch *Hermes* in: Praxiskommentar zum Urheberrecht, § 87a, Rn. 138; *Habel*, Roboterjournalismus, S. 184; *Dreier* in: Urheberrechtsgesetz Kommentar, § 87a, Rn. 21.

405 Siehe 2. Kap. B. II. 1. c) bb) (1), abgesehen von der Voraussetzung der „wesentlichen Investition hinsichtlich der Beschaffung, Überprüfung oder Darstellung der Datensammlung".

406 *Czychowski* in: Urheberrecht, § 4, Rn. 34; *Dreier* in: Urheberrechtsgesetz Kommentar, § 4, Rn. 11; vgl. LG Köln, MMR 2006, 52, 54.

407 *Kotthoff* in: Urheberrecht, § 4, Rn. 8. Der BGH lässt ein „bescheidenes Maß an geistiger Leistung" ausreichen: BGHZ 172, 268, 274 – Gedichttitelliste II.

Münze".[408] Allerdings wird angenommen, dass keine persönliche geistige Schöpfung vorliegt, wenn die Auswahl und Anordnung lediglich auf Logik oder Zweckmäßigkeit beruhen.[409]

Unter Berücksichtigung der genannten Voraussetzungen, kann es sich bei der Anordnung und Auswahl der beim automatisierten Journalismus verwendeten Datensammlungen um eine persönliche geistige Schöpfung handeln. Oftmals ist der Arbeitsaufwand der Datenerhebung und -sortierung beispielsweise bei Fußballspielen höher als beim Wetter, da beim Wetter die Messdaten aus den Rohdaten meistens automatisiert entstehen, wohingegen bei Fußballspielen die Rohdaten (nach dem heutigen Stand) eigenhändig notiert werden müssen (z.B. welcher Spieler in welcher Minute eine gelbe Karte bekommen hat oder wie sich das Spielverhalten eines Teams während der Spielzeit verändert hat). Laut EuGH sind der Arbeitsaufwand und die Sachkenntnis für die Auswahl und Anordnung der Elemente jedoch irrelevant, wenn die Originalität[410] nicht zum Ausdruck kommt,[411] und die Herkunft der Daten für die Datensammlung sind unerheblich.[412] Insofern wird nicht der Arbeitsaufwand belohnt, sondern die individuelle Auswahl und Anordnung der Datensammlung. Ob die Daten dem Internet entnommen werden oder von Rohdaten in verarbeitungsfähige Daten umgewandelt werden, ist der Rechtsprechung des EuGH zufolge irrelevant. Zum Kriterium der logischen und zweckmäßigen Auswahl und Anordnung muss zwischen den Bereichen differenziert werden. Bei der vollautomatisierten Sammlung von Wetterdaten und Börsendaten[413] ist im Vergleich zu anderen journalistischen

---

408 OLG Hamburg, GRUR 2000, 319, 320; *Kotthoff* in: Urheberrecht, § 4, Rn. 8; *Bullinger* in: Praxiskommentar zum Urheberrecht, § 4, Rn. 5. Zum Prinzip der „kleinen Münze" siehe 2. Kap. B. II. 1. b) bb).

409 OLG Frankfurt/M., MMR 2003, 45, 46, Rn. 1a); OLG Hamburg, GRUR 2000, 319, 320; *Wenzel/Burkhardt*, Urheberrecht für die Praxis, 1. Kap., Rn. 61.

410 Mit dem Begriff „Originalität" meinte der europäische Gesetzgeber die geistige Schöpfung: Erwägungsgrund 16 der Richtlinie 96/9/EG des Europäischen Parlaments und des Rates vom 11. März 1996 über den rechtlichen Schutz von Datenbanken, Abl. EG Nr. L 77 S. 20, GRUR Int. 1996, 806.

411 EuGH, GRUR 2012, 386, 388, Rn. 42 – Football Dacato/Yahoo.

412 EuGH, GRUR 2005, 254, 255, Rn. 25 – Fixtures-Fußballspielpläne II.

413 Gerichtlich wurden die Auswahl und Anordnung von Börsendaten als persönliche geistige Schöpfung abgelehnt, da die Auswahl und Anordnung der Aktiendaten, die Kurse, Kennzahlen, Prognosen und Bewertungen enthielten, alphabetisch und chronologisch erfolgten und auf Logik und Zweckmäßigkeit beruhten: OLG Hamburg, GRUR 2000, 319, 320.

Bereichen eher davon auszugehen, dass die Auswahl und Anordnung aufgrund der meist automatisierten Datenbeschaffung auf einer logischen und zweckmäßigen Vorgehensweise basieren. In diesem Fall ist eine persönliche geistige Schöpfung abzulehnen. Eine „persönliche" geistige Schöpfung ist jedoch ohnehin abzulehnen, wenn die Daten nicht von einem Menschen, sondern von einem technischen Gerät bzw. Computerprogramm erkannt und gesammelt bzw. sortiert und zusammengestellt werden. Bei der Erhebung von Wetterdaten ist dies mittlerweile die Regel.[414] In den anderen Bereichen ist das Vorliegen einer persönlichen geistigen Schöpfung also auch davon abhängig, ob die Daten von einem Menschen individuell ausgewählt und angeordnet werden oder dies mithilfe von technischen Geräten und Computerprogrammen geschieht.

Die im automatisierten Journalismus entstehenden Datensammlungen können somit Datenbankwerke gem. § 4 Abs. 2 UrhG und damit auch Sammelwerke gem. § 4 Abs. 1 UrhG sein.

cc) Schutz von computergenerierten Nachrichtentexten gem. §§ 87a ff. und § 4 UrhG

Die aus den Datensätzen entstehenden computergenerierten Nachrichtentexte sind keine Datenbanken gem. § 87a UrhG, keine Datenbankwerke gem. § 4 Abs. 2 UrhG und somit auch keine Sammelwerke gem. § 4 Abs. 1 UrhG.

Bei einem computergenerierten Nachrichtentext kommen als unabhängig Elemente nur die einzelnen Wörter oder Textbausteine in Betracht. Jedoch fehlt diesen die erforderliche „Unabhängigkeit".[415] Der vom EuGH verstandene selbstständige Informationswert als Elemente, die „voneinander getrennt werden können, ohne dass der Wert ihres Inhalts dadurch beeinträchtigt wird",[416] besteht bei einzelnen Wörtern außerhalb eines Satzes deswegen nicht, da einzelne Wörter erst in einem Satz und im Kontext mit anderen Wörtern aufgrund der Syntax und der Semantik einen neuen Wert des Inhalts erhalten können.[417] Betrachtet man Wörter eines Satzes separat, würde dieser Wert somit beeinträchtigt werden. Beispielsweise würde der Textbaustein „gewann das Spiel gegen" keinen Aufschluss darüber geben, welches Team, in welchem Spiel, gegen wen, wie hoch gewonnen hat. Zwar kann im Sinne der Rechtsprechung des EuGH argumentiert werden, dass der Minderwert eines Elementes, der durch die Herauslösung eines

---

414 Siehe 1. Kap. D. III.

415 Zu „unabhängigen Elementen" siehe 2. Kap. B. II. 1. c) bb) (1) (a).

416 EuGH, GRUR 2005, 254, 255, Rn. 32 – Fixtures-Fußballspielpläne II.

417 *Legner* spricht von „kumulierten Elementen": *Legner*, ZUM 2020, 807 (809).

Elementes aus der Sammlung entstehen kann, keinen Einfluss auf die „Unabhängigkeit" eines Elements hat und damit als „unabhängiges Element" kategorisiert werden kann.[418] Allerdings ist hierfür Voraussetzung, dass das Element mit dem Minderwert einen selbstständigen Informationswert beibehält,[419] was bei den oben genannten Wörtern in computergenerierten Nachrichtentexten nach der Herauslösung aus dem Text nicht der Fall ist. Zudem würde die Einordnung eines computergenerierten Nachrichtentextes als Datenbankwerk dem Schutzzweck des Datenbankwerks nach § 4 UrhG widersprechen, da ein Nachrichtentext, der ohnehin urheberrechtlich nach § 2 Abs. 1, Abs. 2 UrhG geschützt sein kann, zudem den Schutz nach § 4 Abs. 2 UrhG erlangt, sofern die einzelnen Wörter als unabhängige Elemente zu verstehen sind.

Mangels des Vorliegens von unabhängigen Elementen entfällt der Schutz nach §§ 87a ff. UrhG und § 4 UrhG. Aber auch Textbausteine, die für die Nachrichtentextgenerierung verwendet werden, beinhalten keine unabhängigen Elemente.[420]

dd) Derivativer Schutz eines Computerprogramms als Datenbankwerk gem. § 4 Abs. 2 UrhG

Ein abgeleiteter Schutz des Computerprogramms als Datenbankwerk ist nicht möglich, da gem. § 4 Abs. 2 S. 2 UrhG ein Computerprogramm gerade nicht Bestandteil eines Datenbankwerkes ist und somit kein derivativer Schutz entstehen kann. Mangels Schutzes kann somit auch kein Schutz als derivativer Schutz abgeleitet werden.[421]

ee) Fazit

Die Ausführungen haben gezeigt, dass computergenerierte Nachrichtentexte keinen Datenbankrechtsschutz nach §§ 87a ff. UrhG oder § 4 Abs. 1, 2 UrhG erhalten können. Wäre dies hingegen der Fall, würde der urheberrechtliche Schutz von Schriftwerken nach § 2 Abs. 1 Nr. 2, Abs. 2 UrhG umgangen werden, da unbearbeitete computergenerierte Nachrichtentexte keinen urheberrechtlichen Schutz hiernach genießen. Allerdings sind üblicherweise die Datensammlungen für die Nachrichtentextgenerierung gem. § 87a UrhG Datenbanken und durch das Datenbankherstellerrechts nach §§ 87a ff. UrhG geschützt. Dass es

418 EuGH, GRUR 2015, 1187, 1188, Rn. 23 – Verlag Esterbauer.

419 Ebd.

420 So auch *Habel*, Roboterjournalismus, S. 179 f.

421 Siehe 2. Kap. B. I.

bei einer Datenbank mehrere Datenbankhersteller nebeneinander gibt, kann im automatisierten Journalismus möglich sein. Diese Datensammlungen können jedoch auch im Falle des Vorliegens einer persönlichen geistigen Schöpfung als Datenbankwerk nach § 4 Abs. 2 UrhG geschützt sein. Auch dies ist gerecht, wenn die hinter der Datensammlung stehende Person individuell und mit der erforderlichen Gestaltungshöhe die Datensammlung ausgewählt und angeordnet hat, und somit ein „klassisches" Urheberrecht gewährt bekommt.

d) Notwendigkeit für einen Schutz nach dem Urheberrecht de lege ferenda

Die vorrigen Ausführungen haben gezeigt, dass computergenerierte Nachrichtentexte weder urheberrechtlich noch durch ein Leistungsschutzrecht geschützt sind.[422] Die Folge ist, dass computergenerierte Nachrichtentexte ohne Einwilligung eines potentiellen Urhebers unter anderem vervielfältigt, verbreitet[423] und mangels verwandter Schutzrechte genutzt werden dürfen. Infolgedessen haben Medienunternehmen, die computergenerierte Nachrichtentexte publizieren, an diesen keine Nutzungs- und Verwertungsrechte. Deshalb stellt sich die Frage nach der Notwendigkeit eines Schutzes nach dem Urheberrecht von derartigen Texten. Der Schutz kann entweder urheberrechtlicher Natur i.S.d. § 1 UrhG oder durch den Schutz von Leistungsschutzrechten nach §§ 70 ff. UrhG begründet sein. Insofern ist von einem Urheberrechtsschutz „im weiten Sinne" zu sprechen.

Zunächst gilt zu klären, „ob" es überhaupt eines Schutzes nach dem Urheberrecht im weiten Sinne von computergenerierten Nachrichtentexten bedarf (aa)). Ist dies der Fall, ist zu untersuchen, „wie" der Schutz rechtlich ausgestaltet werden soll und was sich für eine Gesetzesregelung de lege ferenda anbieten würde (bb)).

aa) Bedarf eines urheberrechtlichen Schutzes im weiten Sinne

Für die Diskussion, ob ein urheberrechtlicher Schutz im weiten Sinne von computergenerierten Nachrichtentexten geboten ist, müssen verschiedene Kriterien herangezogen werden.

Der urheberrechtliche Schutz einer Schöpfung und die verwandten Schutzrechte geben einen Anreiz zur Schaffung neuer Werke.[424] Der Anreiz besteht

---

422 Im Ergebnis siehe 2. Kap. B. II. 1. a) – c).

423 Siehe §§ 15 ff. UrhG.

424 *Haberstumpf* in: Handbuch des Fachanwalts Gewerblicher Rechtsschutz, Kap. 7, Rn. 1; vgl. *Dornis*, GRUR 2019, 1252 (1258); vgl. *Hetmank/Lauber-Rönsberg*, GRUR 2018, 574 (579).

darin, dass im Falle eines Urheberrechtsschutzes dem Urheber Verwertungsrechte gem. §§ 15 ff. UrhG zustehen, die zu wirtschaftlichen und finanziellen Vorteilen führen können.[425] Die vom Urheberrecht vorgesehene angemessene Vergütung für die Nutzung der Werke eines Urhebers ist in § 11 S. 2 UrhG normiert.

Wenn, wie nach derzeit geltendem Recht, kein urheberrechtlicher Schutz für computergenerierte Nachrichtentexte besteht, führt der Anreizgedanke zu der Folge, dass damit dem Computerprogrammhersteller der Anreiz genommen werden würde, in die Erstellung von Computerprogrammen für die Nachrichtentextgenerierung zu investieren und den technischen Standard fortzuentwickeln.[426] Dieser wüsste, dass die Erzeugnisse seines urheberrechtlich geschützten Computerprogramms keinem Schutz unterliegen und somit unter anderem ohne seine Einwilligung vervielfältigt werden dürfen. Ein urheberrechtlicher Schutz computergenerierter Nachrichtentexte würde diesen Anreiz hervorbringen. Zudem würde ihm dadurch jeder finanzielle Anreiz genommen werden. Ein urheberrechtlicher Schutz würde dieser Problematik entgegenwirken.

Ein weiteres Kriterium ist die Rechtssicherheit, die durch einen Schutz nach dem Urheberrechtsgesetz gewährleistet sein würde. Da computergenerierte Nachrichtentexte eine gleiche Gestaltungshöhe und Individualität wie von Menschenhand geschriebene Nachrichtentexte erreichen können, sind die Unterschiede der Textentstehung für einen Dritten oftmals nicht ersichtlich.[427] Wenn jemand ohne Zustimmung des Urhebers einen Nachrichtentext i.S.d. § 16 Abs. 1 UrhG veröffentlichen oder gegen ein Leistungsschutzrecht verstoßen würde, dann würde aus seiner Sicht die Rechtsfolge einer Rechtsverletzung nach §§ 97 ff. UrhG nur noch vom Zufall abhängen, ob dieser Nachrichtentext von Menschenhand oder von einem Computerprogramm geschrieben wurde.

Auf den ersten Blick spricht die „Work-labor-Theorie" von John Locke[428] gegen einen urheberrechtlichen Schutz im weiten Sinne von computergenerierten Nachrichtentexten. Denn hiernach soll das Immaterialgüterrecht, welches das Urheberrecht beinhaltet, die Arbeitsleistung des Schöpfers schützen und eine Art Entlohnung gewährleisten. Bei von Menschenhand verfassten Nachrichtentextes besteht also die Arbeitsleistung in dem Verfassen des Nachrichtentextes, der nach § 2 Abs. 1 Nr. 1, Abs. 2 UrhG Werkqualität erlangen kann.

---

425 *Dustmann* in: Urheberrecht, § 15, Rn. 1.

426 Vgl. *Hetmank/Lauber-Rönsberg*, GRUR 2018, 574 (579).

427 *Haim/Graefe*, in: Nuernbergk/Neuberger, Journalismus im Internet, S. 139 (147).

428 *Dornis*, GRUR 2019, 1252 (1257) m.w.N.

Allerdings ist beim automatisierten Journalismus die Arbeitsleistung nicht in dem Verfassen des Nachrichtentextes,[429] sondern in der Programmierung des Computerprogrammherstellers zu sehen. Man könnte argumentieren, dass die Arbeitsleistung nicht unmittelbar auf den Schöpfungsakt gerichtet ist und somit ein urheberrechtlicher Schutz nach der Work-labor-Theorie verneint werden muss.[430] Allerdings wird der Urheberrechtsschutz nach dieser Theorie nicht mit einem Unmittelbarkeitsbezug zwischen menschlicher Arbeitsleistung und Erzeugnis begründet, sondern allein die von einem Menschen geschaffene Schöpfung soll entlohnt werden.[431] Folglich steht die Work-labor-Theorie einem urheberrechtlichen Schutz im weiten Sinne von computergenerierten Nachrichtentexten nicht entgegen.

Im Kontrast zu dem Schutz nach dem Urheberrecht steht die Gemeinfreiheit, die den Vorteil hat, dass kreative, schöpferische Erzeugnisse von allen Menschen frei genutzt und verwertet werden dürfen.[432] Der Zugang zu kreativen Erzeugnissen wird somit größer und unterliegt keinen (oder nur kleinen) finanziellen Hürden.[433] Jedoch kollidiert dieses Kriterium mit dem oben dargestellten Anreizgedanken, da im Falle der Gemeinfreiheit den Schöpfern der Anreiz genommen werden würde, neue Schöpfungen zu erschaffen und in diese finanziell und zeitlich zu investieren, wenn doch ohnehin die wirtschaftliche Verwertung nicht gewährleistet wäre.[434] Die Folge der Gemeinfreiheit durch das Fehlen eines Schutzes nach dem Urheberrecht ist, dass die Anzahl der neugeschaffenen Schöpfungen mangels Anreizes zurückgeht und somit der Zugang zu kreativ erschaffenen Erzeugnissen folglich quantitativ eingeschränkt wird.[435] Die Gemeinfreiheit kann somit nicht als Argument gegen den Bedarf eines urheberrechtlichen Schutzes im weiten Sinne von computergenerierten Nachrichtentexten herangezogen werden.

Ein urheberrechtlicher Schutz im weiten Sinne von computergenerierten Nachrichtentexten könnte dazu führen, dass der Schöpfer „überbelohnt“ bzw.

429 Zur Funktionsweise siehe 1. Kap. C. I.

430 Vgl. Ausführung in 2. Kap. B. II. 1. b) dd) (1).

431 Vgl. *Dornis*, GRUR 2019, 1252 (1257).

432 In diesem Kontext bezieht sich die Gemeinfreiheit nicht auf die Folge des Ablaufs der Schutzfrist (§§ 64 ff. UrhG).

433 Siehe auch *Dornis*, GRUR 2019, 1252 (1258).

434 Vgl. Ausführung in 2. Kap. B. I zum Sinn und Zweck des urheberrechtlichen Schutzes von Computerprogrammen zur Bekämpfung von Softwarepiraterie.

435 So auch *Dornis*, GRUR 2019, 1252 (1258). Zu den weiteren negativen Folgen der Gemeinfreiheit siehe *Dornis*, GRUR 2019, 1252 (1259).

„doppelt honoriert“[436] wird, da schon das Computerprogramm urheberrechtlich geschützt ist.[437] Hiergegen spricht, dass der Schöpfer, also der Computerprogrammhersteller, im Falle eines Urheberrechtsschutzes nur eines der beiden Schöpfungen verwerten könnte: entweder das Computerprogramm an sich oder die computergenerierten Nachrichtentexte. Denn für den Verwerter der computergenerierten Nachrichtentexte würde es wenig Sinn ergeben, sowohl das Computerprogramm selbst als auch die computergenerierten Nachrichtentexte kostenpflichtig zu nutzen und zu verwerten, da er lediglich an Letzteren interessiert ist. Zweitens bilden das Computerprogramm für die Nachrichtentextgenerierung und die computergenerierten Nachrichtentexte aufgrund des Produktionsprozesses selbst eine Einheit, sodass beide Schöpfungen nicht getrennt betrachtet werden können.[438] Diese Einheit führt zu einer gesamten Belohnung bzw. Honorierung und nicht zu zwei unterschiedlichen Belohnungen, da ohne dieses Computerprogramm die Nachrichtentexte nicht generiert werden können.

In Bezug auf das Urheberrecht im engen Sinne[439] spricht gegen den Bedarf eines solchen Schutzes das Urheberpersönlichkeitsrecht, welches unter anderem in §§ 12 - 14 UrhG zum Ausdruck kommt. Mit dem Urheberpersönlichkeitsrecht soll sowohl die geistige als auch die persönliche Beziehung des Urhebers zu seinem Werk geschützt werden.[440] Da bei computergenerierten Nachrichtentexten der Persönlichkeitsbezug fehlt,[441] ist das Urheberpersönlichkeitsrecht nicht anwendbar.

Die erörterten Kriterien haben gezeigt, dass ein Bedarf für den Schutz nach dem Urheberrecht im weiten Sinne an computergenerierten Nachrichtentexten besteht. Zwar spricht das Urheberpersönlichkeitsrecht gegen einen urheberrechtlichen Schutz im engen Sinne, jedoch kann der Schutz nach dem Urheberrecht auch in Gestalt von Leistungsschutzrechten bestehen, wie folgende Unterabschnitte zeigen werden.

---

436 Zu den Begriffen siehe *Dornis*, GRUR 2019, 1252 (1258).

437 Siehe 2. Kap. B. I.

438 Vgl. auch *Dornis*, GRUR 2019, 1252 (1258 f.).

439 Nicht umfasst sind die Leistungsschutzrechte nach §§ 70 ff. UrhG.

440 *Nordemann* in: Urheberrecht, Einl. UrhG, Rn. 12; *Wiebe* in: Recht der elektronischen Medien, Zwölfter Teil, Vorbemerkung Unterabschnitt 2. Urheberpersönlichkeitsrecht, Rn. 1; vgl. *Schulze* in: Urheberrechtsgesetz Kommentar, Vorbemerkung zu Unterabschnitt 2. Urheberpersönlichkeitsrecht, Rn. 1.

441 Siehe 2. Kap. B. II. 1. b) dd) (1) (f).

bb) Rechtliche Ausgestaltung

Dieser Unterabschnitt widmet sich der Frage, wie ein Rechtsschutz de lege ferenda für computergenerierte Nachrichtentexten inhaltlich ausgestaltet sein kann und sollte. In Betracht kommen folgende rechtliche Instrumente: ein neues Urheberrecht (1), ein ausschließliches Nutzungsrecht (2) und ein neues Leistungsschutzrecht (3).

(1) Neues Urheberrecht

Einerseits könnte ein neuer Absatz in § 2 UrhG (also § 2 Abs. 3 UrhG) mit folgendem Wortlaut eingeführt werden: „*Schriftwerke nach § 2 Abs. 1 Nr. 1 UrhG, die mittels eines Computerprogramms zum Zweck der Nachrichtenberichterstattung generiert werden, sind ebenfalls Werke im Sinne dieses Gesetzes und unterliegen nicht den Voraussetzungen des § 2 Abs. 2 UrhG, sofern sie eine geistige Schöpfung sind*“. Damit würden computergenerierte Nachrichtentexte urheberrechtlichen Schutz als Werk genießen, ohne dass diese das Kriterium des Persönlichkeitsbezugs erfüllen müssen.

Andererseits könnte ein neuer Satz in § 7 UrhG (§ 7 S. 2 UrhG) mit folgendem Wortlaut eingeführt werden: „*Bei mittels eines Computerprogramms zum Zweck der Nachrichtenberichterstattung generierten Schriftwerken nach § 2 Abs. 1 Nr. 1 UrhG ist Urheber derjenige, dem ein Urheberrecht an solch einem Computerprogramm zusteht*“. Damit würde der Programmierer des Computerprogrammes der Urheber sein, da die Subsumtion nach § 7 UrhG zu keinem Ergebnis hinsichtlich der Urheberschaft an den computergenerierten Nachrichtentexten führt.

Allerdings sind diese beiden vorgestellten Änderungen des Urheberrechts und ein neues Urheberrecht an sich aus zwei Gründen abzulehnen. Erstens dürfte eine solche Änderung im deutschen Urheberrecht praktische Schwierigkeiten erfahren, da das deutsche Urheberrecht am Europäischen Recht zu messen und die Änderung unionsrechtswidrig sein können.[442] Zweitens liegt der „Schöpfergrundsatz“ dem Kern des Urheberrechts zugrunde,[443] nach dem es sich bei einem urheberrechtlich geschützten Werk insbesondere um eine „menschliche“ Schöpfung handeln muss, die bei dem computergenerierten Verfassen des Nachrichtentextes nicht gewährleistet ist.[444]

Die Einführung eines neuen Urheberrechts ist somit abzulehnen.[445]

---

442 *Lauber-Rönsberg*, GRUR 2019, 244 (246).

443 Statt aller *Legner*, ZUM 2020, 807 (809).

444 So auch *Dornis*, GRUR 2019, 1252 (1260). Vgl. auch Ausführungen zum Urheberpersönlichkeitsrecht in 2. Kap. B. II. 1. d) aa).

445 Vgl. auch *Legner*, ZUM 2020, 807 (809 f.).

(2) Ausschließliches Nutzungsrecht

Einer Ansicht der Literatur zufolge soll demjenigen ein (zeitlich begrenztes) ausschließliches Nutzungsrecht de lege ferenda zustehen, der das Computerprogramm bedient und das Erzeugnis nutzen möchte.[446] Dieser Vorschlag ist jedoch schon aus dem Grund abzulehnen, dass ein neues ausschließliches Nutzungsrecht mit der Systematik des Urheberrechts nicht zu vereinbaren ist. Denn für geschützte Rechte nach dem Urheberrechtsgesetz, die keine Werkqualität erreichen, hat der Gesetzgeber die verwandten Schutzrechte eingeführt und keine ausschließlichen Nutzungsrechte normiert. Ausschließliche Nutzungsrechte sind vielmehr den Urheberrechten und Leistungsschutzrechten untergeordnet.[447] Insofern widerspricht es der Systematik des Urheberrechtsgesetzes, ein eigenständiges von Urheber- und Leistungsschutzrechten losgelöstes ausschließliches Nutzungsrecht einzuführen. Ein ausschließliches Nutzungsrecht de lege ferenda ist somit auch kein adäquates Instrument, computergenerierte Nachrichtentexte zu schützen.

(3) Neues Leistungsschutzrecht

Naheliegend und mit der Gesetzessystematik des Urheberrechts vereinbar ist die Einführung eines neuen Leistungsschutzrechts für generierte Erzeugnisse von einem Computerprogramm mit künstlicher Intelligenz oder einem regelbasierten Computerprogramm, bei dem ein durchschnittlicher Verbraucher das Ergebnis nicht nachvollziehen[448] kann.[449] Die Einführung eines solchen neuen Leistungsschutzrechts, das auch computergenerierte Nachrichtentexte schützt, ist insbesondere aus folgenden Gründen interessengerecht und angemessen. Erstens würden mit einem derartigen Leistungsschutzrecht Investitionen geschützt werden,[450] die wiederum Anreize setzen, solch ein Computerprogramm zu nutzen. Zweitens ist im Gegensatz zu den urheberrechtlichen Anforderungen im

---

446 *Legner*, ZUM 2020, 807 (812).

447 Bei Urheberrechten siehe unter anderem § 31 Abs. 3 S. 1, § 38 Abs. 1, § 40a Abs. 3 UrhG. Bei Leistungsschutzrechten siehe unter anderem § 77 Abs. 1, 2, § 85 Abs. 1 S. 1, § 87 Abs. 1 UrhG.

448 Die hier vorausgesetzte Nachvollziehbarkeit soll deutlich machen, dass technisch weniger anspruchsvolle regelbasierte Computerprogramme, wie beispielsweise ein Textverarbeitungsprogramm, nicht umfasst sein sollen.

449 So auch bezogen auf künstlich intelligent erzeugte Schöpfungen: *Dornis*, GRUR 2019, 1252 (1260); *Papastefanou*, WRP 2020, 290 (295).

450 Statt aller *Papastefanou*, WRP 2020, 290 (292).

engen Sinne keine persönliche geistige Schöpfung erforderlich. Drittens können durch die Verwertung der Erzeugnisse neue finanzielle Mittel für die Kreation weiterer Schöpfungen erlangt werden.[451] Letztlich wäre damit auch eine Übertragbarkeit gewährleistet, wie es bei anderen Leistungsschutzrechten rechtlich möglich ist.[452]

Für die inhaltliche Ausgestaltung eines solchen neuen Leistungsschutzrechts ist zunächst die Mindestanforderung an das Erzeugnis festzusetzen ((a)). Zudem ist zu bestimmen, welchem Akteur die Inhaberschaft zugeschrieben ((b)) und für welche Dauer der Schutz gewährt werden soll ((c)). Aus diesen rechtlichen Untersuchungen lässt sich wiederum ein Fazit ziehen ((d)).

(a) Mindestanforderung

Damit nicht jedes Erzeugnis eines Computerprogrammes, unabhängig von der kreativen Leistung des Computerprogrammes, ein Leistungsschutzrecht gewährt, ist ein Mindeststandard an Kreativität vorauszusetzen.[453] Ein hinreichendes Maß an Kreativität wäre gegeben, wenn das Erzeugnis in Anlehnung an § 2 Abs. 2 UrhG eine ausreichende Gestaltungshöhe aufweist.[454] Computergenerierte Nachrichtentexte würden größtenteils diesen Mindeststandard erreichen.[455]

(b) Inhaberschaft

Inhaber dieses Leistungsschutzrechts können (mehrere) Personen sein, zumindest aber nicht das Computerprogramm selbst.[456] In Betracht kommen der

451 *Dornis*, GRUR 2019, 1252 (1261).

452 Ebd. Beispielsweise ist das Leistungsschutzrechts der Sendeunternehmen nach § 87 Abs. 2 S. 1 UrhG übertragbar.

453 So auch *Dornis*, GRUR 2019, 1252 (1261). A.A. *Papastefanou*, WRP 2020, 290 (295).

454 Vgl. *Dornis*, GRUR 2019, 1252 (1261).

455 Siehe 2. Kap. B. II. 1. b) bb).

456 Computerprogrammen eine eigene Rechtspersönlichkeit zuzuschreiben („E-Person"), wird von mehreren Stimmen vorgeschlagen und vielseitig diskutiert. Für Aufsehen hat eine Empfehlung in der Entschließung des Europäischen Parlaments vom 16.2.2017 gesorgt, mit der sie die Frage aufgeworfen hat, ob für ein verbessertes Haftungssystem ein Rechtsstatus für Roboter eingeführt werden solle: Entschließung des Europäischen Parlaments v. 16.2.2017 mit Empfehlungen an die Kommission zu zivilrechtlichen Regelungen im Bereich Robotik (2015/2103 [INL]) – P8_TA(2017)0051, 34. Sehr ausführlich zur „E-Person": *John*, Haftung für künstliche Intelligenz, § 372 ff. Kritisch demgegenüber: *Specht/Herold*, MMR 2018, 40 (43).

Computerprogrammhersteller, der Computerprogrammanwender und im speziellen Fall des automatisierten Journalismus zudem der Datenlieferant und das Medienunternehmen als Computerprogrammanwender. Hierbei ist, wie auch bei den anderen Leistungsschutzrechten im Urheberrechtsgesetz, die „investitionsintensive organisatorisch-technische Leistung“ relevant.[457]

Zunächst ist der Computerprogrammhersteller zu betrachten. Denn einer Ansicht der Literatur nach sollte derjenige durch ein neues Leistungsschutzrecht geschützt sein, „der durch eine wesentliche Investition ein autonom handelndes System geschaffen hat, das neue, nicht nur unwesentliche Arbeitsergebnisse erbracht hat“[458]. Zwar hätte man ohne das Computerprogramm keine Erzeugnisse generieren können, sodass die Programmierung als eine relevante Leistung gesehen werden kann. Jedoch sollte auch bei diesem Leistungsschutzrecht ein Unmittelbarkeitszusammenhang zwischen dem Beitrag und dem Erzeugnis bestehen.[459] Bei Erzeugnissen von einem künstlich intelligenten Computerprogramm oder einem regelbasierten Computerprogramm, bei dem das Ergebnis von einem durchschnittlichen Verbraucher nicht nachvollzogen werden kann, ist der Beitrag des Computerprogrammherstellers nicht ausreichend für das Erlangen der Inhaberschaft.[460] Auch bei Computerprogrammen für die Nachrichtentextgenerierung sind die Textbausteine zwar durch den Computerprogrammhersteller vorgegeben, allerdings wird der Nachrichtentext eigenständig erstellt.

Die Inhaberschaft für den Datenlieferanten ist schon aus dem Grund abzulehnen, da dieser in die Generierung der Erzeugnisse bei den allermeisten Computerprogrammen nicht eingebunden ist. Auch beim automatisieren Journalismus ist der Datenlieferant in die Nachrichtentextgenerierung an sich nicht eingebunden, sondern stellt lediglich Datenbanken zur Verfügung. Ein Unmittelbarkeitsbezug besteht auch bei diesem nicht.

Insofern kommt nur der Computerprogrammanwender und im automatisierten Journalismus das Medienunternehmen in Betracht. Denn der Computerprogrammanwender ist der einzige Akteur, der die computergenerierten Erzeugnisse wirtschaftlich nutzen und verwerten möchte. Seine Investition stellt

457 *Wiebe* in: Recht der elektronischen Medien, Zwölfter Teil, Vorbemerkung zu §§ 70 ff., Rn. 1.

458 *Lewke*, InTeR 2017, 207 (215).

459 Vgl. hierzu die Ausführungen in 2. Kap. B. II. 1. b) dd) (1). Vgl. *Dornis*, GRUR 2019, 1252 (1262).

460 Im Gegensatz dazu steht zum Beispiel ein Textverarbeitungsprogramm.

den engsten Unmittelbarkeitsbezug zu den computergenerierten Erzeugnissen dar.[461] Folglich ist die Inhaberschaft in seiner Person plausibel und naheliegend.

(c) Schutzdauer

Für die zeitliche Begrenzung des Schutzes dient eine Orientierung an anderen Leistungsschutzrechten. Zum Beispiel könnte in Anlehnung an die 15-jährige Dauer der Rechte des Datenbankherstellers nach § 87d S. 1 UrhG ein Zeitraum von 15 Jahren festgelegt werden. Jedoch unterscheiden sich die Erzeugnisse von Computerprogrammen ihrer Art nach, sodass man bei der Schutzdauer differenzieren muss. Bei computergenerierten Nachrichtentexten ist an eine etwas kürzere Schutzdauer zu denken, da üblicherweise der wirtschaftliche Wert einer Nachricht aufgrund der Schnelllebigkeit von Nachrichten eher geringer ist. Somit bedarf es hierbei keines allzu langen Schutzes. Bei anderen Erzeugnissen, deren wirtschaftlicher Wert im Laufe der Zeit eher gleichbleibend ist oder gar ansteigt, müsste eine längere Schutzdauer bestimmt werden.

(d) Fazit

Für generierte Erzeugnisse von einem künstlich intelligenten Computerprogramm oder einem regelbasierten Computerprogramm, bei dem das Ergebnis von einem durchschnittlichen Verbraucher nicht nachvollzogen werden kann, bietet sich ein neu einzuführendes Leistungsschutzrecht aus nachvollziehbaren Gründen an. Dieser Rechtsschutz würde auch für computergenerierte Nachrichtentexte gelten, da diese das Erzeugnis eines Computerprogrammes sind, bei dem das Ergebnis von einem durchschnittlichen Verbraucher nicht nachvollzogen werden kann. Ein Leistungsschutzrecht, das nur für Medienunternehmen gilt und sich nur auf computergenerierte Nachrichtentexte bezieht, wäre einerseits zu speziell auf einen Einzelfall bezogen. Andererseits würden damit andere generierte Erzeugnisse von einem künstlich intelligenten Computerprogramm oder einem regelbasierten Computerprogramm nicht geschützt, obwohl diese eine große Ähnlichkeit zu computergenerierten Nachrichtentexten aufweisen. Ein neu einzufügender Abschnitt, wie beispielsweise „*Schutz des Anwenders von künstlich intelligenten und bestimmten regelbasierten Computerprogrammen*", könnte dieses neue Leistungsschutzrecht regeln. Beim automatisierten Journalismus wäre das Medienunternehmen hierdurch ausreichend rechtlich geschützt.

---

461 Vgl. *Dornis*, GRUR 2019, 1252 (1262); vgl. *Papastefanou*, WRP 2020, 290 (295).

2. *Bearbeiteter Nachrichtentext*

Im automatisierten Journalismus ist es, wenn auch eher als Ausnahmefall, denkbar, dass bereits computergenerierte Nachrichtentexte vor der Veröffentlichung - auch als Vorlage[462] - von einem Journalisten bearbeitet werden. Der bearbeitete computergenerierte Nachrichtentext könnte unter den Voraussetzungen des § 2 Abs. 1 Nr. 1, Abs. 2 UrhG[463] in diesem Fall ein urheberrechtlich geschütztes Werk sein.

Bei Bearbeitungen kommt die Begründung eines Urheberrechtsschutzes nach § 3 S. 1 UrhG in Betracht. Nach § 3 S. 1 UrhG sind Bearbeitungen einer urheberrechtlich geschützten Schöpfung (Werk) eigenständig als Werk geschützt, sofern sie einen persönlichen geistigen Gehalt aufweisen. Die notwendige Voraussetzung für eine Bearbeitung nach § 3 S. 1 UrhG ist das Vorliegen eines urheberrechtlich geschützten Werkes, wie sich aus dem Wortlaut „eines Werkes" nach § 3 S. 1 UrhG ergibt. Allerdings haben die obigen Ausführungen gezeigt, dass ein computergenerierter Nachrichtentext keinen urheberrechtlichen Schutz als Schriftwerk gem. § 2 Abs. 1 Nr. 1, Abs. 2 UrhG genießen kann.[464] Somit findet § 3 S. 1 UrhG auf bearbeitete computergenerierte Nachrichtentexte keine Anwendung.

3. *Ergebnis*

Die im automatisierten Journalismus computergenerierten Nachrichtentexte werden üblicherweise unbearbeitet veröffentlicht. Solche Nachrichtentexte erfahren de lege lata keinen Schutz nach dem Urheberrechtsgesetz. Weder besteht an ihnen ein Urheberrecht noch ein Leistungsschutzrecht.

Bearbeitete computergenerierte Nachrichtentexte könnten unter den Voraussetzungen des § 2 Abs. 1 Nr. 1, Abs. 2 UrhG ein urheberrechtlich geschütztes Werk sein, sofern der Bearbeiter diese Nachrichtentexte in dem Maß bearbeitet, dass sie eine bestimmte Gestaltungshöhe erreichen. Das hieraus entstehende Werk hätte dann allerdings nicht mehr die Gestalt eines computergenerierten Nachrichtentextes, sondern die eines von Menschenhand geschriebenen Nachrichtentextes.

---

462 Zu dieser Form des automatisierten Journalismus siehe 1. Kap. C. I. 4. b).

463 Siehe hierzu 2. Kap. B. II. 1. b).

464 Siehe 2. Kap. B. II. 1. b).

C. Zusammenfassung

Im Rahmen der rechtlichen Grundlagen bei den computergenerierten Nachrichtentexten stellt sich vor allem die Frage nach der Anwendbarkeit von medien- und urheberrechtlichen Normen.

Im Medienrecht ist der Fokus auf die Kennzeichnungspflicht computergenerierter Nachrichtentexte zu legen. Die Praxis zeigt, dass manche computergenerierten Nachrichtentexte mit dem Namen des hierfür verwendeten Computerprogrammes oder des Anbieters bzw. Herstellers dieses Computerprogrammes gekennzeichnet werden. Eine Kennzeichnungspflicht für computergenerierte Nachrichtentexte besteht de lege lata im deutschen Recht nicht. Somit stellt sich die Frage, ob es sinnvoll ist, eine Kennzeichnungspflicht de lege ferenda zu normieren. Dies wird teilweise gefordert. Die besseren Argumente sprechen gegen die Einführung einer solchen Kennzeichnungspflicht, weil mangels Kennzeichnung kein rechtlicher Nachteil für den Rezipienten besteht und die Verantwortlichkeit für den Inhalt der Nachrichtentexte durch das Impressum festgelegt wird. Für eine Kennzeichnungspflicht kommt auch eine erweiterte Impressumspflicht in Betracht, wodurch angegeben werden müsste, ob ein Nachrichtentext computergeneriert ist. Auch bei diesem Vorschlag sprechen die besseren Argumente dagegen, sodass es alles in allem keiner Kennzeichnungspflicht de lege ferenda bedarf.

Im urheberrechtlichen Bereich stellt sich die Frage, ob computergenerierte Nachrichtentexte Schutz nach dem Urheberrecht genießen, d.h. entweder durch den Urheberrechtsschutz im engen Sinne oder durch die Leistungsschutzrechte.

Der urheberrechtliche Schutz könnte durch einen derivativen Schutz darin begründet sein, dass computergenerierte Nachrichtentexte durch abgeleitete Rechte von geschützten Computerprogrammen geschützt werden. Zwar sind Computerprogramme – unabhängig von dem bestimmten Computerprogrammtyp – urheberrechtlich nach §§ 2 Abs. 1 Nr. 1, 69a Abs. 1 UrhG geschützt, jedoch ist die Reichweite des Schutzes von Computerprogrammen nicht groß genug ist, um auch Erzeugnisse in Gestalt von generierten Nachrichtentexten zu umfassen. Denn im Urheberrecht gibt es keinen abgeleiteten Schutz für Erzeugnisse von urheberrechtlich geschützten Werken.

Mangels eines derivativen Schutzes kommt somit nur ein eigenständiger Schutz von computergenerierten Nachrichtentexten in Betracht. Hierbei besteht ein Unterschied zwischen solchen Texten, die nach der Computergenerierung nicht mehr oder die im Nachhinein von einem Journalisten bearbeitet werden.

Bei den unbearbeiteten computergenerierten Nachrichtentexten kommen mehrere Schutzmechanismen in Betracht, die jedoch allesamt keinen Schutz nach dem Urheberrechtsgesetz für computergenerierte Nachrichtentexte gewährleisten.

Der Schutz als Ausdrucksform des Computerprogramms gem. § 69a Abs. 2 S. 1 i.V.m. § 2 Abs. 1 Nr. 1, Abs. 2 UrhG entfällt für computergenerierte Nachrichtentexte, da die Ausdrucksform nur die innere Gestaltung eines Computerprogramms erfasst (z.B. den Quell- und Objektcode).

Es besteht auch kein Schutz von unbearbeiteten computergenerierten Nachrichtentexten als Schriftwerke gem. § 2 Abs. 1 Nr. 1, Abs. 2 UrhG. Zwar kann ein computergenerierter Nachrichtentext die erforderliche Individualität und Gestaltungshöhe aufweisen. Jedoch mangelt es an der Zurechenbarkeit für die persönliche Schöpfung, da der hierfür erforderliche Unmittelbarkeitszusammenhang zwischen der menschlichen geistigen Leistung und dem Ergebnis der Schöpfung abzulehnen ist.

Ein Vergleich mit einem Computerprogramm, das einem Zufallsgenerator gleicht, und mit einem Übersetzungscomputerprogramm führt ebenso wenig dazu, einen urheberrechtlichen Schutz anzunehmen. Ein Vergleich mit dem „derivativen Erzeugnisschutz" nach § 9 S. 2 Nr. 3 PatG führt zu keinem anderen Ergebnis.

Computergenerierte Nachrichtentexte erlangen auch keinen Schutz durch das Datenbankherstellerrecht nach §§ 87a ff. UrhG oder das Datenbankwerkrecht gem. § 4 Abs. 2 UrhG. Ein derartiger Schutz würde vor allem zu einer Umgehung des urheberrechtlichen Schutzes von Schriftwerken nach § 2 Abs. 1 Nr. 2, Abs. 2 UrhG führen. Das Datenbankherstellerrecht nach §§ 87a ff. UrhG schützt jedoch die Datensammlungen, die im automatisierten Journalismus für die Nachrichtentextgenerierung verwendet werden. Geschützt werden hierdurch die für die Datenbankherstellung getätigten Investitionen. Überdies können diese Datensammlungen als Datenbankwerke nach § 4 Abs. 2 UrhG und damit auch als Sammelwerke gem. § 4 Abs. 1 UrhG geschützt sein.

Anknüpfend an das Ausbleiben eines Schutzes nach dem Urheberrecht von unbearbeiteten computergenerierten Nachrichtentexten stellt sich die berechtigte Frage, ob ein Schutz nach dem Urheberrechtsgesetz i.S.d. § 1 UrhG oder i.S.d. der Leistungsschutzrechte nach §§ 70 ff. UrhG de lege ferenda notwendig ist. Der Bedarf eines solchen Schutzes ist anhand diverser Kriterien begründet. Hinsichtlich der rechtlichen Ausgestaltung können folgende rechtliche Instrumente in Betracht gezogen werden: ein neues Urheberrecht, ein ausschließliches Nutzungsrecht und ein neues Leistungsschutzrecht. Naheliegend und mit der Gesetzessystematik des Urheberrechts vereinbar ist unter diesen drei Instrumenten ein neues Leistungsschutzrecht, das die Bezeichnung „*Schutz des Anwenders von künstlich intelligenten und bestimmten regelbasierten Computerprogrammen*" tragen könnte. Für die inhaltliche Ausgestaltung dieses Rechts müssen folgende Kriterien besondere Berücksichtigung finden: die Mindestanforderung an das Erzeugnis, die Inhaberschaft und die Dauer des Schutzes.

Auch die im Nachhinein von einem Journalisten bearbeiteten computergenerierten Nachrichtentexte genießen dann keinen Schutz nach dem Urheberrechtsgesetz, wenn die Voraussetzungen des § 2 Abs. 1 Nr. 1, Abs. 2 UrhG nicht erfüllt sind. Denkbar wäre zwar ein urheberrechtlicher Schutz nach § 3 S. 1 UrhG (urheberrechtlicher Schutz von Bearbeitungen). Hierfür müsste der computergenerierte Nachrichtentext an sich urheberrechtlich geschützt sein, was aber – wie bereits ausgeführt – nicht der Fall ist.

3. Kapitel Vertragliche Schuldverhältnisse zwischen den Akteuren

Zu den beim automatisierten Journalismus beteiligten Akteuren gehören vor allem der Datenlieferant, der Computerprogrammhersteller, der Computerprogrammanbieter und das Medienunternehmen.[465] Wenn allerdings ein Akteur gleichzeitig die Funktion eines anderen Akteurs wahrnimmt, sind an dem Prozess der Nachrichtentextgenerierung weniger als die genannten Akteure beteiligt.

In den folgenden Abschnitten (A. – C.) werden folgende vertragliche Schuldverhältnisse zwischen den im automatisierten Journalismus beteiligten Akteuren genauer untersucht:

- Computerprogrammanbieter und Medienunternehmen (A.),
- Softwarehersteller[466] und Computerprogrammanbieter (B.), und
- Datenlieferant und Medienunternehmen bzw. Computerprogrammanbieter/ -hersteller (C.).

Innerhalb der vertraglichen Schuldverhältnisse bedarf es einer vertragstypologischen Einordnung des jeweiligen Vertrags, damit die Rechte und Pflichten bestimmt werden können. Hierbei ergeben sich im Rahmen des automatisierten Journalismus teilweise Besonderheiten. Innerhalb der vertraglichen Schuldverhältnisse kann auch eine deliktsrechtliche Haftung begründet sein.[467]

A. Vertragliches Schuldverhältnis zwischen Computerprogrammanbieter und Medienunternehmen

Das vertragliche Schuldverhältnis zwischen dem Computerprogrammanbieter und dem Medienunternehmen ist das relevanteste vertragliche Schuldverhältnis beim automatisierten Journalismus. Hierbei werden Vereinbarungen über die automatisierte Nachrichtentextgenerierung an sich getroffen. Denkbar sind mehrere Konstellationen, die folgende Abbildung darstellt.

---

465 Siehe 1. Kap. F.

466 Zu den Begrifflichkeiten „Computerprogramm" und „Software" siehe 1. Kap. C. I. 2. b). Die Bezeichnung der Akteure mit den Wortteilen „Software-" oder „Computerprogramm-" hängt dementsprechend davon ab, ob die Nutzung eines Computerprogramms oder einer Software vereinbart wird.

467 Siehe Einleitung B.

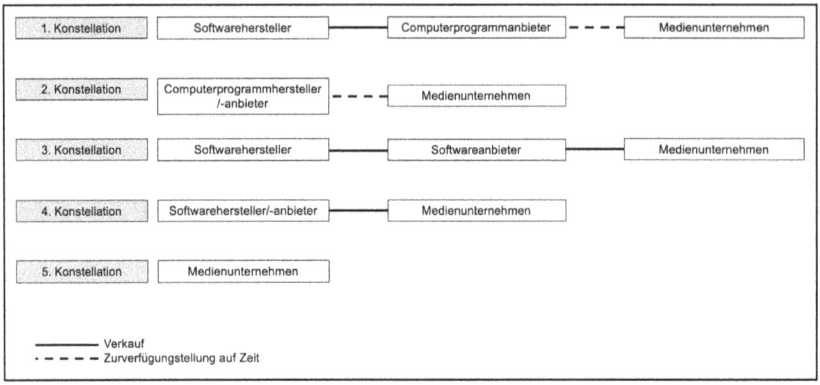

Abbildung 1: Konstellationen der vertraglichen Schuldverhältnisse in Bezug auf den Vertragsgegenstand der automatisierten Nachrichtentextgenerierung.

In der ersten Konstellation hat ein Softwarehersteller das Computerprogramm hergestellt und die Software, also das Computerprogramm mit Programmbeschreibung und Begleitmaterial,[468] an den Computerprogrammanbieter verkauft. Der Computerprogrammanbieter stellt das Computerprogramm dem Medienunternehmen online zur Verfügung, ohne dass das Medienunternehmen die Software erwirbt.

In der zweiten Konstellation ist der einzige Unterschied zur ersten Konstellation, dass der Computerprogrammanbieter das Computerprogramm auch selbst hergestellt hat. Somit besteht Personenidentität zwischen Computerprogrammhersteller und -anbieter. Auch hier stellt der Computerprogrammhersteller/-anbieter das Computerprogramm dem Medienunternehmen über das Internet zur Verfügung, ohne dass das Medienunternehmen eine Software erwirbt. Bei den in den folgenden Abschnitten analysierten SaaS-Verträgen[469] handelt es sich um Schuldverhältnisse in dieser Konstellation. Diese Konstellation ist üblich im automatisierten Journalismus und führt zu den meisten rechtlichen Problemen im Vergleich zu den Konstellationen, in denen eine Software erworben wird.[470]

---

468 Siehe 1. Kap. C. I. 2. b).

469 Zur Erklärung des Akronyms „SaaS" und zur Bedeutung von SaaS-Verträgen: Siehe 3. Kap. A. I. 4. vor a).

470 Wenn in diesem Abschnitt im Rahmen der üblichen zweiten Konstellation der Begriff „Computerprogrammanbieter" verwendet wird, ist damit auch gleichzeitig der „Computerprogrammhersteller" gemeint. Denn wenn Personenidentität zwischen dem

In der dritten Konstellation besteht der einzige Unterschied zur ersten Konstellation, dass das Medienunternehmen die Software vom Softwareanbieter erwirbt und auf einer Datenverarbeitungsanlage installiert.

In der vierten Konstellation besteht der einzige Unterschied zur zweiten Konstellation, dass das Medienunternehmen die Software vom Softwarehersteller/-anbieter erwirbt und auf einer Datenverarbeitungsanlage installiert.

In der fünften Konstellation stellt das Medienunternehmen das Computerprogramm selbst her und nutzt es. Es nimmt also auch die Funktion des Computerprogrammherstellers ein und einen Computerprogrammanbieter gibt es nicht.

Eine ähnliche Differenzierung nimmt eine Ansicht der Literatur vor, die zwischen dem „internen Roboterjournalismus", bei dem das Computerprogramm vom Medienunternehmen selbst verwendet wird, und dem „externen Roboterjournalismus", bei dem der Computerprogrammanbieter dem Medienunternehmen das Computerprogramm bereitstellt, unterscheidet.[471] Bezugnehmend auf die vorgestellten Konstellationen entspricht der „interne Roboterjournalismus" der fünften Konstellation und der „externe Roboterjournalismus" der ersten oder zweiten Konstellation, da nur in den ersten beiden Konstellationen das Computerprogramm dem Medienunternehmen zeitlich beschränkt überlassen wird, ohne dass dieses samt Programmbeschreibung und Begleitmaterial Kaufgegenstand ist und erworben wird.

Die fünfte Konstellation ist nicht Untersuchungsgegenstand dieses Abschnittes, da mangels Personenverschiedenheit kein vertragliches Schuldverhältnis zwischen dem Computerprogrammanbieter und dem Medienunternehmen entsteht.

In diesem Abschnitt wird zunächst analysiert, wie ein zwischen einem Computerprogrammanbieter und einem Medienunternehmen geschlossener Vertrag zur Nutzung des Computerprogramms für die Nachrichtentextgenerierung vertragstypologisch eingeordnet werden kann und welche Normen somit auf diesen Vertrag Anwendung finden (I.).[472] Diese Untersuchung drängt sich allein schon deswegen auf, da es zur vertraglichen Einordnung dieses Vertragsverhältnisses,

---

Hersteller und dem Anbieter eines Computerprogrammes besteht (siehe zweite Konstellation), ist die Begrifflichkeit des Anbieters im Kontext des vertraglichen Schuldverhältnisses präziser, weil dem Medienunternehmen das Computerprogramm „angeboten" wird.

471 *Habel*, Roboterjournalismus, S. 98.

472 Zur Relevanz einer vertragstypologischen Einordnung siehe 3. Kap. A. I. 1.

mit der Besonderheit des Vertragsgegenstandes des Computerprogramms für die Nachrichtentextgenerierung, bisher, soweit ersichtlich, weder Gerichtsentscheidungen noch Veröffentlichungen in der Literatur[473] gibt.

Anschließend wird untersucht, welche Besonderheiten und auch Probleme sich bei der Vertragsgestaltung im Vertragsverhältnis zwischen Computerprogrammanwender und Medienunternehmen ergeben und zu welchen Problemen die Rechtsfolgen führen können (II.).

Schließlich wird die Haftungslage im Falle eines fehlerhaften Nachrichtentextinhalts dargestellt (III.).

I. Vertragstypologische Einordnung

Die meisten Vertragsverhältnisse zwischen den Vertragsparteien lassen sich bestimmten gesetzlichen Vertragsarten zuordnen, was zur Folge hat, dass die jeweiligen Rechte, Pflichten und vertraglichen Inhalte für solche Verträge gesetzlich festgelegt werden. Beispielsweise wird ein zwischen zwei Personen geschlossener Vertrag über den Kauf einer bestimmten Sache als Kaufvertrag gem. § 433 BGB eingeordnet, mit der Folge, dass die Regelungen über Kaufverträge gem. §§ 433 ff. BGB Anwendung finden, sofern bestimmte gesetzliche Regelungen nicht vertraglich abbedungen werden. Diese gesetzliche Einordnung eines Vertragsverhältnisses ist die vertragstypologische Einordnung.

Die Auswirkungen der vertragstypologischen Einordnung spielen vor allem in der praktischen Abwicklung des Vertrags eine Rolle (1.). Das Einordnungskriterium des Vertragsinhalts bestimmt wiederum, wie das Vertragsverhältnis vertragstypologisch einzuordnen ist (2.). Durch diese lässt sich ein Vertrag einem der Vertragstypen innerhalb der Vertragssystematik zuordnen (3.). Würde die vertragstypologische Einordnung keinen Einfluss darauf haben, welche Rechte und Pflichten die Vertragsparteien haben, wäre es für die Parteien ohne Interesse, ob sie beispielsweise einen Miet- oder Pachtvertrag geschlossen haben. Auch wegen der rechtspraktischen Relevanz für den Computerprogrammanbieter und das Medienunternehmen bedarf es der rechtlichen Untersuchung, welchem Vertragstyp ihr Vertragsverhältnis zur Nachrichtentextgenerierung unterliegt und welche gesetzlichen Regelungen Anwendung finden (4.).

473 Abgesehen von *Habel*, der bei diesem Schuldverhältnis einen gemischten Vertrag annimmt: *Habel*, Roboterjournalismus, S. 295.

1. Relevanz

Die folgenden Erwägungen zeigen auf, weshalb die vertragstypologische Einordnung eines Vertrags relevant ist.

Je nachdem, wie ein Vertrag vertragstypologisch eingeordnet wird, gelten unterschiedliche Rechtsfolgen und gesetzliche Bestimmungen.[474] Die offensichtlichste und wesentlichste Rechtsfolge ergibt sich aus den unterschiedlichen Haupt- und Nebenleistungspflichten. Je nach Inhalt der Leistungspflicht werden den Vertragsparteien verschiedene Pflichten auferlegt, die sie zu erfüllen haben (z.B. bei einem Kaufvertrag die Übergabe der Sache und die Eigentumsverschaffung gem. § 433 Abs. 1 S. 1 BGB; bei einem Werkvertrag die Herstellung eines Werkes und die Entrichtung der vereinbarten Vergütung gem. § 631 Abs. 1 BGB). Hinsichtlich der gesetzlichen Bestimmungen unterscheiden sich beispielsweise die Verjährungsbestimmungen bei Ansprüchen zwischen den verschiedenen Vertragstypen (§ 438 BGB im Kaufvertragsrecht; § 634a BGB im Werkvertragsrecht; § 548 BGB im Mietvertragsrecht etc.). Auch die Mängelrechte sind verschieden (§ 437 BGB im Kaufvertragsrecht; § 634 BGB im Werkvertragsrecht; §§ 536 ff. BGB im Mietvertragsrecht etc.).

Zweitens fällt die „Inhaltskontrolle“ der AGB[475] gem. § 307 Abs. 2 Nr.1 BGB je nach Vertragstyp unterschiedlich aus, da diese Norm auf die „wesentlichen Grundgedanken der gesetzlichen Regelung“ abzielt. Die Grundgedanken der jeweils normierten Verträge unterscheiden sich voneinander, sodass es bei der „Inhaltskontrolle“ einen Unterschied macht, ob es sich bei dem Vertrag zwischen Computerprogrammanbieter und Medienunternehmen beispielsweise um einen Kaufvertrag oder einen Mietvertrag handelt.

Drittens führt eine vertragstypologische Einordnung zu einer vereinfachten Praktikabilität. Wenn ein Vertrag einem bestimmten Vertragstyp unterliegt, finden ohne Zutun der Vertragsparteien die gesetzlichen oder die durch Rechtsprechung festgelegten Regelungen dieses bestimmten Vertragstyps Anwendung, es sei denn, der Vertrag beinhaltet vertragliche Regelungen, die von diesen Regelungen in zulässiger Weise abweichen. Somit müssen die Vertragsparteien nicht alles im Vertrag regeln, sondern können diesen kürzer halten.

---

474 Siehe 3. Kap. A. I. vor 1.

475 Siehe hierzu im Detail in 3. Kap. A. II. 2. a).

2. *Einordnungskriterium*

Für die vertragstypologische Einordnung ist nicht die Bezeichnung der Parteien maßgeblich, sondern der Vertragsinhalt.[476] Aus dem Vertragsinhalt ergeben sich die einzelnen Leistungen eines Vertrags.[477]

3. *Vertragssystematik*

Die Vertragssystematik ist als das System der Vertragstypen zu verstehen. In diesem Vertragssystem lassen sich unter den folgenden fünf Vertragstypen nahezu alle Vertragsverhältnisse einordnen:

- typische bzw. normierte Verträge,
- verkehrstypische Verträge,
- atypische Verträge,
- zusammengesetzte Verträge und
- gemischte Verträge.

Normierte Vertragstypen finden sich zum einen im 8. Abschnitt des BGB und außerdem in Sondergesetzen (z.B. der Verlagsvertrag in §§ 1 ff. VerlG). Das Gesetz gibt also mehrere Vertragstypen vor, deren Regelungen für ein Vertragsverhältnis gelten, sofern die Auslegung des Vertragsinhaltes auf einen normierten Vertragstyp schließt. Im Vertragsrecht gilt jedoch – im Gegensatz zum Sachenrecht – kein Typenzwang.[478] Insofern kann auch von „Typenfreiheit" gesprochen werden.[479] Die Typenfreiheit wird im Gesetz durch § 311 Abs. 1 BGB deutlich. Danach begründet ein Vertrag ein rechtsgeschäftliches Schuldverhältnis. Die Norm schreibt also nicht vor, welcher Vertragstyp ein rechtsgeschäftliches Schuldverhältnis begründet. Insofern ist die Folge des Vertragsschlusses, dass ein rechtsgeschäftliches Schuldverhältnis zwischen den Parteien entsteht.

---

476 BGHZ 71, 189, 191; BGHZ 75, 299, 301. Bezogen auf Verträge über die Zurverfügungstellung eines Computerprogramms: vgl. *Kaulartz*, Cloud Computing und Vertragsrecht: Eine rechtliche Untersuchung unter besonderer Berücksichtigung von PaaS-Clouds, S. 23; vgl. *Mäsch* in: Staudinger, 2019, Anh zu §§ 305-310, Rn. L 15.

477 Bezogen auf Verträge über die Zurverfügungstellung eines Computerprogramms: vgl. *Intveen u. a.* in: Handbuch Cloud Computing, Teil 2, Rn. 140.

478 *Olzen* in: Staudinger, 2019, Einleitung zum Schuldrecht, Rn. 53; *Stadler* in: Jauernig Bürgerliches Gesetzbuch, § 311, Rn. 23; *Schulze* in: Bürgerliches Gesetzbuch - Handkommentar, Vor §§ 311-319, Rn.14.

479 So auch *Schulze* in: Bürgerliches Gesetzbuch - Handkommentar, Vor §§ 311-319, Rn.6; *Stürner* in: PWW Bürgerliches Gesetzbuch Kommentar, § 311, Rn. 16.

Zurückzuführen ist die Typenfreiheit auf die Vertragsfreiheit und damit auf die Privatautonomie, dass jeder Einzelne seine Lebensbedingungen in eigener Verantwortung vertraglich gestalten kann.[480]

Es ist also nicht zwingend, dass ein zwischen dem Computerprogrammanbieter und dem Medienunternehmen geschlossener Vertrag unter einen normierten Vertragstyp fallen muss, sondern dieser kann auch einem nicht normierten Vertragstyp zugeordnet werden.

Zu diesen nicht normierten Verträgen lassen sich verkehrstypische und atypische Verträge zählen.

Verkehrstypische Verträge sind solche Verträge, die aufgrund ihrer Bedeutung in der Praxis neu entstanden sind.[481]

Atypische Verträge hingegen solche Vertragsverhältnisse, die weder den typischen Verträgen noch den verkehrstypischen Verträgen zugeordnet werden, da sie stark individuell geprägt sind.[482] Insofern können atypische Verträge mit Verträgen *sui generis* gleichgesetzt werden. Beiden nicht normierten Vertragstypen ist gemeinsam, dass auf sie das allgemeine Schuldrecht im BGB (§§ 241 – 432 BGB) Anwendung findet.

Neben diesen drei Vertragstypen (typische Verträge, verkehrstypische Verträge und atypische Verträge) können zwei weitere Vertragstypen hinzutreten: zusammengesetzte und gemischte Verträge.

Im Unterschied zu den anderen Vertragstypen, werden bei zusammengesetzten Verträgen mehrere Verträge zu einem Gesamtvertrag als Einheit zusammengefasst.[483]

Bei gemischten Verträgen sind mehrere verschiedene Vertragsbestandteile anderer Verträge so eng miteinander verbunden, dass diese in ihrer Gesamtheit einen einzelnen Vertrag sinnvoll ergeben.[484]

---

480 *Schulze* in: Bürgerliches Gesetzbuch - Handkommentar, Vor §§ 311-319, Rn.6.

481 *Emmerich* in: Münchener Kommentar zum BGB, § 311, Rn. 25; *Stadler* in: Jauernig Bürgerliches Gesetzbuch, § 311, Rn. 25.

482 *Stadler* in: Jauernig Bürgerliches Gesetzbuch, § 311, Rn. 26; vgl. *Emmerich* in: Münchener Kommentar zum BGB, § 311, Rn. 26; vgl. *Feldmann* in: Staudinger, 2018, § 311, Rn. 33. Zum Begriff „atypischer Vertrag" siehe auch: BGHZ 184, 345, 345 ff.

483 BGH, NJW 1983, 985, 986 m.w.N.; *Dreier/Vogel*, Software- und Computerrecht, S. 147; *Stadler* in: Jauernig Bürgerliches Gesetzbuch, § 311, Rn. 29; *Feldmann* in: Staudinger, 2018, § 311, Rn. 54 m.w.N.

484 *Dreier/Vogel*, Software- und Computerrecht, S. 147; *Lenhard*, Vertragstypologie von Softwareüberlassungsverträgen, S. 201. Zum Begriff „atypischer Vertrag" siehe auch: BGHZ 184, 345, 345 ff.

Diese beiden Vertragstypen bilden neben den Vertragsgruppen „normierte Vertragstypen" und „nicht normierte Vertragstypen" eine eigene Vertragsgruppe. Zwar haben sie einen engen Bezug zu normierten Vertragstypen, da sie entweder Bestandteile verschiedener normierter Vertragstypen aufweisen bzw. aus mehreren normierten Vertragstypen bestehen. Jedoch sind die Verträge an sich nicht normiert und somit eher den nicht normierten Vertragstypen zuzuordnen. Aufgrund dieser „Zwitterstellung" ist es naheliegend, die zusammengesetzten und gemischten Verträge einer dritten Vertragsgruppe als „sonstige Vertragstypen" zuzuordnen.

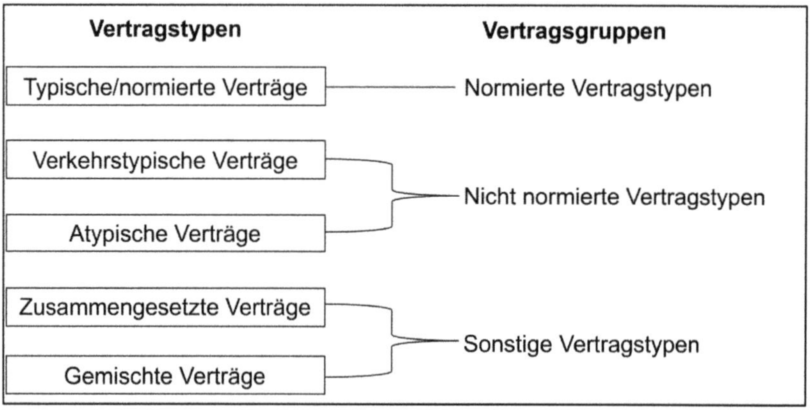

Abbildung 2: Vertragsgruppen mit untergeordneten Vertragstypen.

4. *Softwareüberlassungsvertrag*

Im Vertragsverhältnis zwischen einem Computerprogrammanbieter und einem Medienunternehmen ist ein Computerprogramm für die Nachrichtentextgenerierung der Vertragsgegenstand.[485] Der dem Vertragsverhältnis zugrunde liegende Vertrag wird als Softwareüberlassungsvertrag (SÜV) bezeichnet.[486] Einen besonderen im BGB vorgesehen Vertragstyp gibt es nicht, sodass auf die

485 Das Urhebervertragsrecht wird in diesem Abschnitt außer Betracht gelassen, siehe Begründung in: Einleitung A.

486 BGH, NJW 2007, 2394, 2395, Rn. 17. Das Urhebervertragsrecht ist in diesem vertraglichen Schuldverhältnis deswegen nicht anwendbar, da computergenerierte Nachrichtentexte nach dem Urheberrechtsgesetz nicht geschützt sind, siehe 2. Kap. B.

normierten Vertragstypen zurückgegriffen werden muss.[487] Detaillierter lässt sich ein SÜV definieren und erklären, wenn ein Augenmerk auf die Hauptleistungspflichten gelegt wird.[488] Auf der einen Seite überlässt der Anbieter dem Anwender das Computerprogramm bzw. die Software (abhängig von einer zeitlichen Beschränkung) zur Nutzung,[489] wohingegen auf der anderen Seite der Anwender dem Anbieter eine vereinbarte regelmäßige Vergütung bzw. den Kaufpreis zahlt.[490] Folglich ist der SÜV sehr weit gefasst, da von der Softwarenutzung im Allgemeinen die Rede ist und hierunter mehrere Rechte fallen können.

Abzulehnen sind die Definitionen der folgenden zwei Ansichten, da sie erstens unpräzise sind und zweitens den SÜV zu sehr eingrenzen.

Eine Ansicht der Literatur qualifiziert den Computerprogrammanwender bei der Überlassung als „Erwerber".[491] Diese Bezeichnung führt dazu, dass unter einem SÜV eine Eigentumsübertragung angenommen werden müsste. Denn der Begriff „Erwerber" bzw. „Erwerb" wird im BGB im Kontext des Eigentumserwerbs verwendet.[492] Auch wenn es sicherlich nicht die Intention dieser Literaturansicht ist, in einem SÜV eine Eigentumsübertragung zu sehen, erweckt sie durch die Verwendung des Begriffs „Erwerber" dennoch den Eindruck.

Eine noch eindeutigere Einordnung eines SÜV nimmt eine andere Literaturansicht vor, nach welcher ein SÜV ein „kaufvertragliches Gepräge" habe[493] und die Hauptleistungspflichten die Eigentumsverschaffung einer Programmkopie auf der einen Seite und der Entrichtung des Kaufpreises auf der anderen Seite seien.[494]

Diese beiden Ansichten zur Definition eines SÜV sind zu eng und erwecken den Eindruck, dass ein SÜV auf schuldrechtlicher Ebene stets als Kaufvertrag

---

487 So auch *Metzger*, JZ 2019, 577 (578); vgl. *Mäsch* in: Staudinger, 2019, Anh zu §§ 305-310, Rn. L 15.

488 Neben den Hauptleistungspflichten gibt es noch weitere Nebenleistungspflichten, die vertraglich festgelegt werden können.

489 So auch BGH, NJW 2007, 2394, 2395, Rn. 17; *Servais*, Der Softwarepflegevertrag, S. 45.

490 *Mäsch* in: Staudinger, 2019, Anh zu §§ 305-310, Rn. L 18; *Marly*, Praxishandbuch Softwarerecht Rn. 666. Es gibt auch unentgeltliche SÜV, die jedoch in dieser Arbeit außer Betracht gelassen werden, da sie im Vertragsverhältnis zwischen Computerprogrammanbieter und Computerprogrammanwender bei der Nachrichtentextgenerierung praxisfern sind.

491 *Lenhard*, Vertragstypologie von Softwareüberlassungsverträgen, S. 7.

492 Zum Beispiel in § 566 BGB und §§ 929 ff. BGB.

493 A.A. *Jörg*, in: Jörg/Arter, Internet-Recht und IT-Verträge, (305).

494 *Hoeren*, IT-Vertragsrecht, S. 90; vgl. auch *Härting*, CR 2001, 37 (38).

einzuordnen sei. Ein Kaufvertrag kommt jedoch nur bei einem SÜV zur dauerhaften Überlassung der Software in Betracht.[495]

Die vertragstypologische Einordnung eines SÜV ist deswegen schwierig, da ein SÜV aufgrund seines eher allgemeinen vertraglichen Charakters verschiedene rechtliche Ausgestaltungen haben kann.[496] Es wird richtigerweise die Auffassung vertreten, dass die rechtliche Natur eines SÜV bislang ungeklärt ist[497] bzw. nicht bestimmt werden kann, da ein SÜV keinen eigenen Vertragstyp bildet, sondern vielmehr einen Vertragsgegenstand beschreibt[498]. Somit ist zu verstehen, dass mit dem Begriff „Softwareüberlassungsvertrag" lediglich ausgedrückt wird, dass der Vertragsinhalt die Überlassung – unabhängig von der zeitlichen Beschränkung – eines Computerprogramms bzw. einer Software umfasst. Deswegen lässt sich ein SÜV in verschiedene vertragliche SÜV-Typen unterteilen.

Folgende SÜV-Typen zählen zu den Verträgen zur zeitlich begrenzten Überlassung eines Computerprogrammes:

- Application Service Providing-Vertrag[499] (ASP-Vertrag[500]),
- Software-as-a-Service-Vertrag (SaaS-Vertrag),
- ein anderer X-as-a-Service-Vertrag[501] (XaaS-Vertrag) und
- Cloud Computing-Vertrag.

Die vertragstypologische Einordnung eines SÜV hängt vom Vertragsinhalt ab.[502] Der Vertragsinhalt besteht im Wesentlichen aus der Festlegung der Dauer der Überlassung und der Art des Computerprogramms bzw. der Software.[503]

---

495 Zur vertragstypologischen Einordnung von Verträgen über die dauerhafte Überlassung einer Software siehe 3. Kap. B. I.

496 Vgl. *Mäsch* in: Staudinger, 2019, Anh zu §§ 305-310, Rn. L 18.

497 *Marly*, Praxishandbuch Softwarerecht Rn. 661; *Straßer* in: Münchener Anwaltshandbuch Gewerblicher Rechtsschutz, Teil G, § 48, Rn. 86.

498 Statt aller *McGuire*, GRUR 2009, 13 (19).

499 Die deutsche Übersetzung wäre „Anwendungsdienste-Anbieter-Vertrag", wobei der Anglizismus auch im deutschsprachigen Raum verwendet wird.

500 Die Kurzform „ASP" kann auch als Abkürzung für den Computerprogrammanbieter stehen („Application Service Provider"), wird in dieser Arbeit jedoch als Abkürzung für den Anwendungsvorgang verwendet („Application Service Providing").

501 Die Bezeichnung „X-as-a-Service-Vertrag" wird in dieser Arbeit als Oberbegriff für verschiedene „as-a-Service-Verträge" verwendet, wobei sich der Buchstabe „X" auf die jeweilige vom Computerprogrammanbieter angebotene Leistung bezieht. Mit dem Begriff „andere" ist gemeint, dass ein SaaS-Vertrag ebenfalls zu den XaaS-Verträgen zählt.

502 Zu diesem Einordnungskriterium siehe 3. Kap. A. I. 2.

503 *Mäsch* in: Staudinger, 2019, Anh zu §§ 305-310, Rn. L 18.

Hinsichtlich der Dauer kann ein Computerprogramm entweder zeitlich begrenzt oder eine Software dauerhaft überlassen werden. Je nach Vertragsinhalt kann ein solcher SÜV eine kaufrechtliche, mietrechtliche oder andere vertragsrechtliche Gestalt annehmen.[504] Im vertraglichen Schuldverhältnis zwischen dem Computerprogrammanbieter und dem Medienunternehmen ist die zeitlich begrenzte Softwareüberlassung relevant.[505]

Hinsichtlich der Art des Computerprogramms bzw. der Software wird zwischen Standard- und Individualsoftware unterschieden.[506] Bei einer Standardsoftware wird eine Software für eine Mehrzahl von Anwendern erstellt.[507] Die Anwender müssen im Regelfall keine Änderungen und Anpassungen an der Software vornehmen.[508] Die Individualsoftware ist für den konkreten Anwender individuell zugeschnitten und berücksichtigt einen besonderen Verwendungszweck.[509] Diese Differenzierung fällt bei dem Vergleich zwischen einem ASP- und einem SaaS-Vertrag ins Gewicht.[510] Ein dritter Softwaretyp ist die sog. Spezialsoftware, mit der der BGH einen neuen Softwarebegriff neben der Standardsoftware und der Individualsoftware geprägt hat.[511] Ausführungen zur Spezialsoftware machte der BGH in

---

504 So auch *Hoeren*, IT-Vertragsrecht, S. 89; *Roth-Neuschild* in: Handbuch IT- und Datenschutzrecht, § 12, Rn. 42. Siehe im Detail in 3. Kap. A. I. 4. d).

505 Im vertraglichen Schuldverhältnis zwischen Computerprogrammanbieter und Softwarehersteller ist hingegen die dauerhafte Softwareüberlassung relevant, siehe 3. Kap. B.

506 *Mäsch* in: Staudinger, 2019, Anh zu §§ 305-310, Rn. L 19; *Marly*, Praxishandbuch Softwarerecht Rn. 671; *Dreier/Vogel*, Software- und Computerrecht, S. 116; *Wiebe* in: Recht der elektronischen Medien, Zwölfter Teil, § 69a, Rn. 5. Die Bezeichnung „Software" ist missverständlich, da auch das Computerprogramm an sich gemeint ist. Zur Abgrenzung siehe 1. Kap. C. I. 2. b).

507 *Dreier/Vogel*, Software- und Computerrecht, S. 116; *Roth-Neuschild* in: Handbuch IT- und Datenschutzrecht, § 12, Rn. 24; *Uskenbayeva*, Produkthaftung für Software im Internet, S. 8; *Servais*, Der Softwarepflegevertrag, S. 77; *Wiebe* in: Recht der elektronischen Medien, Zwölfter Teil, § 69a, Rn. 5. *Mäsch* spricht von „massentauglich": *Mäsch* in: Staudinger, 2019, Anh zu §§ 305-310, Rn. L 8.

508 *Marly*, Praxishandbuch Softwarerecht Rn. 671; *Roth-Neuschild* in: Handbuch IT- und Datenschutzrecht, § 23, Rn. 25.

509 *Marly*, Praxishandbuch Softwarerecht Rn. 671; *Dreier/Vogel*, Software- und Computerrecht, S. 116; *Uskenbayeva*, Produkthaftung für Software im Internet, S. 8; *Puchelt*, in: Taeger, Recht 4.0 - Innovationen aus den rechtswissenschaftlichen Laboren, S. 475 (477); *Wiebe* in: Recht der elektronischen Medien, Zwölfter Teil, § 69a, Rn. 5; vgl. *Roth-Neuschild* in: Handbuch IT- und Datenschutzrecht, § 12, Rn. 29.

510 Siehe 3. Kap. A. I. 4. b).

511 BGH, NJW 1990, 3011, 3012 ff.

seiner Entscheidung jedoch nicht. Allerdings ist das OLG Celle auf die Spezialsoftware eingegangen und beschreibt diese als eine Software, die sachverhaltsbedingte Besonderheiten in dem vom BGH entschiedenen Fall hat und speziell für eine Betriebsform verwendet werden soll, wobei die Software nicht auf einzelne Kundenwünsche angepasst wird, wie es bei der Individualsoftware der Fall ist.[512]

In den folgenden Unterabschnitten werden die oben genannten Typen des SÜV näher untersucht (a)). Unter diesen Typen ergeben sich einige Unterschiede (b)). Anschließend wird das Vertragsverhältnis zwischen dem Computerprogrammanbieter und dem Medienunternehmen unter diese SÜV-Typen subsumiert (c)). Hierbei ergibt die Untersuchung, dass bei dem Vertragsverhältnis zwischen dem Computerprogrammanbieter und dem Medienunternehmen von einem SaaS-Vertrag ausgegangen werden kann.[513] Um die gesetzlichen Regelungen im Vertragsverhältnis zwischen Computerprogrammanbieter und Medienunternehmen zu bestimmen, wird der SaaS-Vertrag vertragstypologisch eingeordnet (d)).

a) Typen von Softwareüberlassungsverträgen

aa) ASP-Vertrag

Eine allgemeingültige Definition für einen ASP-Vertrag zu finden, erweist sich als schwierig, da die Definitionen in Literatur und Rechtsprechung – zumindest geringfügig – voneinander abweichen.[514] Allerdings wird in mehreren Definitionen übereinstimmend festgestellt, dass bei einem ASP-Vertrag ein Computerprogrammanbieter dem Computerprogrammanwender den Zugang für die Nutzung eines Computerprogramms online gewährt[515] und der Computerprogrammanwender eine Nutzungsgebühr entrichtet.[516] Etwas „unjuristisch", aber durchaus

---

512 Vgl. OLG Celle, NJW-RR 1993, 432, 432 f.

513 Siehe 3. Kap. A. I. 4. c).

514 Vgl. *Jötten*, Logout: Zivilrechtliche Haftung im Rahmen ausgewählter Internetdienstleistungen, S. 107 („keine dafür allgemein gültige Definition existiert"); vgl. *Müller-Hengstenberg/Kirn*, NJW 2007, 2370 (2370).

515 BGH, NJW 2007, 2394, 2394; *Meents* in: Cloud Computing, § 4, Rn. 45.

516 *Mäsch* in: Staudinger, 2019, Anh zu §§ 305-310, Rn. L 49; *Czychowski/Bröcker*, MMR 2002, 81 (81); *Sedlmeier/Kolk*, MMR 2002, 75 (75); *von dem Bussche/Schelinski* in: Münchener Anwaltshandbuch IT-Recht, Teil 1, Rn. 19 ff.; *Dreier/Vogel*, Software- und Computerrecht, S. 218; *Westerholt/Berger*, CR 2002, 81 (81); *Marly*, Praxishandbuch Softwarerecht Rn. 1087 f.; *Junker*, NJW 2003, 2792 (2797); *Bettinger/Scheffelt*, CR 2001, 729 (730); *Witzel*, ITRB 2002, 183 (183); *Röhrborn/Sinhart*, CR 2001, 69 (69); *Braun*, Die Zulässigkeit von Service Level Agreements - am Beispiel der Verfügbarkeitsklausel, S. 21; *Gennen*, Praxishandbuch Medien-, IT- und Urheberrecht, 21. Kapitel, Rn. 187; *Bierekoven*, ITRB 2010, 42 (43).

zutreffend definiert eine Ansicht der Literatur einen ASP-Vertrag mit der Bezeichnung „Software-Miete über das Internet".[517]

Beim ASP ist eine Installation eines Computerprogramms auf dem Computer des Anwenders nicht erforderlich,[518] weil der Server des Computerprogrammanbieters das relevante Medium ist[519]. Dementsprechend wird das Computerprogramm von dem Anwender ferngenutzt.[520] Voraussetzung ist lediglich eine funktionsfähige Internetverbindung.[521] In der Regel wird dasselbe Computerprogramm von mehreren Kunden benutzt.[522] Diese Art der Nutzung wird „one-to-many-Modell" genannt.[523] Die Nutzung des Computerprogramms im Rahmen eines ASP-Vertrags ist zeitlich begrenzt.[524] Damit findet beim ASP-Vertrag kein „Erwerb" einer Software statt.[525]

ASP-Verträge beinhalten meistens mehrere Leistungen, wozu etwa die Anpassung des Computerprogramms nach Kundenwünschen zählt oder auch die Leistungspflicht des Anbieters, das Computerprogramm stets zu aktualisieren, mögliche Fehler zu beseitigen[526], Daten zu sichern oder Speicherplatz zur

---

517 *Ernst*, Vertragsgestaltung im Internet Rn. 731. Zur Einordnung als Mietvertrag siehe 3. Kap. A. I. 4. d) aa).

518 *Witzel*, ITRB 2002, 183 (183); *Redeker*, NJOZ 2008, 2917 (2923); *Braun*, Die Zulässigkeit von Service Level Agreements - am Beispiel der Verfügbarkeitsklausel, S. 21; *Gennen*, Praxishandbuch Medien-, IT- und Urheberrecht, 21. Kapitel, Rn. 187.

519 Zum Server bzw. Rechenzentrum: BGH, NJW 2007, 2394, 2394, Rn. 12; *Marly*, Praxishandbuch Softwarerecht Rn. 1087; *Jörg*, in: Jörg/Arter, Internet-Recht und IT-Verträge, (287); *von dem Bussche/Schelinski* in: Münchener Anwaltshandbuch IT-Recht, Teil 1, Rn. 20; *Roth-Neuschild* in: Handbuch IT- und Datenschutzrecht, § 13, Rn. 37; *Redeker*, NJOZ 2008, 2917 (2923).

520 So auch *Roth-Neuschild* in: Handbuch IT- und Datenschutzrecht, § 13, Rn. 37; *Westerholt/Berger*, CR 2002, 81 (81).

521 *Jörg*, in: Jörg/Arter, Internet-Recht und IT-Verträge, (287).

522 *Redeker*, IT-Recht Rn. 1227; *Westerholt/Berger*, CR 2002, 81 (82); *Junker*, NJW 2003, 2792 (2797); *Koch*, ITRB 2001, 39 (40); *Dreier* in: Urheberrechtsgesetz Kommentar, § 69c, Rn. 36.

523 *Marly*, Praxishandbuch Softwarerecht Rn. 1091; *Jörg*, in: Jörg/Arter, Internet-Recht und IT-Verträge, (288); *Gennen*, Praxishandbuch Medien-, IT- und Urheberrecht, 21. Kapitel, Rn. 190.

524 *Redeker*, IT-Recht Rn. 1226; *Redeker*, NJOZ 2008, 2917 (2923).

525 So auch *Roth-Neuschild* in: Handbuch IT- und Datenschutzrecht, § 13, Rn. 37.

526 *Schneider*, Handbuch EDV-Recht, Teil U, Rn. 123; vgl. *Sedlmeier/Kolk*, MMR 2002, 75 (76).

Verfügung zu stellen[527]. Anhand dieser verschiedenen Leistungen wird deutlich, dass mit dem ASP-Vertrag der SÜV konkretisiert wird.

Auch wenn der Anglizismus „Application Service Providing“ den Eindruck einer modernen Technologie erwecken mag, gibt es diesen Vertragstyp der Computerprogrammnutzung bereits seit den 70er Jahren.[528] Ob ein seit mehr als 40 Jahren existierender Vertragstyp als „neue“[529], „neuartige“[530] oder „recht neue“[531] Vertriebsform von Computerprogrammen bezeichnet werden kann, ist relativ und liegt im Auge des Betrachters. Der Ursprung des ASP wird teilweise im sog. Outsourcing gesehen.[532] Darunter versteht man die Übertragung von IT-Dienstleistungen vom Computerprogrammanwender auf Dritte wie beispielsweise den Computerprogrammanbieter.[533]

Das ASP zieht sowohl Vorteile als auch Nachteile nach sich.

Ein Vorteil ist, dass das ASP aus folgenden Gründen kostengünstiger als ein Softwarekauf ist. Erstens sind beim ASP die Anschaffungskosten des Computerprogramms für den Anwender niedriger als beim Softwarekauf,[534] da der Kauf

527 BGH, NJW 2007, 2394, 2394, Rn.12; *Dreier/Vogel*, Software- und Computerrecht, S. 218; *Roth-Neuschild* in: Handbuch IT- und Datenschutzrecht, § 13, Rn. 43.

528 *Hoeren*, IT-Vertragsrecht, S. 299; vgl. *Fuchs*, SaaS, Cloud, ASP: Durchblick durch den Abkürzungsdschungel der Software-Anbieter; a.A., die von den 90er Jahren ausgeht: *Weiss* in: Rechtsfragen des Cloud Computing, Kapitel 3, Rn. 9; *Gennen*, Praxishandbuch Medien-, IT- und Urheberrecht, 21. Kapitel, Rn. 187.

529 *Westerholt/Berger*, CR 2002, 81 (81).

530 *Jötten*, Logout: Zivilrechtliche Haftung im Rahmen ausgewählter Internetdienstleistungen, S. 105.

531 *Ernst*, Vertragsgestaltung im Internet Rn. 731.

532 *Marly*, Praxishandbuch Softwarerecht Rn. 1087; *Redeker*, IT-Recht Rn. 841; vgl. *Jörg*, in: Jörg/Arter, Internet-Recht und IT-Verträge, (287); *Bettinger/Scheffelt*, CR 2001, 729 (729); a.A. *Westerholt/Berger*, CR 2002, 81 (82); *Sedlmeier/Kolk*, MMR 2002, 75 (76).

533 *Marly*, Praxishandbuch Softwarerecht Rn. 1087; *Redeker*, IT-Recht Rn. 841; vgl. *Jörg*, in: Jörg/Arter, Internet-Recht und IT-Verträge, (287); *Sedlmeier/Kolk*, MMR 2002, 75 (76); *Gerlach/Oser*, DER BETRIEB 2019, 1969 (1969); vgl. Braun, Die Zulässigkeit von Service Level Agreements - am Beispiel der Verfügbarkeitsklausel, S. 22.

534 *Jörg*, in: Jörg/Arter, Internet-Recht und IT-Verträge, (289); *Marly*, Praxishandbuch Softwarerecht Rn. 1088; *Ernst*, Vertragsgestaltung im Internet Rn. 736; *Sedlmeier/Kolk*, MMR 2002, 75 (75 f.); *Boehm*, ZEuP 2016, 358 (362); *Dreier/Vogel*, Software- und Computerrecht, S. 218; *Roth-Neuschild* in: Handbuch IT- und Datenschutzrecht, § 13, Rn. 1; *Röhrborn/Sinhart*, CR 2001, 69 (70); *Koch*, ITRB 2001, 39 (39); *Braun*, Die Zulässigkeit von Service Level Agreements - am Beispiel der Verfügbarkeitsklausel, S. 28; vgl. *Pohle/Ammann*, K&R 2009, 625 (625); vgl. *Bierekoven*, ITRB 2010, 42 (42).

einer Software meistens kostenintensiver als die Entrichtung der stets anfallenden Nutzungsgebühren ist. Zweitens fallen beim ASP die Kosten der Softwarepflege und der Weiterentwicklung weg oder sind zumindest kostengünstiger als beim Softwarekauf[535], da beim ASP der Computerprogrammanbieter in der Regel die Pflege für alle Computerprogrammanwender durchführt und diese Leistungen entweder kostenlos im Vertrag mitinbegriffen[536] sind oder die Kosten von allen Computerprogrammanwendern zusammen getragen werden. Drittens kann das Computerprogramm kostengünstiger genutzt werden, da der Anbieter das Computerprogramm in der Regel mehreren Anwendern zur Verfügung stellt und nicht jedes Computerprogramm individuell gestaltet.[537] Viertens hat das ASP einen steuerlichen Vorteil für den Anwender, denn dieser kann das zu zahlende Entgelt als Betriebsausgaben steuerlich absetzen, sofern es sich um Mietzahlungen handelt.[538]

Außerdem fördert das ASP die Kompatibilität seitens der Computerprogrammanwender. Durch die Bereitstellung des Computerprogramms im Internet muss dieses nicht aufwendig auf dem Computer des Anwenders installiert werden und es müssen üblicherweise keine Umstellung der Computereinstellung vorgenommen werden.[539]

Ein weiterer Vorteil kann darin gesehen werden, dass mehr Flexibilität bei dem ASP gegeben ist, welcher sich dadurch ergibt, dass das Computerprogramm über das Internet von mehreren Orten angewendet werden kann und nicht nur auf einem lokalen Computer funktioniert.[540]

Ein rechtlicher Vorteil für den Computerprogrammanbieter liegt darin, dass er den Anwendern Nutzungsbeschränken vertraglich auferlegen kann und dies im Fall einer dauerhaften Überlassung der Software nicht möglich wäre.[541]

---

535 *Marly*, Praxishandbuch Softwarerecht Rn. 1088; *Ernst*, Vertragsgestaltung im Internet, S. 736; *Braun*, Die Zulässigkeit von Service Level Agreements - am Beispiel der Verfügbarkeitsklausel, S. 28 f.; vgl. *Sedlmeier/Kolk*, MMR 2002, 75 (75 f.).

536 *Witzel*, ITRB 2002, 183 (184).

537 *Redeker*, IT-Recht Rn. 1227; *Röhrborn/Sinhart*, CR 2001, 69 (70).

538 *Dreier/Vogel*, Software- und Computerrecht, S. 218; *Roth-Neuschild* in: Handbuch IT- und Datenschutzrecht, § 13, Rn. 1.

539 *Marly*, Praxishandbuch Softwarerecht Rn. 1088; vgl. *von dem Bussche/Schelinski* in: Münchener Anwaltshandbuch IT-Recht, Teil 1, Rn. 20; *Braun*, Die Zulässigkeit von Service Level Agreements - am Beispiel der Verfügbarkeitsklausel, S. 27.

540 *Ernst*, Vertragsgestaltung im Internet, S. 736; vgl. *Jörg*, in: Jörg/Arter, Internet-Recht und IT-Verträge, (290); *Braun*, Die Zulässigkeit von Service Level Agreements - am Beispiel der Verfügbarkeitsklausel, S. 28.

541 *Roth-Neuschild* in: Handbuch IT- und Datenschutzrecht, § 13, Rn. 3.

Auf der Seite der Nachteile ist bei einem ASP-Vertrag zunächst die Kündigungsgefahr zu erwähnen, die bei einem Softwarekauf nicht existiert. Denn aufgrund der zeitlichen Limitierung eines Vertrags über die Nutzung des Computerprogramms kann es dazu kommen, dass der Computerprogrammanbieter jederzeit den Vertrag kündigen kann, sofern keine vertraglichen Regelungen entgegenstehen.[542]

Ein weiterer Nachteil kann darin gesehen werden, dass es zu Datenverlusten und Verletzungen des Daten- und Geheimnisschutzes kommen kann, da die Daten und Geschäftsgeheimnisse des Anwenders in der Regel auf dem Server des Computerprogrammanbieters hinterlegt sind und somit außerhalb des Machtbereichs des Anwenders liegen.[543] Diesen Verletzungen kann mit vertraglichen Regelungen zwischen den Parteien vorgebeugt werden. Dennoch stellen sie ein Restrisiko dar.

Nicht zu unterschätzen sollte sein, dass das ASP durch die Internetnutzung Hackerangriffen ausgesetzt sein kann, was bei einer lokalen Installation deutlich schwieriger und unwahrscheinlicher ist.[544]

bb) SaaS-Vertrag

Beim SaaS-Vertrag besteht die Hauptleistungspflicht des Computerprogrammanbieters darin, dass der Anbieter dem Anwender ein Computerprogramm zur Verfügung stellt, die der Computerprogrammanwender auf dem externen Server des Computerprogrammanbieters nutzen kann.[545] Teilweise werden ASP und SaaS gleich behandelt.[546] Allerdings wird angemerkt, dass ASP seit dem Jahr 2001/2002

542 *Roth-Neuschild* in: Handbuch IT- und Datenschutzrecht, § 13, Rn. 2.

543 *Roth-Neuschild* in: Handbuch IT- und Datenschutzrecht, § 13, Rn. 2; *Jörg*, in: Jörg/Arter, Internet-Recht und IT-Verträge, (290); vgl. *Gennen*, Praxishandbuch Medien-, IT- und Urheberrecht, 21. Kapitel, Rn. 188.

544 So auch *Braun*, Die Zulässigkeit von Service Level Agreements - am Beispiel der Verfügbarkeitsklausel, S. 30.

545 *Lehmann/Giedke*, CR 2013, 608 (613); *von dem Bussche/Schelinski* in: Münchener Anwaltshandbuch IT-Recht, Teil 1, Rn. 20; *Nägele/Jacobs*, ZUM 2010, 281 (282); *Mell/Grance*, The NIST Definition of Cloud Computing, S. 2; *Intveen u. a.* in: Handbuch Cloud Computing, Teil 2, Rn. 144 f.; *Westerfeld* in: Rechtsfragen des Cloud Computing, Kapitel 2, Rn. 9; *Bierekoven*, ITRB 2010, 42 (43); vgl. *Solmecke u. a.*, Legal Tech, S. 372; vgl. *Gerlach/Oser*, DER BETRIEB 2019, 1969 (1969).

546 Stall aller *Hoeren*, IT-Vertragsrecht, S. 299; *Servais*, Der Softwarepflegevertrag, S. 47; *Mäsch* in: Staudinger, 2019, Anh zu §§ 305-310, Rn. L 50.

als gescheitert bewertet[547] und ein neues Modell mit dem Namen „SaaS“ eingeführt wurde.[548] So wird ASP teilweise als Vorläufer des SaaS gesehen.[549] Jedoch wird noch erklärt, wie ASP und SaaS voneinander abzugrenzen sind.[550]

cc) XaaS-Verträge

Neben dem SaaS-Vertrag gibt es andere XaaS-Verträge, die ebenfalls die Nutzung einer Software auf einem externen Computer zum Vertragsgegenstand haben. Zu den wichtigsten XaaS-Verträgen zählen Platform-as-a-Service-Verträge (PaaS) und Infrastructure-as-a-Service-Verträge (IaaS).

Wenn eine Softwareplattform zur Verfügung gestellt wird, handelt es sich um die Variante PaaS.[551] Die Besonderheit ist, dass der Anwender auf das Betriebssystem und die Hardware nicht zugreifen kann, jedoch seine eigene Software auf der Softwareplattform entwickeln und anwenden kann.[552]

IaaS funktioniert ähnlich wie die Variante PaaS. Hierbei werden verschiedene virtuelle Ressourcen für den Anwender bereitgestellt, wie beispielsweise Speicherplatz, Arbeitsspeicher oder die Rechenleistung an sich.[553] Im Detail heißt

---

547 *Braun*, Die Zulässigkeit von Service Level Agreements - am Beispiel der Verfügbarkeitsklausel, S. 22.

548 *Marly*, Praxishandbuch Softwarerecht Rn. 1093.

549 *Marly*, Praxishandbuch Softwarerecht Rn. 1093; *Pohle/Ammann*, K&R 2009, 625 (626); *Schuster*, CR 2018, 209 (209); *Weiss* in: Rechtsfragen des Cloud Computing, Kapitel 3, Rn. 9; *Gennen*, Praxishandbuch Medien-, IT- und Urheberrecht, 21. Kapitel, Rn. 187.

550 Siehe 3. Kap. A. I. 4. b).

551 *Grützmacher*, CR 2015, 779 (783); *Schorer* in: Handbuch Cloud Computing, Teil 1 C Rn. 23; *Mell/Grance*, The NIST Definition of Cloud Computing, S. 2 f.; *Westerfeld* in: Rechtsfragen des Cloud Computing, Kapitel 2, Rn. 8; *Solmecke u. a.*, Legal Tech, S. 372; *Bierekoven*, ITRB 2010, 42 (43); vgl. *Nägele/Jacobs*, ZUM 2010, 281 (282); vgl. *Krcmar* in: Cloud Computing, § 2, Rn. 25; vgl. *Lehmann/Giedke*, CR 2013, 608 (609).

552 *Weiss* in: Handbuch Cloud Computing, Teil 1 A, Rn. 11; *Mell/Grance*, The NIST Definition of Cloud Computing, S. 3; *Brennscheidt*, Cloud Computing und Datenschutz, S. 33; *Kaulartz*, Cloud Computing und Vertragsrecht: Eine rechtliche Untersuchung unter besonderer Berücksichtigung von PaaS-Clouds, S. 9; *Solmecke u. a.*, Legal Tech, S. 372.

553 *Schorer* in: Handbuch Cloud Computing, Teil 1 C Rn. 22; *Mell/Grance*, The NIST Definition of Cloud Computing, S. 3; *Nägele/Jacobs*, ZUM 2010, 281 (282); *Lehmann/Giedke*, CR 2013, 608 (613); *Intveen u. a.* in: Handbuch Cloud Computing, Teil 2, Rn. 147; *Krcmar* in: Cloud Computing, § 2, Rn. 20; *Kaulartz*, Cloud Computing und Vertragsrecht: Eine rechtliche Untersuchung unter besonderer Berücksichtigung von PaaS-Clouds, S. 8; *Westerfeld* in: Rechtsfragen des Cloud Computing, Kapitel 2, Rn. 9; *Solmecke u. a.*, Legal Tech, S. 372; *Bierekoven*, ITRB 2010, 42 (43).

dies, dass der Anbieter dem Anwender eine Infrastruktur online zur Verfügung stellt, mit der er nicht nur Rechen- und Speicherleistungen sondern auch das komplette System-Management anbietet.[554]

Die Dienstleistung der Bereitstellung von Speicherplatz wird auch „Storage-as-a-Service" genannt und bildet eine Untergruppe von IaaS.[555] Ein Beispiel von Storage-as-a-Service ist der Online-Dienst Dropbox[556], bei dem Speicherplatz für die Nutzer bereitgestellt wird.

Weitere XaaS-Anwendungen sind die Varianten „Database-as-a-Service" (DBaaS) und „Desktop-as-a-Service" (DaaS)[557]. Erstere hat den Zweck, Datenbanken online bereitzustellen.[558] Letztere ist eine Form des IaaS und wird eingesetzt, um Desktops für die Anwender bereitzustellen.[559] Üblicherweise läuft der Desktop auf dem Betriebssystem und der Benutzeroberfläche Microsoft Windows.[560]

dd) Cloud Computing-Vertrag

Das System des Cloud Computing ist ähnlich wie beim ASP und beim XaaS. Denn beim Cloud Computing werden Daten ebenfalls dezentral auf einem externen Server über das Internet verarbeitet, sodass sich die Daten bildlich auf einer „Wolke" befinden.[561] Eine allgemeine Definition des Cloud Computing hat sich in der Wissenschaft bisher noch nicht herauskristallisiert.[562] Es besteht jedoch weitgehend Einigkeit darüber, dass beim Cloud Computing, wie auch beim ASP und beim SaaS, IT-Dienstleistungen über das Internet vom Computerprogrammanbieter angeboten werden.[563] Eine eigene IT-Infrastruktur ist für den Anwender nicht notwendig, sondern lediglich ein Gerät mit Internetzugang, um das Computerprogramm ausführen

554 *Krcmar* in: Cloud Computing, § 2, Rn. 20.

555 *Hennrich*, Cloud Computing - Herausforderungen an den Rechtsrahmen für Datenschutz, S. 63.

556 *Dropbox Inc.*, https://www.dropbox.com/de/.

557 *Weiss* in: Rechtsfragen des Cloud Computing, Kapitel 3, Rn. 42.

558 *Schorer* in: Handbuch Cloud Computing, Teil 1 C Rn. 24.

559 *Schorer* in: Handbuch Cloud Computing, Teil 1 C Rn. 27.

560 Ebd.

561 *Köhler/Fetzer*, Recht des Internet Rn. 1051.

562 *Lehmann/Giedke*, CR 2013, 608 (610); *Nägele/Jacobs*, ZUM 2010, 281 (281); vgl. *Solmecke u. a.*, Legal Tech, S. 372.

563 *Boehm*, ZEuP 2016, 358 (359); *Weiss* in: Handbuch Cloud Computing, Teil 1 A, Rn. 1; *Nägele/Jacobs*, ZUM 2010, 281 (281); *Mell/Grance*, The NIST Definition of Cloud Computing, S. 2.

zu können.[564] Ein wichtiges Charakteristikum des Cloud Computing ist die Virtualisierung, d.h. die Zusammenfassung von mehreren Servern zu einer großen virtuellen Cloud.[565] Näher betrachtet, wird beim Cloud Computing die Rechenleistung von mehreren Servern gebündelt und jedem Nutzer, abhängig von seinem Bedarf an Rechenleistung, zur Verfügung gestellt.[566] Wenn also ein Nutzer die Rechenleistung eines Cloud Computing-Anbieters in Anspruch nehmen möchte, wird ihm folglich irgendein innerhalb der Cloud befindlicher Server „zugeteilt" und die notwendige Rechenleistung bereitgestellt.

b) *Abgrenzung*

Die Gemeinsamkeit zwischen ASP und SaaS ist darin begründet, dass sowohl bei ASP als auch bei SaaS ein Computerprogramm online und zeitlich befristet für den Anwender bereitgestellt wird.[567] Es bestehen jedoch Unterschiede zwischen beiden IT-Angeboten. Dies mag damit zusammenhängen, dass SaaS als „Nachfolger" des ASP bestimmte Änderungen beinhaltet.

Ein wesentliches Unterscheidungskriterium ist das Maß der Standardisierung. Die Frage, „ob" überhaupt beide Anwendungsformen unterschiedlich standardisiert sind, wird wenig diskutiert. Vielmehr sind die Ansichten sehr kontrovers hinsichtlich der Frage, „inwiefern" die beiden Anwendungsformen standardisiert sind. Der überwiegenden Ansicht zufolge ist SaaS im hohen Maße standardisiert und weniger für die Computerprogrammanwender individualisiert, wohingegen beim ASP das zur Verfügung gestellte Computerprogramm meistens den Kundenwünschen angepasst ist.[568] Die Gegenmeinung sieht beim ASP einen hohen Standardisierungsgrad und beim SaaS hingegen eine Anpassung der Bedürfnisse des Anwenders.[569] Nach letzterer Ansicht eigne sich SaaS besser bei komplexen Softwareanpassungen, weshalb bei diesem Modell oftmals Beratungsleistungen des Anbieters erfolgen.[570] In dieser Arbeit wird sich der überwiegenden Meinung angeschlossen und davon ausgegangen, dass der SaaS

---

564 *Lehmann/Giedke*, CR 2013, 608 (608); vgl. *Boehm*, ZEuP 2016, 358 (361 f.).
565 *Lehmann/Giedke*, CR 2013, 608 (611); *Bierekoven*, ITRB 2010, 42 (42).
566 *Köhler/Fetzer*, Recht des Internet Rn. 1051; *Solmecke u. a.*, Legal Tech, S. 373.
567 *Roth-Neuschild* in: Handbuch IT- und Datenschutzrecht, § 13, Rn. 39; *von dem Bussche/Schelinski* in: Münchener Anwaltshandbuch IT-Recht, Teil 1, Rn. 20; *Marly*, Praxishandbuch Softwarerecht Rn. 1094.
568 *Roth-Neuschild* in: Handbuch IT- und Datenschutzrecht, § 13, Rn. 39; *Krcmar* in: Cloud Computing, § 2, Rn. 31; vgl. *Habel*, Roboterjournalismus, S. 116.
569 *Marly*, Praxishandbuch Softwarerecht Rn. 1094.
570 Ebd.

ein hoher Standardisierungsgrad zukommt, wohingegen beim ASP die Leistungen individueller angepasst sind. Somit wird der Vertragsgegenstand beim SaaS-Vertrag als Standardcomputerprogramm gesehen, wohingegen der Vertragsgegenstand beim ASP-Vertrag als Individualsoftware gesehen wird.

Unabhängig von diesem Meinungsstreit bietet eine hohe Standardisierung den Vorteil, dass Updates oder Anpassungen des Computerprogramms vom Computerprogrammanbieter nur einmal zentral durchgeführt werden müssen und bei allen Anwendern gleichzeitig aktualisiert werden.[571] Bei einem Computerprogramm, das auf mehreren lokalen Computern installiert ist, müssten hingegen die Updates und Wartungsarbeiten lokal auf jedem einzelnen Computer durchgeführt werden.

Hinsichtlich der Laufzeit des Vertrags wird vertreten, dass ASP-Verträge üblicherweise für ein bis zwei Jahre abgeschlossen werden, wohingegen die Laufzeit bei SaaS-Verträge etwa drei bis fünf Jahre beträgt.[572]

Der Vorteil bei der Nutzung von PaaS ist, dass der Anwender für die Softwareentwicklung die IT-Infrastruktur nicht selbst zu organisieren hat, da diese von dem Plattformanbieter bereitgestellt wird. Im Vergleich zu SaaS bietet PaaS insofern mehr Spielraum, als beim PaaS auf der Plattform eine Software entwickelt werden kann, wohingegen beim SaaS eine bereits fertig entwickelte Software lediglich vom Anwender als Computerprogramm genutzt wird. Zum Beispiel ist Google App Engine[573] eine bekannte Plattform für PaaS. Die größte Nutzungsmöglichkeit für den Computerprogrammanwender besteht beim PaaS, da er die gesamte Plattform nutzen und sogar eine Software entwickeln kann, wohingegen beim IaaS bestimmte Ressourcen angeboten werden und beim SaaS schließlich „nur" das Computerprogramm angewendet werden kann. Hieraus ergibt sich eine Art Abstufung dieser drei SÜV-Typen: PaaS – IaaS – SaaS.

Der weitverbreiteten Ansicht zufolge ist Cloud Computing eine Art Oberbegriff für XaaS-Anwendungen und untergliedert sich hauptsächlich in die Anwendungen „Software-as-a-Service" (SaaS), „Platform-as-a-Service" (PaaS) und „Infrastructure-as-a-Service" (IaaS).[574] Die Qualifizierung als Oberbegriff

---

571 So auch *Krcmar* in: Cloud Computing, § 2, Rn. 31.

572 *Marly*, Praxishandbuch Softwarerecht Rn. 1094.

573 *Google Inc.*, https://cloud.google.com/appengine/.

574 *Boehm*, ZEuP 2016, 358 (362); *Grützmacher*, CR 2015, 779 (783); *Schneider*, Handbuch EDV-Recht, Teil U, Rn. 8; *Weiss* in: Handbuch Cloud Computing, Teil 1 A, Rn. 9 ff.; *Nägele/Jacobs*, ZUM 2010, 281 (282); *Hennrich*, Cloud Computing - Herausforderungen an den Rechtsrahmen für Datenschutz, S. 57; *Reintzsch*, BRJ 2013, 23 (23); *Köhler/Fetzer*, Recht des Internet Rn. 1052; *Mell/Grance*, The NIST Definition of Cloud Computing, S. 2 f.; *Bierekoven*, ITRB 2010, 42 (42 f.); *Gerlach/Oser*, DER BETRIEB 2019, 1969 (1969).

ergebe sich schon daraus, dass der Cloud Computing-Anbieter mehrere Cloud-Dienste anbietet, wie die Bereitstellung von Infrastruktur, verschiedener Softwarearten oder ganzer IP-basierter Netzwerke.[575] Zudem ist Cloud Computing für viele Nutzer bestimmt[576], was sich auch darin widerspiegelt, dass die mit dem Cloud Computing angebotenen IT-Dienstleistungen, wie beim SaaS, hoch standardisiert sind. Hierin liegt der Unterschied zwischen Cloud Computing und dem ASP. Ein weiterer Unterschied wird darin gesehen, dass bei ASP-Modellen regelmäßig eine Vergütung gezahlt wird, wohingegen beim Cloud Computing die Vergütung von der Nutzung des Computerprogramms bzw. der Online-Plattform abhängt.[577] Somit kann Cloud Computing nicht als Oberbegriff für das ASP und alle anderen XaaS-Anwendungen bezeichnet werden.

Die Vielfalt der Server stellt ebenfalls einen Unterschied dar. Denn im Gegensatz zu ASP und SaaS werden beim Cloud Computing die IT-Leistungen von mehreren Servern eines Anbieters oder mehreren Anbietern angeboten.[578] Das heißt, dass es mehrere Server an mindestens einem Standort gibt. Geografische Grenzen gibt es typischerweise nicht, sondern die Server können über mehrere Länder verteilt sein. Da im Rahmen der Virtualisierung diese vielen Server in einer Cloud zusammengefasst sind, weiß der Anwender regelmäßig nicht, welchen Server er nutzt. Dies spielt jedoch keine Rolle, da nur die angebotene IT-Dienstleistung relevant ist.

Dennoch ist zu erkennen, dass das Cloud Computing viele der von den XaaS-Anwendungen angebotenen Leistungen beinhaltet.

c) *Subsumtion des Vertragsverhältnisses zwischen Computerprogrammanbieter und Medienunternehmen*

Das Vertragsverhältnis zwischen dem Computerprogrammanbieter und dem Medienunternehmen bei der Nachrichtentextgenerierung nimmt je nach individueller Ausgestaltung einen der SÜV-Typen an. Wird beispielsweise dem Medienunternehmen eine Plattform zur Verfügung gestellt, auf der das Medienunternehmen ein Computerprogramm für die Nachrichtentextgenerierung entwickeln und anwenden kann, ist es naheliegend, einen PaaS-Vertrag anzunehmen, wohingegen bei der bloßen Bereitstellung eines standardisierten Computerprogramms ein SaaS-Vertrag einschlägig und kein ASP-Vertrag anzunehmen

575 *Krcmar* in: Cloud Computing, § 1, Rn. 29.

576 *Krcmar* in: Cloud Computing, § 1, Rn. 67.

577 *Bierekoven*, ITRB 2010, 42 (42).

578 *Söbbing*, MMR 2008, XII (XII).

ist.[579] Im Falle der bloßen Bereitstellung eines standardisierten Computerprogramms behauptet zwar eine Ansicht der Literatur, dass das Medienunternehmen die Infrastruktur des Computerprogrammanbieters nutze[580], sodass der Definition zufolge von einem IaaS-Vertrag auszugehen wäre. Dennoch wird dieser Ansicht nach das Vertragsverhältnis als SaaS-Vertrag eingeordnet[581] und es wird davon ausgegangen, dass bei diesem Vertragsverhältnis sowohl das Computerprogramm als auch die Infrastruktur angeboten werde.[582]

Dass üblicherweise SaaS-Verträge zwischen Computerprogrammanbietern und Medienunternehmen geschlossen werden, verdeutlichen die beiden folgenden Musterverträge.

Der erste Mustervertrag stammt von dem Computerprogrammhersteller und -anbieter AX Semantics[583], in dessen „Softwarenutzungsvertrag" der Computerprogrammanwender Zugang zu der Online-Plattform „AX NLG Cloud"[584], auf der die (Nachrichten-)Texte generiert werden, gewährt bekommt und der Computerprogrammanwender dafür eine Vergütung entrichten muss.[585] Die von AX Semantics verwendete Vertragsbezeichnung „Softwarenutzungsvertrag" lässt zwar offen, welcher SÜV-Typ einschlägig ist. Jedoch wird dies am Anfang des Vertrags vor § 1 (Vertragsgegenstand) konkretisiert, da das Computerprogramm für Textgenerierung von AX Semantics als „Software-as-a-Service-Lösung" bezeichnet wird.[586] Dieses Computerprogramm wird über die „AX NLG Cloud" zur Verfügung gestellt.[587] Damit lassen sich Texte annotieren und Wörter kategorisieren, sodass im nächsten Schritt eine Verbindung von Wörtern hergestellt werden kann.[588] Der zum Download bereitgestellte Softwarenutzungsvertrag auf der Website von AX Semantics zeigt, dass AX Semantics gerade nicht Individualverträge mit den Computerprogrammanwendern schließt, sondern standardisierte Verträge verwendet. Einschlägig ist entweder ein ASP-Vertrag oder ein SaaS-Vertrag, wie sich aus dem folgenden Umkehrschluss ergibt: Einerseits

---

579 Zur Differenzierung der SÜV-Typen siehe 3. Kap. A. I. 4. b).
580 *Habel*, Roboterjournalismus, S. 116.
581 So auch *Haim/Graefe*, in: Nuernbergk/Neuberger, Journalismus im Internet, S. 139 (144).
582 *Habel*, Roboterjournalismus, S. 116.
583 Siehe 1. Kap. F. II. und III.
584 *AX Semantics*, AX Semantics NLG Cloud.
585 Anhang A1: *AX Semantics*, Softwarenutzungsvertrag, S. 5.
586 Ebd.
587 Ebd.
588 *Weber*, Roboterjournalismus, Chatbots & Co., S. 46.

wird bei diesem Softwarenutzungsvertrag dem Medienunternehmen nicht die Möglichkeit gegeben, ein Computerprogramm zu entwickeln und auszuführen (wie beim PaaS). Andererseits werden dem Medienunternehmen nicht verschiedene virtuelle Ressourcen von AX Semantics bereitgestellt (wie beim IaaS). Die Kategorisierung als Cloud Computing-Vertrag ist mangels Virtualisierung ausgeschlossen.

Für einen SaaS-Vertrag spricht die Standardisierung des Computerprogramms, was sich darin zeigt, dass der Softwarenutzungsvertrag für jeden Computerprogrammanwender bzw. Vertragspartner gilt. Individuelle Anpassungen sind bei diesem Modell von AX Semantics nicht vorgesehen. Das zweite Indiz für die Qualifizierung eines SaaS-Vertrags ist, dass der Softwarenutzungsvertrag das Computerprogramm als „Software-as-a-Service-Lösung" bezeichnet und deshalb die Einordnung als SaaS-Vertrag schon begrifflich naheliegender ist als die Einordnung als ASP-Vertrag. Andererseits könnte die Ansicht vertreten werden, dass der Softwarenutzungsvertrag von AX Semantics mit Stand vom 09. Januar 2020[589] früher als ASP-Vertrag eingeordnet worden wäre und durch die moderne Begriffsmodifizierung heutzutage als SaaS-Vertrag gesehen wird. Wie diese Frage zu entscheiden ist, kann jedenfalls dahinstehen, da wegen der Standardisierung dieses Softwarenutzungsvertrags der SaaS-Vertrag einschlägig ist. Somit ist der AX Semantics Softwarenutzungsvertrag ein SaaS-Vertrag.

Das zweite Beispiel ist der Computerprogrammhersteller und -anbieter Retresco.[590] Der Mustervertrag von Retresco nennt sich „Vertrag für die Nutzung der Textgenerierungsplattform ‚rtr textengine.io'" (Nutzungsvertrag).[591] Dazu stellt Retresco zusätzlich nicht online verfügbare AGB bereit[592], die dem Nutzungsvertrag zufolge ergänzend Anwendung finden.[593] Wenn diese schriftlichen AGB nicht von Retresco bereitgestellt werden, gelten die AGB auf Retrescos Website.[594] Im Folgenden wird jedoch primär auf die nicht online verfügbaren AGB von Retresco Bezug genommen, die gegenüber den AGB auf Retrescos Website vorrangig anwendbar sind.[595]

---

589 Anhang A1: *AX Semantics*, Softwarenutzungsvertrag, S. 5.

590 Siehe 1. Kap. F. II. und III.

591 Anhang A2: *Retresco*, Vertrag für die Nutzung der Textgenerierungsplattform „rtr textengine.io".

592 Anhang A3: *Retresco*, Allgemeine Geschäftsbedingungen der Retresco GmbH für die Textgenerierungsplattform „rtr textengine.io".

593 Anhang A2: *Retresco*, Vertrag für die Nutzung der Textgenerierungsplattform „rtr textengine.io", S. 1.

594 *Retresco*, Allgemeine Geschäftsbedingungen, 0. Vorwort.

595 Ebd.

Die Vertragsleistungen ähneln denen im Softwarenutzungsvertrag von AX Semantics: Geschuldet ist hauptsächlich die Bereitstellung des Zugangs zur Retresco-Textgenerierungsplattform[596] und im Gegenzug die Entrichtung einer Vergütung des Computerprogrammanwenders[597]. Auch bei diesem Vertrag ist das Computerprogramm standardisiert und vertraglich nicht dazu bestimmt, auf Kundenwünsche angepasst zu werden. Es ist im Vertrag lediglich offen gestellt, wie weit die Nutzungsrechte an den generierten Texten seitens des Computerprogrammanwenders reichen sollen und wir hoch die Vergütung ist.[598] Standardisiert ist das Computerprogramm durch die Einbeziehung der AGB, die für alle Vertragspartner gelten. Es ist nicht eindeutig, welcher SÜV-Typ auf den Mustervertrag von Retresco angewendet werden kann. Jedoch ist auch hier das SaaS einschlägig, da das Computerprogramm standardisiert ist und nicht auf Kundenwünsche angepasst wird.

Diese beiden Musterverträge stehen zwar nicht stellvertretend für alle Verträge über die Nutzung eines Computerprogramms für die Textgenerierung, deuten jedoch verstärkt daraufhin, dass der SaaS-Vertrag in diesem Bereich üblich ist. Geschlossene Verträge mit Computerprogrammherstellern und gleichzeitig -anbietern, wie AX Semantics oder Retresco, unterfallen somit der oben beschriebenen zweiten Konstellation.[599]

d) Vertragstypologische Einordnung des SaaS-Vertrags

Für die vertragstypologische Einordnung eines SaaS-Vertrags bietet es sich an, einen SaaS-Vertrag in die zwei folgenden Arten zu unterteilen: „reiner" SaaS-Vertrag (aa)) und „gemischter" SaaS-Vertrag (bb)).[600]

Beim reinen SaaS-Vertrag liegt die Leistung des Computerprogrammanbieters einzig und allein darin, dem Anwender das Computerprogramm online für die Nutzung zur Verfügung zu stellen. Beim gemischten SaaS-Vertrag schuldet der Computerprogrammanbieter darüber hinaus weitere Leistungen, wie

596 Anhang A2: *Retresco*, Vertrag für die Nutzung der Textgenerierungsplattform „rtr textengine.io", S. 1.

597 Anhang A2: *Retresco*, Vertrag für die Nutzung der Textgenerierungsplattform „rtr textengine.io", S. 2.

598 Anhang A2: *Retresco*, Vertrag für die Nutzung der Textgenerierungsplattform „rtr textengine.io", S. 1 f.

599 Siehe 3. Kap. A. vor I.

600 Wenn im Folgenden nur von einem SaaS-Vertrag gesprochen wird (ohne den Zusatz „reiner" oder „gemischter"), sind beide Typen gemeint.

beispielsweise Datenspeicherung, Datenpflege, Erstellung von Datenbanken und Hilfs- und Supportdienste[601].

Die vertragstypologische Einordnung des SaaS-Vertrags hat nicht nur rechtstheoretische Relevanz, sondern wirkt sich auch auf die Rechtspraxis aus, da die gesetzlichen Bestimmungen je nach Vertragstyp unterschiedliche Rechtsfolgen auslösen.[602] Weder der reine noch der gemischte SaaS-Vertrag sind im 8. Abschnitt des BGB noch in Sondergesetzen als Vertragstyp normiert. Somit bleibt zu untersuchen, ob diese jeweils einem normierten Vertragstyp zugeordnet werden können oder einen nicht normierten Vertragstyp darstellen.[603] Die Ausführungen zum reinen und zum gemischten SaaS-Vertrag werden in Bezug auf das hiesige vertragliche Schuldverhältnis in einem Fazit angewendet und zusammengefasst (cc)).

aa) Reiner SaaS-Vertrag

Ein (reiner) ASP-Vertrag, und damit auch ein reiner SaaS-Vertrag, wird nach einer weitverbreiteten Meinung als Mietvertrag gem. §§ 535 ff. BGB eingeordnet.[604]

---

601 *Pohle/Ammann*, K&R 2009, 625 (627); *Westerholt/Berger*, CR 2002, 81 (84); *Röhrborn/Sinhart*, CR 2001, 69 (70); *Koch*, ITRB 2001, 39 (39); vgl. *Bettinger/Scheffelt*, CR 2001, 729 (730 f.); vgl. *Marly*, Praxishandbuch Softwarerecht Rn. 1090.

602 Siehe 3. Kap. A. I. 2; so auch *Puchelt*, in: Taeger, Recht 4.0 - Innovationen aus den rechtswissenschaftlichen Laboren, S. 475 (476).

603 Siehe dazu die Auflistung in 3. Kap. A. I. 3.

604 BGH, NJW 2007, 2394, 2394, Rn. 11; OLG Hamburg, MMR 2012, 740, 740; *Marly*, Praxishandbuch Softwarerecht Rn. 1105; *Sedlmeier/Kolk*, MMR 2002, 75 (80); *Ernst*, Vertragsgestaltung im Internet Rn. 744; *Meents* in: Cloud Computing, § 4, Rn. 45; *Pohle/Ammann*, K&R 2009, 625 (627); *Schuster*, CR 2013, 690 (694); *Schneider*, Handbuch EDV-Recht, Teil U, Rn. 121; *Röhrborn/Sinhart*, CR 2001, 69 (71); *Braun*, Die Zulässigkeit von Service Level Agreements - am Beispiel der Verfügbarkeitsklausel, S. 39; *Westerholt/Berger*, CR 2002, 81 (84); *Paul* in: Rechtsfragen des Cloud Computing, Kapitel 8, Rn. 32; *Gennen*, Praxishandbuch Medien-, IT- und Urheberrecht, 21. Kapitel, Rn. 220; *Christiansen* in: Hamburger Kommentar Gesamtes Medienrecht, 50. Abschnitt, Rn. 111. Im Folgenden beziehen sich die meisten Literaturmeinungen und die Rechtsprechung auf einen ASP-Vertrag und nicht auf einen SaaS-Vertrag. Der Grund liegt darin, dass der SaaS-Vertrag eine neue Entwicklung ist und daher der rechtlichen Analyse noch nicht so lange wie der ASP-Vertrag zur Verfügung steht. Aufgrund der starken Ähnlichkeit zwischen diesen beiden SÜV-Typen sind die Ansichten der Literatur und Rechtsprechung zur vertragstypologischen Einordnung eines ASP-Vertrags ebenfalls auf den SaaS-Vertrag übertragbar.

Gem. § 535 Abs. 1 S. 1 BGB wird der Vermieter durch den Mietvertrag verpflichtet, dem Mieter den Gebrauch der Mietsache während der Mietzeit zu gewähren, wohingegen der Mieter nach § 535 Abs. 2 BGB verpflichtet ist, dem Vermieter die vereinbarte Miete zu entrichten. Diese beiden Hauptleistungspflichten lassen sich passend auf das Vertragsverhältnis zwischen Computerprogrammanbieter und Medienunternehmen übertragen, denn der Computerprogrammanbieter verpflichtet sich, dem Medienunternehmen das Computerprogramm während der Mietzeit zu gewähren, wohingegen der Computerprogrammanwender sich verpflichtet, dem Computerprogrammanbieter eine vereinbarte Vergütung zu entrichten.[605] Dennoch stellt die Subsumtion unter das Tatbestandsmerkmal „Mietsache" nach § 535 Abs. 1 BGB ein Problem dar, das einer genaueren Erklärung bedarf ((1)). Abzulehnen ist die Anwendung pachtrechtlicher Regelungen ((2)) und sonstiger vertragsrechtlicher Regelungen ((3)).

(1) Problem der Mietsache gem. § 535 Abs. 1 BGB

Die Frage um die Sacheigenschaft eines Computerprogrammes ist stark umstritten und es wird sogar vertreten, dass es „eines der wichtigsten, zugleich aber auch am heftigsten umstrittenen rechtlichen Probleme rund um die Computersoftware"[606] ist. Ein Großteil der Literatur und der BGH bejahen die Sacheigenschaft einer Standardsoftware[607] und erklären das Mietrecht bei ASP-Verträgen für anwendbar.[608] Ein kleiner Teil der Literatur lehnt die Sacheigenschaft ab.[609]

Dass Sachen gem. § 90 BGB nur körperliche Gegenstände sein können, ist unstreitig. Körperliche Gegenstände sind solche, die man sinnlich wahrnehmen und greifen kann.[610] Eine Mietsache muss ebenfalls ein körperlicher Gegenstand

605 Siehe Musterverträge als Anhang A1 und A2.

606 *Marly*, Praxishandbuch Softwarerecht Rn. 710.

607 Wenn in den folgenden Ausführungen zur Mietsache von der Software die Rede ist, ist damit auch das Computerprogramm gemeint.

608 BGH, NJW 2007, 2394, 2394, Rn. 15; *Koch*, ITRB 2001, 39 (40); *Sedlmeier/Kolk*, MMR 2002, 75 (77); *John*, Haftung für künstliche Intelligenz, S. 230.

609 *Redeker*, IT-Recht Rn. 1231; *Lenhard*, Vertragstypologie von Softwareüberlassungsverträgen, S. 26; *Hantschel*, Softwarekauf und -weiterverkauf, S. 177; *Alpert*, CR 2000, 345 (349); *Müller-Hengstenberg/Kirn*, NJW 2007, 2370 (2373); *Kaulartz*, Cloud Computing und Vertragsrecht: Eine rechtliche Untersuchung unter besonderer Berücksichtigung von PaaS-Clouds, S. 70; *Braun*, Die Zulässigkeit von Service Level Agreements - am Beispiel der Verfügbarkeitsklausel, S. 37.

610 *Stieper* in: Staudinger, 2017, § 90, Rn. 2; *Stresemann* in: Münchener Kommentar zum BGB, § 90, Rn. 1.

sein, da sie sonst die Sacheigenschaft verlieren würde. Ein Computerprogramm „an sich" ist kein körperlicher Gegenstand, da es an einer physischen Erscheinung fehlt und es nicht sinnlich wahrgenommen werden kann.[611]

Vielmehr kann nur der dazugehörige Datenträger bzw. die Hardware als körperlicher Gegenstand wahrgenommen werden, sodass der Datenträger an sich als Sache gem. § 90 BGB qualifiziert werden kann.[612] Dies würde dazu führen, dass ein Datenträger ohne installiertes Computerprogramm ebenso eine Sacheigenschaft aufweist, wie ein Datenträger, auf dem es installiert ist. Die Installation eines Computerprogramms ist also für die Frage der Sachqualität eines Datenträgers irrelevant. Folglich schließt das Vorliegen eines Computerprogramms die Sachqualität zumindest nicht aus. Dieser Umkehrschluss führt jedoch zu keiner Bejahung der Sacheigenschaft eines Computerprogrammes.

Vielmehr führt der BGH zur Sachqualität einer Software[613] aus, dass der Vertragsgegenstand eines ASP-Vertrags die „verkörperte geistige Leistung" sei, die sich in einem elektronischen Datenträger wiederfinde.[614] Andernfalls sei die Software überhaupt nicht nutzbar, wenn sie nicht auf einem Datenträger ausgeführt würde.[615] Das Vorliegen eines Datenträgers ist also zwingende Voraussetzung für die Nutzung einer Software. Insofern lässt sich argumentieren, dass sich die Sachqualität eines Datenträgers auf das Computerprogramm übertragen lässt, sofern das Computerprogramm auf einem Datenträger installiert ist. Folglich würde nicht das Computerprogramm „an sich" eine Sache sein, sondern nur ein „verkörpertes" Computerprogramm.

Dagegen lässt sich argumentieren, dass der Computerprogrammanwender lediglich an dem Computerprogramm „an sich" interessiert ist und dieses als Leistungsgegenstand sieht. Im Umkehrschluss heißt dies, dass es ihm auf den Gedanken der Verkörperung überhaupt nicht ankomme. Dieses Argument lässt sich jedoch insofern entkräften, als es bei der Sachqualität nicht auf die subjektive Betrachtung einer Vertragspartei ankommt, sondern auf eine objektive Betrachtung. Ansonsten würde die Anwendung der Vorschriften eines

611 So auch *Redeker*, NJOZ 2008, 2917 (2919).

612 So auch *Lenhard*, Vertragstypologie von Softwareüberlassungsverträgen, S. 26; *Redeker*, NJOZ 2008, 2917 (2918).

613 Die Rechtsprechung des BGH ist hierbei auch auf Computerprogramme zu übertragen.

614 BGH, NJW 2007, 2394, 2394 f., Rn. 16. Diese Feststellung bezeichnet *Braun* als „Redaktionsversehen": *Braun*, Die Zulässigkeit von Service Level Agreements - am Beispiel der Verfügbarkeitsklausel, S. 35.

615 BGH, NJW 2007, 2394, 2394 f., Rn. 16.

Vertragstyps nur davon abhängen, wie die subjektive Vorstellung einer Vertragspartei gewesen wäre.

Wenn die Sachqualität eines Computerprogrammes allerdings verneint werden würde, könnte unter Heranziehung des § 453 Abs. 1 Alt. 2 BGB, wonach die „Vorschriften über den Kauf von Sachen [...] auf den Kauf von [...] sonstigen Gegenständen entsprechende Anwendung finden", argumentiert werden, dass für das Computerprogramm als sonstiger Gegenstand die gleichen Normen gelten, die auf Sachen anwendbar sind. Ein Computerprogramm wird in der Gesetzesbegründung als ein sonstiger Gegenstand gem. § 453 Abs. 1 Alt. 2 BGB eingeordnet.[616] Mit dieser Gleichstellung könnten die Vorschriften zu Mietsachen auch auf sonstige Gegenstände anwendbar sein.

Allerdings steht die Vorschrift des § 453 Abs. 1 Alt. 2 BGB im Kaufrecht und nicht im Mietrecht. Hätte der Gesetzgeber sonstige Gegenstände auch mit Mietsachen gleichstellen wollen, hätte er vermutlich im Mietrecht auch eine solche Regelung treffen können.[617] Zudem beinhaltet das Kaufrecht gänzlich andere Regelungen als das Mietrecht und eine Übertragung dieser Auslegung wäre mit der Verschiedenartigkeit der beiden Vertragstypen unvereinbar.

Alles in allem ist ein Computerprogramm „an sich" mangels physischer Erscheinung nicht als Sache gem. § 90 BGB und damit auch nicht als eine Mietsache gem. § 535 Abs. 1 BGB zu sehen. Jedoch ist es im Zusammenhang mit der Verkörperung auf einem Datenträger zu betrachten, sodass ein „verkörpertes" Computerprogramm, also ein Computerprogramm im weiten Sinne, als Sache gem. § 90 BGB und damit auch als Mietsache gem. § 535 Abs. 1 BGB zu sehen ist.

Aus diesen nachvollziehbaren Gründen ist der weitverbreiteten Meinung zu folgen, dass ein (reiner) ASP-Vertrag, und damit auch ein reiner SaaS-Vertrag, als Mietvertrag gem. §§ 535 ff. BGB einzuordnen ist.

(2) Pachtrechtliche Regelungen

Die Einordnung als Pachtvertrag – sowohl als Sachpacht als auch als Rechtspacht – ist abzulehnen. Zwar kann das Computerprogramm als Gegenstand gem. § 581 Abs. 1 S. 1 BGB gesehen werden,[618] jedoch sind die computergenerierten

---

616 Gesetzentwurf der Abgeordneten, Entwurf eines Gesetzes zur Modernisierung des Schuldrechts v. 14.05.2001, BT-Drucks. 14/6040, S. 242.

617 So auch *Marly*, Praxishandbuch Softwarerecht Rn. 728.

618 Der Begriff „Gegenstand" ist insofern weiter gefasst als der Begriff „Mietsache" im Mietrecht, als das Computerprogramm nicht zwingend eine Sache sein muss. Die Sachqualität beim Computerprogramm ist im Pachtrecht also nicht erforderlich.

Texte bzw. die Ergebnisse der Nutzung des Computerprogramms nicht Früchte einer Sache gem. § 99 Abs. 1 BGB und somit liegt keine Sachpacht vor. Denn Erzeugnisse können nur natürliche Tier- und Bodenprodukte sein.[619] Ebenso wenig handelt es sich um eine „sonstige Ausbeute“, da man unter der „sonstigen Ausbeute“ beispielsweise den Abbau von Bodenbestandteilen wie Kies, Sand oder Kohlen versteht.[620] Die Gewinnung solcher Gegenstände sind beim SaaS nicht vorhanden, da der Zweck des SaaS lediglich in der Nutzung des Computerprogrammes liegt. Zwar kann argumentiert werden, dass dann physikalische Ergebnisse mit SaaS erzielt werden können, wenn beispielsweise ein computergenerierter Text ausgedruckt wird oder Daten auf einen Datenträger übertragen werden. Jedoch sind diese veränderten Gegenstände erstens nicht Zweck des Vertrags, da beim SaaS-Vertrag vorrangig die Nutzung des Computerprogrammes geschuldet ist und diese Druckerzeugnisse als Früchte nicht der Hauptzweck sind[621], und zweitens diese Gegenstände schon vor der Nutzung des Computerprogramms vorliegen und nur „inhaltlich“ verändert werden, indem ein Blatt Papier bedruckt wird oder ein Datenträger mit Daten bespielt wird.

Auch die Rechtspacht ist bei SaaS-Verträgen abzulehnen.[622] Der Pachtgegenstand ist hierbei ein Recht[623] oder kann ein immaterieller Gegenstand wie eine Software sein.[624] Zwar könnte argumentiert werden, dass die Nutzungsrechte an dem Computerprogramm Pachtgegenstand sein können. Denn die Früchte an Rechten sind in § 99 Abs. 2 BGB beschrieben und sind „Erträge, welche das Recht seiner Bestimmung gemäß gewährt“. So können die Ergebnisse durch die Nutzung des Computerprogrammes als Erträge gesehen werden.[625] Jedoch steht der Anwendung der Rechtspacht auf den reinen SaaS-Vertrag der wesentliche Nachteil entgegen, dass der Computerprogrammanwender keine Gewährleistungsrechte hat. Zwar sind gem. § 581 Abs. 2 BGB die mietrechtlichen Vorschriften

---

619 Statt aller *Stieper* in: Staudinger, 2017, § 99, Rn. 7; *Völzmann-Stickelbrock* in: PWW Bürgerliches Gesetzbuch Kommentar, § 99, Rn. 2.

620 *Stieper* in: Staudinger, 2017, § 99, Rn. 8; *Stresemann* in: Münchener Kommentar zum BGB, § 99, Rn. 4.

621 So auch *Sedlmeier/Kolk*, MMR 2002, 75 (79); *Braun*, Die Zulässigkeit von Service Level Agreements - am Beispiel der Verfügbarkeitsklausel, S. 36.

622 So auch *Koch*, ITRB 2001, 39 (41); *Gennen*, Praxishandbuch Medien-, IT- und Urheberrecht, 21. Kapitel, Rn. 158.

623 *Sedlmeier/Kolk*, MMR 2002, 75 (79).

624 *Lenhard*, Vertragstypologie von Softwareüberlassungsverträgen, S. 221. Das Computerprogramm ist ebenfalls als immaterieller Gegenstand zu sehen.

625 *Sedlmeier/Kolk*, MMR 2002, 75 (79).

auch auf den Pachtvertrag anwendbar und somit finden auch die mietrechtlichen Gewährleistungsrechte gem. §§ 536 ff. BGB Anwendung. Jedoch beziehen sich diese nur auf die Mietsache und somit auch auf das Computerprogramm. Ist beispielsweise das Computerprogramm mangelhaft, kann der Rechtspächter gem. §§ 581 Abs. 1, 581 Abs. 2 i.V.m. §§ 535 ff. BGB keine Gewährleistungsrechte geltend machen, wenn die Ergebnisse aus der Nutzung des Computerprogramms mangelhaft sind.[626] Dies widerspricht der Interessengerechtigkeit und dem Willen der Vertragsparteien.[627] Selbst wenn der Vertragsinhalt eines reinen SaaS-Vertrags als Sach- oder Rechtspacht gesehen wird und somit als Pachtvertrag vertragstypologisch eingeordnet wird, finden gem. § 582 Abs. 2 BGB die Regelungen des Mietrechts entsprechend Anwendung.

(3) Sonstige vertragsrechtliche Regelungen

Die Annahme eines Werkvertrags gem. §§ 631 ff. BGB scheidet deswegen aus, weil bei einem SaaS-Vertrag keine Software und kein Computerprogramm hergestellt wird.[628]

Auch ein Dienstvertrag gem. §§ 611 ff. BGB ist nicht einschlägig, da die Hauptpflicht des Anbieters mit der Bereitstellung des Computerprogramms keine bloße Ausführung einer Tätigkeit ist[629], sondern bei dem reinen SaaS-Vertrag ein Erfolg in Gestalt eines „Bereitstellungserfolgs“ geschuldet wird[630].

bb) Gemischter SaaS-Vertrag

Der praxisrelevantere von beiden SaaS-Verträgen ist der gemischte SaaS-Vertrag.[631] Ein gemischter SaaS-Vertrag kann keinem einzigen normierten Vertragstyp zugeordnet werden, da ein gemischter SaaS-Vertrag mehrere Leistungen enthält, die üblicherweise verschiedenen normierten Vertragstypen zuzuordnen sind[632] (beispielsweise ist die zeitlich begrenzte Überlassung dem

---

626 So auch *Sedlmeier/Kolk*, MMR 2002, 75 (79).

627 Ebd.

628 So auch *Westerholt/Berger*, CR 2002, 81 (84); *Sedlmeier/Kolk*, MMR 2002, 75 (79).

629 Zur Voraussetzung der bloßen Ausführung einer Tätigkeit bei einem Dienstvertrag: *Leupertz/Halfmeier* in: PWW Bürgerliches Gesetzbuch Kommentar, Vor §§ 631 ff., Rn. 16 m.w.N.

630 *Sedlmeier/Kolk*, MMR 2002, 75 (78).

631 So auch *Pohle/Ammann*, K&R 2009, 625 (627); so auch *Witzel*, ITRB 2002, 183 (183); vgl. *Koch*, ITRB 2001, 39 (39); vgl. *Braun*, Die Zulässigkeit von Service Level Agreements - am Beispiel der Verfügbarkeitsklausel, S. 31.

632 So auch *Marly*, Praxishandbuch Softwarerecht Rn. 1106; *Sedlmeier/Kolk*, MMR 2002, 75 (80).

Mietvertragsrecht zuzuordnen[633]). Ein gemischter SaaS-Vertrag kann lediglich als verkehrstypischer Vertrag, atypischer Vertrag, zusammengesetzter Vertrag oder gemischter Vertrag, der nicht mit einem gemischten SaaS-Vertrag verwechselt werden darf, eingeordnet werden.[634]

(1) Gemischter Vertrag

Bei dem gemischten SaaS-Vertrag ist der Ansicht zu folgen, die diesen als gemischten Vertrag einordnet.[635]

Zwar konstatiert der BGH in einer Entscheidung, dass ein ASP-Vertrag ein zusammengesetzter Vertrag sei, da die verschiedenen Leistungen (Bereitstellung des Computerprogramms zur Nutzung, Updates, Hotline-Service usw.) eines ASP-Vertrags nicht nur dem Mietvertrag, sondern auch anderen Verträgen, wie Dienst- oder Werkvertrag, zugeordnet werden können.[636] Jedoch zeigt die Begründung des BGH, einzelne Leistungen seien verschiedenen normierten Vertragstypen zuzuordnen, dass der Vertragstyp eines gemischten Vertrags einschlägig ist.[637] Der Gebrauch unterschiedlicher Begrifflichkeiten wirkt sich nicht auf die inhaltliche Bedeutung des gemischten Vertrags aus.

(2) Verlagsvertrag sui generis

Eine Ansicht der Literatur ordnet das Vertragsverhältnis zwischen Computerprogrammanbieter und Medienunternehmen als gemischten Vertrag mit ASP- bzw. SaaS-Elementen ein, sieht darin jedoch eine Kombination mit einem Verlagsvertrag *sui generis*.[638] Es bedarf keines zusätzlichen Verlagsvertrags *sui generis*, da mit den Rechtsfolgen eines gemischten Vertrags (Anwendung der jeweils vertragstypischen Regelungen je nach Vertragsbestandteil) bereits eine interessengerechte Lösung vorliegt. Wie ein Verlagsvertrag sui generis inhaltlich gestaltet sein soll, lässt diese Ansicht offen. Die vertragstypologische Einordnung als Verlagsvertrag *sui generis* ist somit abzulehnen.

---

633 Siehe 3. Kap. A. I. 4. d) aa).

634 Zu den Vertragstypen siehe 3. Kap. A. I. 3.

635 LG Essen, MMR 2017, 196, 197; *Habel*, Roboterjournalismus, S. 295; *Pohle/Ammann*, K&R 2009, 625 (627).

636 BGH, NJW 2007, 2394, 2395, Rn. 21; in der Literatur zustimmend: *Witzel*, ITRB 2002, 183 (184); *Marly*, Praxishandbuch Softwarerecht Rn. 1106; *Mäsch* in: Staudinger, 2019, Anh zu §§ 305-310, Rn. L 52.

637 Siehe 3. Kap. A. I. 3.

638 *Habel*, Roboterjournalismus, S. 295.

(3) Verkehrstypischer Vertrag

Die Einordnung als verkehrstypischer Vertrag ist abzulehnen, da verkehrstypische Verträge nicht normiert sind[639] und ein SaaS-Vertrag in seinen einzelnen Bestandteilen sehr wohl auf normierte Vertragstypen zurückgeht.

(4) Atypischer Vertrag

Mangels Interessengerechtigkeit ist die vertragstypologische Einordnung als atypischer Vertrag ebenfalls abzulehnen[640], da die Leistungen in einem gemischten SaaS-Vertrag verschiedenartig sind und Elemente verschiedener normierter Vertragstypen beinhalten.

(5) Rechtsfolge des gemischten Vertrags

Die Bestimmung der Rechtsfolge von gemischten Verträgen ist strittig. Im Wesentlichen haben sich drei Theorien herausgebildet: die Absorptionstheorie, die Kombinationstheorie und die Theorie der analogen Rechtsanwendung.

Nach ständiger Rechtsprechung und einer Ansicht der Literatur wird bei gemischten Verträgen nur das Recht desjenigen normierten Vertragstyps angewendet, der der Hauptleistung des gemischten Vertrags zuzuordnen ist[641] (sog. Absorptionstheorie).

Nach der Kombinationstheorie findet bei gemischten Verträgen das Recht des jeweiligen, zu den einzelnen Vertragsbestandteilen einschlägigen, normierten Vertragstyps Anwendung.[642]

---

639 Siehe 3. Kap. A. I. 3.

640 A.A. *Müller-Hengstenberg/Kirn*, NJW 2007, 2370 (2372); *Röhrborn/Sinhart*, CR 2001, 69 (70).

641 BGH, NJW-RR 2017, 622, 623, Rn. 10 m.w.N.; *Feldmann* in: Staudinger, 2018, § 311, Rn. 38; *Schulze* in: Bürgerliches Gesetzbuch - Handkommentar, Vorbemerkung zu §§ 311-319, Rn. 23; vgl. *Braun*, Die Zulässigkeit von Service Level Agreements - am Beispiel der Verfügbarkeitsklausel, S. 32; vgl. *Paul* in: Rechtsfragen des Cloud Computing, Kapitel 8, Rn. 32.

642 *Feldmann* in: Staudinger, 2018, § 311, Rn. 38; *Braun*, Die Zulässigkeit von Service Level Agreements - am Beispiel der Verfügbarkeitsklausel, S. 32; *Westerholt/Berger*, CR 2002, 81 (84); vgl. *Paul* in: Rechtsfragen des Cloud Computing, Kapitel 8, Rn. 32.

Die Theorie der analogen Rechtsanwendung geht davon aus, dass die Regelungen der normierten Vertragstypen nur analog gelten, da der Gesetzgeber keine Regelungen über gemischte Verträge getroffen habe.[643]

Am interessengerechtesten ist die Kombinationstheorie mit der auf den SaaS-Vertrag bezogene Folge, dass das Recht desjenigen normierten Vertragstyps anzuwenden ist, der bei dem jeweiligen Vertragsbestandteil eines SaaS-Vertrags einschlägig ist. Würde man beispielsweise auf einen Vertragsbestandteil, der dem Dienstleistungsrecht zuzuordnen ist, nach der Absorptionstheorie nur das Mietrecht anwenden, weil die Hauptleistung des gemischten Vertrags dem Mietrecht zuzuordnen ist, würden sich Probleme bei der Auslegung und Anwendung des Gesetzes ergeben, weil sich das Mietrecht in seiner Rechtsnatur stark von dienstleistungsrechtlichen Regelungen unterscheidet. Die Anwendung von mehreren normierten Vertragstypen auf mehrere verschiedene Vertragsbestandteile im Sinne der Kombinationstheorie führt also dazu, dass die Vertragsnormen besser auf den jeweiligen Vertragsbestandteil angewendet werden können.

Im Detail heißt dies, dass beispielsweise bei den Vertragsbestandteilen zur Kündigung und zur Nutzung der Online-Plattform das Mietrecht gem. §§ 535 ff. BGB Anwendung finden würde, wohingegen bei dem Hotline-Service das Dienstleistungsrecht gem. §§ 611 ff. BGB anzuwenden ist.

(6) Subsumtion des Vertragsverhältnisses zwischen Computerprogrammanbieter und Medienunternehmen

Beide Musterverträge (von AX Semantics und Retresco) sind gemischte SaaS-Verträge. Denn sowohl AX Semantics als auch Retresco stellen dem Computerprogrammanwender jeweils nicht nur das Computerprogramm zur Textgenerierung auf der Online-Plattform zur Verfügung, sondern schulden ihm auch weitere Leistungen, wie beispielsweise die Bereitstellung neuerer Versionen des Computerprogramms[644], die Bereitstellung eines Kundenservices entweder telefonisch oder per E-Mail[645] oder sogar die Durchführung eines gemeinsamen

643 *Schulze* in: Bürgerliches Gesetzbuch - Handkommentar, Vorbemerkung zu §§ 311-319, Rn. 23; *Braun*, Die Zulässigkeit von Service Level Agreements - am Beispiel der Verfügbarkeitsklausel, S. 32.

644 Anhang A1: *AX Semantics*, Softwarenutzungsvertrag, S. 5.

645 Anhang A2: *Retresco*, Vertrag für die Nutzung der Textgenerierungsplattform „rtr textengine.io", S. 1; Anhang A3: *Retresco*, Allgemeine Geschäftsbedingungen der Retresco GmbH für die Textgenerierungsplattform „rtr textengine.io", S. 2.

Workshops[646]. Dennoch ist die Zurverfügungstellung der Online-Plattform der Hauptbestandteil des gemischten SaaS-Vertrags.

cc) Fazit

Beim reinen SaaS-Vertrag handelt es sich um einen Mietvertrag gem. § 535 BGB.

Der gemischte SaaS-Vertrag ist jedoch realitätsnäher, sodass SaaS-Verträge in dem vertraglichen Schuldverhältnis zwischen dem Computerprogrammanbieter und dem Medienunternehmen als gemischte Verträge anzusehen sind. Die Rechtsfolge von gemischten Verträgen ist strittig. Die besten Argumente sprechen dafür, die Kombinationstheorie anzuwenden, wonach das Recht desjenigen normierten Vertragstyps anzuwenden ist, der bei dem jeweiligen Vertragsbestandteil eines SaaS-Vertrags einschlägig ist. Bei dem „Kernbestandteil" des gemischten SaaS-Vertrags, der in der Zurverfügungstellung der Online-Plattform für die Nachrichtentextgenerierung besteht, ist das Mietrecht anzuwenden.

II. Besonderheiten in der Vertragsgestaltung und Rechtsfolgen

In diesem Abschnitt werden besondere und problematische vertragliche Vereinbarungen bei der Vertragsgestaltung und deren Rechtsfolgen in den Vertragsverhältnissen zwischen Computerprogrammanbietern und Medienunternehmen im Rahmen des automatisierten Journalismus untersucht. Üblicherweise finden die AGB-Vorschriften gem. §§ 305 ff. BGB auf die zwischen diesen Akteuren geschlossenen SaaS-Verträge Anwendung (1.). Vor dem Hintergrund der AGB-Vorschriften können Klauseln zur Verfügbarkeitsbeschränkung (2.) und zur Vergütung (3.), die sich in solchen Verträgen überwiegend finden, rechtlich problematisch sein.

1. AGB

Hinsichtlich des Anwendungsbereichs können AGB in zwei vertraglichen Konstellationen auftreten: erstens in einem Vertrag zwischen einem Unternehmer und einem Verbraucher (B2C-Verträge oder Verbraucherverträge) und zweitens zwischen zwei Unternehmern (B2B). Bei SaaS-Verträgen und insbesondere im Vertragsverhältnis zwischen dem Computerprogrammanbieter und dem Medienunternehmen im Rahmen des automatisierten Journalismus ist üblicherweise

646 Anhang A2: *Retresco*, Vertrag für die Nutzung der Textgenerierungsplattform „rtr textengine.io", S. 2.

anzunehmen, dass es sich um zwei Unternehmer gem. § 14 BGB handelt und deswegen ein B2B-Vertrag geschlossen wird.[647] Insofern findet zwar die Regelung für Verbraucherverträge gem. § 310 Abs. 3 BGB keine Anwendung, jedoch gelten bei B2B-Verträgen gem. § 310 Abs. 1 BGB die §§ 305 ff. BGB insofern beschränkt, als § 305 Abs. 2 und 3, § 308 Nr. 1, 2 bis 8 und § 309 BGB nicht anwendbar sind.

Bei beiden Musterverträgen (und den bei Retresco dazugehörigen AGB) handelt es sich nach § 305 Abs. 1 BGB um Allgemeine Geschäftsbedingungen, da die darin enthaltenen Klauseln für eine Vielzahl von Verträgen vorformulierten Vertragsbedingungen sind, die der jeweilige Computerprogrammanbieter einem Medienunternehmen bei Abschluss des SaaS-Vertrags stellt. Die Folge ist, dass §§ 305 ff. BGB unter Berücksichtigung des § 310 Abs. 1 BGB anwendbar sind.

Im Nutzungsvertrag von Retresco ist geregelt, dass die AGB ergänzend Anwendung finden.[648] Die AGB vom Computerprogrammanwender sind laut Nutzungsvertrag jedoch nicht anwendbar.[649] Dieser Ausschluss der AGB auf der anderen Vertragsseite wird auch als „Abwehrklausel" verstanden[650], führt jedoch zu keinen Problemen, da das AGB-Recht kein Verbot des Ausschlusses fremder AGB vorsieht. Auf den ersten Blick ist problematisch, dass die Bestimmungen im Nutzungsvertrag möglicherweise ebenfalls AGB sind und den gesetzlichen Bestimmungen der §§ 305 ff. BGB unterliegen, da diese gerade nicht als „AGB" bezeichnet sind, sondern sich sprachlich und formal zu Retrescos AGB abgrenzen und offene Textstellen beinhalten, die mit individuellen Inhalten ergänzt werden müssen. Die Bezeichnung des Gebildes von Vertragsklauseln als „AGB" ist allerdings keine Voraussetzungen der §§ 305 ff. BGB. Wäre dies der Fall, würde dies zu Umgehungen der gesetzlichen Regelungen führen, da der AGB-Anwender die Anwendbarkeit der §§ 305 ff. BGB kurzerhand ausschließen könnte, indem er eine andere Bezeichnung als „AGB" wählt. Dadurch würde der Schutz der anderen Vertragspartei noch weiter eingeschränkt werden, zumal ihre Rechtsstellung ohnehin durch das einseitige Stellen von AGB durch den AGB-Anwender verschlechtert ist. Hinsichtlich der Frage zur gesonderten Form der

---

647 Vgl. *Kaulartz*, Cloud Computing und Vertragsrecht: Eine rechtliche Untersuchung unter besonderer Berücksichtigung von PaaS-Clouds, S. 222.

648 Anhang A2: *Retresco*, Vertrag für die Nutzung der Textgenerierungsplattform „rtr textengine.io", S. 1.

649 Ebs.

650 *Schulte-Nölke* in: Bürgerliches Gesetzbuch - Handkommentar, § 305, Rn. 19; *Schmidt*, NJW 2011, 3329 (3333).

AGB von Retresco ist es nach § 305 Abs. 1 S. 2 BGB unerheblich, ob „die Bestimmungen einen äußerlich gesonderten Bestandteil des Vertrags bilden oder in die Vertragsurkunde selbst aufgenommen werden". Dass Retresco also zwei verschiedene Dokumente (Nutzungsvertrag und AGB) getrennt bereitstellt und die AGB über eine Anwendungsklausel im Nutzungsvertrag[651] für anwendbar erklärt, schließt nicht aus, dass die Bestimmungen im Nutzungsvertrag ebenfalls dem AGB-Recht unterliegen können. Der Nutzungsvertrag enthält überwiegend vorformulierte und für eine Vielzahl von Verträgen bestimmte Vertragsbedingungen. Ausgenommen sind die mit eckigen Klammern gekennzeichneten offenen Textfelder, deren Inhalte individuell bestimmt werden. Somit sind die vorformulierten Bedingungen im Nutzungsvertrag ebenfalls AGB i.S.d. § 305 Abs. 1 BGB und unterliegen dem AGB-Recht.

Im Vertragsverhältnis mit AX Semantics finden die Regelungen des Softwarenutzungsvertrags[652] Anwendung. Hier ist die Bezeichnung „Softwarenutzungsvertrag – Editor Lizenz –" für die Einordnung als AGB ebenfalls unschädlich. Bei dem Softwarenutzungsvertrag sind die Bedingungen ebenfalls vorformuliert und für eine Vielzahl von Verträgen bestimmt. Im Gegensatz zu Retrescos Nutzungsvertrag finden sich im Softwarenutzungsvertrag keine mit eckigen Klammern gekennzeichneten offenen Textfelder für Individualbestimmungen, sodass der gesamte Softwarenutzungsvertrag dem AGB-Recht unterliegt. Eine Besonderheit ist die Änderungsvereinbarung in § 11 Nr. 2 S. 1 des Softwarenutzungsvertrags, wonach sich AX Semantics das Recht vorbehält, jederzeit diese ergänzenden Bestimmungen (gemeint ist der Softwarenutzungsvertrag) zu ändern.[653] Dies ist grundsätzlich nur möglich, sofern die andere Vertragspartei ein ausdrückliches Einverständnis für diese Änderung abgibt.[654]

Strittig ist der rechtliche Umgang mit dem Erklärungsgehalt eines Schweigens, wenn kein ausdrückliches Einverständnis vorliegt.[655] Hier ist der weitverbreiteten Meinung zu folgen, die im Schweigen ein konkludentes Einverständnis sieht, sofern die andere Vertragspartei nach dem Zugang der Änderungsmitteilung das Vertragsverhältnis ohne Widerspruch fortsetzt.[656] Es kommt hin

651 Anhang A2: *Retresco*, Vertrag für die Nutzung der Textgenerierungsplattform „rtr textengine.io", S. 1.

652 Anhang A1: *AX Semantics*, Softwarenutzungsvertrag, S. 5.

653 Anhang A1: *AX Semantics*, Softwarenutzungsvertrag, S. 8.

654 *Meents* in: Cloud Computing, § 4, Rn. 268.

655 *Meents* in: Cloud Computing, § 4, Rn. 268; *Basedow* in: Münchener Kommentar zum BGB, § 305, Rn. 89.

656 *Basedow* in: Münchener Kommentar zum BGB, § 305, Rn. 89 m.w.N.; *Schulte-Nölke* in: Bürgerliches Gesetzbuch - Handkommentar, § 305, Rn. 18.

und wieder vor, dass sich die Markt- und Gesetzeslage ändern. Dies kann dazu führen, dass einzelne AGB-Klauseln in einem Vertrag unwirksam oder zwecklos werden, weswegen eine Änderung der AGB rational wäre. Da jedoch viele Vertragsparteien untätig bleiben,[657] muss ein Schweigen dennoch zu einer AGB-Änderung führen, da das Festhalten an den bestehenden AGB nicht interessengerecht wäre. Die Ansicht, nach der im Schweigen kein Erklärungsgehalt gesehen werden könne,[658] ist hingegen abzulehnen.

Zwar ist nach dem Softwarenutzungsvertrag von AX Semantics für eine wirksame Kündigung keine Zustimmung des Computerprogrammanwenders erforderlich, jedoch wird gem. § 11 Nr. 2 S. 4 des Softwarenutzungsvertrags eine Fiktion der Zustimmung angenommen, wenn „innerhalb von 4 Wochen nach Zugang der Änderungsmitteilung kein Widerspruch" seitens des Computerprogrammanwender erfolgt. Dem Computerprogrammanwender werden zunächst die Änderungen angeboten, bevor die Frist zu laufen beginnt (§ 11 Nr. 2 S. 2 des Softwarenutzungsvertrags). Somit kann der Computerprogrammanwender sein vertragliches Widerspruchsrecht ausüben und hat hinreichend Zeit, bis sein Schweigen als Zustimmung fingiert wird. Insofern ist es interessengerecht, diese Änderungsvereinbarung, insbesondere unter der Prämisse der Fristeinhaltung, als wirksam zu betrachten. Allerdings könnte der Wirksamkeit dieser Änderungsklausel die Regelung des § 308 Nr. 5 BGB entgegenstehen.[659] Beim Vertragsverhältnis zwischen AX Semantics und dem Computerprogrammanwender handelt es sich üblicherweise um ein B2B-Geschäft, jedoch wirkt sich eine Unwirksamkeit von § 308 Nr. 5 BGB auf § 307 Abs. 1 und 2 BGB aus, was wiederum zur Unwirksamkeit der Änderungsklausel führen kann. Nach § 308 Nr. 5 BGB ist eine Klausel unwirksam, „wonach eine Erklärung des Vertragspartners des Verwenders bei Vornahme oder Unterlassung einer bestimmten Handlung als von ihm abgegeben oder nicht abgegeben gilt, es sei denn, dass dem Vertragspartner eine angemessene Frist zur Abgabe einer ausdrücklichen Erklärung eingeräumt ist und der Verwender sich verpflichtet, den Vertragspartner bei Fristbeginn auf die vorgesehene Bedeutung seines Verhaltens besonders hinzuweisen". Die

---

657 So auch *Basedow* in: Münchener Kommentar zum BGB, § 305, Rn. 89; vgl. *Meents* in: Cloud Computing, § 4, Rn. 268.

658 *Basedow* in: Münchener Kommentar zum BGB, § 305, Rn. 89. Bei dem „beredten Schweigen" wird ein Erklärungswert unter bestimmten Voraussetzungen angenommen: *Busche* in: Münchener Kommentar zum BGB, § 147, Rn. 7.

659 Vgl. *Basedow* in: Münchener Kommentar zum BGB, § 305, Rn. 94; vgl. *Meents* in: Cloud Computing, § 4, Rn. 268.

Änderungsvereinbarungen in dem Softwarenutzungsvertrag von AX Semantics beinhalten zwar, dass die Erklärung des Computerprogrammanwenders beim Schweigen als abgegeben gilt, jedoch ist dem Computerprogrammanwender eine angemessene Frist von 4 Wochen eingeräumt und AX Semantics weist den Computerprogrammanwender bei Fristbeginn auf die Änderung hin. Somit steht § 308 Nr. 5 BGB dieser Änderungsklausel nicht entgegen.[660]

2. *Verfügbarkeitsbeschränkungsklauseln*

In Verträgen zur Nachrichtentextgenerierung finden sich in aller Regel Verfügbarkeitsbeschränkungen. Diese regeln die Verfügbarkeit der Online-Plattform und damit die Nutzungsdauer des Computerprogramms für bestimmte Zeiträume.[661] Wenn die Nutzung des Computerprogramms für einen bestimmten Zeitraum nicht möglich ist, da die Online-Plattform nicht verfügbar ist, kann das Medienunternehmen in diesem Zeitraum keine Nachrichtentexte generieren und erleidet möglicherweise finanzielle Einbußen. Dies ist im Mediengeschäft besonders kritisch, da viele Medienhäuser wegen der Konkurrenz unter Druck stehen, die Nachrichtenberichterstattung häufig und schnell zu erbringen.[662] Damit der Computerprogrammanbieter gegenüber dem Medienunternehmen rechtlich abgesichert ist, er sich also nicht schadensersatzpflichtig macht und er keine für ihn nachteiligen Rechtsfolgen erleiden muss, werden Verfügbarkeitsbeschränkungen als Klauseln in diesen Verträgen vereinbart. Denn es liegt in der Natur eines SaaS-Vertrags oder eines anderen SÜV-Typs, dass das Computerprogramm für bestimmte Zeiträume nicht verwendet werden kann, da bei der Durchführung von Updates oder Wartungsarbeiten, die einem SaaS-Vertrag üblicherweise immanent sind, eine zumindest kurzzeitige Unterbrechung regelmäßig eintritt.[663]

---

660 In den AGB von Retresco ist hingegen eine Änderungsvereinbarung nicht zu finden. In solch einem Fall müsste ein Änderungsvertrag nach § 311 Abs. 1 BGB geschlossen werden: *Basedow* in: Münchener Kommentar zum BGB, § 305, Rn. 81.

661 *Kaulartz*, Cloud Computing und Vertragsrecht: Eine rechtliche Untersuchung unter besonderer Berücksichtigung von PaaS-Clouds, S. 200; *Braun*, Die Zulässigkeit von Service Level Agreements - am Beispiel der Verfügbarkeitsklausel, S. 9; *Schuster* in: Recht der elektronischen Medien, Zweiter Teil, § 307, Rn. 53.

662 Siehe 1. Kap. A.

663 So auch folgende Ansichten in der Literatur: *Redeker*, IT-Recht Rn. 1104; *Intveen u. a.* in: Handbuch Cloud Computing, Teil 2, Rn. 204; *Meents* in: Cloud Computing, § 4, Rn. 261; *Gennen*, Praxishandbuch Medien-, IT- und Urheberrecht, 21. Kapitel, Rn. 198.

Klauseln zur Verfügbarkeitsbeschränkung beziehen sich in der Regel auf einen Monat[664] und werden prozentual dargestellt (z.B. 99,5 Prozent), d.h. die Verfügbarkeitsquote bezieht sich auf die theoretisch mögliche, durchgängige Verfügbarkeit von 100 Prozent[665]. Es wird also das Verhältnis zwischen der „Ist-Verfügbarkeit" und der „Soll-Verfügbarkeit" abgebildet. Verfügbarkeitsbeschränkungen unterliegen dem AGB-Recht nach §§ 305 ff. BGB, da sie alle Voraussetzungen des § 305 Abs. 1 BGB erfüllen.[666]

Bei Verfügbarkeitsbeschränkungen drängt sich das Problem auf, dass diese nach §§ 307 ff. BGB unwirksam sein können. Der Anwendungsbereich der §§ 307 ff. BGB ist jedoch erst eröffnet, wenn die Verfügbarkeitsbeschränkungen i.S.d. § 307 Abs. 3 S. 1 BGB kontrollfähig sind. Hierfür ist die Rechtsnatur der Verfügbarkeitsbeschränkung maßgeblich (a)). Zur besseren Veranschaulichung werden drei in der Vertragspraxis mögliche Vertragsgestaltungen untersucht (b)).

a) Rechtsnatur und Auswirkung auf die Kontrollfähigkeit

Ob Verfügbarkeitsbeschränkungsklauseln der Kontrollfähigkeit i.S.d. § 307 Abs. 3 S. 1 BGB unterliegen, bestimmt sich nach ihrer Rechtsnatur.[667] Wenn Verfügbarkeitsbeschränkungsklauseln i.S.d. § 307 Abs. 3 S. 1 BGB kontrollfähig sind, unterliegen sie wiederum einer Inhaltskontrolle gem. §§ 307 ff. BGB.

---

664 So auch *Kaulartz*, Cloud Computing und Vertragsrecht: Eine rechtliche Untersuchung unter besonderer Berücksichtigung von PaaS-Clouds, S. 200; *Braun*, Die Zulässigkeit von Service Level Agreements - am Beispiel der Verfügbarkeitsklausel, S. 115. Siehe beispielsweise Anhang A1: *AX Semantics*, Softwarenutzungsvertrag, S. 6 und Anhang A3: *Retresco*, Allgemeine Geschäftsbedingungen der Retresco GmbH für die Textgenerierungsplattform „rtr textengine.io", S. 2.

665 So auch folgende Ansichten der Literatur: *Kaulartz*, Cloud Computing und Vertragsrecht: Eine rechtliche Untersuchung unter besonderer Berücksichtigung von PaaS-Clouds, S. 200; *Braun*, Die Zulässigkeit von Service Level Agreements - am Beispiel der Verfügbarkeitsklausel, S. 115; *Gennen*, Praxishandbuch Medien-, IT- und Urheberrecht, 21. Kapitel, Rn. 198; *Redeker*, IT-Recht Rn. 1106. Siehe beispielsweise Anhang A1: *AX Semantics*, Softwarenutzungsvertrag, S. 6 und Anhang A3: *Retresco*, Allgemeine Geschäftsbedingungen der Retresco GmbH für die Textgenerierungsplattform „rtr textengine.io", S. 2.

666 *Braun*, Die Zulässigkeit von Service Level Agreements - am Beispiel der Verfügbarkeitsklausel, S. 42; *Kaulartz*, Cloud Computing und Vertragsrecht: Eine rechtliche Untersuchung unter besonderer Berücksichtigung von PaaS-Clouds, S. 201.

667 *Kaulartz*, Cloud Computing und Vertragsrecht: Eine rechtliche Untersuchung unter besonderer Berücksichtigung von PaaS-Clouds, S. 201; *Redeker*, IT-Recht Rn. 1107; *Krcmar* in: Cloud Computing, § 4, Rn. 259.

Die Rechtsnatur von Verfügbarkeitsbeschränkungen und deren Kontrollfähigkeit wurde in der Literatur bisher unzureichend dargelegt.[668]

Verfügbarkeitsbeschränkungen können abhängig von ihrer inhaltlichen Ausgestaltung entweder eine Leistungsbeschreibung oder eine Leistungsbeschränkung sein.

Der ständigen Rechtsprechung des BGH und einem Teil der Literatur zufolge sind – der Inhaltskontrolle gem. §§ 307 ff. BGB entzogene – Leistungsbeschreibungen solche „Abreden, die Art, Umfang und Güte der geschuldeten Leistungen beschreiben", wohingegen kontrollfähige Leistungsbeschränkungen solche Abreden sind, „die das Hauptleistungsversprechen abweichend vom Gesetz oder der nach Treu und Glauben und nach der Verkehrssitte geschuldeten Leistung einschränken, ausgestalten oder modifizieren".[669] Die Einordnung als Leistungsbeschreibung oder Leistungsbeschränkung wirkt sich also auf die Kontrollfähigkeit aus.

Bei Verfügbarkeitsbeschränkungen geht eine Ansicht der Literatur davon aus, dass es sich um Leistungsbeschreibungen handelt, da diese mit einer prozentualen Beschränkung lediglich den Umfang der Leistungspflichten bestimmen.[670]

Dieser Ansicht ist nicht zuzustimmen, da es sehr wohl einen Unterschied ausmacht, ob eine Abrede lediglich die Leistung näher beschreibt und die Modalitäten festlegt, oder ob eine Abrede die Leistung in Abweichung der rechtlichen Vorgaben beschränkt oder anders festlegt.

In den SaaS-Verträgen zur automatisierten Nachrichtentextgenerierung ist folglich zu untersuchen, ob durch die Verfügbarkeitsbeschränkungsklauseln entweder die gesetzlich vorausgesetzte Verfügbarkeit eingeschränkt, ausgestaltet oder modifiziert wird, oder die Leistung der Verfügbarkeit lediglich in ihrem Umfang beschrieben wird.

---

668 So auch *Braun*, Die Zulässigkeit von Service Level Agreements - am Beispiel der Verfügbarkeitsklausel, S. 68; *Kaulartz*, Cloud Computing und Vertragsrecht: Eine rechtliche Untersuchung unter besonderer Berücksichtigung von PaaS-Clouds, S. 215.

669 BGH, NJW 2008, 360, 362, Rn. 18 m.w.N. Zustimmend: *Gennen*, Praxishandbuch Medien-, IT- und Urheberrecht, 21. Kapitel, Rn. 199; *Peter*, CR 2005, 404 (410 f.); *Ernst*, Vertragsgestaltung im Internet Rn. 161 ff.; a.A. *Meents* in: Cloud Computing, § 4, Rn. 260.

670 *Westerholt/Berger*, CR 2002, 81 (87); *Redeker*, IT-Recht Rn. 1108; *Meents* in: Cloud Computing, § 4, Rn. 261; *Schuster* in: Recht der elektronischen Medien, Zweiter Teil, § 307, Rn. 54; *Marly*, Praxishandbuch Softwarerecht Rn. 1108; *Bräutigam* in: IT-Outsourcing und Cloud-Computing, Teil 13, Rn. 544; *Peter*, CR 2005, 404 (410 f.).

Für die Einordnung als Leistungseinschränkung müsste eine durchgängige Verfügbarkeit der Nutzung des Computerprogramms von 100 Prozent gesetzlich geschuldet sein, weil in diesem Falle mit einer vertraglich geregelten Verfügbarkeitsbeschränkung von dieser durchgängigen Verfügbarkeit abgewichen würde und diese damit einschränkend wäre. Aus § 535 Abs. 1 S. 1 BGB ergibt sich nicht, dass die Nutzung der Mietsache zeitlich beschränkt ist,[671] denn der Computerprogrammanwender ist als Vermieter „verpflichtet, dem Mieter [hier: dem Computerprogrammanwender,] den Gebrauch der Mietsache [hier: des Computerprogramms,] während der Mietzeit zu gewähren", sodass die Vergütungspflicht entfällt, wenn das Computerprogramm teilweise nicht zur Verfügung steht.[672] Somit ist der Computerprogrammanbieter nach den gesetzlichen Vorschriften verpflichtet, dem Computerprogrammanwender das Computerprogramm grundsätzlich durchgängig zur Verfügung zu stellen.[673]

Die in SaaS-Verträgen zur automatisierten Nachrichtentextgenerierung verwendeten Verfügbarkeitsbeschränkungen sind somit als kontrollfähige, d.h. der Inhaltskontrolle nach §§ 307 ff. BGB unterliegende Leistungsbeschränkungen einzuordnen.

Die Kontrollfähigkeit wird zum besseren Verständnis im Folgenden begründet.

Im Rahmen der Inhaltskontrolle gelten gem. § 307 Abs. 3 S. 1 BGB die Normen § 307 Abs. 1, 2 und §§ 308, 309 BGB „nur für Bestimmungen in Allgemeinen Geschäftsbedingungen, durch die von Rechtsvorschriften abweichende

---

671 So auch *Pohle/Ammann*, K&R 2009, 625 (627); *Meents* in: Cloud Computing, § 4, Rn. 132; *Intveen u. a.* in: Handbuch Cloud Computing, Teil 2, Rn. 219; *Kaulartz*, Cloud Computing und Vertragsrecht: Eine rechtliche Untersuchung unter besonderer Berücksichtigung von PaaS-Clouds, S. 215. A.A. *Stögmüller*, CR 2001, 183 (184 f.).

672 *Pohle/Ammann*, K&R 2009, 625 (627); *Meents* in: Cloud Computing, § 4, Rn. 132; *Intveen u. a.* in: Handbuch Cloud Computing, Teil 2, Rn. 219; *Kaulartz*, Cloud Computing und Vertragsrecht: Eine rechtliche Untersuchung unter besonderer Berücksichtigung von PaaS-Clouds, S. 203; *Härting*, CR 2001, 37 (38); *Bräutigam* in: IT-Outsourcing und Cloud-Computing, Teil 13, Rn. 545.

673 *Meents* und *Stögmüller* sind hingegen der Auffassung, dass eine durchgängige Verfügbarkeit von 100 Prozent nicht geschuldet ist, sondern der Computerprogrammanbieter lediglich eine Leistung mittlerer Art und Güte gem. § 243 Abs. 1 BGB erbringen müsse, wobei sie offen lassen, was unter der „Leistung mittlerer Art und Güte" bei der Verfügbarkeitsbeschränkung zu verstehen ist: *Meents* in: Cloud Computing, § 4, Rn. 261; *Stögmüller*, CR 2001, 183 (184). A.A. *Servais*, Der Softwarepflegevertrag, S. 71.

oder diese ergänzende Regelungen vereinbart werden". Eine Inhaltskontrolle gem. §§ 307 ff. BGB scheidet jedoch schon dann aus, wenn eine vertragliche Regelung nur deklaratorisch eine gesetzliche Rechtsvorschrift wiedergibt.[674] Bei Verfügbarkeitsbeschränkungen in Softwarenutzungsverträgen sind die gesetzlichen Regelungen solche des Mietrechts gem. §§ 535 ff. BGB.[675] Da im Mietrecht jedoch keine Regelung existiert, die eine Verfügbarkeitsquote der Mietsache regelt, ist eine Verfügbarkeitsklausel zumindest nicht deklaratorisch.[676] Wie bereits dargestellt, weicht die gesetzlich geschuldete durchgängige Verfügbarkeit von dem Regelungsgehalt von Verfügbarkeitsbeschränkungen ab. Somit unterliegen Verfügbarkeitsbeschränkungen in SaaS-Verträgen zur Nutzung von Computerprogrammen für die Nachrichtentextgenerierung einer Inhaltskontrolle gem. §§ 307 ff. BGB.[677]

Zwar ist einer Ansicht der Literatur zufolge der Anwendungsbereich der Inhaltskontrolle i.S.d. § 307 Abs. 3 S. 1 BGB für Verfügbarkeitsbeschränkungen erst dann eröffnet, wenn die versprochene Leistung in den AGB im Verhältnis zum Markt und Wettbewerb steht.[678] Daraus folgt, dass eine Verfügbarkeitsbeschränkung, die „marktüblich" ist und keine Ungewöhnlichkeit im Markt und Wettbewerb darstellt, gem. § 307 Abs. 3 S. 1 BGB kontrollfrei sein würde. Diese Ansicht übersieht allerdings, dass die Anwendbarkeit der Inhaltskontrolle gem. § 307 Abs. 3 S. 1 BGB lediglich von der Abweichung oder Ergänzung von Rechtsvorschriften abhängt und somit die Kontrollfähigkeit von Leistungsbeschreibungen nicht mit dem Markt und Wettbewerb zusammenhängt. Einer anderen Ansicht zufolge ist bei B2B-Verträgen ein Unternehmen als Vertragspartner des AGB-Anwenders aufgrund seiner Professionalität nicht schutzwürdig und deshalb bestehe keine Notwendigkeit, Verfügbarkeitsbeschränkungen bei B2B-Verträgen einer Inhaltskontrolle

---

674 BGH, NJW-RR 2015, 114, 115, Rn. 12 m.w.N; *Stadler* in: Jauernig Bürgerliches Gesetzbuch, § 307, Rn. 14; *Wurmnest* in: Münchener Kommentar zum BGB, § 307, Rn. 6; vgl. *Braun*, Die Zulässigkeit von Service Level Agreements - am Beispiel der Verfügbarkeitsklausel, S. 67.

675 Siehe 3. Kap. A. I. 4. d) cc).

676 So auch *Kaulartz*, Cloud Computing und Vertragsrecht: Eine rechtliche Untersuchung unter besonderer Berücksichtigung von PaaS-Clouds, S. 201 f.

677 A.A. *Westerholt/Berger*, CR 2002, 81 (87); *Marly*, Praxishandbuch Softwarerecht Rn. 1108; *Peter*, CR 2005, 404 (410 f.).

678 *Braun*, Die Zulässigkeit von Service Level Agreements - am Beispiel der Verfügbarkeitsklausel, S. 94.

i.S.d. § 307 Abs. 3 S. 1 BGB zu unterziehen.[679] Dass Unternehmen im Vergleich zu Verbrauchern im deutschen Recht weniger schutzwürdig sind, ist aufgrund des existierenden Verbraucherschutzes zu bejahen. Hierbei ist dieser Ansicht zuzustimmen. Jedoch ist auch bei diesem Argument auf die Regelung des § 307 Abs. 3 S. 1 BGB zu verweisen, welche keine Unterschiede zwischen B2C-Verträgen und B2B-Verträgen macht. Vielmehr ist eine Unterscheidung in § 310 BGB zu sehen, was sich auf die Kontrollfähigkeit nach § 307 Abs. 3 S. 1 BGB allerdings nicht auswirkt, sondern nur auf die Anwendbarkeit von § 305 Abs. 2 und 3, § 308 Nr. 1, 2 bis 8 und § 309 BGB.

b) Musterverträge

Die jeweiligen AGB in Gestalt der Musterverträge von AX Semantics und Retresco beinhalten verschiedene Verfügbarkeitsklauseln. Der Unterschied zwischen beiden AGB ist, dass AX Semantics in seinem Softwarenutzungsvertrag Rechtsfolgen zu den Verfügbarkeitsregelungen festgelegt hat (aa)), wohingegen in Retrescos AGB lediglich Verfügbarkeitsregelungen ohne Rechtsfolgen enthalten sind (bb)). Es kann überdies vorkommen, dass in einem SaaS-Vertrag mit den dazugehörigen AGB weder Verfügbarkeitsregelungen noch die dazugehörigen Rechtsfolgen vertraglich geregelt sind (cc)). Die folgende Darstellung veranschaulicht die verschiedenen Varianten der Vertragsgestaltung zu Verfügbarkeitsregelungen und deren Auswirkungen.

---

679 *Braun*, Die Zulässigkeit von Service Level Agreements - am Beispiel der Verfügbarkeitsklausel, S. 113.

Vertragsgestaltung / Verfügbarkeitsbeschränkung	Variante 1 (AX Semantics)	Variante 2 (Retresco)	Variante 3
Vertragliche Regelung	ja	ja	nein
Kontrollfreiheit i.S.d. § 307 Abs. 3 S. 1 BGB	nein	nein	weder noch
Unwirksamkeit gem. §§ 307 ff. BGB	nein	nein	nein, mangels vertraglicher Regelung
Vertraglich geregelte Rechtsfolge	ja	nein	nein, mangels vertraglicher Regelung
Inhalt der Rechtsfolge	Reduzierung der Nutzungsgebühr gem. § 2 Abs. 3 S. 1 der AGB	Pflichtverletzung des § 535 Abs. 1 BGB ab einer Verfügbarkeit von weniger als 99,5 Prozent und Mietminderung gem. § 536 Abs. 1 BGB ab einer Verfügbarkeit von weniger als 98 Prozent	Pflichtverletzung des § 535 Abs. 1 BGB ab weniger als 100 Prozent Verfügbarkeit und Mietminderung gem. § 536 Abs. 1 BGB ab einer Verfügbarkeit von weniger als 98 Prozent

Abbildung 3: Darstellung möglicher vertraglich geregelter Verfügbarkeitsregelungen mit Rechtsfolgen.

aa) Variante 1: AX Semantics AGB

In AX Semantics AGB finden sich Regelungen zur Verfügbarkeitsbeschränkung der Online-Plattform.[680] In § 6 Nr. 1 S. 1 des Softwarenutzungsvertrags ist geregelt, dass die Online-Plattform „nach mit einer Vorlaufzeit von mindestens 3 Tagen erfolgter Ankündigung von AX Semantics bis zu einmal pro Quartal für länger andauernde (über 15 Minuten) und bis zu dreimal pro Quartal für kürzere (bis zu 15 Minuten) Wartungsarbeiten, Softwareinstallationen, Durchführung von Backups etc." nicht verfügbar ist. Zudem sichert AX Semantics in § 6 Nr. 2 S. 1 des Softwarenutzungsvertrags zu, dass es „wirtschaftlich angemessene Anstrengungen unternehmen" wird, um monatlich eine Verfügbarkeit der Online-Plattform von 99,5 Prozent zu gewährleisten. Als Definition der Verfügbarkeit heißt es in den AGB, dass die Online-Plattform dann nicht verfügbar ist, wenn entweder die Arbeitsergebnisse zur Textgenerierung oder zum Abruf der Texte einen Zeitraum von 5 Minuten übersteigen oder solche Arbeitsergebnisse „nicht innerhalb time-to-text gem. § 1 Abs. (3) des Softwarenutzungsvertrages generiert und abgerufen werden" können. Unter „time-to-text" versteht AX Semantics die Zeit zwischen dem Abruf der Texte und der Textgenerierung, die laut Vertragsbestimmung höchstens 12 Stunden betragen darf.[681]

Folglich definiert AX Semantics in seinen AGB, dass es zu Verfügbarkeitsbeschränkungen während der Vertragslaufzeit kommen kann, wobei die Systemverfügbarkeit aufgrund länger andauernder Wartungsarbeiten etc. nicht limitiert ist (§ 6 Nr. 1 S. 2 des Softwarenutzungsvertrags). Somit wäre es theoretisch möglich, dass die Online-Plattform für mehrere Stunden nicht verfügbar ist, ohne dass damit die vereinbarte Verfügbarkeitsquote von 99,5 Prozent (§ 6 Nr. 2 S. 1 des Softwarenutzungsvertrags) reduziert wird. Darüber hinaus verpflichtet sich AX Semantics nicht, dass die Verfügbarkeit mindestens 99,5 Prozent beträgt, da es – wie oben schon erwähnt – lediglich „wirtschaftlich angemessene Anstrengungen unternehmen" müsse, um diese Verfügbarkeitsquote zu erreichen. Dennoch ist diese Formulierung unter praxisnahen Erwägungen dahingehend auszulegen, dass AX Semantics eine Verfügbarkeit von 99,5 Prozent schuldet.

Aufgrund der vertraglichen Regelung einer Verfügbarkeitsbeschränkung ist diese i.S.d. § 307 Abs. 3 S. 1 BGB nicht kontrollfrei, sondern unterliegt einer Inhaltskontrolle gem. §§ 307 ff. BGB ((1)). Die vertraglich geregelte Rechtsfolge

---

680 Anhang A1: *AX Semantics*, Softwarenutzungsvertrag, S. 6.

681 Anhang A1: *AX Semantics*, Softwarenutzungsvertrag, S. 5.

eines Verfügbarkeitsausfalls misst sich ebenfalls an der Inhaltskontrolle gem. §§ 307 ff. BGB ((2)).

(1) AGB-Prüfung nach §§ 307 ff. BGB

Vor dem Hintergrund des unwirksamen Haftungsausschlusses bzw. der unwirksamen Haftungsbegrenzung gem. § 309 Nr. 7b BGB kann für das Medienunternehmen ein Schaden entstehen, wenn die Online-Plattform nicht verfügbar ist. Ist dies gem. § 6 Nr. 1 S. 1 des Softwarenutzungsvertrags „einmal pro Quartal für länger andauernde (über 15 Minuten) und bis zu dreimal pro Quartal für kürzere (bis zu 15 Minuten) Wartungsarbeiten, Softwareinstallationen, Durchführung von Backups etc." der Fall, ist in diesen Zeiträumen eine Pflichtverletzung und damit auch eine Haftung ausgeschlossen. Diese Regelung ist deshalb sinnvoll, da ein Computerprogrammanbieter zu einem bestimmten Zeitpunkt für eine kurze Zeit Wartungsarbeiten durchführen muss, um beispielsweise Sicherheitsupdates vorzunehmen. Damit sich der Computerprogrammanbieter gegenüber dem Anwender in diesem kurzen Zeitraum nicht schadensersatzpflichtig macht, ist ein vertraglich geregelter Haftungsausschluss naheliegend. Jedoch regelt AX Semantics in § 8 des Softwarenutzungsvertrags, dass – neben der unbeschränkten Haftung bei Vorsatz und aus Garantie (Nr. 1 a.) –, eine Haftung bei grober Fahrlässigkeit „in Höhe des typischen und bei Vertragsschluss vorhersehbaren Schadens" besteht (Nr. 1 b.). Aufgrund dieser Haftungsklausel ist die Verfügbarkeitsbeschränkung nicht unwirksam gem. § 309 Nr. 7b BGB.[682]

Fraglich ist allerdings, ob die Regelung in § 6 Nr. 1 S. 2[683] des Softwarenutzungsvertrags nach § 307 Abs. 1 S. 1 i.V.m. Abs. 2 Nr. 1 BGB unwirksam ist, da hierdurch möglicherweise die Regelung der „Mietminderung bei Sach- und Rechtsmängeln" gem. § 536 Abs. 1 S. 1 BGB abbedungen wird.[684] Denn gem. § 536 Abs. 1 S. 1 BGB ist der Mieter während des Zeitraums, in der die Tauglichkeit der Mietsache aufgrund eines Mangels aufgehoben ist, von der Entrichtung der Miete befreit. Der mietvertragliche Sachmangel ist nach ständiger

682 Vgl. *Braun*, Die Zulässigkeit von Service Level Agreements - am Beispiel der Verfügbarkeitsklausel, S. 117; vgl. *Meents* in: Cloud Computing, § 4, Rn. 262; vgl. *Roth-Neuschild* in: Handbuch IT- und Datenschutzrecht, § 13, Rn. 209.

683 Nach dieser vertraglichen Regelung haben die genannten Arbeiten, die zu einer temporären Nichtverfügbarkeit der „Softwarenutzung" führen, keinen Einfluss auf die Verfügbarkeitsbeschränkung.

684 Zur gleichen Problematik auch: *Kaulartz*, Cloud Computing und Vertragsrecht: Eine rechtliche Untersuchung unter besonderer Berücksichtigung von PaaS-Clouds, S. 229.

Rechtsprechung des BGH und einer Ansicht der Literatur die für den Mieter nachteilige Differenz zwischen der tatsächlichen und der vereinbarten Beschaffenheit, die sich in der Beeinträchtigung der Gebrauchstauglichkeit der Mietsache zeigt[685] (subjektiver Mangelbegriff). Der Sachmangel kann in der Nichtverfügbarkeit der Online-Plattform gesehen werden. Denn wenn die Nutzung der Online-Plattform zumindest kurzzeitig nicht verfügbar ist, ist für diesen kurzen Zeitraum die Tauglichkeit aufgehoben, sodass für diese Zeit eine Mietbefreiung (§ 536 Abs. 1 S. 1 BGB) einschlägig wäre.[686] Die Regelung des § 6 Nr. 1 S. 2 des Softwarenutzungsvertrags ist somit nach § 307 Abs. 3 S. 1 BGB kontrollfähig, da sie von der gesetzlichen Norm des § 536 Abs. 1 S. 1 BGB abweicht. Durch die Verfügbarkeitsquote wird die Mietbefreiung für den Zeitraum der Nichtverfügbarkeit des Computerprogramms abbedungen. Eine zulässige Abweichung i.S.d. § 307 Abs. 1 S. 1 i.V.m. Abs. 2 Nr. 1 BGB könnte sich aus dem Umkehrschluss von § 536 Abs. 4 BGB ergeben. Nach dieser Norm ist „eine zum Nachteil des Mieters abweichende Vereinbarung unwirksam", sofern es sich um ein Mietverhältnis über Wohnraum handelt. Das heißt, dass bei allen anderen Mietverhältnissen eine für den Mieter nachteilige Vereinbarung zur Mietminderung zumindest im Sinne des § 536 Abs. 4 BGB wirksam ist. In Literatur und Rechtsprechung wird bei solchen Abweichungen wie folgt differenziert: Einerseits können Mietminderungen nach § 536 Abs. 1 BGB gänzlich ausgeschlossen werden, andererseits kann vertraglich geregelt werden, inwieweit die Nutzungsvergütung bei Verfügbarkeitsausfällen reduziert wird. Einer weitverbreiteten Meinung zufolge wird ein vollständiger formularmäßiger Ausschluss des Mietminderungsrechts gem. § 307 Abs. 2 Nr. 1 BGB abgelehnt, da das Äquivalenzprinzip zwischen Leistung und Gegenleistung verletzt sei.[687] Die vertragliche Regelung zur Reduzierung der Nutzungsvergütung bei Verfügbarkeitsausfällen wird hingegen im

---

685 BGH, NJW 2011, 514, 515, Rn. 12; BGH, NJW 2005, 218, 218 f.; BGH, NJW 2000, 1714, 1715; *Häublein* in: Münchener Kommentar zum BGB, § 536, Rn. 3; *Marly*, Praxishandbuch Softwarerecht Rn. 1457; *Roth-Neuschild* in: Handbuch IT- und Datenschutzrecht, § 13, Rn. 147.

686 So ähnlich *Kaulartz*, Cloud Computing und Vertragsrecht: Eine rechtliche Untersuchung unter besonderer Berücksichtigung von PaaS-Clouds, S. 227.

687 BGHZ 176, 191, 196; vgl. BGH, NJW 2008, 2254, 2255, Rn. 20; *Kaulartz*, Cloud Computing und Vertragsrecht: Eine rechtliche Untersuchung unter besonderer Berücksichtigung von PaaS-Clouds, S. 229; *Häublein* in: Münchener Kommentar zum BGB, § 536, Rn. 52; vgl. *Eisenschmid* in: Mietrecht Großkommentar des Wohn- und Gewerberaummietrechts, § 536, Rn. 462.

Rahmen der Inhaltskontrolle als zulässig erachtet.[688] Bei Verfügbarkeitsklauseln in SaaS-Verträgen ist regelmäßig die zweite Variante zu finden, dass also die Nutzungsvergütung außerhalb von Verfügbarkeitsausfällen reduziert wird. Eine Unwirksamkeit nach § 307 Abs. 1 S. 1 i.V.m. Abs. 2 Nr. 1 i.V.m. § 536 Abs. 1 S. 1 BGB ist somit abzulehnen.

Die Verfügbarkeitsbeschränkung in den AGB von AX Semantics hält auch im Übrigen einer Inhaltskontrolle stand.

Auch ein Verstoß gegen das Transparenzgebot (§ 307 Abs. 3 S. 2 i.V.m. Abs. 1 S. 2 i.V.m. Abs. 1 S. 1 BGB) ist abzulehnen, da die Formulierung „monatlichen Abrechnungszeitraums eine Systemverfügbarkeit von mindestens 99,5 %" klar und verständlich ist. Folglich ist die Verfügbarkeitsklausel auch nach § 307 Abs. 3 S. 2 i.V.m. Abs. 1 S. 2 i.V.m. Abs. 1 S. 1 BGB nicht unwirksam.

(2) Rechtsfolge

Sollte die Verfügbarkeit der Online-Plattform die vereinbarte Verfügbarkeitsquote von 99,5 Prozent in einem Zeitabschnitt nicht erreichen, ist eine Pflichtverletzung seitens AX Semantics anzunehmen. Die Rechtsfolge dieser Pflichtverletzung ist in § 6 Nr. 3 S. 1 des Softwarenutzungsvertrags von AX Semantics geregelt: Im Fall einer eintretenden beschränkten Systemverfügbarkeit, die unter der vereinbarten Grenze von 99,5 Prozent liegt, reduziert sich die monatliche Nutzungsgebühr um 1 Prozent je angefangenen Prozentpunkt der Verfügbarkeitsquote für den Computerprogrammanwender.

Diese Rechtsfolgenklausel ist nach § 307 Abs. 3 S. 1 i.V.m. § 307 Abs. 1 S. 1 i.V.m. Abs. 2 Nr. 1 BGB dann unwirksam,[689] wenn sie „mit wesentlichen Grundgedanken der gesetzlichen Regelung, von der abgewichen wird, nicht zu vereinbaren ist". Jedoch muss für eine Inhaltskontrolle zunächst die Rechtsfolgenklausel nach § 307 Abs. 3 S. 1 BGB kontrollfähig sein. Dies ist der Fall, wenn die Rechtsfolgenklausel von gesetzlichen Vorschriften abweicht oder diese ergänzt.[690] Die Rechtsfolgenklausel könnte jedoch mit normativen Regelungen übereinstimmen und somit rein deklaratorisch sein, sodass sie kontrollfrei

---

688 *Kaulartz*, Cloud Computing und Vertragsrecht: Eine rechtliche Untersuchung unter besonderer Berücksichtigung von PaaS-Clouds, S. 229.

689 Nicht in Betracht kommt ein Verstoß gegen das Transparenzgebot nach § 307 Abs. 3 S. 2 i.V.m. Abs. 1 S. 2 i.V.m. Abs. 1 S. 1 BGB. Das Vorliegen einer überraschenden Klausel gem. § 305c Abs. 1 BGB ist mangels Unklarheit, Unverständlichkeit und Ungewöhnlichkeit der Rechtsfolgenklausel abzulehnen.

690 Siehe auch 3. Kap. A. II. 2. a).

wäre.[691] Als gesetzliche Vorschrift kommt hier § 536 Abs. 1 BGB in Betracht, in der die Mietminderung bei Sach- und Rechtsmängeln geregelt ist.[692] Danach führen Sach- oder Rechtsmängel entweder zur Mietbefreiung gem. § 536 Abs. 1 S. 1 BGB, zur Mietminderung gem. § 536 Abs. 1 S. 2 BGB oder gem. § 536 Abs. 1 S. 3 BGB weder zur Mietbefreiung noch zur Mietminderung. Das Differenzierungskriterium ist der Grad der Einschränkung der Tauglichkeit der Mietsache, also der Verfügbarkeit des Computerprogramms. Für eine Mietbefreiung (§ 536 Abs. 1 S.1 BGB) während des Zeitraums des Vorliegens des Mietmangels muss die Tauglichkeit der Mietsache aufgehoben sein, wohingegen für eine Mietminderung (§ 536 Abs. 1 S. 2 BGB) während des Zeitraums des Vorliegens des Mietmangels die Tauglichkeit gemindert sein muss. Lediglich eine unerhebliche Minderung der Tauglichkeit der Mietsache führt weder zur Mietbefreiung noch zur Mietminderung (§ 536 Abs. 1 S. 3 BGB). Wie bereits festgestellt, ist bei einer kurzzeitigen Nichtverfügbarkeit der Online-Plattform die Tauglichkeit aufgehoben, sodass für diese Zeit eine Mietbefreiung (§ 536 Abs. 1 S. 1 BGB) einschlägig wäre. Da nach § 6 Nr. 3 S. 1 des Softwarenutzungsvertrags von AX Semantics im Verhältnis zur Verfügbarkeit unterhalb von 99,5 Prozent die Nutzungsgebühr gesenkt wird, wird § 536 Abs. 1 BGB weder ergänzt noch wird von dieser abgewichen. Folglich ist die Klausel zur Reduzierung der Nutzungsgebühr als Rechtsfolge der Verfügbarkeitsbeschränkung nicht kontrollfähig. Sie ist nach AGB-Recht wirksam.

bb) Variante 2: Retrescos AGB

In Retrescos AGB sind Verfügbarkeitsbeschränkungen in § 3 Abs. 2 und 3 geregelt.[693] Danach gewährleistet Retresco, dass die Online-Plattform rtr textengine.io zu 99,5 Prozent pro Kalendermonat verfügbar ist (Abs. 2) und sog. „geplante Nichtverfügbarkeiten", wie beispielsweise Wartungsarbeiten, die Verfügbarkeit dann nicht reduzieren, wenn Retresco dies mindestens 48 Stunden vorher ankündigt (Abs. 3).[694] Weitere Verfügbarkeitsklauseln finden sich nicht in dem

691 Ebd.

692 Das Mietrecht wird deswegen herangezogen, da sowohl beim „reinen" als auch „gemischten" SaaS-Vertrag die mietrechtlichen Regelungen für die Zurverfügungstellung des Computerprogramms relevant sind, siehe 3. Kap. A. I. 4. d) cc).

693 Anhang A3: *Retresco*, Allgemeine Geschäftsbedingungen der Retresco GmbH für die Textgenerierungsplattform „rtr textengine.io", S. 2.

694 Ebd.

Nutzungsvertrag oder den dazugehörigen AGB von Retresco. Die vertraglich festgelegte Verfügbarkeitsquote entspricht der von AX Semantics.

Aufgrund dieser Regelung ist die Verfügbarkeitsbeschränkung i.S.d. § 307 Abs. 3 S. 1 BGB nicht kontrollfrei, sondern unterliegt einer Inhaltskontrolle gem. §§ 307 ff. BGB ((1)).[695] Mangels vertraglich geregelter Rechtsfolge richtet sich diese nach dem Gesetz ((2)). Problematisch ist, dass der Gesetzgeber in § 536 Abs. 1 BGB keine „unerhebliche Aufhebung“ der Tauglichkeit der Mietsache geregelt hat, die jedoch beim automatisierten Journalismus relevant ist, wenn die Online-Plattform für einen kurzen Zeitraum nicht verfügbar ist ((3)). Es stellt sich hierbei die Frage, ob überhaupt eine Ausnahmeregelung notwendig ist ((4)). Hieran anknüpfend gilt es zu untersuchen, wie eine „unerhebliche Aufhebung“ der Tauglichkeit der Mietsache rechtlich hergeleitet werden kann ((5)) und wie hierbei das Kriterium der „Unerheblichkeit“ zu definieren und subsumieren ist ((6)).

(1) AGB-Prüfung nach §§ 307 ff. BGB

Hinsichtlich der Prüfung der Unwirksamkeit im Rahmen der Inhaltskontrolle gem. §§ 307 ff. BGB ergeben sich keine wesentlichen Unterschiede zu den Ausführungen zu der Inhaltskontrolle der Verfügbarkeitsbeschränkung in AX Semantics AGB. Die Verfügbarkeitsbeschränkung in den AGB von Retresco hält also einer Inhaltskontrolle stand.

(2) Rechtsfolge

Im Gegensatz zu AX Semantics AGB fehlt es bei Retrescos AGB an einer Regelung, welche die Rechtsfolgen für Verfügbarkeitsausfälle festlegt. Somit greifen die gesetzlichen Regelungen. Bei Verfügbarkeitsklauseln in SaaS-Verträgen zur Generierung von Nachrichtentexten, wie dem vorliegenden Nutzungsvertrag von Retresco, finden auch hier mietrechtliche Vorschriften Anwendung.[696] Die Rechtsfolge ergibt sich aus § 536 Abs. 1 BGB. Die „Mietminderung bei Sach- und Rechtsmängeln“ gem. § 536 BGB stellt keinen Anspruch, sondern eine rechtsvernichtende Einwendung dar, durch die der Mieter den Anspruch auf Miete mindern kann.[697] Dementsprechend kann der Computerprogrammanwender dem Computerprogrammanbieter die Einwendung nach § 536 BGB

---

695 Zu Begründung hierzu siehe 3. Kap. A. II. 2. b) aa).

696 Siehe 3. Kap. A. II. 2. b) aa) (2).

697 *Häublein* in: Münchener Kommentar zum BGB, § 536, Rn. 32.

entgegenhalten, wodurch der Mietzahlungsanspruch des Computerprogrammanbieters gemindert wird.

(3) Gesetzeslücke

Problematisch ist, dass der Gesetzgeber keine „unerhebliche Aufhebung" der Tauglichkeit geregelt hat.[698] Zwar sind die „Aufhebung" der Tauglichkeit in § 536 Abs. 1 S. 1 BGB und die „unerhebliche" Minderung in § 536 Abs. 1 S. 3 BGB geregelt. Jedoch findet sich keine gesetzliche Regelung zur Kombination dieser Merkmale. Der Grund liegt einer Ansicht zufolge darin, dass eine vollständige Aufhebung der Tauglichkeit an sich nicht unerheblich sein kann.[699] Eine Regelung zur unerheblichen Aufhebung der Tauglichkeit wäre deshalb interessengerecht, da bei SaaS-Verträgen ein Verfügbarkeitsausfall von beispielsweise 5 Minuten meistens zu keiner erheblichen Einschränkung führt und dennoch § 536 Abs. 1 S. 1 BGB mit der Rechtsfolge der Mietbefreiung Anwendung finden würde. Die Folge wäre eine Mietbefreiung in diesem Zeitraum.

Die Auswirkungen einer Mietbefreiung für das kurze Zeitfenster des Verfügbarkeitsausfalls fallen zwar nicht ins Gewicht, sodass die Mietminderung nach § 536 Abs. 1 S. 1 BGB in der Praxis keine große Rolle spielt. Denn wenn beispielsweise die Nutzungsgebühr pro Kalendermonat 300 Euro kosten würde, dann würde die Mietbefreiung für einen Verfügbarkeitsausfall von 5 Minuten nicht einmal einen Cent betragen.[700] Unter Heranziehung des § 536 Abs. 1 S. 1 BGB würde die Miete (weniger als ein Cent) für diesen Zeitraum der aufgehobenen Tauglichkeit (5 Minuten) entfallen. Dass dieser Verfügbarkeitsausfall unerheblich ist, wird also wohl kaum zu bestreiten sein. Aus praktischer und finanzieller Sicht führt dies zu keiner bemerkbaren Vermögenseinbuße.

Nichtsdestotrotz ist für manche Computerprogrammanwender der Zeitpunkt des (wenn auch kurzzeitigen) Verfügbarkeitsausfalls entscheidend. Zu denken wäre beispielsweise an ein Medienunternehmen, das unmittelbar nach einem Ereignis einen computergenerierten Nachrichtentext veröffentlicht. Der Zeitraum zwischen einerseits der Eingabe der erhobenen Daten in das Computerprogramm und andererseits der frühzeitigen Veröffentlichung muss aufgrund

---

698 So auch *Kaulartz*, Cloud Computing und Vertragsrecht: Eine rechtliche Untersuchung unter besonderer Berücksichtigung von PaaS-Clouds, S. 228.

699 *Kaulartz*, Cloud Computing und Vertragsrecht: Eine rechtliche Untersuchung unter besonderer Berücksichtigung von PaaS-Clouds, S. 228.

700 Für die Rechnung wurde von einem 30-tägigen Monat und von einem Verfügbarkeitsmaximum von 24 Stunden pro Tag ausgegangen.

des Konkurrenzdrucks so gering wie möglich sein. Ein eintretender Verfügbarkeitsausfall von nur 5 Minuten kann in solch einer Situation gravierende Auswirkungen für das Medienunternehmen haben. Für solche Situationen macht es daher praktisch keinen wesentlichen Unterschied, ob dieser kurzzeitige Verfügbarkeitsausfall zu einer Mietbefreiung, Mietminderung oder keinem der beiden führt. In diesem Fall sind vielmehr Schadensersatzansprüche, z.B. nach § 536a Abs. 1 BGB, in Betracht zu ziehen.

(4) Notwendigkeit einer Ausnahmeregelung

Insofern stellt sich zunächst die Frage, ob überhaupt eine Ausnahmeregelung notwendig ist. Das Kriterium der „Unerheblichkeit" aus § 536 Abs. 1 S. 3 BGB bedarf zunächst einer Definition. Nach Rechtsprechung des BGH und einem Teil der Literatur ist die Minderung der Tauglichkeit unerheblich, wenn die Minderung leicht erkennbar und zügig mit geringen Mitteln beseitigt werden kann und eine Geltendmachung der Minderung gegen § 242 BGB verstoßen würde.[701] Diese Definition ist jedoch nur bedingt auf die Nutzung von Online-Plattformen und auf das Computerprogramm anwendbar, da eine Abstufung der Erheblichkeit der Natur der Computerprogrammnutzung eher fremd ist. Denn bei Verfügbarkeitsausfällen gibt es nur zwei Optionen: entweder ist das Computerprogramm bzw. die Online-Plattform verfügbar oder nicht.[702] Ein Verfügbarkeitsausfall kann also weder leicht noch schwer erkennbar sein. Eine Abstufung des Leistungsaufwands („mit geringen Mitteln") ist für die Wiederherstellung der Verfügbarkeit ebenfalls realitätsfern. Die Unerheblichkeit von Verfügbarkeitsausfällen bei SaaS-Anwendungen kann sich denklogisch nur auf den Zeitraum der Nichtverfügbarkeit beziehen.[703] Hieraus resultiert, dass keine Prüfung der „qualitativen" Unerheblichkeit, sondern eine Prüfung der „temporalen" Unerheblichkeit vorgenommen werden muss. Dies widerspricht auch nicht dem Normzweck des § 536 Abs. 1 S. 3 BGB, da dieser Paragraph auf dem Gedanken beruht, dass nur geringfügige Beeinträchtigungen toleriert werden müssen und nicht zum Streitgegenstand werden sollen.[704] Dieser Gedanke trifft

---

701 BGH, NJW-RR 2004, 1450, 1451.

702 Zu denken wäre noch an Beschränkungen der Website-Geschwindigkeit oder Ladegeschwindigkeit der Online-Plattform oder des Computerprogramms. Allerdings dürfte hierbei § 536 Abs. 1 S. 2 BGB Anwendung finden.

703 So auch *Kaulartz*, Cloud Computing und Vertragsrecht: Eine rechtliche Untersuchung unter besonderer Berücksichtigung von PaaS-Clouds, S. 228.

704 *Häublein* in: Münchener Kommentar zum BGB, § 536, Rn. 26.

auf Verfügbarkeitsausfälle bei SaaS-Anwendungen insofern zu, als eine Nichtverfügbarkeit von beispielsweise fünf Minuten üblicherweise geringfügig ist und zu keinerlei Streitigkeiten führen soll. Es besteht also das Bedürfnis einer Regelung zu einer unerheblichen Nichtverfügbarkeit bei der SaaS-Nutzung.

(5) Rechtliche Herleitung

Jedoch bleibt zu klären, wie die „unerhebliche Aufhebung" mit der Rechtsfolge der Mietbefreiung gesetzlich hergeleitet werden kann. Zwar wäre denkbar, die Regelung des § 536 Abs. 1 S. 3 BGB in der Weise auszulegen, dass sich die „unerhebliche Minderung der Tauglichkeit" auch auf einen kurzfristigen und finanziell sowie praktisch „unerheblichen Verfügbarkeitsausfall" bezieht. Jedoch wird damit übersehen, dass bei einem Verfügbarkeitsausfall gerade keine „Minderung der Tauglichkeit", sondern eine „Aufhebung der Tauglichkeit" vorliegt. Somit scheidet eine direkte Anwendung des § 536 Abs. 1 S. 1 und S. 3 BGB mangels erfüllter Normvoraussetzungen aus.

Zu denken wäre an eine analoge Anwendung des § 536 Abs. 1 S. 3 BGB. Die hierfür erforderliche vergleichbare Interessenlage erfordert, dass der Gesetzgeber „bei einer Interessenabwägung, bei der er sich von den gleichen Grundsätzen hätte leiten lassen wie bei dem Erlass der herangezogenen Gesetzesvorschrift, zu dem gleichen Abwägungsergebnis gekommen" wäre.[705] Zur Zeit der Einführung des § 537 Abs. 1 S. 2 BGB a.F.[706], nach dem eine unerhebliche Minderung der Tauglichkeit nicht in Betracht kommt, im Jahr 1962[707], ist der Gesetzgeber augenscheinlich noch nicht von der Anwendbarkeit der mietrechtlichen Vorschriften auf Verträge über die Zurverfügungstellung von Computerprogrammen im Internet ausgegangen, zumal der ASP-Vertrag erst in den 70ern auftrat.[708] Somit entstand die Problematik einer „unerheblichen Aufhebung der Tauglichkeit" der Computerprogrammnutzung im Internet erst nach der Einführung dieser Norm. Zwar hat der Gesetzgeber bis heute keine hierauf bezogene Änderung vorgenommen, dennoch ist davon auszugehen, dass er bei der Einführung dieser Norm die „unerhebliche Aufhebung" der Tauglichkeit berücksichtigt hätte, wenn die Zurverfügungstellung von Computerprogrammen im Internet schon im Jahr 1962 der technische Stand gewesen wäre.

705 Zu den Voraussetzungen einer Analogie: Statt aller BGHZ 170, 187, 191 m.w.N.

706 Diese Regelung entspricht dem derzeit geltenden § 536 Abs. 1 S. 3 BGB.

707 Gesetzentwurf der Bundesregierung, Entwurf eines Gesetzes zur Änderung mietrechtlicher Vorschriften v. 05.12.1962, BT-Drucks. IV/806, S. 2.

708 3. Kap. A. I. 4. a) aa).

Unabhängig von der gesetzgeberischen Berücksichtigung dieser technischen Neuheit ist es bei SaaS-Verträgen interessengerecht, bei kurzzeitigen Ausfällen der Verfügbarkeit (etwa für wenige Minuten im Monat) von einer Unerheblichkeit auszugehen, ohne eine Mietminderung anzunehmen.[709] Eine vergleichbare Interessenlage liegt somit vor.

Es ist also interessengerecht, den § 536 Abs. 1 S. 3 BGB bei einem kurzzeitigen Verfügbarkeitsausfall der Online-Plattform bzw. des Computerprogramms analog anzuwenden und damit diese Norm auch auf die „unerhebliche Aufhebung der Tauglichkeit der Mietsache" anzuwenden.

Die Rechtsfolge dieser analogen Anwendung ist, dass im Falle einer „unerheblichen Aufhebung" der Tauglichkeit der Computerprogrammnutzung aus „temporalen" (und nicht „qualitativen") Gesichtspunkten keine Mietminderung bzw. -aufhebung eintritt. Sofern jedoch eine „erhebliche Aufhebung" der Computerprogrammnutzung vorliegt, ist die Miete zu kürzen.

(6) Subsumtion der „Unerheblichkeit"

Wenn im Rahmen der Verfügbarkeit des Computerprogrammes bei SaaS-Verträgen der analogen Anwendung des § 536 Abs. 1 S. 3 BGB gefolgt wird, stellt sich die Frage, ab welchem Punkt eine „unerhebliche Aufhebung der Tauglichkeit" des Computerprogrammes anzunehmen ist. Die Schwelle der Unerheblichkeit ist gesetzlich nicht festgelegt. Eine Ansicht der Literatur nimmt eine „unerhebliche Aufhebung" der Tauglichkeit ab einer Verfügbarkeit der Online-Plattform von 99,8 Prozent an.[710] Im Vertragsverhältnis mit Retresco würde dies bedeuten, dass ein Verfügbarkeitsausfall bis 0,2 Prozent unerheblich ist und gem. § 536 Abs. 1 S. 3 BGB analog zu keiner Mietbefreiung führt. Dennoch ist die angenommene Schwelle der Unerheblichkeit von ca. 99,8 Prozent aus folgendem Grund zu hoch: Da die meisten SaaS-Verträge eine Verfügbarkeitsquote von weniger als 99,8 Prozent beinhalten, würde regelmäßig eine „vertragsgemäße" Verfügbarkeit, die jedoch unter 99,8 Prozent liegt, zu einer „erheblichen Aufhebung" der Tauglichkeit der Computerprogrammnutzung führen, was wiederum nicht den Parteiinteressen entsprechen würde. Somit sollte im Falle einer vertraglich nicht geregelten Rechtsfolge eines Verfügbarkeitsausfalls eine „unerhebliche Aufhebung" von bis zu zwei Prozent angenommen werden.

---

709 Zur Begründung siehe 3. Kap. A. II. 2. b) bb) (3).

710 *Kaulartz*, Cloud Computing und Vertragsrecht: Eine rechtliche Untersuchung unter besonderer Berücksichtigung von PaaS-Clouds, S. 228 f.

cc) Variante 3: Weder vertraglich geregelte Verfügbarkeitsregelungen noch Rechtsfolgen

Wenn Verfügbarkeitsbeschränkungen vertraglich nicht geregelt sind, entfällt diesbezüglich eine AGB-Prüfung mangels zu untersuchender Bestimmungen. Es ist somit eine durchgängige Verfügbarkeit geschuldet.[711] Ein Verfügbarkeitsausfall führt somit zu einer Verletzung der Pflicht des Anbieters aus § 535 Abs. 1 BGB, das Computerprogramm dem Anwender durchgängig zur Verfügung zu stellen. Dennoch führt erst eine Verfügbarkeitsdauer von weniger als 98 Prozent zu einer Mietminderung gem. § 536 Abs. 1 S. 1 BGB.[712]

3. Vergütungsklauseln

Zu den essentiellen Bestandteilen eines SaaS-Vertrags zählen Vergütungsklauseln,[713] die sich je nach vertraglicher Gestaltung voneinander unterscheiden können (a)). Der Regelungsgehalt dieser Klauseln erschöpft sich nicht nur darin, wie hoch die Vergütung ist, sondern auch darin, wann die Entrichtung der Vergütung fällig ist und wie häufig diese Vergütungsentrichtung zu erfolgen hat (b)). Im Falle eines Zahlungsverzugs treten bestimmte Rechtsfolgen ein (c)). Vergütungsklauseln können auch unwirksam sein, sodass andere Rechtsfolgen entstehen (d)). Eine Besonderheit ist, dass sich in manchen SaaS-Verträgen Preisanpassungsklauseln finden (e)).[714]

a) Allgemeines

Die Höhe der Vergütung fällt stets unterschiedlich aus und ist meistens in gesonderten Preislisten oder anderen Dokumenten außerhalb des Vertrags geregelt.[715] Jedoch kann die vertraglich festgelegte Vergütungshöhe von der geschuldeten Vergütungshöhe abweichen. Denn ein Verfügbarkeitsausfall kann ab einer bestimmten Zeitdauer dazu führen, dass die Vergütung gemindert wird,[716] sodass hierdurch der Schuldner der Vergütung weniger entrichten muss, als vertraglich vereinbart.

---

711 Siehe 3. Kap. A. II. 2. a).

712 Siehe 3. Kap. A. II. 2. b) bb) (6).

713 Vgl. *Straßer* in: Münchener Anwaltshandbuch Gewerblicher Rechtsschutz, Teil G, § 48, Rn. 93.

714 In den folgenden Unterabschnitten werden die Musterverträge AX Semantics und Retresco mit den dazugehörigen AGB herangezogen und untersucht. Bei diesen ergeben sich Besonderheiten hinsichtlich der Vergütungsklauseln.

715 Siehe beispielsweise Anhang A1: *AX Semantics*, Softwarenutzungsvertrag, S. 5.

716 Siehe 3. Kap. A. II. 2. b) aa) (2).

Für welche Leistungen die Vergütung gezahlt wird, ist ebenfalls unterschiedlich.[717] Eine Variante ist, dass eine pauschale Vergütung gezahlt wird, die für sämtliche Leistungen des Computerprogrammanbieters anfällt.[718] Dieses Modell wird auch „Flat Fee" genannt.[719] Eine andere Variante besteht darin, dass sich die Vergütung an verschiedenen Parametern orientiert, wie beispielsweise der Anzahl der Zugriffe, der Nutzungsdauer oder der Anzahl der nutzenden Computerprogrammanwender.[720] Dieses Modell wird als „pay per use" bezeichnet.[721] Eine Mischform aus pauschaler Vergütung und variabler Vergütung ist auch denkbar.[722]

b) Fälligkeit

In den meisten SaaS-Verträgen wird eine feste Vergütung vereinbart, die monatlich fällig ist.[723] Es handelt sich also um eine pauschale Vergütung („Flat Fee")[724], die jeden Monat zu entrichten ist. Grundsätzlich gibt es zwei Zeitpunkte, an denen die Vergütung monatlich fällig werden kann: am Anfang oder am Ende des Monats. Es herrscht Streit darüber, nach welcher Norm sich die Fälligkeit der Vergütung richtet.[725] Dieser Streit ist deswegen von Relevanz, da hiervon abhängt, wann die Vergütung fällig wird und ob überhaupt von dem Fälligkeitszeitpunkt durch AGB-Regelungen abgewichen werden darf. Da im automatisierten Journalismus die Fälligkeit der Vergütung keine Besonderheit ist und den Kern der automatisierten Nachrichtentexterstellung nicht betrifft, aber dennoch in den SaaS-Verträgen zur automatisierten Nachrichtentexterstellung relevant sein kann, wird auf diesen Streit (aa)) und auf die Musterverträge (bb)) nur in gebotener Kürze eingegangen.

aa) Meinungsstreit und Stellungnahme

Zunächst ist der Meinungsstreit hinsichtlich der gesetzlichen Vorleistungspflicht darzustellen ((1)). Im Anschluss wird der Fokus auf vertragliche Regelungen zur

---

717 So auch *Bierekoven*, ITRB 2010, 42 (43).

718 *Gennen*, Praxishandbuch Medien-, IT- und Urheberrecht, 21. Kapitel, Rn. 206; *Intveen u. a.* in: Handbuch Cloud Computing, Teil 2, Rn. 256.

719 *Intveen u. a.* in: Handbuch Cloud Computing, Teil 2, Rn. 256.

720 *Gennen*, Praxishandbuch Medien-, IT- und Urheberrecht, 21. Kapitel, Rn. 206.

721 *Intveen u. a.* in: Handbuch Cloud Computing, Teil 2, Rn. 257.

722 *Gennen*, Praxishandbuch Medien-, IT- und Urheberrecht, 21. Kapitel, Rn. 208.

723 So auch *Schneider*, Handbuch EDV-Recht, Teil U, Rn. 185; *Intveen u. a.* in: Handbuch Cloud Computing, Teil 2, Rn. 242.

724 Siehe 3. Kap. A. II. 3. a).

725 *Frieling*, ZfPW 2018, 467 (481).

Vorleistungspflicht gesetzt ((2)). Schließlich ist zu thematisieren, ob in AGB-Regelungen das jeweilige Zurückbehaltungsrecht gem. § 320 Abs. 1 S. 1 BGB vertraglich ausgeschlossen werden kann ((3)).

(1) Gesetzliche Vorleistungspflicht

Unabhängig von vertraglichen Regelungen nimmt ein Teil der Literatur an, dass der Computerprogrammanbieter vorleistungspflichtig ist, da sich dies aus dem Gedanken des § 579 Abs. 1 BGB ergebe.[726] Die Folge der Regelung ist, dass dem Computerprogrammanbieter bis zur Mietzahlung am Ende des Monats kein Zurückbehaltungsrecht gem. § 320 Abs. 1 S. 1 BGB hinsichtlich der Zurverfügungstellung des Computerprogramms zusteht. Auf den Vergütungszeitpunkt bezogen heißt dies, dass das Medienunternehmen bei einem SaaS-Vertrag zur Nachrichtentextgenerierung jeweils am Ende eines Zeitabschnittes (z.B. am Ende jedes Monats) zahlungspflichtig ist, weil bis zu diesem Zeitpunkt der Computerprogrammanbieter verpflichtet ist, das Computerprogramm für die Nachrichtentextgenerierung zur Verfügung zu stellen. Wenn man dieser Ansicht folgt, wäre das Medienunternehmen also nicht vorleistungspflichtig. Hiermit entsteht für ein Medienunternehmen im automatisierten Journalismus ein finanzieller Vorteil, da es die computergenerierten Nachrichtentexte publizieren, wirtschaftlich nutzen und finanzielle Gewinne generieren kann, es aber erst im Nachhinein die Vergütung entrichten muss.

Ein anderer Teil der Literatur lehnt die Vorleistungspflicht des Computerprogrammanbieters ab und sieht unter anderem § 271 BGB für anwendbar.[727] Nach § 271 Abs. 1 BGB „kann der Gläubiger die Leistung sofort verlangen", wenn „eine Zeit für die Leistung weder bestimmt noch aus den Umständen zu entnehmen" ist. Hiernach wäre das Medienunternehmen nach § 271 Abs. 1 BGB mit der Entrichtung der Vergütung vorleistungspflichtig und der Computerprogrammanbieter würde die Verfügbarkeit der Online-Plattform ohnehin zu Beginn der jeweiligen Zeitabschnitte gewährleisten.

Der ersten Ansicht ist zu folgen (Vorleistungspflicht des Computerprogrammanbieters). Zwar gilt für den Fälligkeitszeitpunkt grundsätzlich die Norm § 271 Abs. 1 BGB. Wenn jedoch das Mietrecht hinsichtlich der Bereitstellung des

---

726 *Meents* in: Cloud Computing, § 4, Rn. 183; *Roth-Neuschild* in: Handbuch IT- und Datenschutzrecht, § 13, Rn. 83. Nach § 579 Abs. 1 BGB ist die Miete „am Ende der Mietzeit zu entrichten" (S. 1), und wenn die Miete nach Zeitabschnitten bemessen ist, „so ist sie nach Ablauf der einzelnen Zeitabschnitte zu entrichten" (S. 2).

727 *Intveen u. a.* in: Handbuch Cloud Computing, Teil 2, Rn. 242.

Computerprogramms anwendbar ist, wie es bei der Nutzung des Computerprogramms in gemischten SaaS-Verträgen der Fall ist,[728] richtet sich die Regelung der Vorleistung nach § 579 Abs. 1 BGB. Hiernach ist die Mietzahlung, d.h. die Vergütung in SaaS-Verträgen, am Ende der jeweiligen Zeitabschnitte zu entrichten. Denn die zweite Ansicht, die eine gesetzliche Vorleistungspflicht des Computerprogrammanbieters ablehnt, verkennt, dass die mietrechtliche Regelung des § 579 Abs. 1 BGB bei (gemischten) SaaS-Verträgen vorrangig vor dem § 271 Abs. 1 BGB Anwendung findet, da die Bereitstellung eines Computerprogramms bzw. einer Online-Plattform, wie bereits erwähnt,[729] dem Mietrecht untersteht. Somit ist in SaaS-Verträgen der Computerprogrammanbieter gesetzlich gem. § 579 Abs. 1 BGB vorleistungspflichtig.

(2) Vertragliche Regelung zur Vorleistungspflicht

Im Fall von vertraglichen Regelungen zur Vorleistungspflicht sieht es die erstgenannte Ansicht als zulässig an, jene vertragliche Vereinbarung zu ändern, beispielsweise durch die Festlegung einer monatlichen Vorauszahlung.[730] Insofern ist davon auszugehen, dass § 579 Abs. 1 BGB abdingbar ist, wie auch die weit verbreitete Meinung annimmt.[731]

Die zweitgenannte Ansicht, die eine gesetzliche Vorleistungspflicht des Computerprogrammanbieters ablehnt und damit beiden Akteuren (Computerprogrammanbieter und Medienunternehmen) das Recht zuspricht, die Leistung des anderen sofort zu verlangen, empfiehlt sogar eine vertragliche Regelung für den Fälligkeitszeitpunkt, damit marktangemessene Zahlungsfristen erreicht werden.[732] Wenn der zweiten Ansicht gefolgt wird, muss bei einer vertraglichen Regelung der Fälligkeit der Vergütung konsequenterweise die Regelung des § 271 Abs. 2 BGB berücksichtigt werden. Hiernach darf im Zweifel der Gläubiger die Leistung im Falle eines für die Leistung bestimmten Zeitpunktes, nicht vor diesem bestimmten Zeitpunkt verlangen. Übertragen auf SaaS-Anwendungen heißt dies, dass im Zweifel der Computerprogrammanbieter die Zahlung der

728 Siehe 3. Kap. A. I. 4. d) cc).

729 Ebd.

730 *Meents* in: Cloud Computing, § 4, Rn. 183.

731 Statt aller Gesetzentwurf der Bundesregierung, Entwurf eines Gesetzes zur Neugliederung, Vereinfachung und Reform des Mietrechts (Mietrechtsreformgesetz) v. 09.11.2000, BT-Drucks. 14/4553, S. 74.

732 *Intveen u. a.* in: Handbuch Cloud Computing, Teil 2, Rn. 242.

Vergütung nicht für den Anfang des Monats verlangen darf, wenn im SaaS-Vertrag die Fälligkeit für das Monatsende bestimmt ist.

Beide Ansichten stehen also einer wirksamen vertraglichen Regelung zum Fälligkeitszeitpunkt nicht entgegen.

Allerdings wird die vertragliche Regelung einer jährlichen Vorleistungspflicht als Problem gesehen, da dem Computerprogrammanwender[733] bei Nicht- oder Schlechtleistung auf der Seite des Computerprogrammanbieters in besonders starkem Maße die Möglichkeit entzogen würde, sein Zurückbehaltungsrecht geltend zu machen.[734] In diesem Fall ist an eine Situation zu denken, bei der der Computerprogrammanwender seine jährliche Vorauszahlung tätigt und während des Jahres das Computerprogramm bzw. die Online-Plattform für einen längeren Zeitraum nicht verfügbar ist. Das Problem liegt darin, dass dem Computerprogrammanwender mit solch einer Regelung das Druckmittel der Einbehaltung der zu zahlenden Vergütung genommen wird, um den Computerprogrammanbieter zur vertragsgemäßen Leistung zu bewegen.[735]

Die Begründung, dass dadurch dem Computerprogrammanwender das ihm gesetzlich zustehende Zurückbehaltungsrecht entzogen werden würde, ist jedoch nicht schlüssig. Das Zurückbehaltungsrecht wird schon bei einer monatlichen Vorleistungspflicht entzogen, da der Computerprogrammanwender am jeweiligen Monatsbeginn die Vergütung entrichtet und in dieser Zeit seine Leistung bereits bewirkt hat, bevor der Computerprogrammanbieter leistet. Allerdings kann argumentiert werden, dass der Computerprogrammanwender vor der Entrichtung der Vergütung am Anfang des Monats seine Leistung gem. § 320 Abs. 1 S. 1 BGB verweigern darf, wenn der Computerprogrammanbieter im Monat zuvor gar nicht oder schlecht geleistet hat. Ob sich das Zurückbehaltungsrecht also auch auf Leistungen aus vorherigen Zeitabschnitten auswirken kann, ergibt sich nicht aus dem Gesetz. Dies ist zu verneinen, wenn lediglich innerhalb eines Zeitabschnittes bei Dauerschuldverhältnisses die Leistung und Gegenleistung im Gegenseitigkeitsverhältnis stehen, weil nur in solch einem Fall die Norm § 320 Abs. 1 S. 1 BGB Anwendung findet. Auch nach Ansicht der Rechtsprechung und einem Teil der Literatur erlischt das Zurückbehaltungsrecht nach jedem Zeitabschnitt und es bezieht sich somit nur auf die Leistungen

733 Beim automatisierten Journalismus ist hierunter das Medienunternehmen zu verstehen.

734 *Meents* in: Cloud Computing, § 4, Rn. 183; *Redeker*, IT-Recht Rn. 703.

735 Ebd.

innerhalb eines Zeitabschnitts.[736] Als Argument wird angeführt, dass die Pflicht des Vermieters aus § 535 Abs. 1 S. 2 BGB mit Ende jedes Zeitabschnitts unmöglich wird, wodurch das Leistungsverweigerungsrecht nach jedem Abschnitt erlischt.[737]

(3) Vertraglicher Ausschluss des Zurückbehaltungsrechts

Im Zusammenhang mit der vertraglichen Regelung zum Fälligkeitszeitpunkt wird ebenfalls thematisiert, ob in AGB-Regelungen das jeweilige Zurückbehaltungsrecht gem. § 320 Abs. 1 S. 1 BGB[738] des Computerprogrammanwenders oder des Computerprogrammanbieters vertraglich wirksam ausgeschlossen werden kann. Die Diskussion bezieht sich jedoch auf das Zurückbehaltungsrecht des Computerprogrammanwenders und damit beim automatisierten Journalismus des Medienunternehmens, weil in diesem Fall der Ausschluss problematisch ist. Es wird vertreten, dass ein solcher Ausschluss zu einer Unwirksamkeit nach dem Rechtsgedanken des § 309 Nr. 2b BGB führe.[739]

Bei B2B-Verträgen wäre die Rechtsfolge, dass sich die Unwirksamkeit gem. § 309 Nr. 2b BGB auf § 307 Abs. 1 und 2 BGB auswirkt (§ 310 Abs. 1 S. 2 BGB) und somit die Klausel gem. § 307 Abs. 1 BGB unwirksam wäre. Jedoch lässt sich mit einer Ansicht der Literatur argumentieren, dass eine Unwirksamkeit gem. § 309 Nr. 2b BGB im unternehmerischen Verkehr keine Indizwirkung entfaltet.[740] Die Rechtsfolge wäre dieser Ansicht nach, dass in einem B2B-Vertrag der Ausschluss des Zurückbehaltungsrechts des Computerprogrammanwenders nicht nach § 307 Abs. 1 BGB unwirksam ist, da sich die Indizwirkung des § 309 Nr. 2b BGB nicht auf die Generalklausel des § 307 Abs. 1 BGB auswirkt.

---

736 OLG Frankfurt a.M., NZM 2000, 168, 188; *Häublein* in: Münchener Kommentar zum BGB, Vorbemerkung (Vor § 536), Rn. 18.

737 Ebd. A.A. *Frieling*, ZfPW 2018, 467 (486).

738 Grundsätzlich steht sowohl dem Computerprogrammanwender als auch dem Computerprogrammanbieter jeweils ein Zurückbehaltungsrecht zu, das sich sowohl aus § 320 Abs. 1 S. 1 BGB als auch § 273 Abs. 1 BGB ergibt, wobei bei Ansprüchen aus gegenseitigen Verträgen das speziellere Zurückbehaltungsrecht aus § 320 Abs. 1 S. 1 BGB gilt.

739 *Meents* in: Cloud Computing, § 4, Rn. 184; *Intveen u. a.* in: Handbuch Cloud Computing, Teil 2, Rn. 254.

740 Vgl. *Meents* in: Cloud Computing, § 4, Rn. 184; vgl. *Stadler* in: Jauernig Bürgerliches Gesetzbuch, § 309, Rn. 3; vgl. *Schulte-Nölke* in: Bürgerliches Gesetzbuch - Handkommentar, § 305, Rn. 15.

Überdies würde sich die Frage der Indizwirkung in B2B-Konstellationen nur stellen, wenn keine Vorleistungspflicht des Computerprogrammanwenders vereinbart wurde, da in solch einem Fall der Computerprogrammanwender kein Zurückbehaltungsrecht wegen seiner verpflichtenden Vorleistung der Entrichtung der Vergütung hätte. Einer Ansicht der Literatur nach kann eine vertraglich vereinbarte Vorleistungspflicht für den Computerprogrammanwender den Schutz des § 309 Nr. 2b BGB unterlaufen, da ihm faktisch das Zurückbehaltungsrecht genommen wird.[741]

Als Fazit und Stellungnahme zum vertraglichen Ausschluss des Zurückbehaltungsrechts lässt sich Folgendes festhalten.

Wenn vertraglich vereinbart wird, dass der Computerprogrammanwender – entgegen § 579 Abs. 1 BGB – vorleistungspflichtig ist, dann kann der Computerprogrammanbieter nach § 320 Abs. 1 S. 1 BGB sein Zurückbehaltungsrecht geltend machen, wenn der Computerprogrammanwender nicht zahlt bzw. in Verzug gerät. Die Folge wäre, dass der Computerprogrammanbieter dem Computerprogrammanwender „bis zur Bewirkung der Gegenleistung" (§ 320 Abs. 1 S. 1 BGB), also der Entrichtung der Vergütung, den Zugang zur Nutzung des Computerprogramms verweigern dürfte. Dies würde allerdings zu großen wirtschaftlichen Problemen des Computerprogrammanwenders führen, wenn dieser auf die Nutzung des Computerprogramms – insbesondere wirtschaftlich – angewiesen ist.[742] Insofern ist es nachvollziehbar, das Zurückbehaltungsrecht des Computerprogrammanbieters vertraglich auszuschließen. Dieser Ausschluss führt weder zur Unwirksamkeit nach AGB-Recht noch nach anderen Normen. Etwas missverständlich wird die Unwirksamkeit eines Ausschlusses von Zurückbehaltungsrechten von einer Ansicht der Literatur formuliert, da sie allgemein einen Ausschluss bzw. eine Einschränkung des Zurückbehaltungsrechts in den AGB für beide Vertragsparteien für unwirksam gem. § 309 Nr. 2b BGB hält.[743] Dies widerspricht dem Wortlaut des § 309 Nr. 2b BGB, wonach „ein dem Vertragspartner des Verwenders zustehendes Zurückbehaltungsrecht" nicht „ausgeschlossen oder eingeschränkt" werden darf. Somit besagt § 309 Nr. 2b BGB im Umkehrschluss, dass das Zurückbehaltungsrecht des AGB-Verwenders (nicht des Vertragspartners des AGB-Verwenders) sehr wohl ausgeschlossen werden darf.

741 Vgl. *Schulte-Nölke* in: Bürgerliches Gesetzbuch - Handkommentar, § 305, Rn. 13.

742 *Meents* in: Cloud Computing, § 4, Rn. 184; *Intveen u. a.* in: Handbuch Cloud Computing, Teil 2, Rn. 253.

743 *Intveen u. a.* in: Handbuch Cloud Computing, Teil 2, Rn. 254.

Wie bereits erwähnt, ist der Ausschluss des Zurückbehaltungsrechts des Computerprogrammanwenders in SaaS-Verträgen problematisch. Einerseits führt ein solcher Ausschluss zur Unwirksamkeit nach der Generalklausel des § 307 Abs. 1 BGB, sofern man überhaupt eine Indizwirkung des § 309 Nr. 2b BGB annimmt. Die Rechtsfolge wäre nach § 306 Abs. 2 BGB, dass sich der Vertragsinhalt stattdessen nach den gesetzlichen Vorschriften richtet. Die gesetzliche Vorschrift ist das Zurückbehaltungsrecht gem. § 320 Abs. 1 S. 1 BGB. Dem Medienunternehmen würde also ein Zurückbehaltungsrecht zustehen. Jedoch wird in SaaS-Verträge zur Nachrichtentextgenerierung ein Ausschluss des Zurückbehaltungsrechts gem. § 320 Abs. 1 S. 1 BGB auf der Seite des Medienunternehmens, das typischerweise genauso wie der Computerprogrammanbieter Unternehmer gem. § 14 BGB ist, richtigerweise mangels Indizwirkung des § 309 Nr. 2b BGB nicht zu einer Unwirksamkeit gem. § 307 Abs. 1 BGB führen. Diesem Punkt ist aufgrund folgender Argumente zuzustimmen: Erstens ist ein Unternehmer weniger schützenwert als ein Verbraucher.[744] Zweitens darf das Zurückbehaltungsrecht gem. § 320 Abs. 1 S. 1 BGB des Computerprogrammanbieters ebenfalls wirksam ausgeschlossen werden. Drittens besteht kein Bedarf, den Computerprogrammanwender gegenüber dem Computerprogrammanbieter zu privilegieren, da beide Unternehmer sind und das Zurückbehaltungsrecht des Computerprogrammanbieters ebenfalls, wie bereits gesagt, wirksam ausgeschlossen werden darf. Somit ist auch ein Ausschluss des Zurückbehaltungsrechts des Computerprogrammanwenders im Rahmen der Inhaltskontrolle gem. §§ 307 ff. BGB wirksam.

Selbst wenn das Zurückbehaltungsrecht gem. § 320 Abs. 1 S. 1 BGB des Computerprogrammanwenders vertraglich nicht ausgeschlossen wird, würde dieses dem Computerprogrammanwender nicht weiterhelfen, da die Nichtverfügbarkeit des Computerprogramms bzw. der Online-Plattform als Hauptleistungspflicht des Computerprogrammanbieters nicht nachholbar und somit unmöglich gem. § 275 Abs. 1 BGB ist.[745] Die Rechtsfolge der Unmöglichkeit für den Computerprogrammanwender ist die des § 326 Abs. 1 S. 1 BGB, wonach der Computerprogrammanwender ipso iure nicht zur Gegenleistung (Entrichtung der Vergütung) verpflichtet ist.

---

744 So auch *Schulte-Nölke* in: Bürgerliches Gesetzbuch - Handkommentar, § 305, Rn. 15.

745 Wenn hingegen der Computerprogrammanwender die geschuldete Vergütung nicht entrichtet, tritt keine Unmöglichkeit gem. § 275 Abs. 1 BGB ein, da der Computerprogrammanwender nach wie vor die geschuldete Vergütung für den jeweiligen Zeitraum entrichten kann.

Sofern also eine Vorleistungspflicht des Computerprogrammanwenders besteht und dieser seine Vergütung am Anfang des Monats entrichtet, steht ihm für den darauffolgenden Monat die Einwendung des § 326 Abs. 1 S. 1 BGB zu, sodass er die Vergütung nicht entrichten muss. Um diese missliche Situation für den Computerprogrammanbieter zu vermeiden, finden sich in den meisten SaaS-Verträgen verständlicherweise Klauseln zur Verfügbarkeitsbeschränkung.[746]

bb) Musterverträge

In AX Semantics Softwarenutzungsvertrag findet sich in § 4 Nr. 1 die Regelung, dass die Nutzungsgebühr „für den jeweiligen Monat im Voraus fällig" ist.[747] Somit hat AX Semantics vertraglich geregelt, dass der Computerprogrammanwender vorleistungspflichtig ist. Zwar ist solch eine Regelung für den Computerprogrammanwender nachteiliger, jedoch steht diesem nach wie vor ein Zurückbehaltungsrecht gem. § 320 Abs. 1 S. 1 BGB zu.[748] Der Ausschluss eines Zurückbehaltungsrechts für mindestens eine Vertragspartei findet sich nicht im Softwarenutzungsvertrag. Folglich steht AX Semantics ein Zurückbehaltungsrecht gem. § 320 Abs. 1 S. 1 BGB im Falle des Zahlungsverzugs des Computerprogrammanwenders zu und dem Computerprogrammanwender steht für den jeweiligen darauffolgenden Monat die Einwendung des § 326 Abs. 1 S. 1 BGB zu, sodass er die Vergütung nicht entrichten muss, wenn die Online-Plattform AX Semantics NLG Cloud zeitweise außerhalb der geschuldeten Verfügbarkeit nicht zur Verfügung steht.

In Retrescos AGB ist in § 7 Abs. 4 geregelt, dass die Zahlungen „mit Zugang der Rechnung fällig" sind und die Zahlungsfrist 20 Tage nach Zugang beträgt.[749] Eine Vorleistungspflicht ergibt sich hieraus also nicht. Gem. § 7 Abs. 5 S. 1 ist Retresco zur „Sperrung des Zugangs zur rtr textengine.io berechtigt", wenn der Computerprogrammanwender um mehr als vier Wochen in Zahlungsverzug gerät und eine Mahnung von Retresco vorausging. Hierin ist zu erkennen, dass ein vertragliches Zurückbehaltungsrecht gem. § 320 Abs. 1 S. 1 BGB für Retresco bestehen soll, wenn Zahlungsverzug eintritt. Ob es einer solchen vertraglichen Regelung bedarf, mag strittig sein, dürfte aber aufgrund der gesetzlichen Regelung des § 320 Abs. 1 S. 1 BGB obsolet sein. Jedoch wird das

---

746 Siehe 3. Kap. A. II. 2.

747 Anhang A1: *AX Semantics*, Softwarenutzungsvertrag, S. 6.

748 Siehe 3. Kap. A. II. 3. b) aa) (2).

749 Anhang A3: *Retresco*, Allgemeine Geschäftsbedingungen der Retresco GmbH für die Textgenerierungsplattform „rtr textengine.io", S. 3.

Zurückbehaltungsrecht etwas modifiziert, da Retresco vorgibt, ab welchem Zeitraum der Zahlungsverzug eintritt, und dass eine Mahnung vorausgehen muss.

c) Rechtsfolge bei Zahlungsverzug

Bei nicht rechtzeitiger Zahlung des Medienunternehmens an den Computerprogrammanbieter können mehrere Rechtsfolgen eintreten: Zunächst könnte dem Computerprogrammanbieter ein außerordentliches Kündigungsrecht gem. § 543 Abs. 2 S. 1 Nr. 3 BGB zustehen.[750] Weiterhin könnte dem Computerprogrammanbieter einerseits ein Schadensersatzanspruch wegen Verzögerung der Leistung gem. §§ 286, 280 Abs. 2 BGB und andererseits ein Anspruch auf Verzugszins gem. § 288 BGB zustehen.[751]

d) Rechtsfolge bei einer unwirksamen Klausel

Wenn die Vergütungsklausel gem. §§ 307 ff. BGB unwirksam ist, tritt die Rechtsfolge des § 306 Abs. 2 BGB ein, wonach sich der Inhalt der Vergütungsklausel nach den gesetzlichen Vorschriften richtet.

Nach einer Ansicht der Literatur schuldet in solch einem Fall der Computerprogrammanwender „eine im Wirtschaftsverkehr übliche Vergütung", die sich nach ähnlichen Leistungen, die am Markt angeboten werden, richtet.[752] Hierfür seien die im Dienst- und Werkvertrag befindlichen Vergütungsregelungen (§ 612 Abs. 2 BGB bzw. § 632 Abs. 2 BGB) heranzuziehen, die nach der Rechtsprechung entsprechend für das Mietrecht gelten.[753] So wendet der BGH in solchen Fällen für die zu entrichtende Miete die Vergütungsregelungen nach § 612 Abs. 2 BGB und § 632 Abs. 2 BGB analog an.[754]

Mangels einschlägiger Regelungen im Mietrecht ist es nachvollziehbar, diese Vergütungsregeln des Werk- bzw. Dienstvertragsrechts analog heranzuziehen.

---

750 *Marly*, Praxishandbuch Softwarerecht Rn. 1367; *Meents* in: Cloud Computing, § 4, Rn. 185; *Roth-Neuschild* in: Handbuch IT- und Datenschutzrecht, § 13, Rn. 96.

751 *Meents* in: Cloud Computing, § 4, Rn. 185; *Roth-Neuschild* in: Handbuch IT- und Datenschutzrecht, § 13, Rn. 99.

752 *Paul* in: Rechtsfragen des Cloud Computing, Kapitel 8, Rn. 124; *Meents* in: Cloud Computing, § 4, Rn. 239.

753 *Paul* in: Rechtsfragen des Cloud Computing, Kapitel 8, Rn. 124.

754 BGH, NJW 2003, 1317, 1318.

e) Preisanpassungsklauseln

In Softwarenutzungsverträgen[755] zwischen dem Computerprogrammanbieter und dem Medienunternehmen können sich Preisanpassungsklauseln finden, die sowohl nach dem PrKlG[756] als auch nach dem AGB-Recht unwirksam sein können.

Beispielsweise ist in dem vorformulierten Softwarenutzungsvertrag von AX Semantics in § 4 Nr. 3[757] folgende Preisanpassungsklausel enthalten:

> *„AX Semantics ist berechtigt, zum Ende der Mindestvertragslaufzeit oder zum Ablauf des Verlängerungszeitraumes die Nutzungsgebühr für die verschiedenen Editionen anzupassen. Die Anpassung ist dem Kunden einen Monat vor Ablauf des jeweiligen Zeitraumes schriftlich mitzuteilen. Im Falle der Anpassung ist der Kunde berechtigt, den Vertrag zum Ende der jeweiligen Mindestvertragslaufzeit bzw. des jeweiligen Verlängerungszeitraums außerordentlich ohne Einhaltung einer Frist zu kündigen".*

Geregelt ist folglich, dass AX Semantics nach einem bestimmten Zeitraum die Vergütung anpassen darf, nachdem es jedoch mindestens einen Monat davor den Computerprogrammanwender darüber schriftlich in Kenntnis gesetzt hat. Zudem räumt AX Semantics dem Computerprogrammanwender ein fristloses Sonderkündigungsrecht ein.

Zunächst bedarf es einer Erklärung, was unter Preisanpassungsklauseln zu verstehen ist.

Preisanpassungsklauseln sind solche Klauseln, die festlegen, dass die Vergütungshöhe während der Laufzeit der Computerprogrammnutzung verändert und angepasst wird.[758] Preisanpassungsklauseln verbinden die Höhe der Geldschuld mit der Preisentwicklung bzw. Wertentwicklung von anderen Gütern/Leistungen, was auch als „Indexierung" beschrieben wird.[759] Der Grund für die Einbeziehung von Preisanpassungsklauseln in Softwarenutzungsverträgen wird einerseits darin gesehen, dass IT-Leistungen Preisschwankungen ausgesetzt sind[760] und der Computerprogrammanbieter sich mit der Vergütungshöhe der

---

755 Auch in diesem Abschnitt umfasst der Begriff „Softwarenutzungsverträge" umfasst ebenso Verträge über die Nutzung eines Computerprogramms.

756 Gesetz über das Verbot der Verwendung von Preisklauseln bei der Bestimmung von Geldschulden (Preisklauselgesetz).

757 Anhang A1: *AX Semantics*, Softwarenutzungsvertrag, S. 6.

758 *Meents* in: Cloud Computing, § 4, Rn. 240.

759 Gesetzentwurf der Bundesregierung, Entwurf eines Zweiten Gesetzes zum Abbau bürokratischer Hemmnisse insbesondere in der mittelständischen Wirtschaft v. 21.03.2007, BT-Drucks. 16/4764, S. 68.

760 *Meents* in: Cloud Computing, § 4, Rn. 186.

wirtschaftlichen Lage anpassen möchte[761]. Andererseits finden sie ihre Existenzbegründung darin, dass Computerprogrammanbieter bei Preisschwankungen aus Praktikabilitätsgründen an einem Vertrag festhalten wollen, anstatt einen neuen Vertrag mit einer neu festgelegten Vergütung abzuschließen.[762] Der ständigen Rechtsprechung des BGH zufolge soll bei langfristigen Verträgen ein Gleichgewicht zwischen Preis und Leistung bestehen, das durch Preisanpassungsklauseln erreicht werden kann.[763] Dabei sind zwei Vertragsgestaltungen möglich: Einerseits kann geregelt werden, dass sich die Vergütung schrittweise selbst über bestimmte Zeiträume erhöht, wohingegen andererseits dem Computerprogrammanbieter das Recht eingeräumt werden kann, dass dieser nach Ablauf bestimmter Vertragslaufzeiten die Vergütung bis zu einem bestimmten Wert einmalig oder immer wieder anheben darf.[764] Dem Computerprogrammanwender wird hingegen meist im Gegenzug ein Sonderkündigungsrecht eingeräumt.[765]

Solche Klauseln könnten einem Preisklauselverbot nach § 1 Abs. 1 PrKlG unterliegen (aa)). Zudem könnten solche Klauseln i.S.d. § 307 Abs. 3 S. 1 BGB kontrollfähig sein (bb)) und im Rahmen der Inhaltskontrolle gem. §§ 307 ff. BGB als Folge unwirksam sein (cc)).

aa) Preisklauselverbot nach § 1 Abs. 1 PrKlG

§ 1 Abs. 1 PrKlG regelt, welche Art von Klauseln vom Preisklauselverbot umfasst sind. Danach darf „der Betrag von Geldschulden [...] nicht unmittelbar und selbsttätig durch den Preis oder Wert von anderen Gütern oder Leistungen bestimmt werden, die mit den vereinbarten Gütern oder Leistungen nicht vergleichbar sind". In Bezug auf SaaS-Verträge lässt sich aus dieser Regelung schlussfolgern, dass die Vergütung für die Leistung der Bereitstellung des Computerprogramms bzw. der Online-Plattform nicht durch eine andere Leistung bestimmt werden darf, wenn diese nicht mit der Leistung der Bereitstellung

---

761 BGHZ 185, 96, 108; *Gennen*, Praxishandbuch Medien-, IT- und Urheberrecht, 21. Kapitel, Rn. 209; *Eckhoff*, GWR 2016, 243 (243); vgl. *Intveen u. a.* in: Handbuch Cloud Computing, Teil 2, Rn. 264; vgl. *Büchner* in: Cloud Computing, § 5, Rn. 38.

762 Vgl. BGHZ 208, 52, 58; *Roth-Neuschild* in: Handbuch IT- und Datenschutzrecht, § 13, Rn. 85; *Eckhoff*, GWR 2016, 243 (243).

763 Statt aller BGHZ 208, 52, 73; BGHZ 185, 96, 108.

764 *Meents* in: Cloud Computing, § 4, Rn. 187; *Roth-Neuschild* in: Handbuch IT- und Datenschutzrecht, § 13, Rn. 86 f.

765 *Meents* in: Cloud Computing, § 4, Rn. 187; *Roth-Neuschild* in: Handbuch IT- und Datenschutzrecht, § 13, Rn. 87.

des Computerprogramms bzw. der Online-Plattform vergleichbar ist. Ein Teil der Literatur ist hierbei der Auffassung, dass es bei SaaS-Verträgen unzulässig ist, wenn sich die Höhe der Vergütung nach dem Verbraucherpreisindex anpassen soll.[766] Diese Ansicht ist nachvollziehbar, da in diesem Fall die Vergleichbarkeit zwischen der Bereitstellung des Computerprogramms bzw. der Online-Plattform und dem Verbraucherpreisindex fehlt. Insofern unterliegen die Preisanpassungsklauseln in SaaS-Verträgen üblicherweise dem Preisklauselverbot gem. § 1 Abs. 1 PrKlG. Jedoch werden in § 1 Abs. 2 PrKlG Ausnahmen für solche Klauseln vorgesehen.

Bei SaaS-Verträgen kommen zwei der drei genannten Ausnahmeklauseln in Betracht: Leistungsvorbehaltsklauseln (Abs. 2 Nr. 1) und Kostenelementeklauseln (Abs. 2 Nr. 3).[767] Leistungsvorbehaltsklauseln sind nach dieser Norm Klauseln, „die hinsichtlich des Ausmaßes der Änderung des geschuldeten Betrages einen Ermessensspielraum lassen, der es ermöglicht, die neue Höhe der Geldschuld nach Billigkeitsgrundsätzen zu bestimmen", wohingegen Kostenelementeklauseln nach dieser Norm Klauseln sind, „nach denen der geschuldete Betrag insoweit von der Entwicklung der Preise oder Werte für Güter oder Leistungen abhängig gemacht wird, als diese die Selbstkosten des Gläubigers bei der Erbringung der Gegenleistung unmittelbar beeinflussen".

Die von AX Semantics verwendete Preisanpassungsklausel unterliegt nicht dem Preisklauselverbot nach § 1 Abs. 1 PrKlG, da in der Klausel kein Index oder Vergleichswert für die Anpassung der Vergütungshöhe geregelt ist. Somit kann nicht festgestellt werden, dass die Leistung der Bereitstellung des Computerprogramms bzw. der Online-Plattform mit einer anderen Leistung vergleichbar ist. Der Subsumtion der Preisanpassungsklausel unter eine der Ausnahmen des PrKlG bedarf es bei AX Semantics Preisanpassungsklausel somit nicht.

Bei anderen SaaS-Verträgen im Bereich des automatisierten Journalismus kann es jedoch zu anderen Ergebnissen kommen. Wenn eine Preisanpassungsklausel die Voraussetzungen des § 1 Abs. 1 PrKlG erfüllt, ist die Wirksamkeit von den Ausnahmen nach § 1 Abs. 2 PrKlG abhängig. Dabei sind folgende Vertragsgestaltungen denkbar:

---

766 *Intveen u. a.* in: Handbuch Cloud Computing, Teil 2, Rn. 168; *Meents* in: Cloud Computing, § 4, Rn. 188.

767 So auch *Intveen u. a.* in: Handbuch Cloud Computing, Teil 2, Rn. 269; *Büchner* in: Cloud Computing, § 5, Rn. 38. Spannungsklauseln (§ 1 Abs. 2 Nr. 2 PrKlG) kommen deswegen nicht in Betracht, da diesen Klauseln zufolge Güter oder Leistungen gleichartig oder vergleichbar sein müssen, was auf SaaS-Verträge nicht zutrifft.

Wenn der Computerprogrammanbieter unter Zugrundelegung von Billigkeitsgrundsätzen die ansteigende Höhe der Vergütung nach Ermessen bestimmen darf, ist eine solch geregelte Klausel eine Leistungsvorbehaltsklausel und fällt als Ausnahme gem. § 1 Abs. 2 PrKlG nicht unter das Preisklauselverbot. Bergründet wird diese Ausnahme damit, dass sich in diesem Fall der Vergleichsmaßstab (Höhe der Vergütung nach Billigkeitsgrundsätzen) nur mittelbar auf die Vergütung auswirkt.[768] Denn die Vergütungshöhe ändert sich nicht unmittelbar, sondern muss erst noch von dem Computerprogrammanwender geltend gemacht werden.

Eine Leistungsvorbehaltsklausel würde in einem SaaS-Vertrag, wie folgt, formuliert werden:

> *„Der Computerprogrammanbieter [XY] ist berechtigt, die monatlich zu entrichtende Vergütung angemessen anzupassen, wenn der Vergleichsmaßstab, wie beispielsweise der Verbraucherpreisindex, um mindestens 5 Prozent steigt oder sinkt.“*

Wenn der Computerprogrammanbieter die ansteigende Höhe der Vergütung von verschiedenen Indizes abhängig macht, um die Kosten seiner Ressourcen für das Betreiben des Computerprogramms bzw. der Online-Plattform anzupassen,[769] handelt es sich um eine Kostenelementeklausel, die gem. § 1 Abs. 2 PrKlG nicht unter das Preisklauselverbot fällt. Selbst wenn keine der Klauseln nach § 1 Abs. 2 PrKlG einschlägig sein sollte, kann eine Ausnahme nach § 2 Abs. 1 i.V.m. §§ 3 bis 7 PrKlG vorliegen. Bei SaaS-Verträgen kommt vor allem die Ausnahme des § 3 Abs. 1 Nr. 1 d) bzw. Abs. 3 Nr. 1 PrKlG in Betracht. Hierfür ist eine Preisklausel in Verträgen zulässig, die eine Vertragsdauer „von mindestens zehn Jahren, gerechnet vom Vertragsabschluss bis zur Fälligkeit der letzten Zahlung“, haben. Da es sich bei SaaS-Verträgen meistens um Dauerschuldverhältnisse handelt[770], ist es nicht abwegig, diese Ausnahme als gegeben anzusehen. Allerdings müsste hierfür eine Vertragslaufzeit von mindestens zehn Jahren festgelegt sein.

Sollte eine Preisanpassungsklausel dem Preisklauselverbot unterfallen und sollten keine Ausnahmen einschlägig sein, steht der Unwirksamkeit noch die Hürde des § 8 PrKlG entgegen, wonach die Preisanpassungsklausel erst ab dem Zeitpunkt unwirksam ist, wenn die Unwirksamkeit rechtskräftig festgestellt wurde, sofern nicht von den Vertragsparteien eine frühere Unwirksamkeit

---

768 *Reul*, MittBayNot 2007, 445 (446).
769 Vgl. *Intveen u. a.* in: Handbuch Cloud Computing, Teil 2, Rn. 270.
770 Siehe beispielsweise § 3 Nr. 2 S. 1 des Softwarenutzungsvertrags von AX Semantics: Anhang A1: *AX Semantics*, Softwarenutzungsvertrag, S. 5.

vereinbart wurde. Diese Hürde führt dazu, dass die meisten Preisanpassungsklauseln zu keiner Unwirksamkeit führen.

bb) Kontrollfähigkeit i.S.d. § 307 Abs. 3 S. 1 BGB

Üblicherweise sind Preisanpassungsklauseln als AGB gem. § 305 Abs. 1 BGB zu verstehen.[771] Wie bei den Klauseln zur Verfügbarkeitsbeschränkung stellt sich auch bei Preisanpassungsklauseln die Frage, ob diese i.S.d. § 307 Abs. 3 S. 1 BGB kontrollfähig sind und damit einer Inhaltskontrolle gem. §§ 307 ff. BGB unterliegen. Dies hängt davon ab, ob Preisanpassungsklauseln als Preisabsprachen[772] oder Preisnebenabreden klassifiziert werden.

Einer Ansicht zufolge sind Preisabsprachen nicht kontrollfähig i.S.d. § 307 Abs. 3 S. 1 BGB, da durch die Preisabsprache gem. § 307 Abs. 3 S. 1 BGB nicht von Rechtsvorschriften abgewichen wird oder diese ergänzt werden.[773] Wie ein Preis gebildet wird und welche Komponenten die Preisfindung beeinflussen, ist gesetzlich nicht geregelt.[774] Diese müssen allenfalls dem Transparenzgebot i.S.d. § 307 Abs. 3 S. 2 i.V.m. Abs. 1 S. 2 i.V.m. Abs. 1 S. 1 BGB entsprechen. Preisnebenabreden hingegen unterliegen nach ständiger Rechtsprechung des BGH einer Inhaltskontrolle gem. §§ 307 ff. BGB.[775]

Die Einordnung solcher Klauseln hinsichtlich der Kontrollfähigkeit ist durch Auslegung der Preisanpassungsklausel zu ermitteln.[776] Die meisten Preisanpassungsklauseln in SaaS-Verträgen sind als Preisnebenabreden einzustufen.[777] Nach ständiger Rechtsprechung regeln diese nicht, ob und in welcher Höhe die Vergütung zu entrichten ist, sondern modifizieren die Vergütung, indem die Art und Weise der zu entrichtenden Vergütung vertraglich festgehalten wird.[778]

Überzeugend ist die zweitgenannte Ansicht, die in Preisanpassungsklauseln üblicherweise Preisnebenabreden sieht. Es ist nachvollziehbar, dass mit Preisnebenabreden lediglich Preismodifikationen geregelt werden. Diese stehen

---

771 BGHZ 185, 96, 102.

772 Eine Ansicht der Literatur spricht von einer „preisbeschreibenden Klausel“: *Meents* in: Cloud Computing, § 4, Rn. 239. Die Rechtsprechung spricht von „Preisbestimmungen“: BGHZ 185, 96, 103 ff.

773 BGH, NJW 2014, 3508, 3509, Rn. 18; *Intveen u. a.* in: Handbuch Cloud Computing, Teil 2, Rn. 277; OLG Schleswig, MMR 2013, 26, 29.

774 *Paul* in: Rechtsfragen des Cloud Computing, Kapitel 8, Rn. 123.

775 Statt aller BGH, NJW 2014, 3508, 3509, Rn. 18.

776 BGH, NJW 2014, 3508, 3509, Rn. 19; BGHZ 201, 230, 237 m.w.N.

777 Vgl. *Intveen u. a.* in: Handbuch Cloud Computing, Teil 2, Rn. 277.

778 Statt aller BGH, NJW 2014, 3508, 3509, Rn. 18.

neben der Preishauptabrede, die die monatliche Vergütung festlegt. Somit sind Preisanpassungsklauseln als Preisnebenabreden i.S.d. § 307 Abs. 3 S. 1 BGB kontrollfähig.

Folglich sind die in SaaS-Verträgen im Bereich des automatisierten Journalismus verwendeten Preisanpassungsklauseln üblicherweise als Preisnebenabreden zu qualifizieren. Beispielsweise ist die von AX Semantics verwendete Preisanpassungsklausel[779] eine Preisnebenabrede, da sie „neben" der Preishauptabrede steht und lediglich die Modalitäten einer Preiserhöhung festlegt, d.h. wann eine Anpassung der Vergütung erfolgt, wie die Anpassung mitzuteilen ist, und wie sich der Vertragspartner vom Vertrag lösen kann. Als Preisnebenabrede ist diese Preisanpassungsklausel i.S.d. § 307 Abs. 3 S. 1 BGB kontrollfähig und unterliegt der Inhaltskontrolle nach §§ 307 ff. BGB.

cc) Unwirksamkeit gem. § 307 ff. BGB

Da in SaaS-Verträgen im Bereich des automatisieren Journalismus üblicherweise sowohl der Computerprogrammhersteller als auch das Medienunternehmen Unternehmer gem. § 14 BGB sind und somit eine B2B-Konstellation vorliegt,[780] wirkt sich eine Unwirksamkeit gem. §§ 308, 309 BGB insofern auf § 307 Abs. 1 und 2 BGB aus (§ 310 Abs. 1 S. 2 BGB), als die vereinbarte Preisanpassungsklausel nur nach § 307 Abs. 1 BGB unwirksam sein kann. Problematisch ist hierbei, dass solche Preisanpassungsklauseln zu einem Verstoß gegen das Transparenzgebot i.S.d. § 307 Abs. 3 S. 2 i.V.m. Abs. 1 S. 2 i.V.m. Abs. 1 S. 1 BGB führen können, wenn diese Preisanpassungsklauseln nicht klar und verständlich sind.

Der BGH hat sich mit der Anwendung des § 307 Abs. 1 S. 2 BGB auf Preisanpassungsklauseln beschäftigt. Zuerst war der BGH vor dem Jahr 2015 der Auffassung, dass ein Verstoß gegen das Transparenzgebot nach § 307 Abs. 1 S. 2 BGB vorliegt, wenn bei einer Preisanpassungsklausel keine Angaben zu den Voraussetzungen und dem Umfang der Preiserhöhung festgelegt sind und weder die Kostenelemente noch deren Gewichtung hinsichtlich der Vergütungshöhe erwähnt werden.[781] Die Rechtsprechung des BGH hat sich jedoch in Jahr 2015 insofern geändert, als der BGH die Voraussetzungen für eine wirksame Preisanpassungsklausel gelockert hat. Erstens stellte der BGH fest, dass eine Preisanpassungsklausel nicht schon deshalb unwirksam sei, wenn in ihr keine Aufzählung und Gewichtung der Kostenfaktoren, die der Preisberechnung zugrunde liegen,

---

779 Anhang A1: *AX Semantics*, Softwarenutzungsvertrag, S. 6.
780 Siehe 3. Kap. A. II. 1.
781 BGH, NJW 2008, 360, 361, Rn. 11.

dargelegt seien.[782] Zweitens führte der BGH aus, dass die Pflicht für den AGB-Anwender, die Preisanpassungsklausel klar und verständlich zu formulieren, diesen nicht überfordern dürfe und im Rahmen des Möglichen bleiben müsse, da andernfalls der gegenteilige Effekt insofern eintrete, als der Vertragspartner in die Irre geführt werden könnte.[783]

Im Fall eines Verstoßes gegen das Transparenzgebot, der nach § 307 Abs. 3 S. 2 i.V.m. Abs. 1 S. 2 i.V.m. Abs. 1 S. 1 BGB zu einer Unwirksamkeit führt, ist denkbar, dass beim automatisierten Journalismus ein dem Medienunternehmen eingeräumtes Kündigungsrecht seitens des Computerprogrammanbieters eine unangemessene Preisanpassungsklausel kompensiert und zu einer Wirksamkeit der Klausel führt.[784] Ob eine Kompensation in dieser Form möglich ist, lässt der BGH offen, verneint es jedoch in manchen von ihm entschiedenen Fällen.[785] Es hänge vielmehr vom konkreten Einzelfall ab und könne nicht für jeden Fall bejaht werden.[786] Wenn sich der AGB-Verwender beispielsweise ein „Recht zu willkürlichen Preisanhebungen" und ein Kündigungsrecht für den Vertragspartner in den AGB einräumt, um den Vertragspartner in eine Zwangslage zu versetzen, den überhöhten Preis zu akzeptieren oder zu kündigen, führt das eingeräumte Kündigungsrecht laut BGH gerade nicht zu einer Kompensation der unangemessenen Benachteiligung durch die Preisanpassungsklausel.[787] In anderen Entscheidungen macht der BGH die Kompensation der unangemessenen Benachteiligung von dem Zeitpunkt der Einräumung des Kündigungsrechts abhängig: Unangemessen sei die Benachteiligung nach wie vor, wenn das Kündigungsrecht erst nach dem Wirksamwerden der Preisanpassungsklausel dem Vertragspartner eingeräumt werde, nicht aber, wenn dies gleichzeitig geschehe.[788]

Die Schaffung eines angemessenen Ausgleiches durch ein eingeräumtes Sonderkündigungsrecht des Computerprogrammanwenders bei einer nach § 307

782 BGHZ 208, 52, 67.

783 BGHZ 208, 52, 66 m.w.N.

784 Allgemein zu dieser Kompensation: OLG Schleswig, MMR 2013, 26, 28. *Eckhoff* verwendet den Terminus „Heilung": *Eckhoff*, GWR 2016, 243 (244).

785 BGH, NJW 2017, 325, 326, Rn. 21; BGHZ 182, 59, 73; BGH, NJW 2008, 360, 361, Rn. 13.

786 BGH, NJW 2017, 325, 327, Rn. 22; BGHZ 182, 59, 73; BGH, NJW 2008, 360, 361, Rn. 13; BGH, NJW 2007, 1054, 1056, Rn. 27; so auch OLG Schleswig, MMR 2013, 26, 28.

787 BGH, NJW 2008, 360, 363, Rn. 34.

788 BGHZ 182, 59, 73; BGH, NJW 2007, 1054, 1056, Rn. 30; BGH, NJW 1980, 2518, 2519; so auch OLG Schleswig, MMR 2013, 26, 28.

Abs. 3 S. 2 BGB unklaren und unverständlichen Preisanpassungsklausel ist kritisch zu betrachten. Einerseits wird beim automatisierten Journalismus dem Medienunternehmen die Möglichkeit verschafft, sich bei einem Preisanstieg vom Vertrag lösen zu können. Es ist somit nicht gezwungen, die neubestimmte Vergütung entrichten zu müssen. Andererseits würde ein solcher Mechanismus dem Computerprogrammanbieter den Freiraum geben, beliebig hohe Preisanstiege mit einer Preisanpassungsklausel vornehmen zu können, ohne dass diese Klausel nach § 307 Abs. 1 BGB unwirksam ist. Eine realitätsnahe Folge ist, dass das Medienunternehmen unter Druck gesetzt wird, die Preisanhebung zu akzeptieren, da eine Kündigung des SaaS-Vertrages für das Medienunternehmen üblicherweise nachteiliger ist. Insofern ist die Argumentation des BGH nachvollziehbar, dass eine willkürliche Preisanhebung zu einer Zwangslage beim Vertragspartner des AGB-Anwenders führt und eine dementsprechende Preisanpassungsklausel unwirksam ist.

Bei der Frage, welcher Zeitpunkt bei der Einräumung eines Sonderkündigungsrechts für den Computerprogrammanwender als eine Kompensation der unangemessenen Benachteiligung relevant ist, setzt der BGH restriktive Maßstäbe. Er nimmt eine Kompensation der unangemessenen Benachteiligung an, wenn das Sonderkündigungsrecht spätestens gleichzeitig mit dem Wirksamwerden der Preiserhöhung eingeräumt würde[789], und lehnt eine Kompensation zu jeglichen Zeitpunkten ab, wenn der Computerprogrammanwender in eine Zwangslage versetzt werden würde[790]. Setzt man beide Aussagen des BGH in Verbindung, kommt man zu dem Ergebnis, dass eine unangemessene Benachteiligung durch eine Preisanpassungsklausel lediglich dann durch die Einräumung eines Sonderkündigungsrechts kompensiert wird, wenn dieses spätestens gleichzeitig mit der Preiserhöhung eingeräumt wird und zudem keine willkürliche Preisanhebung beinhaltet, die den Computerprogrammanwender in eine Zwangslage versetzen würde. Ähnlich sieht es eine Ansicht der Literatur, wonach es wegen der von dem BGH hoch gelegten Hürden für wirksame Preisanpassungsklauseln nahezu unmöglich sei, wirksame Preisanpassungsklauseln in den Vertrag miteinzubeziehen.[791] Es wird deutlich, dass der Vertragspartner des AGB-Anwenders schutzwürdiger behandelt wird, als der AGB-Anwender selbst. Da der AGB-Anwender sich eine Preiserhöhung einräumt und den

---

789 BGH, NJW 2007, 1054, 1056, Rn. 30; BGH, NJW 1980, 2518, 2519; so auch OLG Schleswig, MMR 2013, 26, 28.

790 BGH, NJW 2008, 360, 363, Rn. 34.

791 *Eckhoff*, GWR 2016, 243 (243).

Vertragspartner hiermit unter Druck setzen kann, ist es interessengerecht, wenn die Hürden der Wirksamkeit der Preisanpassungsklauseln hochgesetzt sind. Die Ansicht des BGH ist somit nachvollziehbar. Die Rechtsprechung hat bisher noch keine Ausführungen dazu gemacht, ob die aufgestellten Grundsätze bei B2C-Verträgen auch auf B2B-Verträge anwendbar sind.[792] Jedoch spricht sich ein Teil der Literatur für die Übertragung der vom BGH aufgestellten Grundsätze auf B2B-Verträgen aus.[793] Folglich verstößt eine Preisanpassungsklausel mit geregeltem Sonderkündigungsrecht für das Medienunternehmen unter Heranziehung der Rechtsprechung des BGH in den meisten Fällen gegen das Transparenzgebot i.S.d. § 307 Abs. 3 S. 2 i.V.m. Abs. 1 S. 2 i.V.m. Abs. 1 S. 1 BGB.

Die Rechtsfolge der Unwirksamkeit ist in § 306 Abs. 2 BGB normiert. Danach richtet sich der Inhalt der Preisanpassungsklausel nach den gesetzlichen Vorschriften. Da gesetzlich keine Preisanpassungen vorgesehen sind,[794] bleibt die Vergütungshöhe so bestehen, wie sie vereinbart wurde.

In dem vorformulierten Softwarenutzungsvertrag von AX Semantics liegt unter Berücksichtigung der Rechtsprechung des BGH kein Verstoß gegen das Transparenzgebot i.S.d. § 307 Abs. 3 S. 2 i.V.m. Abs. 1 S. 2 i.V.m. Abs. 1 S. 1 BGB vor. Zwar geht aus der Preisanpassungsklausel nicht hervor, welche Kostenfaktoren zu einer Preisanpassung führen können und wie die Preisberechnung ausgestaltet ist. Jedoch ist die Einbeziehung dieser Merkmale seit der Rechtsprechung des BGH aus dem Jahr 2015 nicht mehr zwingende Voraussetzung für eine wirksame Preisanpassungsklausel. Dass in dieser Klausel ein Sonderkündigungsrecht für den Computerprogrammanwender miteinbezogen wurde, steht der Wirksamkeit nicht entgegen.

Denn die Klausel ist in der Weise formuliert, dass in ihr weder eine willkürliche Preisanhebung zu sehen ist, noch das Sonderkündigungsrecht nach dem Wirksamwerden der Preisanpassungsklausel dem Computerprogrammanwender eingeräumt wird, sondern dies schon vorher zugesichert wird („*Im Falle der Anpassung ist der Kunde berechtigt, den Vertrag zum Ende der jeweiligen Mindestvertragslaufzeit bzw. des jeweiligen Verlängerungszeitraums außerordentlich ohne Einhaltung einer Frist zu kündigen*“, § 4 Nr. 3[795] des Softwarenutzungsvertrags). Somit ist diese Preisanpassungsklausel auch nach AGB-Recht wirksam.

---

792 So auch *Eckhoff*, GWR 2016, 243 (246).

793 Ebd.

794 So auch BGHZ 182, 59, 62.

795 Anhang A1: *AX Semantics*, Softwarenutzungsvertrag, S. 6.

III. Haftung des Computerprogrammanbieters gegenüber dem Medienunternehmen bei fehlerhaftem Nachrichtentextinhalt

Bei der automatisierten Nachrichtentextgenerierung können negative Vorfälle eintreten, die zu Haftungsfragen führen. So kann es durchaus vorkommen, dass der Inhalt von computergenerierten Nachrichtentexten unrichtig ist. Eine Ursache hierfür mag sein, dass ein Algorithmus fehlerhaft programmiert ist,[796] sodass dieser die Daten fehlerhaft verarbeitet hat. Eine andere Ursache mag sein, dass die Daten unrichtig gewesen sind,[797] indem vorhandene Rohdaten fehlerhaft erhoben oder fehlerhaft in eine Datenbank übertragen wurden. Außerdem kann ein Verfügbarkeitsausfall des Computerprogramms eintreten,[798] infolgedessen das Medienunternehmen für einen bestimmten Zeitraum keine Nachrichtentexte generieren kann.

In diesen Fällen kann es im vertraglichen Schuldverhältnis zwischen dem Computerprogrammanbieter und dem Medienunternehmen zu einer Haftung des Computerprogrammanbieters gegenüber dem Medienunternehmen kommen.

Die Relevanz dieser Haftung ist darin zu sehen, dass bei einem computergenerierten Nachrichtentext mit fehlerhaftem Inhalt für das Medienunternehmen insbesondere zwei negative Folgen eintreten können. Zum einen kann infolge eines fehlerhaften Nachrichtentextinhalts die Anzahl der Rezipienten abnehmen, was wiederum die Anzahl der Abonnements oder die Werbeeinnahmen negativ beeinflusst. Zum anderen kann das Medienunternehmen Schadensersatzansprüchen von Dritten, wie beispielsweise seiner Rezipienten, ausgesetzt sein.[799]

Hinsichtlich der Art der Haftung ist zwischen der Mängelhaftung (1.) und der deliktsrechtlichen Haftung (2.) zu differenzieren.[800] Die Mängelhaftung folgt aus dem vertraglichen Schuldverhältnis. Hiervon unabhängig kann eine deliktsrechtliche Haftung des Computerprogrammanbieters bestehen.[801]

---

796 Siehe 3. Kap. A. III. 1. a) aa).

797 Siehe 3. Kap. A. III. 1. a) bb).

798 Siehe 3. Kap. A. III. 1. a) cc).

799 Siehe 3. Kap. A. III. 1. c).

800 Von einer Prüfung der strafrechtlichen Verantwortlichkeit wird in dieser Arbeit aufgrund des zivilrechtlichen Bezugs abgesehen. Ausführlich zur strafrechtlichen Verantwortlichkeit siehe: *Habel*, Roboterjournalismus, S. 271 ff.

801 Zum Verhältnis zwischen vertraglicher und deliktsrechtlicher Haftung siehe Einleitung B.

Die Untersuchung der Haftung beschränkt sich in den folgenden Unterabschnitten überwiegend auf die zweite Konstellation, in der ein SaaS-Vertrag zwischen dem Computerprogrammhersteller/-anbieter und dem Medienunternehmen[802] geschlossen wird (siehe nachfolgende Abbildung), da diese Konstellation im automatisierten Journalismus am üblichsten ist und die Haftungslage bei einem Softwareüberlassungsvertrag zur dauerhaften Überlassung der Software (siehe dritte und vierte Konstellation) im Abschnitt zum vertraglichen Schuldverhältnis zwischen dem Softwarehersteller und dem Computerprogrammanbieter untersucht wird.[803]

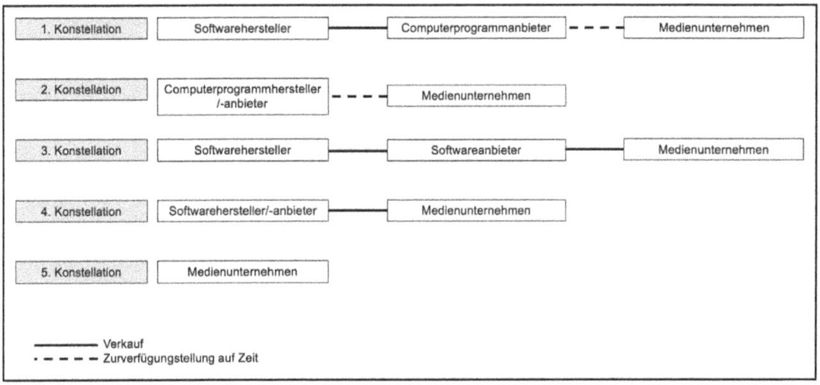

Abbildung 1: Konstellationen der vertraglichen Schuldverhältnisse in Bezug auf den Vertragsgegenstand der automatisierten Nachrichtentextgenerierung.

1. *Mängelhaftung*

Die Mängelhaftung richtet sich nach dem jeweiligen Mängelgewährleistungsrecht eines normierten Vertragstyps und bei SaaS-Verträgen nach §§ 536 ff. BGB, wenn der Mangel die Zurverfügungstellung des Computerprogrammes auf der Online-Plattform betrifft.[804] Für die Mängelhaftung müsste ein Sachmangel (a)) oder

802 Auf die erste Konstellation sind die folgenden Ausführungen größtenteils auch anzuwenden, da auch in der ersten Konstellation ein SaaS-Vertrag zur automatisierten Nachrichtentextgenerierung zwischen einem Medienunternehmen und einem Computerprogrammanbieter geschlossen wird.

803 Zur Relevanz der zweiten Konstellation siehe 3. Kap. A. vor I. Zur Haftungslage im vertraglichen Schuldverhältnis zwischen dem Softwarehersteller und dem Computerprogrammanbieter siehe 3. Kap. B. II.

804 Siehe 3. Kap. A. I. 4. d) cc).

Rechtsmangel (b)) vorliegen. Liegt ein Sach- oder Rechtsmangel innerhalb eines SaaS-Vertrags über die automatisierte Nachrichtentextgenerierung vor, ist unter den hieraus resultierenden Ansprüchen für das Medienunternehmen insbesondere der Schadensersatzanspruch nach § 536a Abs. 1 BGB relevant. Deshalb wird im Folgenden der Fokus auf den Schadensersatzanspruch nach § 536a Abs. 1 BGB gelegt. Der Schaden kann für das Medienunternehmen in unterschiedlichen Formen auftreten (c)). Für die Haftung ist vor allem relevant, wer das Haftungssubjekt ist (d)). Die Anspruchshöhe kann wegen eines Mitverschuldens des Medienunternehmens gekürzt sein (e)). Die Rechtsfolge der Mängelhaftung richtet sich entweder nach dem Vertragsinhalt oder nach dem Gesetz (f)).

a) Sachmängel

Ein Sachmangel kann angenommen werden, wenn das Computerprogramm aufgrund eines fehlerhaften Algorithmus nicht funktioniert (aa)), die Daten fehlerhaft sind (bb)) oder das Computerprogramm für einen bestimmten Zeitraum nicht verfügbar ist (cc)).[805]

In der zweiten Konstellation[806] richten sich die Gewährleistungsrechte, die aus dem SaaS-Vertrag entstehen, nach dem jeweiligen Gewährleistungsregime,[807] sofern vertraglich festgelegte Gewährleistungsrechte, die aufgrund des Grundsatzes der Privatautonomie vorrangig zu behandelt sind,[808] nicht bestehen.[809] Für die Zurverfügungstellung der Online-Plattform für die Nachrichtentextgenerierung als Kernpflicht aus dem SaaS-Vertrag sind die mietrechtlichen Gewährleistungsrechte nach §§ 536 ff. BGB anzuwenden.[810]

---

805 Ein Teil der Literatur verwendet in diesem Kontext den Begriff „Beschaffenheitsmangel“: *Lenhard*, Vertragstypologie von Softwareüberlassungsverträgen, S. 233.

806 Siehe 3. Kap. A. III. vor 1.

807 Zur Anwendbarkeit verschiedener Gewährleistungsregime im Allgemeinen: *Kian*, Cloud Computing, S. 47 m.w.N.

808 *Marly*, Praxishandbuch Softwarerecht Rn. 1444.

809 So auch *Jötten*, Logout: Zivilrechtliche Haftung im Rahmen ausgewählter Internetdienstleistungen, S. 210; *Meents* in: Cloud Computing, § 4, Rn. 83.

810 Siehe 3. Kap. A. I. 4. d) cc).

aa) Fehlerhafter Algorithmus

Unter einem fehlerhaften Algorithmus ist beim automatisierten Journalismus zu verstehen, dass der Algorithmus aufgrund seiner Programmierung die nicht zu den Daten passenden Textbausteine verwendet.[811]

Welche Art von Sachmängeln relevant ist (z.B. Sachmangel der Kaufsache, der Mietsache, des Werkes usw.) und welche Gewährleistungsrechte dementsprechend Anwendung finden, richtet sich nach der vertragstypologischen Einordnung des jeweiligen Vertrags zwischen dem Computerprogrammanbieter bzw. gleichzeitig -hersteller und dem Medienunternehmen. Beim SaaS findet im Kern, wie bereits untersucht, das Mietrecht Anwendung,[812] sodass sich die Voraussetzungen für das Vorliegen eines Sachmangels nach § 536 Abs. 1 S. 1 BGB richten.

Wie bereits dargelegt, versteht man unter dem mietvertraglichen Sachmangel die für den Mieter nachteilige Differenz zwischen der tatsächlichen und der vereinbarten Beschaffenheit, die sich in der Beeinträchtigung der Gebrauchstauglichkeit der Mietsache zeigt.[813]

Nach einer Ansicht der Literatur ist ein fehlerhafter Algorithmus ein sog. Funktionsmangel, der sich als Leistungsdefizit darin zeigt, dass ein Missverhältnis zwischen dem erwarteten und dem tatsächlichen Arbeitsergebnis vorliegt.[814] Vor dem Hintergrund, dass beim SaaS grundsätzlich[815] die vereinbarte Beschaffenheit in aller Regel darin besteht, dass der Algorithmus fehlerfrei funktioniert, ist dieser Ansicht zuzustimmen. Im Falle eines fehlerhaft programmierten Algorithmus und einer vertraglichen Vereinbarung über die Beschaffenheit des Computerprogramms weicht diese tatsächliche Beschaffenheit von der vereinbarten Beschaffenheit ab, sodass ein Sachmangel gem. § 536 Abs. 1 S. 1 BGB angenommen werden kann.

Problematisch sind hierbei aber die folgenden zwei Punkte.

---

811 Bei Sportnachrichten wäre hierfür ein Beispiel, dass bei einem Fußballspiel, bei dem sich die beiden Teams unentschieden trennten, der Textbaustein „*hat gegen [Platzhalter] verdient gewonnen*“ verwendet wird.

812 Beim in der Regel vorliegenden „gemischten SaaS-Vertrag“ sind je nach Vertragsbestandteil unterschiedliche Vertragsregelungen anzuwenden, jedoch ist der „Kernbestandteil“ des SaaS-Vertrags die Zurverfügungstellung der Online-Plattform für die Nachrichtentextgenerierung, wofür das Mietrecht anzuwenden ist: Siehe 3. Kap. A. I. 4. d) cc).

813 Siehe 3. Kap. A. II. 2. b) aa) (1).

814 *Marly*, Praxishandbuch Softwarerecht Rn. 1474.

815 Zum Problem der vereinbarten Beschaffenheit siehe folgender Absatz.

Erstens ist fraglich, ob für das Vorliegen eines Sachmangels gem. § 536 Abs. 1 S. 1 BGB überhaupt die konkrete Beschaffenheit eines jeden Algorithmus des Computerprogramms für die Nachrichtentextgenerierung vertraglich vereinbart werden muss, um eine Abweichung zwischen der tatsächlichen und der vereinbarten Beschaffenheit feststellen zu können. Denn im Zweifel hat das Medienunternehmen keine Kenntnis darüber, wie ein bestimmter Algorithmus funktioniert, sondern es sieht lediglich das Ergebnis und stellt fest, dass der Nachrichtentextinhalt fehlerhaft ist. Somit müsste mit der vereinbarten Beschaffenheit des Computerprogramms die vereinbarte Beschaffenheit eines Algorithmus einbezogen sein, damit im Falle eines fehlerhaft programmierten Algorithmus ein Sachmangel nach § 536 Abs. 1 S. 1 BGB vorliegt. Dies ist aus folgendem Grund der Fall. Nicht der Algorithmus, sondern das Computerprogramm für die Nachrichtentextgenerierung an sich ist als Mietsache i.S.d. § 535 Abs. 1 S. 1 BGB zu sehen,[816] sodass sich die Differenz zwischen der tatsächlichen und der vereinbarten Beschaffenheit auf das Computerprogramm und nicht auf den Algorithmus bezieht. Im Falle einer vertraglichen Vereinbarung im Rahmen eines SaaS-Vertrags wird in der Regel vereinbart, dass das Computerprogramm für die Nachrichtentextgenerierung die passenden Textbausteine zu bestimmten Daten auswählt. Wenn es an einer vertraglichen Vereinbarung der Beschaffenheit fehlt, gelten objektive Kriterien für die Bestimmung der Beschaffenheit, wie beispielsweise der allgemeine Standard[817] oder der übliche Gebrauch[818]. In solch einem Fall ist davon auszugehen, dass die Beschaffenheit des Computerprogramms darin liegt, dass jeder einzelne Algorithmus fehlerfrei funktioniert und somit die passenden Textbausteine zu bestimmten Daten auswählt werden.

Auch ein Vergleich mit dem Kaufrecht verdeutlicht, dass sich die Beschaffenheit nicht auf die einzelnen Komponenten der Mietsache beziehen muss, sondern die Mietsache als Ganzes Gegenstand der Beschaffenheit ist. Beispielsweise weist nach der Rechtsprechung ein Pkw einen Sachmangel gem. § 434 Abs. 1 S. 2 Nr. 2 BGB auf, wenn ein in diesem integriertes Computerprogramm („Umschaltsoftware“) andere Abgaswerte im Rahmen eines Testbetriebs anzeigt als bei einer normalen Fahrt auf der Straße.[819] Die Regelung des § 434 Abs. 1 S. 2 Nr. 2 BGB

---

816 Siehe 3. Kap. A. I. 4. d) aa) (1).

817 BGH, NJW 2009, 2441, 2442, Rn. 10; *Teichmann* in: Jauernig Bürgerliches Gesetzbuch, § 536, Rn. 4; vgl. *Scheuch* in: Bürgerliches Gesetzbuch - Handkommentar, § 536, Rn. 9; vgl. *Roth-Neuschild* in: Handbuch IT- und Datenschutzrecht, § 13, Rn. 147.

818 Statt aller *Meents* in: Cloud Computing, § 4, Rn. 87.

819 BGH, NJW 2019, 1133, 1135, Rn. 17; vgl. OLG Frankfurt a. M., NJW-RR 2019, 114, 114, Rn. 41; vgl. OLG Köln, SVR 2018, 219, 220; vgl. OLG Nürnberg, NZV 2018, 315,

greift nur, wenn keine Beschaffenheit vertraglich vereinbart ist, und danach ist ein Sachmangel zu bejahen, wenn sich die Sache nicht für die gewöhnliche Verwendung eignet oder eine Beschaffenheit aufweist, die bei Sachen der gleichen Art nicht üblich ist und die der Käufer nach der Art der Sache nicht erwarten kann. Bei einem Pkw mit einer „Umschaltsoftware" handelt es sich laut Rechtsprechung somit um eine Sache, die sich nicht für die gewöhnliche Verwendung eignet.[820] Genauso wie bei dem Computerprogramm für die Nachrichtentextgenerierung weiß der Käufer eines Pkw in aller Regel nicht, ob und wie die Algorithmen des in seinem Pkw integrierten Computerprogramms funktionieren. Das Medienunternehmen bzw. der Käufer eines Pkw sieht jedoch erst den Sachmangel an der gesamten Sache in Gestalt eines fehlerhaften Nachrichtentextes bzw. eines Pkw, der aufgrund der „Umschaltsoftware" keine Zulassung zum Straßenverkehr erhalten wird[821].

Somit lässt sich festhalten, dass die konkrete Beschaffenheit eines jeden Algorithmus des Computerprogramms für die Nachrichtentextgenerierung nicht vertraglich vereinbart werden muss, um einen Sachmangel feststellen zu können.

Zweitens könnte es im Falle des Vorliegens eines solchen Sachmangels in Gestalt eines fehlerhaften Algorithmus für das Medienunternehmen problematisch sein, darzulegen und zu beweisen, dass der bestimmte Algorithmus fehlerhaft programmiert wurde. Dieses Problem betrifft also die Darlegungs- und Beweispflicht. Da bei SaaS-Verträgen die Nutzung des Computerprogrammes für die Nachrichtentextgenerierung dem Mietrecht unterliegt,[822] ist für die Frage der Darlegungs- und Beweispflicht wieder das Mietrecht heranzuziehen. Einer Ansicht der Literatur nach liegt die Darlegungs- und Beweislast hinsichtlich eines Sachmangels i.S.d. § 536 Abs. 1 S. 1 BGB im Mietrecht beim Mieter.[823] Allerdings genügt dieser Ansicht zufolge die Beschreibung der „Mangelsymptome",[824] sodass es für das Medienunternehmen ausreicht, wenn es darlegt, dass

---

316, Rn. 38; ein Teil der Literatur stimmt dem zu: *Harriehausen*, NJW 2018, 3137 (3138); *Witt*, NJW 2017, 3681 (3682).

820 BGH, NJW 2019, 1133, 1135, Rn. 21.

821 BGH, NJW 2019, 1133, 1133, Rn. 5.

822 Siehe 3. Kap. A. I. 4. d) cc).

823 BGH, NJW 1999, 1408, 1408; *Teichmann* in: Jauernig Bürgerliches Gesetzbuch, § 536, Rn. 12; *Häublein* in: Münchener Kommentar zum BGB, § 536, Rn. 54; differenzierend hinsichtlich des Zeitpunkts des Mangels: *Eisenschmid* in: Mietrecht Großkommentar des Wohn- und Gewerberaummietrechts, § 536, Rn. 485 ff.

824 *Häublein* in: Münchener Kommentar zum BGB, § 536, Rn. 54; vgl. *Teichmann* in: Jauernig Bürgerliches Gesetzbuch, § 536, Rn. 12.

der Inhalt des Nachrichtentextes fehlerhaft ist. Ansonsten würde der im Normalfall technisch fachunkundige Mieter zu stark benachteiligt werden. Dies wäre nicht interessengerecht.

bb) Fehlerhafte Daten

Ein fehlerhafter Nachrichtentextinhalt kann auch auf fehlerhaften Daten beruhen. Hierbei dürfen zwei Ursachen nicht miteinander verwechselt werden. Entweder können vorhandene Rohdaten fehlerhaft erhoben und anschließend fehlerfrei in die Datenbank übertragen worden sein[825] oder richtig erfasste Rohdaten wurden fehlerhaft in eine Datenbankübertragen[826]. In beiden Fällen können inhaltlich fehlerhafte Nachrichtentextinhalte entstehen. Die Unterscheidung ist hauptsächlich deswegen relevant, da die Haftung in den beiden Fällen unterschiedliche vertragliche Schuldverhältnisse betreffen:

Wenn vorhandene Rohdaten von einem Datenlieferanten fehlerhaft erhoben werden, stellt sich die Frage der Haftung lediglich beim vertraglichen Schuldverhältnis zwischen dem Datenlieferant und dem Medienunternehmen bzw. Computerprogrammanbieter/-hersteller[827] (erster Fall).

Wenn hingegen richtig erhobene Rohdaten fehlerhaft übertragen wurden, ist die Haftung im vertraglichen Schuldverhältnis zwischen Computerprogrammanbieter und Medienunternehmen zu untersuchen, also in diesem Abschnitt (zweiter Fall).

Die Frage des Vorliegens eines Sachmangels bei fehlerhaften Daten kann sich in diesem Abschnitt des vertraglichen Schuldverhältnisses zwischen Computerprogrammanbieter und Medienunternehmen also nur auf den zweiten Fall beziehen (fehlerhafte Übertragung richtig erhobener Rohdaten). Die fehlerhafte Übertragung richtiger Rohdaten entspricht dem Vorliegen eines fehlerhaften Algorithmus,[828] wenn dieser dazu führt, dass eine Anweisung fehlerhaft programmiert wurde und somit eine bestimmte Aufgabe anders gelöst wird, als von dem Programmierer beabsichtigt war.[829]

---

825 Ein Beispiel ist, dass bei der Erhebung von Wetterdaten eine falsche Temperaturangabe erfasst wurde („30 Grad Celsius“ statt „29,5 Grad Celsius“).

826 Ein Beispiel ist, dass sich die korrekt erhobene Temperaturangabe von „30 Grad Celsius“ durch die Übertragung in eine Datenbank zu „300 Grad Celsius“ ändert.

827 Siehe 3. Kap. C. II. 1. b). Der Computerprogrammanbieter schließt überdies in der Regel eine Haftung für fehlerhafte Daten aus. Dies ergibt sich beispielsweise aus § 8 Nr. 1 d. des Softwarenutzungsvertrags von AX Semantics, Anhang A1: *AX Semantics*, Softwarenutzungsvertrag, S. 7.

828 Siehe 3. Kap. A. III. 1. a) aa).

829 Siehe 1. Kap. C. I. 3. b).

Selbst wenn man die Haftung unter Heranziehung des ersten Falls (fehlerhaft erhobene Rohdaten) in diesem vertraglichen Schuldverhältnis betrachtet, ist ein Sachmangel abzulehnen, sofern das Computerprogramm diese fehlerhaften Daten fehlerfrei verarbeitet. Denn in diesem Fall liegt bei dem Computerprogramm keine Differenz zwischen der tatsächlichen und der vereinbarten Beschaffenheit vor, weil das Computerprogramm die fehlerhaft erhobenen Daten nicht fehlerhaft verarbeitet. Auch hier sei auf einen Vergleich mit einem Pkw verwiesen. Wenn ein gekaufter Pkw einwandfrei funktioniert, aber aufgrund einer falschen Betankung (z.B. Diesel statt Benzin) nicht fährt, liegt kein Sachmangel an dem Pkw vor, da seine Beschaffenheit nicht berührt ist, sondern lediglich nicht vorgesehener Kraftstoff zum Stillstand des Pkw führt.[830]

cc) Verfügbarkeitsausfall

Ein Verfügbarkeitsausfall, der nur im Rahmen der Nutzung von SaaS vorkommen kann,[831] führt zu einem Sachmangel gem. § 536 Abs. 1 S. 1 BGB, wenn entweder eine Verfügbarkeitsquote vertraglich vereinbart worden ist und die darin vereinbarte Zeit der Verfügbarkeit über der Zeit des Verfügbarkeitsausfalls liegt[832], oder die gesetzliche Regelung des § 535 Abs. 1 S. 1 BGB greift, da in dem Fall eine durchgängige Verfügbarkeit geschuldet ist.[833]

Ähnlich hierzu hat die Rechtsprechung einen Mangel angenommen, wenn ein Computerprogramm verhältnismäßig langsam Arbeitsergebnisse anzeigt.[834]

dd) Zwischenergebnis

Im vertraglichen Schuldverhältnis zwischen dem Computerprogrammanbieter und dem Medienunternehmen kann ein Sachmangel nach § 536 Abs. 1 S. 1 BGB dann angenommen werden, wenn ein Algorithmus eines Computerprogramms fehlerhaft programmiert wurde oder das Computerprogramm für einen bestimmten Zeitraum nicht verfügbar ist.

b) Rechtsmängel

Die Relevanz von Rechtsmängeln zeigt sich in der Praxis schon darin, dass in SaaS-Verträgen üblicherweise versichert wird, dass keine Rechte Dritter der

830 Vgl. KG, 6 U 13/11, NJOZ 2012, 1728, 1729.

831 Siehe 3. Kap. A. II. 2.

832 Ebd.

833 Siehe 3. Kap. A. II. 2. a). Vgl. *Meents* in: Cloud Computing, § 4, Rn. 87.

834 OLG Koblenz, CR 1988, 463, 465; LG München, CR 1986, 803, 805.

vertragsmäßigen Nutzung der Online-Plattform und des Computerprogramms entgegenstehen.[835]

Bei der Zurverfügungstellung der Online-Plattform des Computerprogrammanbieters für das Medienunternehmen im Rahmen des SaaS-Vertrags liegt ein Rechtsmangel nach § 536 Abs. 3 BGB vor, wenn dem Medienunternehmen der vertragsmäßige Gebrauch des Computerprogramms durch das Recht eines Dritten ganz oder zum Teil entzogen wird.

Dritter i.S.d. § 536 Abs. 3 BGB ist jedermann, der nicht Vertragspartei ist[836] und beim automatisierten Journalismus in aller Regel der Computerprogramm-/Softwarehersteller. Deshalb sind solche Rechtsmängel im Rahmen von SaaS-Verträgen nur in der ersten Konstellation[837] relevant, da dort keine Personenidentität zwischen dem Softwarehersteller und dem Computerprogrammanbieter besteht und der Softwarehersteller nicht Vertragspartei des SaaS-Vertrags ist.

Der weitverbreiteten Ansicht der Literatur zufolge sind als Rechte Dritter unter anderem Urheberrechte an dem Computerprogramm und der Software anzunehmen.[838] Dem Programmierer eines Computerprogrammes bzw. einer Software steht ein Urheberrecht nach §§ 2 Abs. 1 Nr. 1, 69a Abs. 1 UrhG daran zu.[839]

Das Computerprogramm bzw. die Software ist auch als Mietsache, an der die Rechte Dritter nach § 536 Abs. 3 BGB bestehen können, anzusehen. Denn die Sacheigenschaft ist bei einem Computerprogramm und einer Software, wie bereits erläutert, anzunehmen.[840] Im Sinne der weitverbreiteten Meinung der Literatur müsste ein Rechtsmangel nach § 536 Abs. 3 BGB angenommen

---

835 Siehe beispielsweise in § 7 Nr. 4 S. 1 des Softwarenutzungsvertrags in Anhang A1: *AX Semantics*, Softwarenutzungsvertrag, S. 7.

836 Statt aller *V Emmerich* in: Staudinger, 2021, § 536, Rn. 80.

837 Siehe 3. Kap. A. III. vor 1.

838 *Roth-Neuschild* in: Handbuch IT- und Datenschutzrecht, § 13, Rn. 151; *Meents* in: Cloud Computing, § 4, Rn. 88; *Marly*, Praxishandbuch Softwarerecht Rn. 1465. Ein Urheberrecht an einem Computerprogramm bzw. einer Software kann aufgrund des Schutzes von Schriftwerken gem. §§ 2 Abs. 1 Nr. 1, 69a Abs. 1 UrhG bestehen: Siehe 1. Kap. A. I. II. 1. b). *Bartsch* schließt sich dieser Meinung an, obwohl seines Erachtens die Gesetzesformulierung „in Bezug auf die Sache" Urheberrechte ausschließe, da nicht Rechte in Bezug auf das Werk von dieser Norm umfasst seien: *Bartsch*, CR 2010, 553 (1 f.).

839 Siehe 2. Kap. B. I.

840 Siehe 3. Kap. A. I. 4. d) aa) (1).

werden, sofern dem Computerprogrammanbieter keine Nutzungsrechte an der Software[841] vom Softwarehersteller zustehen.[842]

Jedoch ist der Bestand von Rechten Dritter an dem Computerprogramm bzw. der Software irrelevant, wenn dem Medienunternehmen der Gebrauch des Computerprogramms nach § 536 Abs. 3 BGB nicht „ganz oder zum Teil entzogen" wird, d.h. wenn der dem Medienunternehmen vertraglich zustehende Gebrauch an dem Computerprogramm nicht gestört wird[843]. Eine solche Störung ist abzulehnen, wenn der Dritte seine Rechte nicht geltend machen kann.[844] Wenn also in der ersten Konstellation[845] der Softwarehersteller dem Computerprogrammanbieter keine Nutzungsrechte an der Software für die Nachrichtentextgenerierung eingeräumt hat, jedoch seine Rechte aus bestimmten Gründen nicht geltend machen kann, liegt keine Störung des vertraglich zustehenden Gebrauchs des Computerprogrammes und somit kein ganzer oder zum Teil bestehender Entzug des Computerprogramms vor. Ein Rechtsmangel nach § 536 Abs. 3 BGB wäre in diesem Fall abzulehnen.

Es lässt sich schlussfolgern, dass sich bei einem SaaS-Vertrag in der üblichen zweiten Konstellation[846] aufgrund der Personenidentität nicht die Frage von Rechtsmängeln stellt, wohingegen bei einem SaaS-Vertrag in der ersten Konstellation Rechtsmängel in Gestalt von Urheberrechten des Softwareherstellers an der Software bestehen können.

c) Schaden

Für die Geltendmachung eines Schadensersatzanspruches des Medienunternehmens nach § 536a Abs. 1 BGB infolge des Vorliegens eines Mangels müsste dem Medienunternehmen ein Schaden entstanden sein. Zur Berechnung des Schadensumfangs ziehen die Rechtsprechung und die herrschende Lehre die sog. „Differenzhypothese" heran, wonach die Differenz zwischen der tatsächlichen Vermögenslage und der hypothetischen Vermögenslage, die ohne das

841 Auch an dieser Stelle sei darauf verwiesen, dass die Verwendung der Begriffe „Computerprogramm" und „Software" davon abhängig ist, ob ein Vertrag über die dauerhafte Überlassung oder über die zeitlich begrenzte Überlassung vorliegt, siehe 1. Kap. C. I. 2. b). Der hier beschriebenen ersten Konstellation liegt sowohl ein Vertrag über die dauerhafte Überlassung als auch über die zeitlich begrenzte Überlassung zugrunde.

842 So auch *Roth-Neuschild* in: Handbuch IT- und Datenschutzrecht, § 13, Rn. 152.

843 Vgl. BGH, NJW 2008, 2771, 2772 m.w.N.

844 BGH, NJW 2008, 2771, 2772 m.w.N.

845 Siehe 3. Kap. A. III. vor 1.

846 Ebd.

schädigende Ereignis bestehen würde, ersatzfähig ist.[847] Die Rechtsfolge ergibt sich grundsätzlich aus § 249 Abs. 1 BGB, wonach der zum Schadensersatz Verpflichtete den Zustand wieder herzustellen hat, der dann bestehen würde, wenn das schädigende Ereignis nicht eingetreten wäre.

Infolge eines fehlerhaften Algorithmus oder eines Verfügbarkeitsausfalls würde das Medienunternehmen an Glaubwürdigkeit verlieren, wenn es falsche Nachrichtentextinhalte publiziert oder keine schnelle und aktuelle Berichterstattung leistet. Die Folge wäre, dass die Anzahl der Rezipienten abnehmen würde, wodurch das Medienunternehmen weniger Zeitungen oder Online-Ausgaben verkaufen könnte und weniger Werbeeinnahmen generieren würde.[848] Nach der oben benannten Differenzhypothese wäre eine Differenz zwischen der tatsächlichen Vermögenslage und der hypothetischen Vermögenslage, die ohne das schädigende Ereignis bestehen würde, seitens des Medienunternehmens in diesem Fall zu bejahen, da ohne den fehlerhaften Algorithmus oder den Verfügbarkeitsausfall das Medienunternehmen keine finanziellen Einbußen aufgrund dieses Rückgangs erleiden würde.

Zudem könnte das Medienunternehmen aufgrund eines fehlerhaften Algorithmus oder eines Verfügbarkeitsausfalls weniger neue Rezipienten gewinnen, sodass mangels Anstiegs der Verkäufe und mangels zukünftiger Werbeeinahmen kein oder ein geringerer finanzieller Gewinn zu verzeichnen wäre. Zwar ist ein potentiell weggefallener Zugewinn oftmals nicht genau festzulegen, da die hypothetische Vermögenslage nicht genau festzulegen ist. Allerdings ist auch der entgangene Gewinn nach § 252 S. 1 BGB ersatzfähig. Nach § 252 S. 2 BGB gilt der Gewinn als entgangen, „welcher nach dem gewöhnlichen Lauf der Dinge oder nach den besonderen Umständen, insbesondere nach den getroffenen Anstalten und Vorkehrungen, mit Wahrscheinlichkeit erwartet werden konnte". Der weitverbreiteten Ansicht nach trägt der Geschädigte die Darlegungslast für die Tatsachen, die den entgangenen Gewinn begründen,[849] also in diesem Fall das Medienunternehmen. Das Medienunternehmen müsste somit nachweisen, dass ohne den fehlerhaften Algorithmus oder ohne den Verfügbarkeitsausfall erhöhte Einnahmen durch Werbeeinnahmen oder durch einen angestiegenen Verkauf von beispielsweise Zeitungen mit einem inhaltlich richtigen computergenerierten Nachrichtentext (ohne einen fehlerhaften Algorithmus) bzw. überhaupt mit

---

847 *Oetker* in: Münchener Kommentar zum BGB, § 249, Rn. 18 m.w.N.

848 Zur Tragweite der negativen wirtschaftlichen Folgen für den Anbieter und Anwender einer Online-Plattform bei einem Verfügbarkeitsausfall: *Kian*, Cloud Computing, S. 49.

849 *Oetker* in: Münchener Kommentar zum BGB, § 252, Rn. 37 m.w.N.

einem solchen computergenerierten Nachrichtentext (kein Verfügbarkeitsausfall) nach dem gewöhnlichen Lauf der Dinge mit Wahrscheinlichkeit erwartet werden konnten.

Der Schaden kann auch darin bestehen, dass das Medienunternehmen von einem Rezipienten oder einem Dritten aufgrund eines falschen Nachrichtentextinhalts in Anspruch genommen und zum Schadensersatz verpflichtet wird. In diesem Fall würde der Schaden des Medienunternehmens in der Gestalt der Belastung mit einer Verbindlichkeit bestehen, sodass die Rechtsfolge nach § 249 Abs. 1 BGB die Herstellung auf Schuldbefreiung wäre.[850] Nach ständiger Rechtsprechung des BGH muss jedoch für das Bestehen eines Schadensersatzanspruchs auf Befreiung von einer Verbindlichkeit der Anspruchssteller mit der Verbindlichkeit gegenüber dem Dritten tatsächlich beschwert sein.[851] Auf den automatisierten Journalismus übertragen muss also tatsächlich ein Anspruch des Dritten[852] gegenüber dem Medienunternehmen bestehen, sodass noch nicht vorhandene, aber mögliche Ansprüche nicht genügen.

d) Haftungssubjekt

Im Rahmen der Mängelhaftung bei SaaS-Verträgen haftet der Computerprogrammanbieter als Vertragspartner des Medienunternehmens. Dies liegt daran, dass bei bestehenden Schuldverhältnissen der Grundsatz der „Relativität der Schuldverhältnisse“ bzw. „Relativität der Rechtsgeschäftswirkungen“ gilt, d.h. die Rechtswirkungen des Schuldverhältnisses beschränken sich auf die an diesem Schuldverhältnis Beteiligten und beziehen Dritte nicht mit ein.[853]

In der ersten und dritten Konstellation[854] können das Schuldverhältnis und die Haftungslage anders ausgestaltet sein, da in diesen Konstellationen der Anbieter des Computerprogrammes bzw. der Software nicht gleichzeitig der Hersteller ist.

Wenn in der ersten Konstellation das Medienunternehmen in Folge eines Sach- oder Rechtsmangels nach § 536a Abs. 1 Var. 2 BGB für einen nach

850 Vgl. *Schiemann* in: Staudinger, 2017, § 249, Rn. 189 m.w.N.

851 Statt aller BGH, NJW 2007, 1809, 1811.

852 In Betracht kommt als Dritter nicht nur der Rezipient, sondern auch der von dem Inhalt des computergenerierten Nachrichtentextes Betroffene.

853 *Olzen* in: Staudinger, 2019, § 241, Rn. 303; *Mansel* in: Jauernig Bürgerliches Gesetzbuch, § 241, Rn. 4; *Bachmann* in: Münchener Kommentar zum BGB, § 241, Rn. 11. Anders ist dies bei der deliktsrechtlichen Haftung, siehe 3. Kap. A. III. 2.

854 Siehe 3. Kap. III. vor 1.

Vertragsschluss eintretenden Mangel Schadensersatz verlangt[855], ist eine Verschuldenszurechnung der Handlung des Softwareherstellers für eine Haftung des Computerprogrammanbieters nach § 278 S. 1 BGB denkbar, sofern der Hersteller als Erfüllungsgehilfe gesehen wird. Denn unter den drei Varianten wird nur in § 536a Abs. 1 Var. 2 BGB das Vertretenmüssen des Vermieters vorausgesetzt.[856] Hierunter fällt nur der Sachmangel in Gestalt eines Verfügbarkeitsausfalls, weil dieser nur während des Vertragsverhältnisses auftreten kann und weil sowohl der Sachmangel in Gestalt eines fehlerhaften Algorithmus als auch etwaige Rechtsmängel als anfängliche Mängel in der Regel nur bei Vertragsschluss vorliegen können. Bei einem Verfügbarkeitsausfall scheidet eine Verschuldenszurechnung allerdings nach § 278 S. 1 BGB schon deswegen aus, weil den Softwarehersteller üblicherweise kein Verschulden dahingehend trifft, dass das Computerprogramm auf der Online-Plattform für einen bestimmten Zeitraum nicht zur Verfügung steht. Denn die Verfügbarkeit des Computerprogramms auf der Online-Plattform bezieht sich lediglich auf den SaaS-Vertrag zwischen dem Computerprogrammanbieter und dem Medienunternehmen.[857]

Sofern in der dritten Konstellation[858] das Medienunternehmen eine Software für die Nachrichtentextgenerierung vom Softwarehersteller erwirbt und keine Personenidentität zwischen dem Softwareanbieter und dem Softwarehersteller besteht, kommt eine Verschuldenszurechnung nach § 278 S. 1 BGB im Rahmen von Schadensersatzansprüchen nach § 280 BGB[859] wegen beispielsweise fehlerhafter Algorithmen in Betracht, wie folgender Beispiel zeigt.

Das Medienunternehmen M schließt einen Softwareüberlassungsvertrag (SÜV) über die dauerhafte Überlassung einer Software für die Nachrichtentextgenerierung mit dem Softwareanbieter A, um Nachrichtentexte für seine (M) Online-Zeitschrift generieren zu lassen. A schließt mit dem Softwarehersteller H ebenfalls einen SÜV über die dauerhafte Überlassung einer Software für die Nachrichtentextgenerierung.[860] *Ein Algorithmus*

855 Siehe 3. Kap. A. III. 1. c).

856 Im Falle des Bestands eines Mangels bei Vertragsschluss (§ 536a Abs. 1 Var. 1 BGB) oder des Verzugs des Vermieters mit der Mängelbeseitigung (§ 536a Abs. 1 Var. 3 BGB) ist kein Vertretenmüssen des Vermieters erforderlich.

857 Siehe 3. Kap. A. I. 4. d) cc).

858 Siehe 3. Kap. A. III. vor 1.

859 Auf die genaue Bestimmung des Schadensersatzanspruchs und der Pflichtverletzung wird an dieser Stelle verzichtet, da der Fokus auf der Verschuldenszurechnung nach § 278 S. 1 BGB liegt.

860 Zur vertragstypologischen Einordnung von SÜV zur dauerhaften Überlassung einer Software siehe 3. Kap. B. I.

dieser Software ist fehlerhaft programmiert, sodass inhaltlich fehlerhafte Nachrichtentexte entstehen.

In diesem Fall ist davon auszugehen, dass der Softwarehersteller H durch die fehlerhafte Programmierung eines Algorithmus nach § 276 Abs. 1 BGB schuldhaft gehandelt hat. Diese Verschuldenshandlung müsste H als Erfüllungsgehilfe des Softwareanbieters A bei der Erfüllung der Verbindlichkeit aus dem SÜV aus dem Vertrag zwischen dem Softwarehersteller H und dem Softwareanbieter A begangen haben. Erfüllungsgehilfe ist nach ständiger Rechtsprechung des BGH, wer bei der Erfüllung der dem Schuldner obliegenden Verbindlichkeit mit seinem Willen als seine Hilfsperson tätig wird.[861] Allerdings ist nach ständiger Rechtsprechung des BGH der Hersteller in der Konstellation „Hersteller - Verkäufer - Käufer" kein Erfüllungsgehilfe des Verkäufers gem. § 278 S. 1 BGB.[862] Die Begründung des BGH für die Ablehnung ist, dass der Verkäufer dem Käufer nach § 433 BGB lediglich die Übergabe und Übereignung der Sache und gerade nicht die Herstellung des Werkes schulde, und sich dieser nicht an den Hersteller als seine Hilfsperson für die Erfüllung dieser Pflicht wende.[863]

Dieser Ansicht ist allein wegen des Gesetzeswortlauts des § 278 S. 1 BGB zuzustimmen. Entscheidend ist die Voraussetzung „zur Erfüllung seiner Verbindlichkeit". Hierbei ist zu fragen, ob die Leistung des Dritten dem Pflichtenkreis des Schuldners zuzuordnen ist,[864] d.h. ob die Herstellung der Software für die Nachrichtentextgenerierung seitens des Softwareherstellers dem Pflichtenkreis des Softwareanbieters zugewiesen ist. Wenn es sich um zwei verschiedene Vertragsarten zwischen den Akteuren handelt, wie in der ersten Konstellation[865], in der ein SÜV mit dauerhafter Überlassung eines Computerprogramms für die Nachrichtentextgenerierung zwischen dem Softwarehersteller und dem Softwareanbieter mit dem Inhalt der „Herstellung und ggf. Lieferung einer Sache" und ein SÜV mit dauerhafter Überlassung eines Computerprogramms für die Nachrichtentextgenerierung zwischen dem Softwareanbieter und dem Medienunternehmen mit dem Inhalt des „Verkaufs einer Sache" vorliegen, handelt es sich um jeweils andere Verbindlichkeiten des Softwareherstellers und des Softwareanbieters. In dieser Konstellation ist somit eine Zurechnung gem. § 278

861 Statt aller BGH, NJW 1978, 1157, 1157.

862 BGHZ 177, 224, 235; BGH, NJW 1978, 1157, 1157.

863 BGHZ 48, 118, 121.

864 Statt aller *Stadler* in: Jauernig Bürgerliches Gesetzbuch, § 278, Rn. 6.

865 Siehe 3. Kap. A. vor I.

S. 1 BGB nicht anzunehmen, sodass dem Softwareanbieter kein Verschulden des Softwareherstellers zugerechnet werden kann.[866]

Im vertraglichen Schuldverhältnis zwischen dem Computerprogrammanbieter und dem Medienunternehmen scheidet somit in jeder Konstellation[867] eine Verschuldenszurechnung nach § 278 S. 1 BGB aus. Haftungssubjekt ist somit in aller Regel der Anbieter des Computerprogramms bzw. der Software.

e) Anspruchskürzung

Der Umfang eines Schadensersatzanspruches nach § 536a Abs. 1 BGB[868] (erste und zweite Konstellation) bzw. § 437 Nr. 3 BGB (dritte und vierte Konstellation)[869] könnte jedoch aufgrund eines Mitverschuldens des Medienunternehmens nach § 254 Abs. 1 BGB reduziert werden, wenn für die Entstehung des Schadens ein Verschulden des Medienunternehmens mitgewirkt hat. Die Voraussetzung für ein Mitverschulden ist, dass der Geschädigte „die Sorgfalt außer Acht gelassen hat, die ein verständiger Mensch im eigenen Interesse aufwendet, um sich vor einem Schaden zu bewahren".[870]

Im Rahmen eines Verfügbarkeitsausfalls beim SaaS-Vertrag ist eine Sorgfaltspflichtverletzung[871] seitens des Medienunternehmens abzulehnen, da auch ein verständiger Mensch nicht hätte erkennen können, dass die Online-Plattform für die Nachrichtentextgenerierung zu einem bestimmten Zeitpunkt nicht verfügbar war.

---

866 Anders wäre der Fall, wenn ein Online-Plattformbetreiber das Computerprogramm auf einer Online-Plattform bereitstellt, damit das Medienunternehmen die Nachrichtentexte auf dieser Online-Plattform generieren kann und ein Vertrag zwischen dem Online-Plattformbetreiber und dem Computerprogrammanbieter geschlossen wurde. In diesem Fall würde die Erfüllung einer Verbindlichkeit seitens des Online-Plattformbetreibers durch die Bereitstellung der Online-Plattform einschlägig sein. Kommt es zu einem Verfügbarkeitsausfall, würde der Computerprogrammanbieter in der Regel nach § 278 S. 1 BGB das Verschulden des Online-Plattformbetreibers zu vertreten haben: vgl. *Meents* in: Cloud Computing, § 4, Rn. 95.

867 Siehe 3. Kap. A. III. vor 1.

868 Auch bei dem verschuldensunabhängigen Schadensersatzanspruch nach § 536a Abs. 1 Var. 1 BGB kann sich ein Mitverschulden nach § 254 Abs. 1 BGB auf den Anspruchsumfang auswirken: *V Emmerich* in: Staudinger, 2021, § 536a, Rn. 25.

869 Ebd.

870 *Oetker* in: Münchener Kommentar zum BGB, § 254, Rn. 30 m.w.N.

871 Streng genommen handelt es sich um eine Obliegenheit, wobei im Rahmen dieser Arbeit wegen des feststehenden Begriffes der „Sorgfaltspflicht" von einer Pflicht gesprochen wird.

Anders zu beurteilen ist die Sorgfalt bei der Nachrichtentextgenerierung unter Benutzung eines Computerprogramms mit einem fehlerhaften Algorithmus. Die hiermit verbundene Pflicht ist die sog. „Sorgfaltspflicht der redaktionellen Prüfung“ (aa)). Ein Verstoß hiergegen würde ein Verschulden nach § 254 Abs. 1 BGB i.V.m. § 276 Abs. 1 BGB begründen und somit zu einer Anspruchskürzung führen (bb)).

aa) Sorgfaltspflicht der redaktionellen Prüfung

Die Begründung für eine Sorgfaltspflicht der redaktionellen Prüfung wird darin gesehen, dass aufgrund der verfassungsrechtlich garantierten Pressefreiheit lediglich die wahrheitsgemäße Berichterstattung geschützt ist,[872] weshalb die Wahrhaftigkeit journalistischer Beiträge durch eine Sorgfaltspflicht gewahrt werden soll. Insofern soll einer Berichterstattung mit fehlerhaften Nachrichteninhalten vorgebeugt werden.

Die Sorgfaltspflicht der redaktionellen Prüfung ergibt sich aus § 1 Abs. 4 TMG i.V.m. § 6 Abs. 1 MStV, den Pressegesetzen der Länder[873], und § 1 Abs. 4 TMG i.V.m. § 19 Abs. 1 S. 3 MStV.[874]

Nach § 1 Abs. 4 TMG i.V.m. § 6 Abs. 1 MStV haben „Berichterstattung und Informationssendungen [...] den anerkannten journalistischen Grundsätzen, auch beim Einsatz virtueller Elemente, zu entsprechen“ (S. 1), „müssen unabhängig und sachlich sein“ (S. 2) und „Nachrichten sind vor ihrer Verbreitung mit der nach den Umständen gebotenen Sorgfalt auf Wahrheit und Herkunft zu prüfen“ (S. 3). Zwar ist hier die Sorgfaltspflicht deutlich zu erkennen, allerdings gilt § 6 MStV nur für den Rundfunk und nicht für Telemedien.[875] Insofern hat § 1 Abs. 4 TMG i.V.m. § 6 Abs. 1 MStV beim automatisierten Journalismus nach heutigem Stand keine Relevanz.

Die Sorgfaltspflichten nach den Pressegesetzen der Länder und damit beispielhaft auch nach § 6 Hamburgisches Pressegesetz finden nur auf Printmedien Anwendung. Nach § 6 S. 1 Hamburgisches Pressegesetz hat die Presse die Pflicht,

872 *Fechner*, Medienrecht, Kap. 8, Rn. 112.

873 *Weberling*, NJW 2018, 735 (736); *Fechner*, Medienrecht, Kap. 8, Rn. 112; vgl. *Weyhe* in: Hamburger Kommentar Gesamtes Medienrecht, 37. Abschnitt, Rn. 3.

874 Vgl. *Schierbaum*, Sorgfaltspflichten von professionellen Journalisten und Laienjournalisten im Internet, S. 256 f. Im Folgenden werden Verweise auf den ehemals geltenden Rundfunkstaatsvertrag in Gesetzen oder in der Literatur als Verweise auf den aktuell geltenden Medienstaatsvertrag betrachtet.

875 Zur verfassungsrechtlichen Herleitung der journalistischen Sorgfaltspflichten: *Weyhe* in: Hamburger Kommentar Gesamtes Medienrecht, 37. Abschnitt, Rn. 4.

„alle Nachrichten vor ihrer Verbreitung mit der nach den Umständen gebotenen Sorgfalt auf Wahrheit, Inhalt und Herkunft zu prüfen".

Im Gegensatz dazu findet die Sorgfaltspflicht nach § 1 Abs. 4 TMG i.V.m. § 19 Abs. 1 S. 3 MStV auf elektronische Medien, also den Online-Journalismus, Anwendung.[876] Denn gem. § 19 Abs. 1 S. 1 MStV haben „Telemedien mit journalistisch-redaktionell gestalteten Angeboten, in denen insbesondere vollständig oder teilweise Inhalte periodischer Druckerzeugnisse in Text oder Bild wiedergegeben werden, [...] den anerkannten journalistischen Grundsätzen zu entsprechen". Die Sorgfaltspflicht beinhaltet nach § 1 Abs. 4 TMG i.V.m. § 19 Abs. 1 S. 3 MStV, dass der Nachrichtenanbieter die Nachrichten „vor ihrer Verbreitung mit der nach den Umständen gebotenen Sorgfalt auf Inhalt, Herkunft und Wahrheit zu prüfen [hat]." Diese Regelung für Telemedienanbietern mit journalistisch-redaktionell gestalteten Angeboten ist für die im Online-Journalismus tätigen Medienunternehmen relevant, da aufgrund der Massenkommunikation die Anforderungen an die journalistischen Sorgfaltspflichten weitreichender sind als für andere Medienunternehmen.[877] Adressat der Sorgfaltspflicht nach § 1 Abs. 4 TMG i.V.m. § 19 Abs. 1 S. 3 MStV sind unter anderem Online-Ableger[878] der traditionellen Presse.[879] Problematisch ist hingegen, ob die sonstige elektronische Presse, die keine periodischen Druckerzeugnisse i.S.d. § 19 Abs. 1 S. 1 MStV wiedergibt, ebenfalls Adressat dieser Sorgfaltspflicht ist.[880] Zwar ist diese nicht vom Wortlaut des § 19 Abs. 1 S. 1 MStV erfasst, jedoch sind die genannten periodischen Druckerzeugnisse nur als Beispiel aufgezählt, da der Gesetzgeber den Begriff „insbesondere" verwendet hat.[881] Innerhalb der elektronischen Presse sind sowohl die Personen als auch die Unternehmen Adressat der Sorgfaltspflichten, die die Nachrichteninhalte vorbereiten, herstellen und verbreiten.[882] Beim automatisierten Journalismus wäre somit auf das Medienunternehmen abzustellen.

876 *Weyhe* in: Hamburger Kommentar Gesamtes Medienrecht, 37. Abschnitt, Rn. 189.

877 Vgl. *Mann/Smid* in: Recht der elektronischen Medien, Siebter Teil, Rn. 8.

878 Zum Beispiel „FAZ.NET" oder „Sueddeutsche.de".

879 *Schierbaum*, Sorgfaltspflichten von professionellen Journalisten und Laienjournalisten im Internet, S. 334.

880 Ebd.

881 So auch *Schierbaum*, Sorgfaltspflichten von professionellen Journalisten und Laienjournalisten im Internet, S. 334.

882 *Schierbaum*, Sorgfaltspflichten von professionellen Journalisten und Laienjournalisten im Internet, S. 330 m.w.N.

(1) Maßstab und Umfang

Der Maßstab und der Umfang der journalistischen Sorgfaltspflicht ergeben sich nicht aus dem Wortlaut des § 1 Abs. 4 TMG i.V.m. § 19 Abs. 1 S. 3 MStV. Somit ist der Satzteil „nach den Umständen gebotenen Sorgfalt auf Inhalt, Herkunft und Wahrheit zu prüfen“ auszulegen.

Die „gebotene Sorgfalt“ wird von der weit verbreiteten Meinung als die „im Verkehr erforderliche Sorgfalt“ nach § 276 Abs. 2 BGB gesehen.[883] Um die Sorgfaltspflichten nicht zu überspannen, wird verlangt, dass die Sorgfaltspflichten stets im Lichte des Art. 5 Abs. 1 GG ausgelegt werden müssen und es deshalb ausreichend sei, wenn Journalisten sich um die Wahrheitsfindung ernsthaft und objektiv bemühen.[884] In welchem Maß ein solches Bemühen erforderlich ist, bestimmt sich nach der folgenden Je-desto-Formel: Je schwerwiegender die Folgen der Berichterstattungen sein können, desto intensiver muss die Überprüfung des Textes sein.[885] Hierbei dienen als Maßstab die Sozialsphäre, die Privatsphäre und die Intimsphäre im Rahmen des allgemeinen Persönlichkeitsrechts nach Art. 2 Abs. 1 i.V.m. Art. 1 Abs. 1 GG.[886]

Zum Umfang der Sorgfaltspflicht gehört hauptsächlich die sorgfältige Recherche,[887] worunter auch die Pflicht zur Überprüfung der Zuverlässigkeit der Informationsquellen fallen.[888]

Hinsichtlich der Informationsquellen gibt es sog. privilegierte Quellen, bei deren Nutzung eine Recherche auf Zuverlässigkeit entbehrlich ist.[889] Zu diesen

883 *Weyhe* in: Hamburger Kommentar Gesamtes Medienrecht, 37. Abschnitt, Rn. 190; *Schierbaum*, Sorgfaltspflichten von professionellen Journalisten und Laienjournalisten im Internet, S. 266 m.w.N.

884 *Schierbaum*, Sorgfaltspflichten von professionellen Journalisten und Laienjournalisten im Internet, S. 267 f. m.w.N.; vgl. auch *Weyhe* in: Hamburger Kommentar Gesamtes Medienrecht, 37. Abschnitt, Rn. 18.

885 *Schierbaum*, Sorgfaltspflichten von professionellen Journalisten und Laienjournalisten im Internet, S. 269 m.w.N; vgl. auch BVerfG, Beschluss vom 25.06.2009 - 1 BvR 134/03, Rn. 62.

886 *Schierbaum*, Sorgfaltspflichten von professionellen Journalisten und Laienjournalisten im Internet, S. 272 m.w.N.

887 *Schierbaum*, Sorgfaltspflichten von professionellen Journalisten und Laienjournalisten im Internet, S. 287 m.w.N.

888 *Schierbaum*, Sorgfaltspflichten von professionellen Journalisten und Laienjournalisten im Internet, S. 290.

889 *Schierbaum*, Sorgfaltspflichten von professionellen Journalisten und Laienjournalisten im Internet, S. 291 m.w.N.

gehören amtliche Äußerungen (sog. Behördenprivileg).[890] Eine Einschränkung ergibt sich hierbei, wenn Mitteilungen evident falsch, widersprüchlich sind oder widerrufen wurden.[891] Weiterhin umfasst von den privilegierten Quellen sind Gutachten und wissenschaftliche Erkenntnisse von Fachleuten (sog. Expertenprivileg).[892] Auch die Informationen von Nachrichtenagenturen, wie die Agence France-Presse (AFP), die Associated Press (AP), die Deutsche Presse-Agentur (dpa), der Deutsche Depeschendienst (ddp), Reuters oder der Evangelische Pressedienst (epd), sind den privilegierten Quellen zuzuordnen (sog. Agenturprivileg).[893] Diese drei Privilegien haben die größte Relevanz, weswegen sich diese Arbeit auf diese beschränkt.

(2) Anwendung beim automatisierten Journalismus

Die oben beschriebene Sorgfaltspflicht lässt sich auf den automatisierten Journalismus übertragen.

Auf den ersten Blick ist die Pflicht der eigenen Recherche von Informationen problematisch. Denn bei computergenerierten Nachrichtentexten, die ohne nachträgliche Bearbeitung publiziert werden, handelt es sich um nicht selbst Erdachtes und Formuliertes des Journalisten und die Recherche von Informationen findet in der Regel nicht statt, da lediglich Daten dem Computerprogramm für die Nachrichtentextgenerierung zugefügt werden, die schon erhoben wurden. Jedoch können auch fremde Inhalte journalistisch verarbeitet werden, ohne dass die Sorgfaltspflicht entfällt.[894] Solche fremden Inhalte können beispielsweise aus den beschriebenen privilegierten Quellen stammen. Ob die Daten vom Datenlieferanten dem Schutz der privilegierten Quellen unterliegen, hängt von dem jeweiligen Datenlieferanten ab. Oftmals werden Daten von Nachrichtenagenturen übernommen, wie beispielsweise vom Sport-Informations-Dienst (SID)[895], sodass das Agenturprivileg greift. Amtliche Mitteilungen, wie z.B.

890 *Schierbaum*, Sorgfaltspflichten von professionellen Journalisten und Laienjournalisten im Internet, S. 291.

891 *Schierbaum*, Sorgfaltspflichten von professionellen Journalisten und Laienjournalisten im Internet, S. 293.

892 *Schierbaum*, Sorgfaltspflichten von professionellen Journalisten und Laienjournalisten im Internet, S. 294.

893 *Schierbaum*, Sorgfaltspflichten von professionellen Journalisten und Laienjournalisten im Internet, S. 295; vgl. KG, 10 U 247/06, ZUM 2008, 59, 60.

894 *Schierbaum*, Sorgfaltspflichten von professionellen Journalisten und Laienjournalisten im Internet, S. 280.

895 Siehe 1. Kap. F. I.

amtliche Unwetterwarnungen des Deutschen Wetterdienstes[896], werden ebenfalls im automatisierten Journalismus für Wettermeldungen verwendet und unterfallen dem Behördenprivileg. Insofern besteht auch hier keine Sorgfalts- und Überprüfungspflicht für Medienunternehmen. Für den Fall, dass diese amtlichen Mitteilungen inhaltlich fehlerhafte Daten beinhalten, wird von einem Amtshaftungsanspruch gem. § 839 Abs. 1 BGB i.V.m. Art. 34 Abs. 1 GG gegen den Staat ausgegangen.[897] Ein Verstoß gegen die Sorgfaltspflicht der redaktionellen Prüfung seitens des Medienunternehmens wäre nur dann begründet, wenn die Wetterdaten beispielsweise evident falsch sind.[898]

Unabhängig von den privilegierten Quellen gilt, dass eine umso intensivere Überprüfung des computergenerierten Nachrichtentextes vorgenommen werden muss, je schwerwiegender die Folgen der Berichterstattungen sein können.[899] Im Falle von lokalen Wettermeldungen wäre eine intensive Überprüfung eher abzulehnen, wohingegen bei der Angabe von Aktienkursen eine intensive Überprüfung erforderlich wäre.[900]

(3) Rechtsfolge bei Verstoß

Ein Verstoß des Medienunternehmens gegen seine Sorgfaltspflicht aus den Pressegesetzen der Länder und damit beispielhaft auch nach § 6 Hamburgisches Pressegesetz oder nach § 1 Abs. 4 TMG i.V.m. § 19 Abs. 1 S. 3 MStV zieht Rechtsfolgen mit sich. Der weitverbreiten Meinung nach kann ein Anspruch nicht aus dem TMG oder dem MStV hergeleitet werden, sondern richtet sich unter anderem nach dem Zivilrecht[901] und auch in Verbindung mit dem Strafrecht nach den §§ 185 ff. StGB[902]. Schon gar nicht gibt es einen Anspruch auf

---

896 Siehe § 4 Abs. 1 Nr. 3 des Gesetzes über den Deutschen Wetterdienst (DWD-Gesetz) vom 10. September 1998 (BGBl. I S. 2871).

897 *Schierbaum*, Sorgfaltspflichten von professionellen Journalisten und Laienjournalisten im Internet, S. 292 f. m.w.N.

898 Dies ist der Fall, wenn die Vorhersage der Temperatur irgendwo in Deutschland heutzutage mit 49 Grad Celsius angegeben wird.

899 Siehe hierzu: 3. Kap. A. III. 1. e) aa) (1).

900 Denn die Angabe Aktienkurse dient oftmals als Entscheidungsgrundlage für das Tätigen von Investitionen an der Börse.

901 *Schierbaum*, Sorgfaltspflichten von professionellen Journalisten und Laienjournalisten im Internet, S. 335; *Weyhe* in: Hamburger Kommentar Gesamtes Medienrecht, 37. Abschnitt, Rn. 221; vgl. *Fechner*, Medienrecht, Kap. 8, Rn. 116; vgl. *Heimann*, Der Pressekodex im Spannungsfeld zwischen Medienrecht und Medienethik, S. 86.

902 Vgl. *Schierbaum*, Sorgfaltspflichten von professionellen Journalisten und Laienjournalisten im Internet, S. 258.

wahrheitsgemäße Berichterstattung der Presse.[903] Auf verschuldensabhängige zivilrechtliche Ansprüche wirken sich die journalistischen Sorgfaltspflichten insofern aus, als ein Außerachtlassen das Verschulden i.S.d. § 276 Abs. 2 BGB begründet,[904] da die im Verkehr erforderliche Sorgfalt außer Acht gelassen wird.

bb) Fazit

Es ist interessengerecht, die Sorgfaltspflicht der redaktionellen Prüfung seitens des Medienunternehmens als erforderliche Sorgfalt anzunehmen. Ein Mitverschulden nach § 254 Abs.1 BGB ist anzunehmen, wenn ein Medienunternehmen seine Sorgfaltspflicht der redaktionellen Prüfung verletzt, da es in solch einem Falle nach § 276 Abs. 2 BGB die im Verkehr erforderliche Sorgfalt außer Acht lässt.

f) Rechtsfolge

Die Rechtsfolgen der Mängelhaftung richten sich entweder nach dem Vertragsinhalt (aa)) oder dem Gesetz (bb)).

aa) Vertragliche Rechtsfolge am Beispiel der Musterverträge

Hinsichtlich der vertraglichen Rechtsfolge von Mängeln ist der vertragliche Haftungsausschluss problematisch. Beide Musterverträge (von AX Semantics und Retresco) beinhalten Haftungsausschlüsse und zeigen damit auf, dass vertraglich vereinbarte Haftungsausschlüsse in der Praxis üblich sind.[905]

Gem. § 7 Nr. 1 S. 1 des Softwarenutzungsvertrags leistet AX Semantics die „Gewähr für die Aufrechterhaltung der vertraglich vorausgesetzten Beschaffenheit der Plattform und der ihr zugrunde liegenden Software".[906] Die Beschaffenheit des Computerprogramms wird demnach vertraglich vereinbart und die Haftung für Mängel ist somit nicht grundsätzlich ausgeschlossen.

Allerdings ist in § 3 Abs. 3 S. 2 des Softwarenutzungsvertrags geregelt, dass die verschuldensunabhängige Garantiehaftung[907] nach § 536a Abs. 1 Var. 1 BGB

903 So auch *Fechner*, Medienrecht, Kap. 8, Rn. 114.

904 So auch *Schierbaum*, Sorgfaltspflichten von professionellen Journalisten und Laienjournalisten im Internet, S. 258; *Heimann*, Der Pressekodex im Spannungsfeld zwischen Medienrecht und Medienethik, S. 89.

905 Zur gängigen Praxis vereinbarter Haftungsausschlüsse: *Jötten*, Logout: Zivilrechtliche Haftung im Rahmen ausgewählter Internetdienstleistungen, S. 213.

906 Anhang A1: *AX Semantics*, Softwarenutzungsvertrag, S. 6.

907 Zum Begriff siehe *V Emmerich* in: Staudinger, 2021, § 536a, Rn. 1 ff.

grundsätzlich ausgeschlossen ist.[908] Zwar ist ein formularmäßiger vertraglicher Ausschluss der Garantiehaftung, wie dieser, nach § 536a Abs. 1 Var. 1 BGB grundsätzlich zulässig,[909] jedoch sind vertraglichen Haftungsausschlüssen bestimmte Grenzen gesetzt. Nach § 536d BGB kann die Haftung für Mängel der Mietsache zulasten des Mieters nicht ausgeschlossen oder beschränkt werden, wenn der Vermieter den Mangel arglistig verschwiegen hat. Mit dem arglistigen Verschweigen wird Vorsatz vorausgesetzt.[910] Die Haftung bei Vorsatz ist in AX Semantics Softwarenutzungsvertrag gem. § 8 Nr. 1 a. aber nicht ausgeschlossen. Nach § 7 Nr. 3 S. 2 des Softwarenutzungsvertrags gilt grundsätzlich die Garantiehaftung nach § 536a Abs. 1 Var. 1 BGB. Ein Verstoß gegen § 536d BGB liegt hiermit nicht vor.

In den AGB von Retresco ist die verschuldensunabhängige Garantiehaftung nach § 536a Abs. 1 Var. 1 BGB zwar nicht wörtlich ausgeschlossen, jedoch ergibt sich der Ausschluss aus § 6 Abs. 2 S. 3 der AGB, wonach Retresco im Übrigen, gleich aus welchem Rechtsgrund, nicht haftet.[911] Allerdings wird auch hier nicht gegen § 536d BGB verstoßen, da nach § 6 Abs. 2 S. 1 der AGB eine unbeschränkte Haftung für Retresco bei Vorsatz vertraglich vorgesehen ist.

Dass in SaaS-Verträgen die verschuldensunabhängige Garantiehaftung nach § 536a Abs. 1 Var. 1 BGB grundsätzlich ausgeschlossen wird, verwundert nicht. Einerseits ist diese Haftung sehr stark, da ein Vertretenmüssen des Computerprogrammanbieters als Vermieter keine Haftungsvoraussetzung ist. Andererseits hat eine Garantiehaftung weitreichende Auswirkungen, da sich ein Fehler in dem Computerprogramm für die Nachrichtentextgenerierung auf sehr viele Medienunternehmen auswirken würde[912] und

908 Ebd.

909 BGH, NJW-RR 1991, 74, 75; *Häublein* in: Münchener Kommentar zum BGB, § 536a, Rn. 23; *Eisenschmid* in: Mietrecht Großkommentar des Wohn- und Gewerberaummietrechts, § 536a, Rn. 34; *Jötten*, Logout: Zivilrechtliche Haftung im Rahmen ausgewählter Internetdienstleistungen, S. 214. Dass grundsätzlich die Garantiehaftung nach § 536a Abs. 1 Var. 1 BGB ausgeschlossen werden kann, ergibt sich aus dem Umkehrschluss von § 536d BGB, wonach der Ausschluss nur unter bestimmten Voraussetzungen unzulässig ist.

910 *Häublein* in: Münchener Kommentar zum BGB, § 536d, Rn. 3; *Eisenschmid* in: Mietrecht Großkommentar des Wohn- und Gewerberaummietrechts, § 536d, Rn. 4.

911 Anhang A3: *Retresco*, Allgemeine Geschäftsbedingungen der Retresco GmbH für die Textgenerierungsplattform „rtr textengine.io", S. 3.

912 Zum „one-to-many-Modell" siehe 3. Kap. A. I. 4. a) aa).

der Computerprogrammanbieter gleichzeitig mehreren Ansprüchen ausgesetzt wäre.[913]

bb) Gesetzliche Rechtsfolge

Sowohl im Mietvertragsrecht als auch im Kaufvertrags- und Werkvertragsrecht richten sich die gesetzlichen Rechtsfolgen bei Mängeln nach den jeweiligen gesetzlichen Gewährleistungsregelungen.[914]

Probleme bei der Haftung ergeben sich insbesondere im Rahmen der Hauptpflicht der Zurverfügungstellung der Online-Plattform für die Nachrichtentextgenerierung. Die damit zusammenhängenden Gewährleistungsrechte richten sich nach §§ 536 ff. BGB.

Ein Problem im Rahmen der Garantiehaftung nach § 536a Abs. 1 Var. 1 BGB[915] kann in einer zu scharfen Haftung des Computerprogrammanbieters gesehen werden. Nach § 536a Abs. 1 Var. 1 BGB kann der Mieter Schadensersatz verlangen, wenn ein Mangel i.S.d. § 536 BGB bei Vertragsschluss vorhanden ist. Ein Verschulden wird hierbei gerade nicht vorausgesetzt. Bei Computerprogrammen für die Nachrichtentextgenerierung würde diese Haftung für den Computerprogrammanbieter greifen, wenn ein fehlerhafter Algorithmus vorliegt. Denn es liegt in der Natur eines Computerprogramms, dass ein fehlerhafter Algorithmus grundsätzlich auf einen Programmierfehler zurückzuführen ist, der schon „vor" Vertragsbeginn vorliegt und nicht erst „während" des Vertragsverhältnisses nach § 535 BGB entsteht.[916] Der Grund hierfür ist, dass das Computerprogramm in aller Regel zu einem Zeitpunkt programmiert wird, bevor

---

913 So auch *Jötten*, Logout: Zivilrechtliche Haftung im Rahmen ausgewählter Internetdienstleistungen, S. 213 f.; *Bettinger/Scheffelt*, CR 2001, 729 (738).

914 Die praxisnahe Rechtsfolge bei fehlerhaft programmierten Algorithmen ist, dass der Computerprogrammanbieter nach § 535 Abs. 1 S. 2 HS. 2 BGB „die Mietsache [...] während der Mietzeit in diesem Zustand zu erhalten" hat (z.B. durch Updates in Gestalt der Installation von Patches, damit mögliche Programmierfehler behoben werden). So auch *Meents* in: Cloud Computing, § 4, Rn. 90.

915 Zur Begrifflichkeit „Garantiehaftung": *Häublein* in: Münchener Kommentar zum BGB, § 536a, Rn. 23; *Eisenschmid* in: Mietrecht Großkommentar des Wohn- und Gewerberaummietrechts, § 536a, Rn. 2.

916 Siehe auch *Marly*, Praxishandbuch Softwarerecht Rn. 1207. Anders sind Verfügbarkeitsausfälle zu behandeln, da diese erst während des Vertragsverhältnisses entstehen, sodass es in dem Fall nach § 536a Abs. 1 Var. 2 BGB auf das Vertretenmüssen des Vermieters ankommt, siehe 3. Kap. A. III. 1. d).

das Mietverhältnis begonnen wird, sodass der Computerprogrammanbieter als Vermieter verschuldensunabhängig nach § 536a Abs. 1 Var. 1 BGB haftet.

Das Problem hierzu ergibt sich erst durch einen Vergleich mit einem anderen Schuldverhältnis, bei dem eine verschuldensunabhängige Haftung nicht existiert. Bei der Softwareüberlassung auf Dauer, die im Rahmen des automatisierten Journalismus ebenfalls denkbar ist, kommt es zu keiner verschuldensunabhängigen Haftung, da hier kein Mietrecht anwendbar ist.[917] Auch bei dieser Softwareüberlassung könnte der gleiche Sachmangel (fehlerhafter Algorithmus) eine Haftung auslösen, die jedoch milder ausfällt.

Insofern stellt sich die Frage, ob eine verschärfte Garantiehaftung nach § 536a Abs. 1 Var. 1 BGB bei einem SaaS-Vertrag infolge eines fehlerhaften Algorithmus angemessen ist.

Für die Anwendung der Garantiehaftung nach § 536a Abs. 1 Var. 1 BGB spricht die erhöhte Wahrscheinlichkeit eines aus dem Sachmangel (fehlerhaft programmierter Algorithmus) resultierenden Schadens. Die Richtigkeit eines Algorithmus ist für einen Computerprogrammanwender mangels Fachwissens schwer einsehbar, da der Computerprogrammhersteller das Computerprogramm programmiert hat.[918] Somit wird ein fehlerhafter Algorithmus als anfänglicher Sachmangel bei Computerprogrammen für die Nachrichtentextgenerierung erst sichtbar, wenn der computergenerierte Nachrichtentext fehlerhafte Inhalte abbildet. Werden diese vor der Veröffentlichung nicht erkannt, kann es zu Schäden kommen. Die Wahrscheinlichkeit eines Schadens ist hierbei somit größer als bei anderen Fällen, in denen ein anfänglicher Sachmangel schon sichtbar ist und noch keinen Schaden verursacht hat, da in diesem Fall der Sachmangel schneller entdeckt und behoben werden kann. Folglich ist es angemessen, dass der Computerprogrammanbieter umfangreicher haftet als ein Softwareverkäufer. Demnach wäre die Anwendbarkeit der verschärften Garantiehaftung nach § 536a Abs. 1 Var. 1 BGB angemessen.

Gegen die Anwendung der Garantiehaftung nach § 536a Abs. 1 Var. 1 BGB spricht, dass es nicht interessengerecht ist, wenn lediglich von dem Zeitpunkt des Vorliegens eines Mangels abhängt, ob hierdurch eine verschuldensunabhängige Haftung (§ 536a Abs. 1 Var. 1 BGB) oder eine verschuldensabhängige Haftung (§ 536a Abs. 1 Var. 2 BGB) entsteht. Bei fehlerhaft programmierten

917 Siehe 3. Kap. A. I. 4. d) cc).

918 Dies gilt nur für die erste und dritte Konstellation, bei denen keine Personenidentität zwischen dem Computerprogrammhersteller und dem -anbieter vorliegt: siehe 3. Kap. A. III. vor 1.

Computerprogrammen liegt deswegen immer ein anfänglicher Sachmangel vor, sodass das Vertretenmüssen des Computerprogrammherstellers/-anbieters irrelevant ist.[919] Dies ist bei anderen Mietsachen anders, da dort im Laufe der Nutzung der Mietsache Sachmängel entstehen können und das Vertretenmüssen des Vermieters für die Haftung gem. § 536a Abs. 1 Var. 2 BGB relevant ist. Solch eine Differenzierung könnte aufgrund der Natur der Mietsache nicht interessengerecht sein.[920]

Die Argumente beider Seiten sind nachvollziehbar. Dennoch ist der Ansicht zuzustimmen, die eine verschärfte Haftung nach § 536a Abs. 1 Var. 1 BGB für den Computerprogrammanbieter im Falle eines Sachmangels des Computerprogramms für die Nachrichtentextgenerierung bejaht. Erstens spricht der Gesetzeswortlaut für die Anwendung, da dieser einen anfänglichen Mangel voraussetzt, der in aller Regel bei Programmierfehlern vorliegt. Zweitens ist eine verschuldensunabhängige Haftung des Computerprogrammanbieters deshalb angemessen, weil ein solcher Sachmangel meistens unentdeckt bleibt und sich erst in dem fehlerhaften Produkt in Gestalt eines fehlerhaften Nachrichtentextinhalts zeigt. Drittens kann der Computerprogrammanbieter den Softwarehersteller im Falle eines Schadensfalles in Anspruch nehmen[921] und somit seinen zu leistenden Schadenersatz gegenüber dem Medienunternehmen kompensieren.[922] Die Folge wäre, dass der Computerprogrammanbieter gegenüber dem Medienunternehmen und der Softwarehersteller gegenüber dem Computerprogrammanbieter haftet. Dies ist aus Billigkeitsgesichtspunkten angemessen, weil am Ende der Haftungskette derjenige Akteur steht, aus dessen Sphäre der Mangel stammt und dieser Schadensersatz zu leisten hat. Wenn es zu einem Verfügbarkeitsausfall der Online-Plattform kommt, würde der Computerprogrammanbieter haften und könnte den Softwarehersteller nicht in Anspruch nehmen.

Darüber hinaus ist bei der Garantiehaftung nach § 536a Abs. 1 Var. 1 BGB problematisch, dass der Rechtsprechung und der weitverbreiteten Ansicht der Literatur zufolge der Vermieter auch für Mangelfolgeschäden haftet.[923] Ein

---

919 *Marly*, Praxishandbuch Softwarerecht Rn. 1209.

920 Vgl. *Marly*, Praxishandbuch Softwarerecht Rn. 1209.

921 Siehe hierzu 3. Kap. B. II.

922 Dieses Argument kann sich nur auf die erste Konstellation beziehen, siehe 3. Kap. A. III. vor 1.

923 BGH, NJW 1972, 944, 945; BGH, NJW 1971, 424, 425; *Scheuch* in: Bürgerliches Gesetzbuch - Handkommentar, § 536a, Rn. 10; *Eisenschmid* in: Mietrecht Großkommentar des Wohn- und Gewerberaummietrechts, § 536a, Rn. 80; *Meents* in: Cloud Computing, § 4, Rn. 97; *Roth-Neuschild* in: Handbuch IT- und Datenschutzrecht, § 13, Rn. 178.

Mangelfolgeschaden ist ein Schaden, der aufgrund eines Mangels des Vertragsgegenstands eintritt und unabhängig von dem mit dem Vertrag zusammenhängenden Rechtsgütern besteht.[924] Zu denken ist an den Fall, dass in einem Computerprogramm für die Nachrichtentextgenerierung ein fehlerhafter Algorithmus programmiert wurde, wodurch ein inhaltlich fehlerhafter Nachrichtentext generiert wird und es daraufhin zu einem Schaden kommt.[925]

Zwar kann auch bei diesem Punkt eingewendet werden, dass dies zu einer ausufernden Haftung für den Vermieter führt und somit Mangelfolgeschäden aus Billigkeitsgründen nicht unter den Schadensumfang des § 536a Abs. 1 Var. 1 BGB fallen sollen. Allerdings sprechen für die Einbeziehung des Mangelfolgeschadens in den Schadensumfang des § 536a Abs. 1 Var. 1 BGB die gleichen Argumente, wie die bei dem in diesem Unterabschnitt erklärten Problem zu der Anwendung der Garantiehaftung nach § 536a Abs. 1 Var. 1 BGB.

2. *Deliktsrechtliche Haftung*

Eine deliktsrechtliche Haftung des Computerprogrammanbieters gegenüber dem Medienunternehmen scheidet grundsätzlich mangels Rechtsgutsverletzung im Rahmen der Haftung aus unerlaubter Handlung aus (a)). Auch eine Produkthaftung ist abzulehnen (b)).

a) Haftung aus unerlaubter Handlung

Unter der Haftung aus unerlaubter Handlung wird verstanden, dass der Computerprogramm-/Softwareanbieter eine unerlaubte Handlung begeht und hierdurch ein bestimmtes Rechtsgut des Medienunternehmens verletzt (§ 823 Abs. 1 BGB) oder gegen ein Schutzgesetz verstößt (§ 823 Abs. 2 BGB). Zunächst stellt sich die Frage nach dem richtigen Haftungssubjekt (aa)). Zudem kommt die Verletzung des Rechts am eingerichteten und ausgeübten Gewerbebetrieb des Computerprogramm-/Softwareanbieters gegenüber dem Medienunternehmen in Betracht (bb)).

aa) Haftungssubjekt

Anders als bei der Mängelhaftung muss sich ein deliktsrechtlicher Anspruch nicht gegen den Vertragspartner richten, sondern Haftungssubjekt kann

---

924 Statt aller *Berger* in: Jauernig Bürgerliches Gesetzbuch, § 437, Rn. 15; vgl. *Westermann* in: Münchener Kommentar zum BGB, § 437, Rn. 32.

925 Zum Schaden siehe 3. Kap. A. III. 1. c).

grundsätzlich jedermann sein. Denn deliktsrechtliche Ansprüche können losgelöst von vertraglichen Schuldverhältnissen bestehen, obgleich sie selbst ein gesetzliches Schuldverhältnis begründen.[926] Die Haftung richtet sich danach, wer im Rahmen einer Verletzungshandlung gehandelt hat.[927] Bei deliktsrechtlichen Ansprüchen, wie dem Anspruch nach § 823 Abs. 1 BGB, ist ein Verschulden nach § 276 Abs. 1 BGB erforderlich.

(1) Computerprogramm

Denkbar ist, das Computerprogramm an sich als Haftungssubjekt zu bestimmen, da das „Handeln" des Computerprogramms darin gesehen werden kann, dass es aufgrund eines fehlerhaft programmierten Algorithmus einen Nachrichtentext mit fehlerhaftem Inhalt generiert hat.

Allerdings kann das Computerprogramm an sich kein Haftungssubjekt sein, da es diesem an der „Verschuldensfähigkeit" nach § 276 Abs. 1 BGB mangelt. Ebenso wenig kann dem Computerprogramm de lege lata eine Handlungsfähigkeit zugeschrieben werden.[928]

(2) Computerprogramm-/Softwarehersteller

Als Haftungssubjekt kommt in aller Regel der Computerprogramm-/Softwarehersteller in Betracht, da seine deliktsrechtliche Handlung in der fehlerhaften Programmierung[929] zu sehen ist und somit als Verletzungshandlung unmittelbar kausal für den daraus entstandenen Schaden war. Relevant ist die Haftung des Computerprogramm-/Softwareherstellers in diesem Abschnitt nur in der zweiten und vierten Konstellation, da in diesen Konstellationen der Computerprogramm-/Softwareanbieter gleichzeitig der Computerprogramm-/Softwarehersteller ist.

---

926 *Staudinger* in: Bürgerliches Gesetzbuch - Handkommentar, Vorbemerkung zu §§ 823-853, Rn. 1; vgl. *Teichmann* in: Jauernig Bürgerliches Gesetzbuch, Vorbemerkungen, Unerlaubte Handlungen, Rn. 1.

927 Statt aller *John*, Haftung für künstliche Intelligenz, S. 245.

928 Siehe auch 2. Kap. B. II. 1. d) bb) (3) (b).

929 Eine Ansicht der Literatur nimmt keine Personenidentität zwischen dem Computerprogrammhersteller und dem -programmierer an: *John*, Haftung für künstliche Intelligenz, S. 66. In der vorliegenden Arbeit ist der Programmierer des Computerprogramms jedoch gleichzeitig auch der Hersteller des Computerprogramms.

(3) *Computerprogramm-/Softwareanbieter*

Bezüglich einer Rechtsgutsverletzung infolge der fehlerhaften Programmierung eines Algorithmus ist der Computerprogramm-/Softwareanbieter als Haftungssubjekt abzulehnen, da dieser das Computerprogramm in aller Regel nicht programmiert hat.[930]

Anders wäre die Haftungslage bei einem Verfügbarkeitsausfall, wenn der Computerprogramm-/Softwareanbieter die Online-Plattform betreibt und Maßnahmen gegen einen Verfügbarkeitsausfall hätte ergreifen können. In diesem Fall wäre der Computerprogramm-/Softwareanbieter das richtige Haftungssubjekt.

bb) *Verletzung des Rechts am eingerichteten und ausgeübten Gewerbebetrieb*

Unter der Verletzung des „Rechts am eingerichteten und ausgeübten Gewerbebetrieb", die auf die Rechtsprechung des RG zurückgeht, versteht auch die Rechtsprechung des BGH jeden Eingriff, der sich auf eine bestimmte Art und Weise unmittelbar gegen den Betrieb als solchen richtet und damit betriebsbezogen ist, und der keine ablösbaren Rechte und Rechtsgüter des Gewerbebetriebs betrifft.[931] Dem RG zufolge müsse sich der betriebsbezogene Eingriff „unmittelbar gegen den Bestand des Gewerbebetriebes richten, sei es, dass dieser tatsächlich gehindert oder dass seine rechtliche Zulässigkeit verneint und seine Schließung oder Einschränkung verlangt wird".[932] Der Kundenstamm sowie die geschäftlichen Beziehungen werden ebenfalls zum Bestand des Gewerbebetriebs gezählt.[933] Beim ASP, und damit auch beim SaaS, sieht eine Ansicht der Literatur einen betriebsbezogenen Eingriff nur dann als gegeben, wenn das Unternehmen in eine „wirtschaftliche Schieflage" gerät, da andernfalls die Haftung des Anbieters ausufern würde.[934]

Hieraus lässt sich schließen, dass die Hürden für eine Verletzung des Rechts am eingerichteten und ausgeübten Gewerbebetrieb relativhoch sind. Es werden jedoch Einschränkungen vorgenommen,[935] wozu unter anderem der Grundsatz

---

930 Dies gilt nur für die erste und dritte Konstellation, in denen keine Personenidentität zwischen dem Computerprogramm-/Softwareanbieter und dem Computerprogramm-/Softwarehersteller besteht.

931 Statt aller BGH, NJW 2003, 1040, 1041; BGHZ 86, 152, 156.

932 Statt aller RGZ 73, 107, 112.

933 BGHZ 23, 157, 163.

934 *Jötten*, Logout: Zivilrechtliche Haftung im Rahmen ausgewählter Internetdienstleistungen, S. 228 f.

935 *Staudinger* in: Bürgerliches Gesetzbuch - Handkommentar, § 823, Rn. 116.

der Subsidiarität zählt. Der Grundsatz der Subsidiarität besagt, dass das Recht am eingerichteten und ausgeübten Gewerbebetrieb als sonstiges Recht nach § 823 Abs. 1 BGB einen „Auffangtatbestand“ darstellt.[936] Vorrang genießen unter anderem wettbewerbsrechtliche Vorschriften,[937] die allerdings in dem vertraglichen Schuldverhältnis zwischen dem Computerprogrammanbieter und Medienunternehmen nicht relevant sind.

Übertragen auf den automatisierten Journalismus könnte der betriebsbezogene Eingriff beispielsweise in dem Unterlassen der Behebung des fehlerhaften Algorithmus liegen, wodurch die Kundenbeziehungen des Medienunternehmens zu seinen Rezipienten beschädigt werden könnten. Somit wäre der Kundenstamm als Bestand des Gewerbebetriebs betroffen. Unabhängig davon, ob das Unterlassen des Computerprogrammanbieters als rechtswidrige und schuldhafte Verletzungshandlung i.S.d. § 823 Abs. 1 BGB zu sehen ist, fehlt es hierbei schon an der beabsichtigten unmittelbaren Betriebsbezogenheit, wie auch im Fall von einem Verfügbarkeitsausfall.[938]

Somit ist eine unmittelbare Betriebsbezogenheit und damit eine Verletzung des Rechts am eingerichteten und ausgeübten Gewerbebetrieb in diesem vertraglichen Schuldverhältnis abzulehnen.

b) Produkthaftung

Wenn ein fehlerhafter Algorithmus dazu führt, dass dem Medienunternehmen ein Schaden[939] entsteht, kommt auf den ersten Blick die Anwendbarkeit des Produkthaftungsrechts in Betracht.[940] Die Produkthaftung richtet sich nach dem Produkthaftungsgesetz und ist hauptsächlich in § 1 Abs. 1 S. 1 ProdHaftG geregelt: „*Wird durch den Fehler eines Produkts jemand getötet, sein Körper oder seine Gesundheit verletzt oder eine Sache beschädigt, so ist der Hersteller des Produkts verpflichtet, dem Geschädigten den daraus entstehenden Schaden zu ersetzen.*“

Die Haftung trifft also den Hersteller eines Produkts, sodass in diesem Schuldverhältnis lediglich die Produkthaftung in der zweiten und vierten Konstellation relevant ist, weil in diesen Konstellationen der Computerprogramm-/Softwarehersteller der Vertragspartner des Medienunternehmens ist.[941] Allerdings ist die zweite

936 BGH, NJW 2003, 1040, 1041.

937 *Staudinger* in: Bürgerliches Gesetzbuch - Handkommentar, § 823, Rn. 116.

938 Vgl. die „Stromkabelfälle“ des BGH: BGHZ 29, 65 ff.; BGHZ 41, 123 ff.

939 Siehe hierzu 3. Kap. A. III. 1. c).

940 Hiervon abzugrenzen ist die Produzentenhaftung nach § 823 Abs. 1 BGB: Statt aller BGHZ 51, 91.

941 Siehe 3. Kap. A. vor I.

Konstellation realitätsnäher.[942] Die Produkthaftung ist jedoch nicht auf den Vertragspartner und die vertraglichen Pflichten begrenzt, da die Produkthaftung selbst ein gesetzliches Schuldverhältnis begründet. Unabhängig von dem Meinungsstreit über die Einordnung eines Computerprogrammes als Produkt nach dem Produkthaftungsrecht[943] ist die Produkthaftung des Computerprogramm-/Softwarehersteller gegenüber dem Medienunternehmen im Kontext der automatisierten Nachrichtentextgenerierung aus folgenden Gründen abzulehnen.

Erstens fehlt es an einer möglichen Rechtsgutsverletzung i.S.d. § 1 Abs. 1 S. 1 ProdHaftG. Denn in diesem vertraglichen Schuldverhältnis[944] wird infolge eines solchen fehlerhaften Algorithmus weder jemand getötet noch sein Körper oder seine Gesundheit verletzt noch führt dies zu einer Sachbeschädigung. Andere Rechtsgutsverletzungen sind von § 1 Abs. 1 S. 1 ProdHaftG nicht umfasst.

Selbst wenn man eine Rechtsgutsverletzung zulasten des Medienunternehmens annähme, würde es zweitens an einer Kausalität zwischen dem Fehler des Produkts und der Rechtsgutsverletzung fehlen. Eine kausale Rechtsgutsverletzung liegt im Rahmen des Schutzzwecks der Norm gerade nicht vor, wenn sich das verletzte Rechtsgut nicht in der Realisierung des Risikos, das aus der Fehlerhaftigkeit des Produkts folgt, niederschlägt.[945] Es ist nur schwer vorstellbar, dass ein fehlerhafter Algorithmus, der zum Beispiel einen falschen Textbaustein verwendet oder aus einem inhaltlich falschen Textbaustein besteht[946], ein Risiko hervorruft, in dem sich eine Verletzung der in § 1 Abs. 1 S. 1 ProdHaftG genannten Rechtsgüter realisiert.

---

942 Ebd.

943 Siehe hierzu *Oechsler*, in: Staudinger, 2018, ProdHaftG § 2, Rn. 64 ff.; *Wagner* in: Münchener Kommentar zum BGB, § 2 ProdHaftG, Rn. 17 ff.

944 Außerhalb dieses vertraglichen Schuldverhältnisses ist denkbar, dass ein Rezipient eine Körper- oder Gesundheitsverletzung erleidet, indem er zum Beispiel aufgrund eines inhaltlich fehlerhaften Finanzberichts irrtümlich annimmt, dass er eine Fehlinvestition getätigt habe und sich infolgedessen bei einem Selbsttötungsversuch schwer verletzt. In solch einem Fall stellt sich insbesondere die Frage der Produkthaftung des Software-/Computerprogrammherstellers gegenüber dem Rezipienten, wobei diese Konstellation nicht in dieser Arbeit untersucht wird, siehe Einleitung A. II.

945 *Wagner* in: Münchener Kommentar zum BGB, § 1 ProdHaftG, Rn. 21; vgl. *Oechsler*, in: Staudinger, 2018, ProdHaftG § 1, Rn. 33.

946 Zu denken ist etwa bei Sportnachrichten an einen Textbaustein mit der Formulierung „Der Fußballverein [*Name des Fußballvereins*] stieg am Ende der Saison auf" statt der inhaltlich passenden Formulierung „Der Fußballverein [*Name des Fußballvereins*] stieg am Ende der Saison ab". In diesem Beispiel führen die Wörter „auf" und „ab" jeweils zu einer gänzlich unterschiedlichen Bedeutung.

Im vertraglichen Schuldverhältnis zwischen dem Computerprogrammanbieter und dem Medienunternehmen ist die Haftung nach dem Produkthaftungsgesetz somit abzulehnen.

c) Fazit

Eine deliktsrechtliche Haftung des Computerprogrammanbieters gegenüber dem Medienunternehmen ist beim automatisierten Journalismus in den denkbar realistischen Fällen ausgeschlossen.

B. Vertragliches Schuldverhältnis zwischen Softwarehersteller und Computerprogrammanbieter

Das vertragliche Schuldverhältnis zwischen dem Softwarehersteller[947] und dem Computerprogrammanbieter hat beim automatisierten Journalismus in der Praxis keine große Relevanz, da in aller Regel Personenidentität zwischen diesen beiden Akteuren besteht und mangels Personenverschiedenheit kein vertragliches Schuldverhältnis entstehen kann.[948] Denn üblicherweise bietet der Computerprogrammhersteller sein hergestelltes Computerprogramm für die Nachrichtentextgenerierung den Medienunternehmen zur Nutzung an und nimmt damit auch gleichzeitig die Rolle des Computerprogrammanbieters ein.[949]

Dennoch ist in gebotener Kürze auf die Besonderheiten im vertraglichen Schuldverhältnis zwischen dem Softwarehersteller und dem Computerprogrammanbieter einzugehen. Hierbei wird der geschlossene Vertrag zwischen beiden Akteuren vertragstypologisch eingeordnet (I.) und die Haftung des Softwareherstellers gegenüber dem Computerprogrammanbieter bei einem fehlerhaften Nachrichtentextinhalt untersucht (II.).

I. Vertragstypologische Einordnung

Wie auch im vertraglichen Schuldverhältnis zwischen dem Computerprogrammanbieter und dem Medienunternehmen handelt es sich bei dem vertraglichen

947 In diesem Falle wird von „Softwarehersteller" statt „Computerprogrammhersteller" gesprochen, da der Softwarehersteller dem Anbieter üblicherweise die Software dauerhaft zur Verfügung stellt.

948 Siehe 1. Kap. F. III.

949 Beispielsweise ist dies der Fall bei den Unternehmen AX Semantics und Retresco. Vgl. auch *Haim/Graefe*, in: Nuernbergk/Neuberger, Journalismus im Internet, S. 139 (144).

Schuldverhältnis zwischen dem Softwarehersteller und dem Computerprogrammanbieter aufgrund der Überlassung einer Software um einen SÜV.[950] Die erste und zweite Konstellation im Rahmen des vertraglichen Schuldverhältnisses zwischen dem Computerprogrammanbieter und dem Medienunternehmen zeigen,[951] dass es sich bei dem vertraglichen Schuldverhältnis zwischen dem Softwarehersteller und dem Computerprogramm-/Softwareanbieter[952] um einen Verkauf, also eine dauerhafte Überlassung der Software bzw. des Computerprogramms handelt (siehe folgende Abbildung).

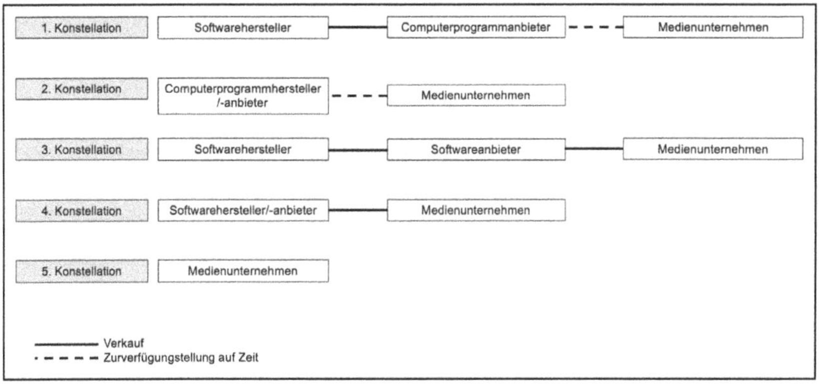

Abbildung 1: Konstellationen der vertraglichen Schuldverhältnisse in Bezug auf den Vertragsgegenstand der automatisierten Nachrichtentextgenerierung.

Bei fehlender Personenidentität zwischen dem Hersteller und Anbieter der Software bzw. des Computerprogramms ist beim automatisierten Journalismus die erste Konstellation praxisnäher als die dritte Konstellation. Denn nur in der ersten Konstellation wird im vertraglichen Schulverhältnis mit dem Medienunternehmen ein SaaS-Vertrag geschlossen, der in der Praxis für die automatisierte Nachrichtentextgenerierung üblich ist.[953] Bei einer dauerhaften Überlassung

950 Vgl. Ausführungen in 3. Kap. A. I. 4. Das Urhebervertragsrecht wird in diesem Abschnitt außer Betracht gelassen, siehe Begründung in: Einleitung A.

951 Siehe 1. Kap. A. vor I.

952 Zur besseren Lesbarkeit wird in diesem Abschnitt (B.) der Begriff „Computerprogrammanbieter" verwendet, da die erste Konstellation aufgrund des hierbei geschlossenen SaaS-Vertrags zwischen dem Computerprogrammanbieter und dem Medienunternehmen praxisnäher als die dritte Konstellation ist.

953 Siehe 1. Kap. A. Einführung.

ist zu unterscheiden, ob der Vertragsgegenstand eine Individualsoftware oder eine Standardsoftware ist.[954] Auf der einen Seite ist es aus folgendem Grund nachvollziehbar, die Standardsoftware als üblichen Vertragsgegenstand in diesem vertraglichen Schuldverhältnis zu bestimmen. Dem in der Praxis üblichen SaaS-Vertrag im vertraglichen Schuldverhältnis mit dem Medienunternehmen liegt naturgemäß ein Standardcomputerprogramm zugrunde.[955] Das heißt, dass dieses Computerprogramm für die Nachrichtentextgenerierung für eine Mehrzahl von Medienunternehmen bestimmt ist und keiner individuellen Anpassung bedarf.[956] Nichtsdestotrotz spricht für die Verwendung einer Individualsoftware, dass der Softwaretyp in dem vertraglichen Schuldverhältnis zwischen dem Softwarehersteller und dem Computerprogrammanbieter nicht dem Softwaretypen im vertraglichen Schuldverhältnis zwischen dem Computerprogrammanbieter und dem Medienunternehmen entsprechen muss. So ist denkbar, dass der Computerprogrammanbieter eine bestimmte Software für die automatisierte Nachrichtentextgenerierung nach seinen individuellen Bedürfnissen kaufen möchte, um diese dann einer Mehrzahl von Medienunternehmen zur Verfügung zu stellen. Somit kommen sowohl die Standardsoftware als auch die Individualsoftware als Vertragsgegenstand in diesem vertraglichen Schuldverhältnis in der Praxis in Betracht.

Die dauerhafte Überlassung einer Standardsoftware ist im Einklang mit der weitverbreiteten Ansicht der Rechtsprechung und Literatur in aller Regel als Kaufvertrag gem. § 433 BGB einzuordnen.[957]

Anders ist dies bei der Überlassung einer Individualsoftware, bei der entweder ein Werklieferungsvertrag gem. § 650 BGB oder ein Werkvertrag gem. § 631 BGB in Betracht kommt.[958] Die besseren Argumente sprechen dafür, einen Werkvertrag anzunehmen, da in diesem vertraglichen Schuldverhältnis

954 Zum Unterschied dieser beiden Softwarearten siehe: 3. Kap. A. I. 4.

955 Siehe 1. Kap. A. I. 4. c).

956 Siehe 3. Kap. A. I. 4.

957 BGHZ 102, 135, 141 f.; *Mäsch* in: Staudinger, 2019, Anh zu §§ 305-310, Rn. L 20; *Busche* in: Münchener Kommentar zum BGB, § 631, Rn. 142; *Marly*, Praxishandbuch Softwarerecht Rn. 691; *Redeker*, IT-Recht Rn. 545; vgl. *Faust*, Digitale Wirtschaft - Analoges Recht: Braucht das BGB ein Update?, S. 25.

958 *Marly*, Praxishandbuch Softwarerecht Rn. 1203. Zur kritischen Abgrenzung zwischen diesen beiden Vertragstypen: *Faust*, Digitale Wirtschaft - Analoges Recht: Braucht das BGB ein Update?, S. 37.

als vertragliche Leistung hauptsächlich die dem Werkvertrag immanente „Herstellung“ und nicht die „Lieferung“ einer herzustellenden Sachen geschuldet wird.[959]

Nach einer Ansicht der Literatur könnte zwar das vertragliche Schuldverhältnis zwischen dem Hersteller und dem Anbieter eines Computerprogramms eine Rechtspacht darstellen, jedoch werden hierzu keine weiteren Ausführungen gemacht.[960] Ohnehin ist eine Rechtspacht bei der Überlassung eines Computerprogramms fernliegend, wie bereits im vorherigen vertraglichen Schuldverhältnis begründet wurde.[961]

II. Haftung des Softwareherstellers gegenüber dem Computerprogrammanbieter

Wenn eine Software dauerhaft überlassen wird, können auch hierbei haftungsrechtliche Folgen eintreten. Wie im vertraglichen Schuldverhältnis zwischen dem Computerprogrammanbieter und dem Medienunternehmen[962] kann auch in diesem vertraglichen Schuldverhältnis ein fehlerhaft programmierter Algorithmus dazu führen, dass inhaltlich fehlerhafte computergenerierte Nachrichtentexte entstehen können.[963] Der fehlerhaft programmierte Algorithmus ist hingegen in diesem vertraglichen Schuldverhältnis die einzig relevante Haftungsursache[964], sodass sich auf diese im Folgenden beschränkt wird.

Die haftungsrechtlichen Besonderheiten in diesem vertraglichen Schuldverhältnis beschränken sich zudem auf die vertragsbedingte Mängelhaftung, die sich nach dem jeweiligen Mängelgewährleistungsrecht eines normierten Vertragstyps richtet[965], sodass bei der dauerhaften Überlassung einer Standardsoftware das kaufvertragliche Mängelgewährleistungsrecht nach §§ 437 ff. BGB und bei der dauerhaften Überlassung einer Individualsoftware das werkvertragliche Mängelgewährleistungsrecht nach §§ 634 ff. BGB Anwendung finden.[966] Die

959 So auch *Mäsch* in: Staudinger, 2019, Anh zu §§ 305-310, Rn. L 39; BGH, ZfBR 2018, 236, 240.

960 *Koch*, ITRB 2001, 39 (41).

961 Siehe 3. Kap. A. I. 4. d) aa) (2).

962 Siehe 3. Kap. A.

963 Siehe 3. Kap. A. III. vor 1.

964 Andere Haftungsursachen bezüglich der Software bzw. des Computerprogramms für die Nachrichtentextgenerierung sind unter anderem fehlerhafte Daten oder Verfügbarkeitsausfälle, siehe 3. Kap. A. III. vor 1.

965 Siehe 3. Kap. A. III. 1.

966 Siehe 3. Kap. B. I.

Besonderheiten bei der Mängelhaftung decken sich größtenteils mit den Besonderheiten der Mängelhaftung im vertraglichen Schuldverhältnis zwischen dem Computerprogrammanbieter und dem Medienunternehmen.[967] Aufgrund der vertragstypologischen Einordnung ist das Augenmerk jedoch hauptsächlich auf den Sachmangel bei einer Standard- und Individualsoftware (1.) und die hieraus resultierenden Rechtsfolgen (2.) zu legen.

1. Sachmangel

Bei der dauerhaften Überlassung einer Standardsoftware ist auf den kaufrechtlichen Sachmangelbegriff i.S.d. § 434 BGB abzustellen. Dieser ähnelt dem mietrechtlichen Sachmangelbegriff i.S.d. § 536 Abs. 1 S. 1 BGB.[968] Wenn eine vertragliche Vereinbarung zur Beschaffenheit der Software für die Nachrichtentextgenerierung vorliegt und der Zustand dieser Software zum Zeitpunkt des Gefahrübergangs von der Beschaffenheitsvereinbarung abweicht, liegt i.S.d. § 434 Abs.1 S. 1 BGB ein Sachmangel vor. Ohne vertragliche Vereinbarung ist solch eine Software i.S.d. § 434 Abs.1 S. 2 BGB mangelhaft, wenn sie sich nicht für die nach dem Vertrag vorausgesetzte Verwendung eignet (Nr. 1), oder wenn sich die Sache nicht für die gewöhnliche Verwendung eignet oder eine Beschaffenheit aufweist, die bei Sachen dergleichen Art nicht üblich ist, und die der Käufer nach der Art der Sache nicht erwarten kann (Nr. 2). Wenn also eine Software für die Nachrichtentextgenerierung fehlerhaft programmiert wurde und somit ein fehlerhaft programmierter Algorithmus vorliegt, weist die Software eine Beschaffenheit auf, die bei Softwares der gleichen Art unüblich ist und die das Medienunternehmen als Käufer nicht erwarten kann (§ 434 Abs. 1 S. 2 Nr. 2 BGB). Ein fehlerhaft programmierter Algorithmus begründet also einen Sachmangel i.S.d. § 434 Abs. 1 BGB bei einer Standardsoftware, die dauerhaft überlassen werden soll.

Bei der dauerhaften Überlassung einer Individualsoftware hingegen richtet sich der Sachmangelbegriff nach der werkvertraglichen Norm § 633 Abs. 2 BGB. Der werkrechtliche Sachmangelbegriff deckt sich größtenteils mit dem kaufrechtlichen Sachmangelbegriff.[969] Die marginalen Unterschiede zwischen diesen beiden Sachmängelbegriffen sind nicht ausschlaggebend für das Feststellen eines Sachmangels im Falle eines fehlerhaft programmierten Algorithmus. Insofern

---

967 Siehe 3. Kap. A. III. 1.

968 So auch statt aller *Redeker*, IT-Recht Rn. 629; vgl. *Lenhard*, Vertragstypologie von Softwareüberlassungsverträgen, S. 265.

969 So auch *Marly*, Praxishandbuch Softwarerecht Rn. 1441.

stellt ein fehlerhaft programmierter Algorithmus im Rahmen der dauerhaften Überlassung einer Individualsoftware auch im Werkvertragsrecht nach § 633 Abs. 2 BGB einen Sachmangel dar.

2. Rechtsfolge beim Mangel

Im Unterschied zum vertraglichen Schuldverhältnis zwischen dem Computerprogrammanbieter und dem Medienunternehmen[970] ist unter den Rechtsfolgen beim Mangel der Fokus in diesem vertraglichen Schuldverhältnis nicht auf den Schadensersatzanspruch sondern auf die Nacherfüllung zu setzen.[971] Denn die Frage der Nacherfüllung kann sich bei einem SaaS-Vertrag im vertraglichen Schuldverhältnis zwischen dem Computerprogrammanbieter und dem Medienunternehmen deshalb nicht stellen, da es aufgrund der relevanten mietvertraglichen Regelungen bei der Nutzung des Computerprogrammes für die Nachrichtentextgenerierung im Internet[972] keinen mietrechtlichen Nacherfüllungsanspruch gibt.

Sofern ein Sachmangel vorliegt, der auf einer fehlerhaften Programmierung der Standardsoftware beruht,[973] hat im hiesigen vertraglichen Schuldverhältnis der Computerprogrammanbieter gegen den Softwarehersteller einen Anspruch auf Nacherfüllung aus dem Softwarekaufvertrag gem. §§ 437 Nr. 1, 439 BGB. Die Nacherfüllung in der Alternative der „Beseitigung des Mangels“ nach § 439 Abs. 1 Alt. 1 BGB besteht einer Ansicht der Literatur darin, dass mithilfe von Updates und Patches die Mangelhaftigkeit der Software beseitigt wird.[974] Als Folge hätte der Computerprogrammanbieter gegen den Softwarehersteller einen Anspruch auf Nacherfüllung gem. §§ 437 Nr. 1, 439 Abs. 1 Alt. 1 BGB durch Lieferung von Updates zur Behebung eines fehlerhaften Algorithmus, sofern die Software solch einen fehlerhaften Algorithmus aufweist. Dieser Ansicht ist zu folgen, da durch Updates und Patches der Algorithmus „umgeschrieben“ wird, er dadurch seine Fehlerhaftigkeit verlieren kann und hierdurch schließlich der Mangel i.S.d. § 439 Abs. 1 Alt. 1 BGB beseitigt werden kann. Allerdings kann die praktische Umsetzung angezweifelt werden, da aus ökonomischen Gründen und einfachheitshalber eine Neulieferung der Software praktikabler sein kann als die

---

970 Siehe 3. Kap. A.

971 Andere Rechtsfolgen aus dem jeweiligen Mängelgewährleistungsrecht werden mangels Relevanz außer Betracht gelassen.

972 Siehe 3. Kap. A. I. 4. d) cc).

973 Siehe hierzu 3. Kap. B. II. 1.

974 *Beckmann* in: Staudinger, 2013, § 453, Rn. 65; *Redeker*, IT-Recht Rn. 576.

Nachbesserung der gleichen Software.[975] Dennoch steht dem Käufer nach § 439 Abs. 1 BGB ein Wahlrecht hinsichtlich der Alternative der Nacherfüllung zu, sodass der Computerprogrammanbieter die freie Wahl hat, ob der Softwarehersteller eine neue Software liefert oder mittels Updates oder Patches den fehlerhaften Algorithmus behebt. Bei einer komplexen und umfangreichen Software liegt es nahe, dass der Computerprogrammanbieter eine Nachbesserung mittels Updates und Patches verlangt, denn bei einer Neulieferung müsste der Computerprogrammanbieter alle Einstellungen an der Software neu vornehmen und dies würde seinen Aufwand deutlich erhöhen. Bei einer kleineren und weniger komplexen Software ist es naheliegend, dass sich der Computerprogrammanbieter für eine Neulieferung entscheidet, da dies schneller und unkomplizierter funktioniert als das Abwarten der Installation von Updates oder Patches.

Bei dem Vorliegen eines Sachmangels einer Individualsoftware richtet sich die Nacherfüllung nach §§ 634 Nr. 1, 635 BGB. Im Unterschied zu § 439 Abs. 1 BGB steht bei der werkvertraglichen Nacherfüllung nach § 635 Abs. 1 BGB dem Unternehmer das Wahlrecht zu, also in diesem Kontext dem Softwarehersteller des hiesigen vertraglichen Schuldverhältnisses. Im Übrigen ergeben sich bei der Nacherfüllung nach §§ 634 Nr. 1, 635 BGB keine weiteren Besonderheiten im Vergleich zu den Besonderheiten bei der oben beschriebenen kaufrechtlichen Nacherfüllung nach §§ 437 Nr. 1, 439 BGB.

C. Vertragliches Schuldverhältnis zwischen Datenlieferant und Medienunternehmen

Das vertragliche Schuldverhältnis zwischen dem Datenlieferant und dem Medienunternehmen[976] ist im automatisierten Journalismus insbesondere deswegen

975 Vgl. *Redeker*, IT-Recht Rn. 576. Zu den weiteren Problemen der Nacherfüllung im IT-Recht, die allerdings wenig Relevanz im Bereich des automatisierten Journalismus haben, siehe *Redeker*, IT-Recht Rn. 577 ff.

976 Zum besseren Verständnis wird in diesem Abschnitt (3. Kap. C.) nur der Begriff „Medienunternehmen" verwendet, auch wenn gleichwohl das Schuldverhältnis zwischen dem Datenlieferanten und dem Computerprogrammanbieter/-hersteller oder beim Softwareverkauf zwischen dem Datenlieferanten und dem Softwareanbieter/-hersteller gemeint ist. Zwar können Daten bzw. Datenbanken auch dem Computerprogrammanbieter/-hersteller oder dem Softwareanbieter/-hersteller zur Verfügung gestellt werden, wenn dieser mit diesen Daten einen Nachrichtentext generieren und anschließend dem Medienunternehmen die computergenerierten Nachrichtentexte übertragen möchte. Solch eine Art des automatisierten Journalismus ist allerdings wenig verbreitet.

relevant, da in diesem vertraglichen Schuldverhältnis die im automatisierten Journalismus erforderliche Beschaffung von Daten bzw. Datenbanken[977] den Vertragsgegenstand ausmacht. Wenn das Medienunternehmen Nachrichtentexte generiert, werden die Daten entweder von ihm selbst beschafft und aufbereitet oder über spezialisierte Datenunternehmen bezogen.[978]

Die Selbstbeschaffung der Daten kann durch zwei mögliche Vorgehensweisen geschehen. Einerseits kann das Medienunternehmen die Daten selbst erheben und strukturieren, bevor es diese für die Nachrichtentextgenerierung verwendet. Daran ist zu denken, wenn die Journalisten oder andere Personen des Medienunternehmens die Rohdaten selbst sammeln. Andererseits kann das Medienunternehmen die Daten von öffentlich zugänglichen Quellen verwenden, indem es beispielsweise Informationen einem Online-Zeitungsartikel entnimmt und diese in Gestalt von Datenbanken im Computerprogramm für die Nachrichtentextgenerierung verarbeitet.

Wenn das Medienunternehmen die Daten selbst beschafft und für das vom Computerprogrammanbieter zur Verfügung gestellte Computerprogramm verwendet, entfällt die Funktion des Datenlieferanten.

Deshalb ist die grundlegende Voraussetzung für das Bestehen dieses vertraglichen Schuldverhältnisses, dass die Daten bzw. Datenbanken von einem (spezialisierten) Datenunternehmen bezogen werden. Hierbei werden mit dem Datenlieferanten Verträge abgeschlossen, in denen der Datenlieferant entweder verpflichtet ist, die Daten bzw. Datenbanken für die Nachrichtentextgenerierung bereitzustellen oder Daten, die das Medienunternehmen zur Verfügung stellt, zu bearbeiten.[979] Praxisnäher ist die erste Alternative, dass der Datenlieferant dem Medienunternehmen Daten bzw. Datenbanken bereitstellt, die das Medienunternehmen auf der Online-Plattform für die Nachrichtentextgenerierung verwendet. Hiervon geht zum Beispiel AX Semantics aus, die in ihrem Softwarenutzungsvertrag in § 2 Nr. 2 S. 1 regeln, dass ausschließlich der Kunde berechtigt ist, „eigene Daten für eigene Zwecke zu verarbeiten“.[980]

Folgender Beispielfall soll der besseren Veranschaulichung dienen:

977 Siehe 1. Kap. C. I. 5.

978 *Reichelt*, Einführung in den Roboterjournalismus, S. 16; *Haim/Graefe*, in: Nuernbergk/Neuberger, Journalismus im Internet, S. 139 (151).

979 *Dörr*, Digital Journalism 2016, 700 (708).

980 Anhang A1: *AX Semantics*, Softwarenutzungsvertrag, S. 5.

Während des Fußballspiels zwischen dem FC Bayern München und Hannover 96, das der FC Bayern München mit 3:1 gewinnt,[981] *sammelt der Sport-Informations-Dienst (SID) alle möglichen Rohdaten dieses Fußballspiels. Unter anderem ergeben sich folgende Höhepunkte des Spiels: In der 27. Minute erzielt der Stürmer Robert Lewandowski für den FC Bayern München das 1:0. In der 55. Minute sieht der Stürmer Jonathas*[982] *von Hannover 96 die sog. Gelb-Rote Karte und erhält damit einen Platzverweis. Der SID verarbeitet nun alle gesammelten Rohdaten dieses Spiels in eine Datenbank und stellt diese Datenbank auf einer Online-Plattform seinen Nutzern, die üblicherweise Medienunternehmen sind, gegen eine Nutzungsgebühr zur Verfügung. Die Datenbank ist jedoch fehlerhaft, da die erhobenen Rohdaten nicht der Realität entsprechen. Erstens ist in der Datenbank als Torschütze nicht der Stürmer Robert Lewandowski, sondern der Torhüter Manuel Neuer vermerkt. Zweitens findet sich in der Datenbank die Information, dass der Stürmer Jonathas zwei Gelbe Karten und keinen Platzverweis erhalten hat, was ohnehin im Fußballsport regelwidrig wäre, da eine zweite Gelbe Karte (eine sog. Gelb-Rote Karte) für einen Fußballspieler innerhalb eines Fußballspiels zu einem Platzverweis führen muss.*

In dem vertraglichen Schuldverhältnis zwischen dem Datenlieferanten und dem Medienunternehmen ergeben sich Besonderheiten bei der vertragstypologischen Einordnung (I.) und der Haftung seitens des Datenlieferanten (II.).

I. Vertragstypologische Einordnung

Hinsichtlich der Bereitstellung von Daten bzw. Datenbanken für die Nachrichtentextgenerierung ist der Vertrag über die Bereitstellung der Daten bzw. Datenbanken rechtlich zu untersuchen.[983] Bei dieser Bereitstellung von Daten bzw. Datenbanken handelt es sich heutzutage üblicherweise um digitale Datenbanken, die elektronisch übertragen und benutzt werden.[984] Es ist davon auszugehen, dass die Datenbanken auf einer Online-Plattform des Datenlieferanten verfügbar gestellt werden und nicht auf umständlichem Weg per E-Mail an die Medienunternehmen verschickt werden.

Bei der hiesigen vertragstypologischen Einordnung kommen sowohl normierte Vertragstypen (1.) als auch sonstige Vertragstypen (2.) in Betracht.[985]

---

981 Dieses Fußballspiel ereignete sich in der 1. Bundesliga am 04.05.2019 im Rahmen des 32. Spieltags.

982 Vollständiger Name: Jonathas Cristian de Jesus Maurício.

983 Das Urhebervertragsrecht wird in diesem Abschnitt außer Betracht gelassen, siehe Begründung in: Einleitung A.

984 Passend hierzu im Kontext der „Online-Datenbankrecherche“: *Cichon*, Internetverträge Rn. 686; *Redeker*, IT-Recht Rn. 1248.

985 Zu den beiden Begriffen siehe 3. Kap. A. I. 3.

1. *Normierte Vertragstypen*

Die vertragstypologische Einordnung des vertraglichen Schuldverhältnisses bezüglich der Bereitstellung der Daten bzw. Datenbanken ist problematisch. Einen hierfür speziell vorgesehenen normierten Vertragstyp kennt das BGB nicht. In Betracht kommen jedoch folgende normierte Vertragstypen: Kaufvertrag gem. § 433 BGB, Mietvertrag gem. § 535 BGB und Werkvertrag gem. § 631 BGB.

Bei der Datenübertragung ohne Verkauf der Hardware handelt es sich um einen Rechtskauf gem. § 453 Abs. 1 Alt. 2 BGB,[986] wonach die Vorschriften über den Kauf von Sachen entsprechende Anwendung finden. Eine direkte Anwendung des § 433 BGB scheidet schon deswegen aus, weil § 433 Abs. 1 S. 1 BGB eine Sacheigenschaft der Kaufsache voraussetzt, die bei Daten grundsätzlich nicht vorhanden ist.[987]

Wenn der Zugang zu den Daten oder Datenbanken für eine bestimmte Zeit eingeräumt wird, kommt ein Mietvertrag gem. § 535 BGB in Betracht. Insofern ähnelt dieses vertragliche Schuldverhältnis dem vertraglichen Schuldverhältnis zwischen dem Computerprogrammanbieter und dem Medienunternehmen[988], da auch zwischen diesen beiden die Bereitstellung der Online-Plattform geschuldet wird.[989] Auf dieser Online-Plattform kann sich das Medienunternehmen die Datenbanken herunterladen und diese benutzen. Allerdings bezieht sich der Mietvertrag hierbei lediglich auf die Nutzung der Online-Plattform und nicht auf die Bereitstellung und Nutzung der Datenbanken. Wenn die Online-Plattform dauerhaft verfügbar ist, aber die Datenbanken fehlerhaft sind, wäre die Mietsache (das auf einem Datenträger verkörperte Computerprogramm, mit dem die Datenbanken hochgeladen, angezeigt und gegebenenfalls zum Herunterladen zur Verfügung gestellt werden können)[990] nicht mangelhaft, sodass die Mängelgewährleistungsrechte gem. §§ 536a ff. BGB ohne Vorliegen eines Mangels nicht anwendbar sind. Dies würde nicht dem Parteiwillen entsprechen. Ein reiner Mietvertrag ist somit abzulehnen.

Ein reiner Werkvertrag gem. § 631 BGB ist ebenfalls abzulehnen, da zwar die Bereitstellung der Datenbanken als Werkherstellung betrachtet werden kann,[991]

986 So auch *Hoeren*, MMR 2013, 486 (489) m.w.N.

987 Die Rechtsprechung lehnt die Sachqualität von Daten und damit auch Datenbanken mangels Verkörperung ab, wenn eine Übermittlung von Daten auf dem elektronischen Weg stattfindet: OLG Düsseldorf, ZUM-RD 2005, 58, 59.

988 Siehe 3. Kap. A.

989 Siehe 3. Kap. A. I. 4. c).

990 Zur Sachqualität eines Computerprogramms siehe 3. Kap. A. I. 4. d) aa) (1).

991 Hierzu im Detail siehe 3. Kap. C. I. 2.

jedoch die Bereitstellung der Online-Plattform keine werkvertraglichen Elemente aufweist.

Somit ist kein alleiniger normierter Vertragstyp als alleiniger Vertrag auf das vertragliche Schuldverhältnis zwischen dem Datenlieferanten und dem Medienunternehmen anzuwenden.

2. *Sonstige Vertragstypen*

Als sonstiger Vertragstyp kann der Vertrag in diesem vertraglichen Schuldverhältnis als gemischter Vertrag eingeordnet werden, der aus einer Kombination aus mietvertraglichen Elementen hinsichtlich der Bereitstellung der Online-Plattform und aus kaufvertraglichen Elementen hinsichtlich der Übertragung der Datenbanken bestehen kann.[992] Dieser Vertrag könnte einfachheitshalber „Datenlieferungsvertrag *sui generis*" genannt werden.[993]

Die Nutzung der Online-Plattform kann aus den oben genannten Gründen den mietvertraglichen Regelungen unterliegen.[994]

Hinsichtlich der Übertragung der Datenbanken sind die Datenbanken als sonstiger Gegenstand i.S.d. § 453 Abs. 1 Alt. 2 BGB zu verstehen.[995]

Hinsichtlich der Gegenleistung des Medienunternehmens kann grundsätzlich von zwei verschiedenen Modellen ausgegangen werden: Entweder wird für jede Datenbank ein separater Kaufpreis vereinbart oder es werden Mietzahlungen für die Nutzung der Online-Plattform vereinbart, die die Kosten der Übertragung der einzelnen Datenbanken abdeckt.

Für die Rechtsfolge dieses „Datenlieferungsvertrag *sui generis*" als gemischter Vertrag ist die Kombinationstheorie heranzuziehen, wonach das Recht desjenigen normierten Vertragstyps anzuwenden ist, das bei dem jeweiligen Vertragsbestandteil einschlägig ist.[996]

---

992 So auch *Cichon*, Internetverträge Rn. 785 mit der Bezeichnung „Typenmischung". Vgl. *Stadler* in: Jauernig Bürgerliches Gesetzbuch, § 311, Rn. 30, der die Bezeichnung „Typenkombinationsvertrag" verwendet.

993 Die Bezeichnung ist jedoch eine bloße Formalität und hat keine inhaltlichen und rechtlichen Auswirkungen. Eine andere verwendete Bezeichnung ist „Datenbankvertrag": *Cichon*, Internetverträge Rn. 786.

994 Siehe 3. Kap. A. I. 4. d) bb) (1).

995 *Hoeren*, MMR 2013, 486 (489).

996 Siehe 3. Kap. A. I. 4. d) bb) (5).

II. Haftung des Datenlieferanten

Bei der Begründung der Haftung ist in diesem vertraglichen Schuldverhältnis nur die Mängelhaftung relevant.[997] Die deliktsrechtliche Haftung des Datenlieferanten ist realitätsfern und zeigt keine Besonderheiten.[998]

Im Folgenden wird der Fokus auf den Sachmangel (1.), den Schaden (2.) und die Anspruchskürzung (3.) gelegt.

1. Sachmangel

Als Sachmängel kommen drei Umstände in Betracht, die nicht den Erwartungen der Vertragsparteien entsprechen: eine verzögerte Bereitstellung der Datenbanken (a)), fehlerhafte Daten (b)) und ein Verfügbarkeitsausfall der Online-Plattform (c)). Bei der verzögerten Bereitstellung der Datenbanken und den fehlerhaften Daten ist der kaufvertragliche Sachmangelbegriff nach §§ 453 Abs. 1 Alt. 2 i.V.m. 434 Abs. 1 BGB heranzuziehen, wonach der sonstige Gegenstandmangelhaft ist, wenn er die vereinbarte Beschaffenheit nicht aufweist (S. 1) oder, im Falle einer nicht vereinbarten Beschaffenheit, sich grundsätzlich für die nach dem Vertrag vorausgesetzte oder die gewöhnliche Verwendung nicht eignet (S. 2 Nr. 1 und Nr. 2). Sowohl nach §§ 453 Abs. 1 Alt. 2 i.V.m. 434 Abs. 1 S. 1 als auch nach S. 2 BGB liegt ein Sachmangel vor, wenn die Ist-Beschaffenheit des sonstigen Gegenstandes von der Soll-Beschaffenheit abweicht.[999] Hinsichtlich des Verfügbarkeitsausfalls ist der mietvertragliche Sachmangelbegriff heranzuziehen.[1000]

---

997 Von einer Prüfung der strafrechtlichen Verantwortlichkeit wird in dieser Arbeit aufgrund des zivilrechtlichen Bezugs abgesehen.

998 Außerhalb des vertraglichen Schuldverhältnisses zwischen dem Datenlieferanten und dem Medienunternehmen wäre im obigen Beispielfall (siehe 3. Kap. C. vor I.) ein Schadensersatzanspruch gem. § 823 Abs. 1 BGB i.V.m. Art. 2 Abs. 1, Art. 1 Abs. 1 GG des Stürmers Robert Lewandowski gegen den SID denkbar, mit der Begründung, dass er in seinem allgemeinen Persönlichkeitsrecht dadurch verletzt ist, dass sein geschossenes Tor keine Erwähnung in der Berichterstattung gefunden hat und somit für ihn ein finanzieller Schaden entsteht, wenn sein Marktwert auf dem Transfermarkt sinkt. Dieser Fall ist jedoch realitätsfern und der Anspruch würde in aller Regel mangels Verletzung des allgemeinen Persönlichkeitsrechts scheitern.

999 Diese Definition deckt sich mit der Definition des Sachmangels im Mietrecht, siehe 3. Kap. A. II. 2. b) aa) (1).

1000 Siehe 3. Kap. A. II. 2. b) aa) (1).

a) Verzögerte Bereitstellung

Eine Verzögerung der Zurverfügungstellung der Datenbanken ist kein Sachmangel gem. §§ 453 Abs. 1 Alt. 2 i.V.m. 434 Abs. 1 BGB, da die Verzögerung keine Auswirkung auf die Richtigkeit des Datenbankinhalts und auf die Zurverfügungstellung an sich hat. Die Beschaffenheit der Datenbank ist hier nicht betroffen. Die Mängelgewährleistungsrechte nach § 437 BGB stehen dem Medienunternehmen ohne das Vorliegen eines Sach- oder Rechtsmangels nicht zu, sondern die Rechtsfolge ergibt sich vielmehr aus dem Schadensersatzrecht nach § 286 i.V.m. § 280 Abs. 1 und 2 BGB.

b) Fehlerhafte Daten

Das Vorhandensein fehlerhafter Daten in den Datenbanken kann hingegen als Sachmangel gem. §§ 453 Abs. 1 Alt. 2 i.V.m. 434 Abs. 1 BGB eingeordnet werden.[1001]

Von entscheidender Bedeutung ist hierbei, ob eine Beschaffenheit[1002] über die Fehlerfreiheit des Inhalts der Datenbank vereinbart wurde. Im Rahmen der Online-Datenbankrecherche wird vertreten, dass eine solche Vereinbarung in der Regel nicht getroffen wird.[1003] Beim automatisierten Journalismus ist die inhaltliche Richtigkeit der Daten allerdings von großer Relevanz, da ansonsten fehlerhafte Nachrichtentexte entstehen können[1004] und hieraus für das Medienunternehmen nachteilige Rechtfolgen entstehen können.[1005]

Bezogen auf das obige Beispiel würde das Medienunternehmen seine Seriosität gegenüber den Rezipienten verlieren, wenn es berichtet, dass in der 27. Minute der Torhüter Manuel Neuer und nicht der Stürmer Robert Lewandowski das Tor für den FC Bayern München geschossen hat, der Stürmer Jonathas in der 55. Minute zwei Gelbe Karten und keinen Platzverweis erhalten hat, und beides nicht der Wahrheit entspricht.[1006] Diese Behauptungen würden nahezu jedem interessierten Rezipienten auffallen, weil erstens zwei Gelbe Karten zu einem Platzverweise führen, und zweitens es sehr selten ist, dass ein Torhüter

---

1001 Im vertraglichen Schuldverhältnis zwischen dem Computerprogrammanbieter und dem Medienunternehmen begründen fehlerhafte Daten keinen Sachmangel, siehe 3. Kap. A. III. 1. a) bb).

1002 Siehe 3. Kap. C. II. 1. vor a).

1003 *Cichon*, Internetverträge Rn. 759.

1004 Siehe 3. Kap. C. vor I.

1005 Siehe 3. Kap. A. III. 1. c).

1006 Siehe oben im Beispielfall in: 3. Kap. C. vor I.

ein Tor erzielt. Insofern wären diese inhaltlichen Fehler evident. Folglich kann davon ausgegangen werden, dass in der Praxis zwischen dem Datenlieferanten und dem Computerprogrammanbieter in aller Regel die Fehlerfreiheit des Inhalts der Datenbank als Beschaffenheit vereinbart wird. Wurde die Beschaffenheit der Datenbank nicht vertraglich vereinbart, kann jedoch davon ausgegangen werden, dass im Falle von inhaltlich fehlerhaften Datenbanken sich die Datenbanken nicht für die nach dem Vertrag zwischen dem Datenlieferant und dem Medienunternehmen vorausgesetzte Verwendung für die Nachrichtentextgenerierung nach §§ 453 Abs. 1 Alt. 2 i.V.m. 434 Abs. 1 S. 2 Nr. 1 BGB eignen. Denn bei der vertraglich vorausgesetzten Verwendung müssen die beiden Vertragsparteien eine gemeinsame Vorstellung darüber gehabt haben, dass sich der sonstige Gegenstand für den künftigen Gebrauch eignet.[1007] Zwar können auch inhaltlich fehlerhafte Datenbanken für die Nachrichtentextgenerierung verwendet werden. Dennoch können hierdurch inhaltlich fehlerhafte Nachrichtentexte entstehen, die nicht der gemeinsamen Vorstellung des Datenlieferanten und des Medienunternehmens entsprechen können. Dass im obigen Beispielsfall[1008] die gesammelten Rohdaten des Fußballspiels fehlerhaft erhoben wurden und somit die Datenbank fehlerhaft ist, kann nicht im Interesse des SID und des Medienunternehmens liegen.

Bei fehlerhaften Daten kann somit ein Sachmangel gem. §§ 453 Abs. 1 Alt. 2 i.V.m. 434 Abs. 1 S. 2 Nr. 1 BGB angenommen werden.

c) Verfügbarkeitsausfall

Hinsichtlich eines Verfügbarkeitsausfalls wird auf die obigen Ausführungen im Rahmen des vertraglichen Schuldverhältnisses zwischen dem Computerprogrammanbieter und dem Medienunternehmen verwiesen,[1009] da auch in diesem vertraglichen Schuldverhältnis zwischen Datenlieferant und Medienunternehmen die mietrechtlichen Regelungen auf die Zurverfügungstellung einer Online-Plattform Anwendung finden.

d) Zwischenergebnis

Ein Sachmangel kann beim „Datenlieferungsvertrag *sui generis*“ nur angenommen werden, wenn fehlerhafte Daten in den Datenbanken vorhanden sind oder wenn ein Verfügbarkeitsausfall der Online-Plattform vorliegt.

1007 Vgl. *Westermann* in: Münchener Kommentar zum BGB, § 434, Rn. 18.
1008 Siehe 3. Kap. C. vor I.
1009 Siehe 3. Kap. A. III. 1. a) cc).

2. *Schaden*

Hinsichtlich des Schadens des Medienunternehmens sind die gleichen Schadenspositionen zu betrachten, die im vertraglichen Schuldverhältnis zwischen dem Computerprogrammanbieter und dem Medienunternehmen entstehen können,[1010] auch wenn der Vertragsgegenstand in beiden vertraglichen Schuldverhältnissen unterschiedlich ist und sich die Mängel unterscheiden.

3. *Anspruchskürzung*

Auch in diesem vertraglichen Schuldverhältnis kann ein Mitverschulden des Medienunternehmens zu einer Anspruchskürzung nach § 254 Abs. 1 BGB führen, wenn es seine Sorgfaltsplicht der redaktionellen Prüfung verletzt.[1011] Denn im oben genannten Beispiel[1012] sind die beiden inhaltlichen Fehler (das Tor vom Torhüter Manuel Neuer und die doppelte Gelbe Karte ohne Platzverweis gegenüber dem Stürmer Jonathas) evident und würden eine Sorgfaltspflicht der redaktionellen Prüfung begründen.

D. Zusammenfassung

I. Vertragliches Schuldverhältnis zwischen Computerprogrammanbieter und Medienunternehmen

In dem vertraglichen Schuldverhältnis zwischen dem Computerprogrammanbieter und dem Medienunternehmen werden Vereinbarungen über die automatisierte Nachrichtentextgenerierung an sich getroffen. Abhängig von dem Vorliegen von der Personenidentität oder Personenverschiedenheit des Herstellers und Anbieters der Software bzw. des Computerprogrammes und abhängig von dem einschlägigen Vertragstyp, kann dieses vertragliche Schuldverhältnis in mehreren Konstellationen ausgestaltet sein (siehe nachfolgende Abbildung).

1010 Siehe 3. Kap. A. III. 1. c).
1011 Siehe 3. Kap. A. III. 1. e).
1012 Siehe 3. Kap. C. vor I.

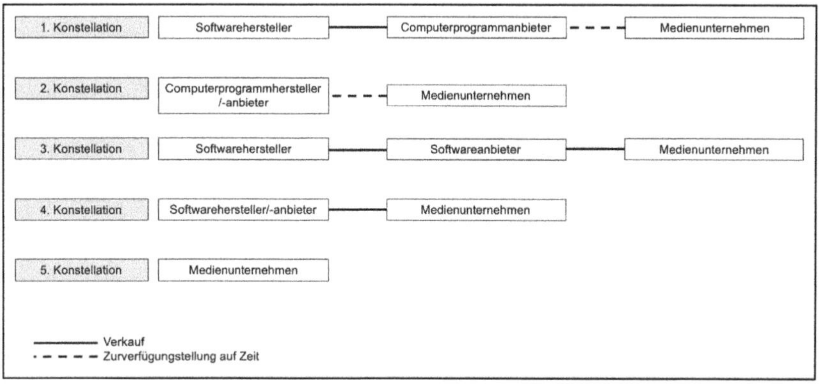

Abbildung 1: Konstellationen der vertraglichen Schuldverhältnisse in Bezug auf den Vertragsgegenstand der automatisierten Nachrichtentextgenerierung.

Die zweite Konstellation ist der Regelfall beim automatisierten Journalismus und wirft die meisten rechtlichen Probleme auf, sodass sich dieser Abschnitt hauptsächlich auf die zweite Konstellation bezieht.

1. Vertragstypologische Einordnung

Unter der vertragstypologischen Einordnung versteht man die gesetzliche Einordnung eines Vertragsverhältnisses. Entscheidend ist hierfür der Vertragsinhalt. Die Relevanz der vertragstypologischen Einordnung ist hauptsächlich darin zu sehen, dass je nach vertragstypologischer Einordnung eines Vertragsverhältnisses unterschiedliche Rechtsfolgen und gesetzliche Bestimmungen gelten.

Der Vertragsgegenstand im Vertragsverhältnis zwischen dem Computerprogrammanbieter und dem Medienunternehmen ist das Computerprogramm für die automatisierte Nachrichtentextgenerierung. Der diesem Vertragsverhältnis zugrunde liegende Vertrag wird als Softwareüberlassungsvertrag (SÜV) bezeichnet. Ein SÜV lässt sich in verschiedene vertragliche SÜV-Typen unterteilen und umfasst sowohl die dauerhafte Überlassung einer Software als auch die zeitlich begrenzte Überlassung eines Computerprogramms. Folgende SÜV-Typen zählen zu den Verträgen zur zeitlich begrenzten Überlassung eines Computerprogrammes:

- Application Service Providing-Vertrag (ASP-Vertrag),
- Software-as-a-Service-Vertrag (SaaS-Vertrag),
- ein anderer X-as-a-Service-Vertrag (XaaS-Vertrag) und

- Cloud Computing-Vertrag.

Zwischen dem Computerprogrammanbieter und dem Medienunternehmen wird im Rahmen der zeitlich begrenzten Überlassung eines Computerprogramms für die automatisierte Nachrichtentextgenerierung üblicherweise ein Vertrag geschlossen, der als SaaS-Vertrag einzuordnen ist. Dies verdeutlichen die zwei folgenden Musterverträge: Der „Softwarenutzungsvertrag" von AX Semantics und der „Vertrag für die Nutzung der Textgenerierungsplattform ‚rtr textengine.io'" (Nutzungsvertrag) von Retresco.

Nachdem der SaaS-Vertrag als beim Vertragsverhältnis zwischen dem Computerprogrammanbieter und dem Medienunternehmen typischer SÜV-Typ eingeordnet wurde, stellt sich als nächstes die Frage der vertragstypologischen Einordnung des SaaS-Vertrags. Hierfür bietet es sich an, einen SaaS-Vertrag in zwei Arten zu unterteilen. Einerseits kann von einem „reinen" SaaS-Vertrag und andererseits von einem „gemischten" SaaS-Vertrag gesprochen werden.

Auf den reinen SaaS-Vertrag sind die Regelungen des Mietvertragsrechts gem. §§ 535 ff. BGB anzuwenden. Die Einordnung des Computerprogrammes als Mietsache nach § 535 Abs. 1 BGB ist wegen der erforderlichen Sacheigenschaft i.S.d. § 90 BGB problematisch. Ein Computerprogramm „an sich" kann wegen seiner fehlenden physischen Erscheinung keine Sache gem. § 90 BGB und somit auch keine Mietsache gem. § 535 Abs. 1 BGB sein. Im Einklang mit der Rechtsprechung des BGH ist ein Computerprogramm als ein auf einem Datenträger „verkörpertes" Computerprogramm anzusehen, sodass ein Computerprogramm im weiten Sinne als Mietsache nach § 535 Abs. 1 BGB einzuordnen ist. Das Mietrecht ist somit direkt anwendbar. Die Anwendung des Pachtrechts nach §§ 581 ff. BGB und sonstiger vertragsrechtlicher Regelungen ist abzulehnen.

Praxisrelevanter sind die „gemischten SaaS-Verträge" und nicht die „reinen SaaS-Verträge". Die im Schuldverhältnis zwischen dem Computerprogrammanbieter und dem Medienunternehmen geschlossenen gemischten SaaS-Verträge sind dem Vertragstyp „gemischte Verträge" zuzuordnen. Die Einordnung als Verlagsvertrag *sui generis*, als verkehrstypischen Vertrag oder als atypischen Vertrag ist abzulehnen. Die Rechtsfolge von gemischten Verträgen ist strittig, wobei die am meisten nachvollziehbaren Argumente für die Kombinationstheorie sprechen. Hiernach ist das Recht desjenigen normierten Vertragstyps anzuwenden, der bei dem jeweiligen Vertragsbestandteil eines SaaS-Vertrags einschlägig ist. Bei dem „Kernbestandteil" des gemischten SaaS-Vertrags, der in der Zurverfügungstellung der Online-Plattform für die automatisierte Nachrichtentextgenerierung besteht, ist das Mietrecht anzuwenden.

Die dieser Arbeit zugrundeliegenden Musterverträge (von AX Semantics und Retresco) sind gemischte SaaS-Verträge. Denn sowohl AX Semantics als auch Retresco stellen dem Computerprogrammanwender jeweils nicht nur das Computerprogramm zur automatisierten Nachrichtentextgenerierung auf der Online-Plattform zur Verfügung, sondern schulden ihm auch weitere Leistungen. Die Zurverfügungstellung der Online-Plattform ist der Hauptbestandteil des gemischten SaaS-Vertrags.

2. *Besonderheiten in der Vertragsgestaltung und Rechtsfolgen*

Die Vertragsgestaltung der geschlossenen SaaS-Verträge zwischen dem Computerprogrammanbieter und dem Medienunternehmen weist besondere und problematische vertragliche Vereinbarungen und Rechtsfolgen auf. In aller Regel beinhalten SaaS-Verträge Allgemeine Geschäftsbedingungen gem. § 305 Abs. 1 BGB, wie es bei den beiden Musterverträgen von AX Semantics und Retresco der Fall ist.

In den SaaS-Verträgen zur automatisierten Nachrichtentextgenerierung finden sich in aller Regel Verfügbarkeitsbeschränkungsklauseln, mit denen die Verfügbarkeit der Online-Plattform und damit des Computerprogramms für bestimmte Zeiträume geregelt wird. Der Hintergrund dieser Regelung ist die rechtliche Absicherung des Computerprogrammanbieters, dass im Falle von Verfügbarkeitsausfällen der Online-Plattform keine negativen Rechtsfolgen für den Computerprogrammanbieter eintreten. Denn wenn die Nutzung des Computerprogramms für einen bestimmten Zeitraum aufgrund einer Nichtverfügbarkeit der Online-Plattform nicht möglich ist, kann das Medienunternehmen keine Nachrichtentexte generieren und erleidet mangels veröffentlichter computergenerierter Nachrichtentexte möglicherweise finanzielle Einbußen.

Verfügbarkeitsbeschränkungsklauseln unterliegen bei wirksamer vertraglicher Einbeziehung dem AGB-Recht nach §§ 305 ff. BGB. Sie sind in SaaS-Verträgen als kontrollfähige, also der Inhaltskontrolle nach §§ 307 ff. BGB unterliegende, Leistungsbeschränkungen einzuordnen. Der Grund hierfür ist darin zu sehen, dass der Inhalt von Verfügbarkeitsbeschränkungsklauseln von der gesetzlich geschuldeten durchgängigen Verfügbarkeit abweicht (§ 307 Abs. 3 S. 1 BGB) und diese somit einschränkt. Eine Leistungsbeschreibung ist hierin nicht zu sehen. In der vertraglichen Praxis gibt es im Wesentlichen drei verschiedene Varianten zur Vertragsgestaltung bei Verfügbarkeitsbeschränkungsklauseln mit deren Rechtsfolgen. Die erste Variante ist, dass keine Verfügbarkeitsbeschränkungsklausel geregelt ist, sodass die gesetzlich festgelegte durchgängige Verfügbarkeit geschuldet wird. Die zweite Variante ist, dass eine

Verfügbarkeitsbeschränkungsklausel und die Rechtsfolgen eines Verfügbarkeitsausfalls vertraglich geregelt sind. Diese Variante wird in den AGB von AX Semantics verwendet. Diese Verfügbarkeitsbeschränkungsklausel unterliegt einer Inhaltskontrolle nach §§ 307 ff. BGB und hält dieser stand, sodass sie nach §§ 307 ff. BGB wirksam ist. Ein Verstoß gegen das Transparenzgebot nach § 307 Abs. 3 S. 2 i.V.m. Abs. 1 S. 2 i.V.m. Abs. 1 S. 1 BGB ist hierbei nicht zu sehen. Die vertraglich geregelte Rechtsfolge im Falle eines Verfügbarkeitsausfalls besteht in der Reduzierung der Nutzungsgebühr. Auch diese vertragliche Regelung ist nach dem AGB-Recht wirksam. Die dritte Variante ist, dass zwar eine Verfügbarkeitsbeschränkungsklausel aber keine Rechtsfolgen eines Verfügbarkeitsausfalls vertraglich geregelt sind. Diese Variante findet sich in Retrescos AGB. Auch diese vertraglich geregelte Verfügbarkeitsbeschränkungsklausel unterliegt einer Inhaltskontrolle nach §§ 307 ff. BGB und hält dieser stand, sodass sie nach §§ 307 ff. BGB wirksam ist. Hinsichtlich der vertraglich nicht geregelten Rechtsfolge greift die gesetzliche Norm § 536 Abs. 1 BGB, sodass das Medienunternehmen dem Computerprogrammanbieter (in diesem Fall Retresco) die Einwendung des § 536 BGB entgegenhalten kann und der Vergütungsanspruch des Computerprogrammanbieters gemindert wird. Problematisch ist die gesetzliche Herleitung, wenn die Verfügbarkeit nur für einen kurzen Zeitraum ausfällt. Mangels einer hierfür passenden gesetzlichen Regelung ist es interessengerecht, den § 536 Abs. 1 S. 3 BGB analog anzuwenden, wenn der Zeitraum des Verfügbarkeitsausfalls maximal zwei Prozent des gesamten Verfügbarkeitszeitraums ausmacht.

Ein weiterer essentieller Bestandteil eines SaaS-Vertrags für die automatisierte Nachrichtentextgenerierung sind Vergütungsklauseln. Die Höhe der Vergütung kann von Vertrag zu Vertrag variieren und ist in aller Regel in gesonderten Preislisten oder anderen Dokumenten außerhalb des jeweiligen Vertrags geregelt. Die vertraglich festgelegte Vergütungshöhe kann von der geschuldeten Vergütungshöhe abweichen, da ein Verfügbarkeitsausfall ab einer bestimmten Zeitdauer dazu führen kann, dass die Vergütung gemindert wird, sodass der Schuldner eine geringere Vergütung entrichten muss, als vertraglich vereinbart.

In SaaS-Verträgen wird meistens eine monatlich fällige feste Vergütung vereinbart, deren Fälligkeitszeitpunkt entweder am Anfang oder am Ende des Monats liegt. Streitig ist, nach welcher gesetzlichen Regelung sich die Fälligkeit der Vergütung in SaaS-Verträgen richtet. Im automatisierten Journalismus hat dieser Meinungsstreit jedoch keine große Relevanz, auch wenn die Fälligkeit der Vergütung in SaaS-Verträgen relevant sein kann.

Ob die gesetzliche Vorleistungspflicht den Computerprogrammanbieter hinsichtlich der Zurverfügungstellung des Computerprogrammes für die automatisierte Nachrichtentextgenerierung oder das Medienunternehmen als Computerprogrammanwender hinsichtlich der zu verrichtenden Vergütung trifft, ist streitig. Die besseren Argumente sprechen dafür, die gesetzliche Vorleistungspflicht nach § 579 Abs. 1 BGB heranzuziehen, sodass der Computerprogrammanbieter vorleistungspflichtig ist und dementsprechend die Vergütung seitens des Medienunternehmens am Ende der jeweiligen Zeitabschnitte zu entrichten ist. Die gesetzliche Vorleistungspflicht des Computerprogrammanbieters kann jedoch vertraglich abbedungen werden. Im Zusammenhang mit der vertraglichen Regelung zum Fälligkeitszeitpunkt stellt sich auch die Frage, ob in den AGB-Regelungen das jeweilige Zurückbehaltungsrecht gem. § 320 Abs. 1 S. 1 BGB des Computerprogrammanwenders oder des Computerprogrammanbieters vertraglich wirksam ausgeschlossen werden kann. Hierbei ist der Ausschluss des Zurückbehaltungsrechts des Computerprogrammanwender in SaaS-Verträgen problematisch. Die besseren Argumente sprechen dafür, dass ein Ausschluss des Zurückbehaltungsrechts des Computerprogrammanwenders bzw. des Medienunternehmens im Rahmen der Inhaltskontrolle gem. §§ 307 ff. BGB wirksam ist.

Für den Fall, dass das Medienunternehmen die fällige Vergütung an den Computerprogrammanbieter nicht verrichtet, kann einerseits der Computerprogrammanbieter ein außerordentliches Kündigungsrecht gem. § 543 Abs. 2 S. 1 Nr. 3 BGB haben und andererseits können diesem ein Schadensersatzanspruch wegen Verzögerung der Leistung gem. §§ 286, 280 Abs. 2 BGB und ein Anspruch auf Verzugszins gem. § 288 BGB zustehen.

Im Falle der Unwirksamkeit der Vergütungsklausel gem. §§ 307 ff. BGB tritt die Rechtsfolge des § 306 Abs. 2 BGB ein, wonach sich der Inhalt der Vergütungsklausel nach den gesetzlichen Vorschriften richtet. Mangels einschlägiger Regelungen im Mietrecht ist es nachvollziehbar, die Vergütungsregeln des Werk- bzw. Dienstvertragsrechts gem. § 612 Abs. 2 BGB bzw. § 632 Abs. 2 BGB analog heranzuziehen, die nach der Rechtsprechung des BGH entsprechend für das Mietrecht gelten.

In den SaaS-Verträgen zur automatisierten Nachrichtentextgenerierung zwischen dem Computerprogrammanbieter und dem Medienunternehmen können Preisanpassungsklauseln integriert werden. Darunter sind solche Klauseln zu verstehen, die festlegen, dass die Vergütungshöhe während der Laufzeit der Computerprogrammnutzung verändert und angepasst wird. Preisanpassungsklauseln können nach dem PrKlG (Preisklauselgesetz) und/oder nach dem AGB-Recht unwirksam sein. In der Regel führen Preisanpassungsklauseln in SaaS-Verträgen zu keiner Unwirksamkeit. Hinsichtlich des AGB-Rechts sind Preisanpassungsklauseln in SaaS-Verträgen üblicherweise als AGB gem. § 305

Abs. 1 BGB zu verstehen. Ob solche bei wirksamer vertraglicher Einbeziehung einer Inhaltskontrolle nach §§ 307 ff. BGB unterliegen, hängt davon ab, ob sie sog. Preisabsprachen oder Preisnebenabreden sind. Üblicherweise sind Preisanpassungsklauseln in SaaS-Verträgen als Preisnebenabreden einzustufen. Preisnebenabreden sind ihrer Rechtsnatur i.S.d. § 307 Abs. 3 S. 1 BGB kontrollfähig und unterliegen der Inhaltskontrolle nach §§ 307 ff. BGB. In aller Regel sind die Preisanpassungsklauseln in den SaaS-Verträgen zur automatisierten Nachrichtentextgenerierung nach §§ 307 ff. BGB wirksam. Dies zeigt auch die im Softwarenutzungsvertrag von AX Semantics verwendete Preisanpassungsklausel.

3. *Haftung des Computerprogrammanbieters gegenüber dem Medienunternehmen bei fehlerhaftem Nachrichtentextinhalt*

Im Rahmen der automatisierten Nachrichtentextgenerierung können Vorfälle eintreten, die zu einer Haftung des Computerprogrammanbieters/ -herstellers gegenüber dem Medienunternehmen führen können. Solche Vorfälle können in der Gestalt von inhaltlich fehlerhaften Nachrichtentexten und Verfügbarkeitsausfällen auftreten. Bei der Haftung ist zwischen der vertraglichen und der deliktsrechtlichen Haftung zu unterscheiden. Im Fokus der Betrachtung steht die Konstellation, in der ein Computerprogrammanbieter/ -hersteller mit einem Medienunternehmen einen SaaS-Vertrag über die Nutzung des Computerprogramms für die automatisierte Nachrichtentextgenerierung im Internet abschließt (zweite Konstellation[1013]). Für die Zurverfügungstellung der Online-Plattform für die Nachrichtentextgenerierung als Kernpflicht sind die mietrechtlichen Gewährleistungsrechte nach §§ 536 ff. BGB anzuwenden.

Bei der Mängelhaftung kann ein Sachmangel nach § 536 Abs. 1 S. 1 BGB im Rahmen des SaaS-Vertrags angenommen werden, wenn ein Algorithmus des Computerprogramms für die automatisierte Nachrichtentextgenerierung fehlerhaft programmiert wurde oder das Computerprogramm bzw. die Online-Plattform für einen bestimmten Zeitraum für das Medienunternehmen nicht verfügbar ist. Fehlerhafte Daten sind hingegen nicht als Sachmangel zu sehen.

Ein Rechtsmangel kann bei einem SaaS-Vertrag zwischen dem Computerprogrammanbieter und dem Medienunternehmen nur dann bestehen, wenn keine Personenidentität zwischen dem Hersteller und dem Anbieter des Computerprogrammes besteht, der Hersteller an dieser Software[1014] ein Urheberrecht hat

1013 Siehe Abbildung in 3. Kap. D. I. vor 1.
1014 Trotz unterschiedlicher Begrifflichkeiten ist hier mit „Computerprogramm“ und „Software“ das Gleiche gemeint.

und dieses zum Nachteil des Computerprogrammanbieters geltend machen kann. In der zweiten und vierten Konstellation[1015] haben Rechtsmängel jedoch in aller Regel keine große Relevanz, da es wegen der Personenidentität zwischen dem Computerprogramm-/Softwarehersteller und dem Computerprogramm-/Softwareanbieter an einem Dritten i.S.d. § 536 Abs. 3 BGB fehlt.

Wenn das Medienunternehmen einen Schadensersatzanspruch nach § 536a Abs. 1 BGB geltend macht, muss ein ersatzfähiger Schaden gegeben sein. Dieser kann in diesem vertraglichen Schuldverhältnis einerseits darin liegen, dass dem Medienunternehmen aufgrund eines fehlerhaften Algorithmus oder eines Verfügbarkeitsausfalls finanzielle Einbußen entstehen. Andererseits könnte das Medienunternehmen einen entgangenen Gewinn nach § 252 S. 1 BGB geltend machen, wenn durch den Mangel die Nachfrage nach computergenerierten Nachrichtentexten sinken wird und Werbeeinnahmen geringer bzw. wegfallen würden.

Außerdem könnte das Medienunternehmen infolge von inhaltlich fehlerhaften computergenerierten Nachrichtentexten von den Rezipienten oder Dritten in Anspruch genommen werden, sodass es mit Verbindlichkeiten belastet sein kann, die einen ersatzfähigen Schaden darstellen.

Als Haftungssubjekt kommt bei der Mängelhaftung im vertraglichen Schuldverhältnis zwischen dem Computerprogrammanbieter und dem Medienunternehmen in der Regel der Computerprogrammanbieter in Betracht. Wenn keine Personenidentität zwischen dem Computerprogrammanbieter und dem Softwarehersteller besteht und der Mangel auf die fehlerhafte Programmierung des Algorithmus zurückgeht, haftet der Computerprogrammanbieter nicht im vertraglichen Schuldverhältnis mit dem Medienunternehmen, weil den Computerprogrammanbieter weder selbst ein Verschulden trifft noch er das Verschulden des Softwareherstellers nach § 278 S. 1 BGB zu vertreten hat.

Liegt ein Schaden vor, kann der Schadensersatzanspruch des Medienunternehmens dennoch nach § 254 Abs. 1 BGB in seinem Umfang reduziert sein. Das hierfür erforderliche Mitverschulden des Medienunternehmens ist anzunehmen, wenn das Medienunternehmen im Falle des Vorliegens eines fehlerhaften Algorithmus die Sorgfaltspflicht der redaktionellen Prüfung verletzt hat. Dabei ist folgende „Je-desto-Formel" anzuwenden: Je schwerwiegender die Folgen der Berichterstattungen sein können, desto intensiver muss die Überprüfung des Textes sein.

1015 Siehe Abbildung in 3. Kap. D. I. vor 1.

Die Rechtsfolge der Mängelhaftung kann sich entweder aus dem Vertrag oder dem Gesetz ergeben. In der Praxis des automatisierten Journalismus finden sich in den SaaS-Verträgen oftmals Haftungsausschlüsse, deren Wirksamkeit problematisch sein kann. Dies wird anhand der jeweiligen Musterverträge von AX Semantics und Retresco deutlich. Im Falle der sich aus dem Gesetz ergebenden Rechtsfolgen ist das jeweilige Gewährleistungsregime heranzuziehen. Problematisch ist hier die Haftung nach §§ 536 ff. BGB im Rahmen der Hauptpflicht der Zurverfügungstellung der Online-Plattform für die automatisierte Nachrichtentextgenerierung. In diesem Kontext stellt sich die Frage, ob eine verschärfte Garantiehaftung nach § 536a Abs. 1 Var. 1 BGB bei einem SaaS-Vertrag aufgrund eines fehlerhaften Algorithmus angemessen ist. Dem ist zuzustimmen, da erstens der Gesetzeswortlaut für die Anwendung spricht (dieser setzt einen anfänglichen Mangel voraus, der in aller Regel bei Programmierfehlern vorliegt), und zweitens die Angemessenheit der verschärften Garantiehaftung darin begründet ist, dass bei einem fehlerhaften Algorithmus die Wahrscheinlichkeit eines Schadens größer als bei anderen Fällen ist, in denen ein anfänglicher Sachmangel schon sichtbar ist und noch keinen Schaden verursacht hat. Zudem steht der Computerprogrammanbieter im Falle der Garantiehaftung nicht schutzlos da, weil er den Softwarehersteller im Schadensfall in Anspruch nehmen und somit seinen zu leistenden Schadenersatz gegenüber dem Medienunternehmen kompensieren kann. Bei der Garantiehaftung nach § 536a Abs. 1 Var. 1 BGB haftet das Medienunternehmen auch für Mangelfolgeschäden.

In der Regel trifft den Computerprogrammanbieter/-hersteller im automatisierten Journalismus gegenüber dem Medienunternehmen keine deliktsrechtliche Haftung. Bei der Haftung aus unerlaubter Handlung kann weder das Computerprogramm an sich noch der Computerprogramm-/Softwareanbieter Haftungssubjekt sein, wenn ein Algorithmus fehlerhaft programmiert wurde. In diesem Fall ist vielmehr der Computerprogramm-/Softwarehersteller Haftungssubjekt, wenn die Voraussetzungen der deliktsrechtlichen Haftung vorliegen. Allerdings besteht in diesem Schuldverhältnis die Haftung des Computerprogramm-/Softwareherstellers nur in der zweiten und vierten Konstellation,[1016] weil in diesen Konstellationen der Computerprogramm-/Softwareanbieter gleichzeitig der Computerprogramm-/Softwarehersteller ist. Mangels Rechtsgutsverletzung scheidet eine Haftung aus unerlaubter Handlung nach

1016 Ebd.

§ 823 BGB allerdings aus. Auch eine Haftung nach dem Produkthaftungsgesetz ist mangels Rechtsgutsverletzung abzulehnen.

II. Vertragliches Schuldverhältnis zwischen Softwarehersteller und dem Computerprogrammanbieter

Aufgrund der oftmals bestehenden Personenidentität zwischen dem Softwarehersteller und dem Computerprogrammanbieter beim automatisierten Journalismus hat das vertragliche Schuldverhältnis zwischen diesen beiden Akteuren in der Praxis keine große Relevanz. Wenn allerdings keine Personenidentität besteht, ergeben sich Besonderheiten bei der vertragstypologischen Einordnung und der Haftung des Softwareherstellers gegenüber dem Computerprogrammanbieter bei fehlerhaftem Nachrichtentextinhalt.

1. Vertragstypologische Einordnung

Der zwischen dem Softwarehersteller und dem Computerprogrammanbieter geschlossene Vertrag ist ein auf die dauerhafte Überlassung der Software gerichteter SÜV, bei dem als Vertragsgegenstand sowohl eine Standardsoftware als auch eine Individualsoftware in Betracht kommt. Wenn eine Standardsoftware dauerhaft überlassen wird, ist der Vertrag in diesem vertraglichen Schuldverhältnis als Kaufvertrag gem. § 433 BGB vertragstypologisch einzuordnen. Im Falle der dauerhaften Überlassung einer Individualsoftware ist der Vertrag vielmehr als Werkvertrag gem. § 631 BGB statt als Werklieferungsvertrag gem. § 650 BGB einzuordnen.

2. Haftung des Softwareherstellers gegenüber dem Computerprogrammanbieter

Die Haftungslage in diesem vertraglichen Schuldverhältnis ähnelt der Haftungslage im vertraglichen Schuldverhältnis zwischen dem Computerprogrammanbieter und dem Medienunternehmen. Ein fehlerhaft programmierter Algorithmus stellt einen Sachmangel sowohl bei der dauerhaft zu überlassenden Standardsoftware gem. § 434 Abs. 1 BGB als auch bei der dauerhaft zu überlassenden Individualsoftware nach § 633 Abs. 2 BGB dar. Wenn ein solcher Sachmangel vorliegt, hat der Computerprogrammanbieter gegen den Softwarehersteller einen Anspruch auf Nacherfüllung gem. §§ 437 Nr. 1, 439 BGB bzw. §§ 634 Nr. 1, 635 BGB in Gestalt der Neulieferung einer Software oder der Installation von Updates oder Patches.

III. Vertragliches Schuldverhältnis zwischen Datenlieferant und Medienunternehmen

Das vertragliche Schuldverhältnis zwischen dem Datenlieferant und dem Medienunternehmen hat im automatisierten Journalismus insbesondere deswegen seine Relevanz, weil dieses die Beschaffung von Daten bzw. Datenbanken zum Gegenstand hat. Denn Daten sind eine Grundvoraussetzung für den automatisierten Journalismus.

Ein Medienunternehmen kann sich für die automatisierte Nachrichtentextgenerierung die Daten selbst beschaffen und aufbereiten oder diese über spezialisierte Datenunternehmen beziehen. Nur in letzterem Fall entsteht ein Schuldverhältnis zwischen dem Medienunternehmen und dem Datenlieferanten. In den zwischen diesen beiden Akteuren geschlossenen Verträgen wird der Datenlieferant entweder verpflichtet, die Daten bzw. Datenbanken für die automatisierte Nachrichtentextgenerierung bereitzustellen oder Daten, die das Medienunternehmen zur Verfügung stellt, zu bearbeiten. Praxisnäher ist die erste Alternative.

1. Vertragstypologische Einordnung

Hinsichtlich der vertragstypologischen Einordnung ist der Vertrag bezüglich der Bereitstellung der Daten bzw. Datenbanken rechtlich zu untersuchen. Unter den normierten Vertragstypen findet sich kein Vertragstyp, der als alleiniger Vertrag zugeordnet werden kann. Allerdings ist der Vertrag dieses Vertragsverhältnisses als gemischter Vertrag zu qualifizieren, der mietvertragliche Elemente hinsichtlich der Bereitstellung der Online-Plattform und kaufvertragliche Elemente hinsichtlich der Übertragung der Datenbanken beinhaltet. Eine passende Bezeichnung wäre hierbei der Vertragsbegriff „Datenlieferungsvertrag *sui generis*". Für die Rechtsfolge dieses „Datenlieferungsvertrag *sui generis*" ist die Kombinationstheorie heranzuziehen, wonach das Recht desjenigen normierten Vertragstyps anzuwenden ist, das bei dem jeweiligen Vertragsbestandteil einschlägig ist.

2. Haftung des Datenlieferanten

Die Haftung des Datenlieferanten weist lediglich in der Sachmängelhaftung Besonderheiten auf. Ein Sachmangel kann darin bestehen, dass fehlerhafte Daten in den Datenbanken vorhanden sind (§§ 453 Abs. 1 Alt. 2 i.V.m. 434 Abs. 1BGB) oder ein Verfügbarkeitsausfall der Online-Plattform vorliegt (§ 536 Abs. 1 S. 1 BGB).

Beim Schaden auf der Seite des Medienunternehmens sind die gleichen Schadenspositionen in Betracht zu ziehen, die im vertraglichen Schuldverhältnis zwischen dem Computerprogrammanbieter und dem Medienunternehmen entstehen können.

Wie im vertraglichen Schuldverhältnis zwischen dem Medienunternehmen und dem Computerprogrammanbieter, kann auch in diesem vertraglichen Schuldverhältnis ein Verschulden des Medienunternehmens zu einer Anspruchskürzung nach § 254 Abs. 1 BGB führen, wenn es seine Sorgfaltsplicht der redaktionellen Prüfung verletzt.

Gesamtfazit

Die Untersuchungen in dieser Arbeit haben gezeigt, dass der automatisierte Journalismus eine Reihe von rechtlichen Fragen aufwirft, insbesondere im Zivilrecht.

Die Grundlagen des automatisierten Journalismus[1017] haben verdeutlicht, dass die Innovation der automatisierten Nachrichtentextgenerierung aktuell ist und es den Journalismus in der Zukunft stark beeinflussen wird.

Im Rahmen der rechtlichen Grundlagen bei computergenerierten Nachrichtentexten ist die Untersuchung zu dem Ergebnis gelangt, dass de lege lata weder eine Pflicht des Medienunternehmens besteht, solche Nachrichtentexte zu kennzeichnen, die von einem Computerprogramm generiert wurden (Kennzeichnungspflicht computergenerierter Nachrichtentexte)[1018], noch dass computergenerierte Nachrichtentexte nach dem Urheberrechtsgesetz geschützt sind[1019]. In diesen beiden Bereichen (Medienrecht und Urheberrecht) sind computergenerierte Nachrichtentexte somit nicht dem geltenden Recht unterworfen. Die fehlenden Regelungen in diesen beiden Bereichen wirken sich in der praktischen Anwendung der automatisierten Nachrichtentextgenerierung aus.

Mangels einer umfassenden Kennzeichnungspflicht kann es in der Zukunft vorkommen, dass computergenerierte Nachrichtentexte nicht gekennzeichnet werden und nicht als solche erkennbar sind. Hierdurch wird computergenerierten Nachrichtentexten weniger Transparenz gegenüber dem Rezipienten verliehen.[1020] Die Einführung einer, wie teils gefordert, Kennzeichnungspflicht de lege ferenda ist jedoch aus nachvollziehbaren Gründen nicht erforderlich, zumal im Falle nicht gekennzeichneter Nachrichtentexte keine rechtlichen Nachteile entstehen.[1021] Diese „Regelungslücke" im Medienrecht führt somit zu keinen nennenswerten Nachteilen, sodass kein Regulierungsbedarf besteht.

Im urheberrechtlichen Kontext hat dies zur Folge, dass unbearbeitete computergenerierte Nachrichtentexte ohne Zustimmung des Medienunternehmens urheberrechtlich verwertet werden dürfen,[1022] weil an diesen de lege lata kein Urheberrechtsschutz und kein Leistungsrechtsschutz (urheberrechtlicher Schutz

1017 Siehe 1. Kap.
1018 Im Ergebnis siehe 2. Kap. A. vor I.
1019 Im Ergebnis siehe 2. Kap. B. II. 3.
1020 Siehe 2. Kap. A. I.
1021 Siehe 2. Kap. A. III.
1022 Siehe 2. Kap. B. II. 1. vor a).

im weiten Sinne) besteht. Die in der Praxis abgeschlossenen SaaS-Verträge[1023] zeigen trotz fehlenden Schutzes nach dem Urheberrechtsgesetz von computergenerierten Nachrichtentexten, dass Medienunternehmen in die automatisierte Nachrichtentextgenerierung investieren. Hieraus lässt sich die Schlussfolgerung ziehen, dass in der derzeitigen „Anfangsphase" des automatisierten Journalismus der fehlende urheberrechtliche Schutz (im weiten Sinne) noch keine bemerkbaren Nachteile für die Medienunternehmen hervorruft. Allerdings kann sich dies im Laufe der Zeit und der weiteren Verbreitung des automatisierten Journalismus ändern, sodass damit zu rechnen ist, dass die Stimmen für einen Schutz durch das Urheberrecht (im weiten Sinne) lauter werden.

Ein Schutz nach dem Urheberrechtsgesetz von computergenerierten Nachrichtentexten ist de lege ferenda wünschenswert.[1024] Denn das Urheberrechtsgesetz umfasst auch andere Leistungsschutzrechte, die eine „investitionsintensive organisatorisch-technische Leistung"[1025] schützen. Eine solche Leistung nimmt ein Medienunternehmen auch vor, wenn es computergenerierte Nachrichtentexte veröffentlichen möchte, indem es beispielsweise einen SaaS-Vertrag mit einem Computerprogrammanbieter abschließt.[1026]

Unter den vertraglichen Schuldverhältnissen[1027] haben computergenerierte Nachrichtentexte den engsten Bezug zu dem vertraglichen Schuldverhältnis zwischen dem Computerprogrammanbieter, der oftmals auch die Rolle des Computerprogrammherstellers einnimmt, und dem Medienunternehmen.[1028] Die Relevanz dieses vertraglichen Schuldverhältnisses zeigt sich auch darin, dass es mehrere verschiedene Konstellationen gibt, in denen das Medienunternehmen ein Vertragsverhältnis mit einem Anbieter und/oder Hersteller eines Computerprogramms bzw. einer Software eingeht.[1029] Die vertragstypologische Einordnung, die Besonderheiten in der Vertragsgestaltung und die Haftungslage haben aufgezeigt, dass dieses vertragliche Schuldverhältnis beim automatisierten Journalismus neue und ganz bestimmte rechtliche Fragen aufwirft. Festgehalten werden kann, dass dieses Vertragsverhältnis üblicherweise in Gestalt eines gemischten SaaS-Vertrags besteht[1030] und in solchen Verträgen

1023 Siehe Anhang A1 – A3.
1024 Siehe 2. Kap. B. II. 1. d) aa).
1025 Siehe 2. Kap. B. II. 1. d) bb) (3) (b).
1026 Siehe 3. Kap. A. I. 4. c).
1027 Siehe 3. Kap. A – C.
1028 Siehe 3. Kap. A.
1029 Siehe 3. Kap. A. vor I.
1030 Siehe 3. Kap. A. I. 4. d) cc).

Verfügbarkeitsbeschränkungsklauseln und Vergütungsklauseln zu den Besonderheiten zählen. Sofern computergenerierte Nachrichtentexte de lege ferenda durch das Urheberrechtsgesetz geschützt werden sollten, wird das Urhebervertragsrecht eine wichtige Rolle in dem vertraglichen Schuldverhältnis zwischen dem Computerprogrammanbieter und dem Medienunternehmen einnehmen. Die Haftung des Anbieters bzw. Herstellers eines Computerprogramms bzw. einer Software gegenüber dem Medienunternehmen wirft beim automatisierten Journalismus wichtige Fragen auf, die außerhalb dieses Bereiches nicht bestehen. Beispielsweise kann dem Medienunternehmen gegen den Computerprogrammanbieter/-hersteller (in einer Person) ein Schadensersatzanspruch infolge eines sachmangelhaften fehlerhaften Algorithmus zustehen, wenn aufgrund dieses Sachmangels ein Nachrichtentext mit einem fehlerhaften Inhalt computergeneriert wurde und dem Medienunternehmen hierdurch ein Schaden in Gestalt eines entgangenen Gewinns entstanden ist. Die Höhe dieses Schadensersatzanspruches ist allerdings zu reduzieren, wenn das Medienunternehmen seine Sorgfaltspflicht der redaktionellen Prüfung verletzt hat. Solch ein Fall ist im automatisierten Journalismus realistisch, jedoch in anderen Lebensbereichen nur schwer vorstellbar.

Etwas weiter von den computergenerierten Nachrichtentexten entfernt zu verorten sind die vertraglichen Schuldverhältnisse zwischen einerseits dem Softwarehersteller und dem Computerprogrammanbieter und andererseits dem Datenlieferanten und dem Medienunternehmen bzw. Computerprogrammanbieter/-hersteller.[1031] In diesen Vertragsverhältnissen können viele rechtliche Besonderheiten auftreten, die jedoch auch unabhängig vom automatisierten Journalismus bestehen können. Insofern haben diese Vertragsverhältnisse eine geringere Relevanz als das erste Vertragsverhältnis. Dennoch zeigen beide Vertragsverhältnisse ihre Besonderheiten auch bei der vertragstypologischen Einordnung und Haftung. Zum Beispiel kann der Datenlieferant gegenüber dem Medienunternehmen für die Bereitstellung fehlerhafter Daten in den Datenbanken haften.

Alles in allem hat die Untersuchung der vertraglichen Schuldverhältnisse gezeigt, dass trotz der neuen Innovation des automatisierten Journalismus das geltende deutsche Vertragsrecht adäquate Regeln enthält und kein inhaltliches „Update“ erfordert,[1032] obgleich der automatisierte Journalismus in vielen

1031 3. Kap. B. und C.

1032 Zur Frage, ob das BGB einer Reformierung vor dem Hintergrund der Digitalisierung bedarf: *Faust*, Digitale Wirtschaft - Analoges Recht: Braucht das BGB ein Update?.

vertraglichen Bereichen neue Rechtsfragen aufwirft. Insbesondere der Bedarf eines Schutzes nach dem Urheberrechtsgesetz von computergenerierten Nachrichtentexten wird aller Voraussicht nach in Zukunft immer relevanter werden, je mehr computergenerierte Nachrichtentexte veröffentlicht werden.

Anhang

A1 (deutsche Fassung des Softwarenutzungsvertrags von AX Semantics)

AX SEMANTICS

Master Subscription Agreement

Revision: 9th January 2020
Document ID MSA-0.1

English

Master Subscription Agreement - Editor License
page 2-4

German / Deutsch

Softwarenutzungsvertrag - Editor License
Seiten 5-8

Softwarenutzungsvertrag – Editor Lizenz –

Stand: 9. Januar 2020
Document ID MSA-1.1-de

Dieser Softwarenutzungsvertrag enthält die Bedingungen, die Ihren Zugang zu den Serviceangeboten und deren Nutzung (wie untenstehend definiert) regeln, und stellt eine Vereinbarung zwischen AX Semantics GmbH ("AX Semantics") und Ihnen oder dem Unternehmen, das Sie repräsentieren ("Kunde") dar. Diese Vereinbarung wird wirksam, wenn Sie eine "Sign up"-Schaltfläche oder ein entsprechendes Ankreuzfeld, die mit diesen Bedingungen präsentiert werden, anklicken oder wenn Sie eines der Serviceangebote nutzen. Sie sichern uns zu, dass Sie rechtmäßig in der Lage sind, Verträge abzuschließen (z.B. dass Sie nicht minderjährig sind).

AX Semantics hat eine Software zur automatischen Textgenerierung entwickelt. Die Software wird den Kunden als Software-as-a-Service-Lösung über die Plattform AX Semantics NLG Cloud zur Verfügung gestellt. Das AX NLG Cloud (https://cockpit.ax-semantics.com/) umfasst verschiedene Tools, deren Nutzung Gegenstand dieses Softwarenutzungsvertrages sind. Diese dienen insbesondere zum Produzieren von Texten und zum erstellen und verändern sogenannter "Rulesets" als Grundlage für die Generierung. Rulesets sind die Regelwerke, welche (über die Oberfläche) konfiguriert werden, um damit Texte zu generieren.

Zur Nutzung der Leistungen der vorgenannten Tools wird AX Semantics dem Kunden oder dem Solution Partner von AX Semantics Zugang zu der Plattform gewähren. Der Solution Partner unterstützt den Kunden ggf. aufgrund eines gesondert abgeschlossenen Servicevertrages bei der Nutzung der zur Verfügung gestellten Leistungen.

§ 1 Vertragsgegenstand

1. Gegenstand dieses Vertrages in der "**Editor Lizenz**" ist die Nutzung der AX Semantics NLG Cloud zur Generierung von Texten für eine von der gewählten Nutzung abhängigen Anzahl an Textmenge, Textlänge, Geschwindigkeit (Minuten, Stunden, Tages-Limits), Usern (Anzahl der User-Accounts) und/oder Einschränkungen von Features innerhalb der Tools.
   Die Buchung von Services findet innerhalb der Plattform zu den jeweils dort angegebenen Konditionen statt. Gebühren und Kosten werden monatlich in Rechnung gestellt. In Ausnahmefällen behält sich die AX Semantics das Recht vor, auch in kürzeren Abständen Rechnungen über angefallene Gebühren zu stellen. Alle Beträge nach dieser Vereinbarung sind zahlbar ohne Abzug oder Einbehalt. Gebühren und Kosten für neue Services oder neue Features eines Services gelten, sobald aktualisierte Gebühren und Kosten in der NLG Cloud veröffentlicht werden, es sei denn, es findet eine anderweitige Mitteilung statt.
2. Nach vollständiger Übertragung der Daten via der API (Application Programming Interface = Schnittstelle, mit der Daten abgegeben und Texte abgeholt werden können) und Abruf des Kunden beträgt die Zeit bis zur Generierung der Texte („time-to-text") maximal 12 Stunden.
3. Der Kunde ist während der Vertragslaufzeit jederzeit berechtigt, ein Upgrade auf einen größeren Leistungsumfang zu wählen. Die Ausübung des Upgrades erfolgt durch schriftliche Erklärung gegenüber AX Semantics oder durch Kauf innerhalb der Plattform. Die Vergütung bei Buchung eines Upgrades in einem laufenden Monat erfolgt entsprechend § 4 Abs. (1) dieses Vertrages anteilig nach den verbleibenden Tagen des Monats, beginnend mit dem Buchungstag.
4. Die Möglichkeit eines Downgrades innerhalb der Vertragslaufzeit besteht nicht. Dies gilt auch für den Fall der vorherigen Buchung eines Upgrades während der Vertragslaufzeit.
5. AX Semantics ist berechtigt, jederzeit zu überprüfen, ob der vereinbarte Nutzungsumfang überschritten wird. Die oben genannten Funktionsbegrenzungen sind vertraglicher Natur, (z.B. ist die Begrenzung der Anzahl an Objekten oder die Rate-Limits nicht technisch im Service durchgesetzt), daher stimmt der Kunde zu, die Nutzung solcher Abonnements durch seine Benutzer streng zu überwachen und die Begrenzungen durchzusetzen.
6. Die technische Integration der API beim Kunden ist nicht Gegenstand dieses Vertrages. Sie erfolgt ebenso wie die erstmalige Zurverfügungstellung der Datensätze durch den Kunden aufgrund gesonderter Vereinbarung.
7. "Add-Ons" können während der Laufzeit hinzugefügt werden, und werden als Upgrade des Vertrages betrachtet.

§ 2 Rechte und Pflichten der Vertragsparteien

1. Der Kunde erhält mit Abschluss dieses Vertrages das nicht ausschließliche, zeitlich auf die Laufzeit des Vertrages beschränkte, nicht übertragbare und nicht unterlizenzierbare Recht zur Nutzung der und Zugriff via Internet auf die von AX Semantics bereitgestellte Plattform zur Generierung von Texten.
2. Der Kunde ist ausschließlich berechtigt, eigene Daten für eigene Zwecke zu verarbeiten. Ihm verbleiben alle Rechte an den von ihm zur Verfügung gestellten Daten.
3. Der Kunde ist nicht berechtigt, einem Dritten die Nutzung der Plattform zu ermöglichen oder diese für einen Dritten zu nutzen.
4. Der Kunde ist verpflichtet, die Nutzung der Plattform durch geeignete Maßnahmen vor dem Zugriff durch unbefugte Dritte zu sichern, insbesondere die Zugangsdaten (Benutzername und Passwort) sicher zu verwahren. Bei unbefugter Nutzung der Plattform durch Dritte hat der Kunde die Nutzungsgebühr verschuldensunabhängig zu entrichten.
5. An den im Rahmen dieses Vertrages generierten Texten überträgt AX Semantics dem Kunden hiermit ein nicht übertragbares und nicht unterlizenzierbares Recht zur Nutzung. Ausgenommen sind verbundene Unternehmen gem. § 15 AktG.
6. Die Nutzung der Plattform durch den Kunden hat in Übereinstimmung mit den gesetzlichen Bestimmungen und den Richtlinien von AX Semantics zu erfolgen.
7. Der Kunde verpflichtet sich, keine personenbezogenen Daten im Sinne § 3 Abs. 1 Bundesdatenschutzgesetz in die Plattform von AX Semantics einzuspielen, ohne dass eine gesonderte schriftliche Vereinbarung hierzu getroffen wurde.

§ 3 Vertragsdauer und Kündigung

1. Der Vertrag beginnt mit Unterzeichnung, Online-Kauf, oder Bereitstellung des Zugangs zur Plattform durch AX Semantics.
2. Der Vertrag läuft auf unbestimmte Zeit. Der Kunde und AX Semantics sind berechtigt, den Vertrag mit einer Frist von drei Tagen zum Ende jedes Laufzeitmonats zu kündigen. Das Nutzungsrecht an den Texten gemäß § 2 Abs. (5) erlischt dadurch.
3. Für jährliche Verträge läuft der Vertrag auf unbestimmte Zeit. Der Kunde und AX Semantics sind berechtigt, den Vertrag mit einer Frist von drei Monaten zum Ende des Nutzungsjahres zu kündigen. Das Nutzungsrecht an den Texten gemäß § 2 Abs. (5) erlischt dadurch nicht.

4. Das Recht zur Kündigung aus wichtigem Grund bleibt unberührt. Ein wichtiger Grund liegt insbesondere vor, wenn
   (a) über das Vermögen des Kunden das Insolvenzverfahren eröffnet worden ist,
   (b) der Kunde wesentliche Verpflichtungen aus diesem Vertrag verletzt und auch nach Abmahnung unter Setzung einer angemessenen Frist zur Erfüllung der Verpflichtung durch AX Semantics nicht nachkommt. Zu den wesentlichen Pflichten aus diesem Vertrag gehören insbesondere die Pflichten des Kunden aus § 2 dieses Vertrages.
5. Jede Kündigung bedarf zu ihrer Wirksamkeit der Schriftform.

§ 4 Entgeltfälligkeit, Verzug und Nutzungsgebührenanpassung

1. Die Nutzungsgebühr wird für den jeweiligen Monat im Voraus fällig.
2. Die Verzugszinsen richten sich nach den gesetzlichen Bestimmungen.
3. AX Semantics ist berechtigt, zum Ende der Mindestvertragslaufzeit oder zum Ablauf des Verlängerungszeitraumes die Nutzungsgebühr für die verschiedenen Editionen anzupassen. Die Anpassung ist dem Kunden einen Monat vor Ablauf des jeweiligen Zeitraumes schriftlich mitzuteilen. Im Falle der Anpassung ist der Kunde berechtigt, den Vertrag zum Ende der jeweiligen Mindestvertragslaufzeit bzw. des jeweiligen Verlängerungszeitraums außerordentlich ohne Einhaltung einer Frist zu kündigen.

§ 5 Fortentwicklung, Pflege und Änderungen an den Serviceangeboten sowie den APIs

1. AX Semantics entwickelt die der Textgenerierung zugrunde liegende Software in Bezug auf Qualität und Modernität laufend fort, passt sie an geänderte Anforderungen an, beseitigt Fehler, um den hohen Qualitätsstandard von AX Semantics aufrecht zu erhalten und überlässt dem Kunden die hieraus entstehenden neuen Versionen der Software zur Nutzung über die Plattform. Eine gesonderte Vergütung für diese laufenden Fortentwicklungen ist nicht geschuldet.
2. Änderungen an den Serviceangeboten: AX Semantics kann zum Zwecke der sinnvollen technischen Weiterentwicklung von Zeit zu Zeit jedes der Serviceangebote (und auch die Serviceangebote insgesamt) ändern, einstellen, auslaufen lassen oder die Eigenschaften oder Funktionalität der Serviceangebote ändern oder entfernen, sofern die Kernfunktionalität zur Textgenerierung und Pflege der Regelwerke erhalten bleibt. AX Semantics wird Sie über jede wesentliche Änderung oder Einstellung der Serviceangebote informieren.
3. Änderungen an den APIs: AX Semantics kann zum Zwecke der sinnvollen technischen Weiterentwicklung von Zeit zu Zeit sämtliche APIs für die Services ändern, einstellen oder auslaufen lassen. AX Semantics wird jedoch wirtschaftlich sinnvolle Anstrengungen unternehmen, um die vorhergehenden Versionen jeder geänderten, eingestellten oder ausgelaufenen API für eine Dauer von vier Monaten nach der Änderung, Einstellung oder dem Auslaufen weiterhin zu unterstützen. AX Semantics kann eine weitere Unterstützung eher einstellen, wenn
   (a) dadurch ein Sicherheitsrisiko oder Probleme mit geistigem Eigentum entstehen,
   (b) dies eine wirtschaftliche oder technische Erschwernis darstellt, oder
   (c) dies erforderlich ist, um Gesetzen oder Anforderungen von staatlichen Stellen zu genügen.

§ 6 Wartung, Vereinbarte Verfügbarkeit der Plattform

1. Die Plattform steht nach mit einer Vorlaufzeit von mindestens 3 Tagen erfolgter Ankündigung von AX Semantics bis zu einmal pro Quartal für länger andauernde (über 15 Minuten) und bis zu dreimal pro Quartal für kürzere (bis zu 15 Minuten) Wartungsarbeiten, Softwareinstallationen, Durchführung von Backups etc. nicht zur Verfügung. Die aus vorgenannten Arbeiten resultierende Nichtverfügbarkeit reduziert die monatliche Systemverfügbarkeit gemäß Abs. (2) dieses Paragraphen nicht.
2. AX Semantics wird wirtschaftlich angemessene Anstrengungen unternehmen, um während eines monatlichen Abrechnungszeitraums eine Systemverfügbarkeit der Plattform von AX Semantics von mindestens 99,5 % zu erreichen. Die monatliche Systemverfügbarkeit wird berechnet, indem von 100 % der Prozentsatz an Minuten innerhalb eines Monats abgezogen wird, während derer die Plattform für den Kunden nicht nutzbar ist. Die Plattform ist für den Kunden nicht nutzbar, wenn entweder die zur Generierung oder zum Abruf von Texten erforderlichen Arbeiten länger als 5 Minuten in Folge nicht vorgenommen werden können oder nach Erfüllung sämtlicher zur Generierung oder zum Abruf von Texten erforderlichen Arbeiten der Text nicht innerhalb time-to-text gem. § 1 Abs. (3) des Softwarenutzungsvertrages generiert und abgerufen werden kann.
3. Soweit die Systemverfügbarkeit gem. Abs. (1) dieses Paragraphen nicht eingehalten wird, reduziert sich die monatliche Nutzungsgebühr des Kunden je angefangenen Prozentpunkt einer Verfügbarkeit unterhalb von 99,5 % um 1 % der monatlichen Nutzungsgebühr des Kunden, sodass sich die monatliche Nutzungsgebühr bei einer Verfügbarkeit von unter 99,5 % um 1 %, bei einer Verfügbarkeit von unter 98,5 % um 2 %, bei einer Verfügbarkeit von unter 97,5 % um 3 % usw. reduziert. Eine Erstattung der reduzierten Nutzungsgebühr erfolgt durch Verrechnung im Rahmen der Abrechnung der Nutzungsgebühr für den auf den Monat der Nichtverfügbarkeit folgenden Monat.

§ 7 Mängelrechte

1. AX Semantics leistet Gewähr für die Aufrechterhaltung der vertraglich vorausgesetzten Beschaffenheit der Plattform und der ihr zugrunde liegenden Software. Eine Funktionsbeeinträchtigung, die auf Hardwaremängeln beim, Umgebungsbedingungen des, Fehlbedienung durch den Kunden o. Ä. resultiert, ist kein Mangel. Eine unerhebliche Minderung der Qualität bleibt unberücksichtigt.
2. Bei Sachmängeln kann AX Semantics zunächst nacherfüllen. Die Nacherfüllung erfolgt nach Wahl AX Semantics durch Beseitigung des Mangels oder Erstellung eines neuen Textes, welcher den angezeigten Mangel nicht aufweist, oder dadurch, dass AX Semantics Möglichkeiten aufzeigt, die Auswirkungen des Mangels zu vermeiden. Wegen eines Mangels sind zumindest drei Nachbesserungsversuche hinzunehmen.
3. Ein Recht zur Kündigung steht dem Kunden erst nach dem Fehlschlagen der Mängelbeseitigung i. S. v. Abs. (2) dieses Paragraphen zu. Die verschuldensunabhängige Haftung für anfängliche Mängel gem. § 536a Abs. 1 BGB wird ausgeschlossen, soweit nicht die Voraussetzungen von § 8 dieser ergänzenden Bestimmungen vorliegen.

4. AX Semantics gewährleistet, dass der vertragsgemäßen Nutzung der Plattform sowie der zugrundeliegenden Software durch den Kunden keine Rechte Dritter entgegenstehen. Bei Rechtsmängeln leistet AX Semantics dadurch Gewähr, dass sie dem Kunden eine rechtlich einwandfreie Nutzungsmöglichkeit entsprechend des Softwarenutzungsvertrages verschafft. In der Wahl der Mittel ist AX Semantics frei. Im Übrigen gilt Abs. (1) entsprechend.

§ 8 Haftung

1. AX Semantics leistet Schadensersatz oder Ersatz vergeblicher Aufwendungen, gleich aus welchem Rechtsgrund (z.B. aus rechtsgeschäftlichem und rechtsgeschäftsähnlichen Schuldverhältnissen, Sach- und Rechtsmängeln, Pflichtverletzung und unerlaubte Handlung), nur in folgendem Umfang:
   a. Die Haftung bei Vorsatz und aus Garantie ist unbeschränkt.
   b. Bei grober Fahrlässigkeit haftet AX Semantics in Höhe des typischen und bei Vertragsabschluss vorhersehbaren Schadens.
   c. Bei einfach fahrlässiger Verletzung einer Kardinalpflicht (Pflicht, deren Erfüllung die ordnungsgemäße Durchführung des Softwarenutzungsvertrages überhaupt erst ermöglicht, auf deren Einhaltung der Vertragspartner regelmäßig vertraut und vertrauen darf und deren Verletzung die Erreichung des Vertragszwecks gefährdet) haftet AX Semantics begrenzt auf die Höhe des typischen und bei Vertragsabschluss vorhersehbaren Schadens.
   d. Im Übrigen ist die Haftung ausgeschlossen.
2. Bei Verletzung von Leben, Körper und Gesundheit und bei Ansprüchen aus dem Produkthaftungsgesetz gelten die gesetzlichen Regelungen ohne Beschränkungen.
3. Der Kunde ist verpflichtet, die AX Semantics zur Textgenerierung über die Plattform zur Verfügung gestellten Daten eigenständig zu sichern. Die Haftung von AX Semantics ist für den Verlust der Daten ist auf den Schaden beschränkt, der zur Wiederherstellung anhand der vom Kunden vorgenommenen Datensicherung erforderlich ist.
4. Eine Haftung für den Verlust der generierten Texte durch AX Semantics ist ausgeschlossen, soweit diese dem Kunden auf der Plattform bereits zum Abruf zur Verfügung gestellt worden sind.

§ 9 Verjährung

1. Die Verjährungsfrist beträgt
   a. bei Sachmängeln für Ansprüche auf Rückzahlung aus Rücktritt oder Minderung ein Jahr ab Fertigstellung der Programmierung des Satzgerüstes, jedoch für ordnungsgemäß gerügte Mängel nicht weniger als drei Monate ab Abgabe der wirksamen Rücktritts- oder Minderungserklärung;
   b. bei anderen Ansprüchen aus Sachmängeln ein Jahr;
   c. bei Ansprüchen aus Rechtsmängeln zwei Jahre;
   d. bei nicht auf Sach- oder Rechtsmängeln beruhenden Ansprüchen auf Schadensersatz oder Ersatz vergeblicher Aufwendungen zwei Jahre. Die Frist beginnt mit dem Zeitpunkt, in dem der Kunde von den anspruchsbegründenden Umständen Kenntnis erlangt hat oder ohne grobe Fahrlässigkeit erlangen musste.
2. Die Verjährung tritt spätestens mit Ablauf der in § 199 BGB bestimmten Höchstfristen ein. Bei Schadens- und Aufwendungsersatz aus Vorsatz, grober Fahrlässigkeit, Garantie, Arglist und in den in § 7 dieser ergänzenden Bestimmung geregelten Fällen gelten jedoch stets die gesetzlichen Verjährungsregeln.

§ 10 Geheimhaltung, Datenschutz, Webtracking

1. Beide Vertragspartner stimmen überein, dass die jeweils andere Partei ("offenlegende Partei") technische, geschäftliche oder finanzielle Informationen („betriebsinterne Informationen") für das Projekt notwendigerweise der anderen Partei („empfangende Partei) offenlegt oder offenlegen wird. Betriebsinterne Informationen der AX Semantics umfassen insbesondere vertrauliche Informationen bezüglich Features, Funktionalität und Leistung des Services. Betriebsinterne Informationen des Kunden umfassen vertrauliche Daten, die AX Semantics zur Verfügung gestellt werden, um den Service zur Verfügung stellen zu können (nachfolgend "Kundendaten"). Die empfangende Partei stimmt zu: (i) Angemessene Vorkehrungen zu treffen, um die betriebsinternen Informationen zu schützen und (ii) diese nicht zu nutzen (außer zur Nutzung des Services) oder (iii) an Dritte weiterzugeben. Die offenlegende Partei stimmt zu, dass die vorher beschriebenen Bestimmungen nicht für Informationen gelten, deren Offenlegung mehr als fünf Jahre zurückliegt oder für alle Informationen, für die die empfangende Partei nachweisen kann, dass sie (a) öffentliche Informationen sind oder sein werden, (b) bereits vor Erhalten durch die offenlegende Partei in deren Besitz oder Wissen waren, oder (c) uneingeschränkt durch Dritte offengelegt wurden, oder (d) unabhängig erstellt wurden ohne die Nutzung von vertraulichen Informationen der offenbarenden Partei, oder (e) gesetzlich offenbart werden müssen. Die Parteien vereinbaren, dass diese Verpflichtungen auch für einen Zeitraum von drei Jahren nach Beendigung des Softwarenutzungsvertrages fortbestehen.
2. Die Parteien werden nur solchen Beratern Zugang zu vertraulichen Informationen gewähren, die dem Berufsgeheimnis unterliegen oder denen zuvor die Geheimhaltungsverpflichtungen des Softwarenutzungsvertrages entsprechende Verpflichtungen auferlegt worden sind. Des Weiteren werden die Parteien nur denjenigen Mitarbeitern die vertraulichen Informationen offenlegen, die diese für die Durchführung des Softwarenutzungsvertrages kennen müssen und diese Mitarbeiter auch für die Zeit nach ihrem Ausscheiden in arbeitsrechtlich zulässigen Umfang zur Geheimhaltung verpflichten.
3. AX Semantics ist jedoch berechtigt, die Daten des Kunden nach der Verarbeitung insoweit zu verwenden, wie dies zur Erstellung von Metadaten erforderlich ist. Metadaten sind insbesondere sämtliche vorhandenen und zukünftigen Auswertungen von Daten, ohne die Verwendung dieser selbst, welche zum Zwecke der maschinellen Nutzung von Wissen aus Erfahrungswerten, Mustern und Gesetzmäßigkeiten usw. (sog. „machine learning") verwandt werden können. AX Semantics ist zur Auswertung der so erstellten Metadaten berechtigt.
4. Zum Zwecke der Kommunikations- und Softwareverbesserung ist AX Semantics berechtigt, das Verhalten des Kunden auf der Plattform von AX Semantics, insbesondere seine auf dieser ausgeführten Aktionen, mittels Web-Analytics zu erheben, die gewonnen Daten zu speichern und auszuwerten. Der Kunde willigt in die Erhebung, Speicherung und Auswertung ausdrücklich ein.

§ 11 Schlussbestimmungen

1. Ergänzungen oder Einschränkungen des Softwarenutzungsvertrages bedürfen der Schriftform. Dies gilt auch für die Änderung oder Aufhebung dieser Klausel.
2. AX Semantics behält sich das Recht vor, diese ergänzenden Bestimmungen jederzeit zu ändern. In diesem Fall werden jedem Kunden in Textform die Änderungen angeboten. Hat der Kunde mit AX Semantics im Rahmen der Geschäftsbeziehung einen elektronischen Kommunikationsweg gewählt (z. B. die Plattform von AX Semantics), können die Änderungen auch auf diesem Weg angeboten werden. Erfolgt innerhalb von 4 Wochen nach Zugang der Änderungsmitteilung kein Widerspruch durch den Kunden, gilt seine Zustimmung als erteilt. Der Kunde wird in der Änderungsmitteilung ausdrücklich auf diese Rechtsfolge hingewiesen.
3. Eine Aufrechnung gegenüber Forderungen der jeweils anderen Partei ist nur insoweit zulässig, als es sich um unbestrittene oder rechtskräftig festgestellte Forderungen handelt.
4. Auf den Softwarenutzungsvertrag ist ausschließlich deutsches Recht anwendbar.
5. Erfüllungsort ist Stuttgart. Ausschließlicher Gerichtsstand für sämtliche Streitigkeiten aus und im Zusammenhang mit dem Softwarenutzungsvertrag ist Stuttgart, vorausgesetzt, dass der Kunde Kaufmann, juristische Person des öffentlichen Rechts oder öffentlich-rechtliches Sondervermögen ist oder der Kunde bei Klageerhebung keinen Sitz in der Bundesrepublik Deutschland hat.
6. Sollten Bestimmungen des Softwarenutzungsvertrages ganz oder teilweise unwirksam oder undurchführbar sein oder werden oder sollte sich in dem Softwarenutzungsvertrag eine Lücke befinden, so wird hierdurch die Gültigkeit der übrigen Bestimmungen nicht berührt. Anstelle der unwirksamen oder undurchführbaren Bestimmung gilt diejenige wirksame Bestimmung als vereinbart, die dem Zweck der unwirksamen Bestimmung am nächsten kommt. Im Falle einer Lücke gilt diejenige Bestimmung als vereinbart, die dem entspricht, was nach dem Zweck des Softwarenutzungsvertrages vereinbart worden wäre, hätten die Vertragspartner die Angelegenheit bedacht.

A2 (Vertrag für die Nutzung der Textgenerierungsplattform „rtr textengine.io“)

retresco

Vertrag ABCJJMMTTXYZ für die Nutzung
der Textgenerierungsplattform „rtr textengine.io"

Zwischen der

Retresco GmbH
Grünberger Straße 44a
10245 Berlin

(im Folgenden „Retresco" genannt)

und der

[Unternehmen]
[Straße]
[Ort]

(im Folgenden „Kunde" genannt)

gemeinsam auch als „Parteien" bezeichnet,

wird dieser Vertrag für die Nutzung der von Retresco entwickelten und bereitgestellten Textgenerierungsplattform rtr textengine.io durch den Kunden abgeschlossen.

Es gelten ergänzend die *Allgemeine Geschäftsbedingungen der Retresco GmbH für die Textgenerierungsplattform „rtr textengine.io"* (Anlage), deren Kenntnisnahme der Kunde mit Unterschrift unter diesen Vertrag bestätigt. Allgemeine Vertragsbedingungen des Kunden finden keine Anwendung.

1. Leistungen

1.1. rtr textengine.io

Der Kunde erhält Zugang zur Retresco-Textgenerierungsplattform rtr textengine.io und damit die Möglichkeit

Rohdaten auf die Plattform hochzuladen,

die rtr textengine.io zu trainieren, d.h. für verschiedene Textarten verschiedene Cartridges (Textmodelle bestehend aus Storyplots, Messages, Conditions und Text-Templates in jeweils einer Sprache) anzulegen,

bestehende Cartridges zu verwalten, zu editieren und zu löschen, sowie

auf Basis der Rohdaten und Cartridges automatisiert generierte Texte herunterzuladen.

Mit der rtr textengine können Texte in den Sprachen **Deutsch** und **Englisch** generiert werden.

Die Nutzeroberfläche der rtr textengine.io steht in den Sprachen Deutsch und Englisch zur Verfügung.

[Variante 1:] Der Kunde erhält zeitlich und räumlich unbegrenzte Nutzungsrechte an den mittels der rtr textengine.io generierten Texte.

[Variante 2:] Der Kunde erhält zeitlich unbegrenzte Nutzungsrechte an den mittels der rtr textengine.io generierten Texte zur Veröffentlichung ausschließlich auf folgenden Websites/Kanälen/...:

...

Retresco bietet User-Support via Telefon und eMail.

Seite 1 von 3

rtr textengine.io – Vertrag ABCJJMMTTXYZ retresco

1.2. Onboarding

Im Rahmen eines initialen Onboardings erbringt Retresco folgende Leistungen:

Einrichtung eines kundenspezifischen Accounts auf der rtr textengine.io und Bereitstellung der Zugangsdaten

Durchführung eines gemeinsamen Workshops mit folgenden Inhalten:

- Einführung in die automatische Textgenerierung
- Datenstruktur und -upload
- Anwenderschulung rtr textengine.io
- Anlegen der Basisversion einer ersten Cartridge

1.3. Weitere Leistungen

Weitere Leistungen, wie z.B. zusätzliche Beratungs- oder Schulungsleistungen, die Erstellung von Cartridges, Data-Preprocessing o.a. sind nicht Bestandteil dieses Vertrages und werden von Retresco auf Wunsch separat angeboten.

2. Konditionen

Pos.	Leistungen	Preis*
1.	**Onboarding** gemäß Ziffer 1.2. inkl. Workshop: o Anzahl Teilnehmer: X o Ort: beim Kunden / in den Geschäftsräumen von Retresco [auswählen] o Dauer: X Tage	[Preis] **€ einmalig**
2.	**Nutzungslizenz** für die rtr textengine.io gemäß Ziffer 1.1. Anzahl Cartridges: X Anzahl Datensätze/API-Calls: X pro Monat/Jahr Mindestlaufzeit: 12 Monate	[Preis] **€/Monat**

* netto, zzgl. 19% MwSt.

Die Rechnungsstellung gemäß Pos. 1. erfolgt nach Beauftragung, gemäß Pos. 2. monatlich/quartalsweise/jährlich im Voraus.

Berlin, den [Datum]	[Ort], den

Seite 2 von 3

rtr textengine.io – Vertrag ABCJJMMTTXYZ

retresco

Johannes Sommer	Name:
Geschäftsführer	Titel:
Retresco GmbH	[Unternehmen]

A3 (Allgemeine Geschäftsbedingungen der Retresco GmbH für die Textgenerierungsplattform „rtr textengine.io“)

retresco

**Allgemeine Geschäftsbedingungen der Retresco GmbH
für die Textgenerierungsplattform „rtr textengine.io"**

§ 1 Vertragsgegenstand

(1) Die Retresco GmbH (nachfolgend „Retresco") hat die Textgenerierungsplattform rtr textengine.io entwickelt, die es Kunden ermöglicht, selbständig Textmodelle (sogenannte Cartridges) zu erstellen und basierend auf Rohdaten automatisiert Texte zu generieren.

(2) Für die Nutzung der rtr textengine.io gelten, wenn nicht anders schriftlich individuell vereinbart, die nachfolgenden Bestimmungen verbindlich.

(3) Sämtliche Konditionen der Nutzung der rtr textengine.io werden in separaten schriftlichen Verträgen zwischen den Parteien geregelt.

(4) Das Angebot von Retresco richtet sich ausschließlich an Geschäftskunden und nicht in private Verbraucher.

§ 2 Nutzung und Betrieb

(1) Der Kunde erhält während der Vertragslaufzeit unter www.textengine.io über personalisierte Zugangsdaten Zugang zur Webanwendung rtr textengine.io. Die Weitergabe der Zugangsdaten des Kunden an Dritte ist untersagt. Der Kunde ist dafür verantwortlich, dass sein Passwort keinem Dritten zugänglich ist.

(2) Dem Kunden wird ermöglicht, Rohdaten in spezifizierten Formaten entweder über manuellen Upload (für das Training der rtr textengine.io) auf die rtr textengine.io hochzuladen oder via Schnittstelle (API; im laufenden Betrieb) zu übergeben (Formatspezifikation und Schnittstellenbeschreibung finden sich im registrierungspflichtigen Bereich).

(3) Dem Kunden wird ermöglicht, die rtr textengine.io über ein Web-Interface zu trainieren, d.h. für verschiedene Textarten verschiedene Cartridges (d.h. Textmodelle bestehend aus Storyplots, Messages, Conditions und Text-Templates in einer definierten Sprache) anzulegen, zu editieren und zu löschen.

(4) Sofern vertraglich vereinbart, wird dem Kunden ermöglicht, über die rtr textengine.io auch von Retresco bereitgestellte Cartridges zu nutzen. Über das Web-Interface hat der Kunde die Möglichkeit, solche Cartridges zu editieren.

(5) Dem Kunden wird ermöglicht, sich die generierten Texte in spezifizierten Formaten entweder über manuellen Download (im Rahmen des Trainings) oder via API (im laufenden Betrieb) von der rtr textengine.io übermitteln zu lassen (Formatspezifikation und Schnittstellenbeschreibung finden sich im registrierungspflichtigen Bereich).

(6) Die Verwendung der Texte in den Systemen des Kunden und die Implementierung in den Workflow auf Seite des Kunden obliegen dem Kunden.

(7) Retresco speichert und nutzt die Rohdaten, Cartridges und generierten Texte des Kunden jeweils separat unter Zuordnung einer kundenspezifischen ID ausschließlich im Kundenauftrag und speichert sie nur temporär zum Zweck der Vertragserfüllung. Es werden nur die für das Training genutzten Rohdaten gespeichert. Retresco sichert ausdrücklich zu, dass eine Weitergabe der Rohdaten, Cartridges und generierten Texte an Dritte oder andere Kunden ausgeschlossen ist.

Seite 1 von 5

(8) Die vom Kunden aufgrund seiner bereitgestellten Daten generierten Texte dürfen weder rassistische, anderweitig diskriminierende, nationalsozialistische, pornographische, oder andere gesetzeswidrige Inhalte aufweisen.

§ 3 Service Level Agreement (SLA)

(1) Retresco erbringt werktags zwischen 9:00 und 17:00 Uhr MEZ deutsch- und englischsprachigen Support telefonisch und via E-Mail an (Kontaktdaten finden sich im registrierungspflichtigen Bereich).

(2) Retresco gewährleistet eine Verfügbarkeit der rtr textengine.io von 99,5 Prozent pro Kalendermonat.

(3) Geplante Nichtverfügbarkeiten (z.B. für Wartungsarbeiten) mindern die o.g. Verfügbarkeit nicht, sofern sie durch Retresco mindestens 48 Stunden im Voraus angekündigt werden. Retresco führt solche Arbeiten nach Möglichkeit außerhalb der Hauptbetriebszeiten durch.

§ 4 Rohdaten

(1) Sämtliche Rohdaten liefert, sofern vertraglich nichts anderes vereinbart ist, der Kunde. Der Kunde stellt sicher, dass die von ihm zur Verfügung gestellten Daten für eigene Zwecke des Kunden verarbeitet werden dürfen. Dies gilt insbesondere dann, wenn der Kunde die Daten von Drittanbietern bezieht.

(2) Der Kunde sichert Vorstehendes zu und stellt Retresco in diesem Zusammenhang von allen Ansprüchen Dritter, insbesondere aber nicht ausschließlich Schadensersatz, Bußgeld z.B. nach Bundesdatenschutzgesetz und Kosten angemessener Rechtsverteidigung, frei.

(3) Für die Sicherung der Rohdaten ist der Kunde verantwortlich.

(4) Wenn und soweit der Kunde auf der rtr textengine.io personenbezogene Daten verarbeitet oder verarbeiten lässt, ist eine Auftragsverarbeitungsvereinbarung abzuschließen.

§ 5 Nutzungsrechte

(1) Die Nutzungsrechte an den vom Kunden erstellten Cartridges liegen allein beim Kunden. Der Kunde räumt Retresco in diesem Zusammenhang für die Zwecke der Vertragsdurchführung das einfache Nutzungsrecht ein, die Cartridges zu speichern und so zu nutzen, dass hieraus die generierten Texte erstellt werden können.

(2) Sämtliche Rechte an von Retresco bereitgestellten Cartridges im Zustand ihrer Bereitstellung verbleiben bei Retresco. Der Kunde erhält für diese Cartridges das einfache Nutzungsrecht zum Zwecke der Textgenerierung und das Recht sie zu editieren. Für vom Kunden editierte Cartridges gilt Absatz (1).

(3) Retresco räumt dem Kunden an sämtlichen ihm übermittelten, automatisch generierten Texten ein zeitlich unbeschränktes Nutzungsrecht zu den vertraglich zwischen den Parteien vereinbarten Zwecken ein.

(4) Ein Recht zur Verwertung oder Nutzung der Rohdaten des Kunden, von durch den Kunden erstellten oder editierten Cartridges oder der daraus generierten Texte entsteht für Retresco nicht.

(5) Der Kunde erwirbt unter keinen Umständen eigene Rechte an der rtr textengine.io oder der sonst von Retresco verwendeter Software, insbesondere nicht durch die Nutzung.

§ 6 Haftung

(1) Retresco weist den Kunden darauf hin, dass Einschränkungen oder Beeinträchtigungen bei der rtr textengine.io entstehen können, die außerhalb des Einflussbereichs von Retresco liegen. Hierunter fallen insbesondere Handlungen von Dritten, die nicht im Auftrag von Retresco handeln, von Retresco nicht beeinflussbare technische Bedingungen des Internets sowie höhere Gewalt. Auch die vom Kunden genutzte Hard- und Software und technische Infrastruktur kann Einfluss auf die Leistungen von Retresco haben. Soweit derartige Umstände Einfluss auf die Verfügbarkeit oder Funktionalität der von Retresco erbrachten Leistung haben, hat dies keine Auswirkung auf die Vertragsgemäßheit der erbrachten Leistungen.

(2) Retresco haftet unbeschränkt für Vorsatz und grobe Fahrlässigkeit. Bei Schäden aus der Verletzung des Lebens, Körpers oder der Gesundheit einer Person haftet Retresco auch für leichte Fahrlässigkeit. Im Übrigen haftet Retresco – gleich aus welchem Rechtsgrund – nicht.

(3) Insbesondere haftet Retresco nicht für Rechtsbeeinträchtigungen/Rechtsverletzungen durch die automatisch generierten Texte oder für Rechtsbeeinträchtigungen/Rechtsverletzungen, die auf gelieferten fehlerhaften Rohdaten beruhen, auch wenn diese durch Retresco verarbeitet wurden.

(4) Retresco haftet nicht für die Richtigkeit der auf Basis der durch den Kunden gelieferten Daten und auf Basis der durch den Kunden erstellten Cartridges generierten Aussagen eines automatisch generierten Textes.

(5) Retresco haftet nicht für Verzögerungen oder Ausbleiben von Texten, wenn diese Verzögerungen oder Ausfälle durch die Nichtbelieferung oder verzögerte Belieferung mit Daten durch den Kunden verursacht werden. Ebenso haftet Retresco nicht für falsche oder unvollständige Daten, insofern diese falsch oder unvollständig vom Kunden übermittelt worden sind.

(6) Die Haftungsbeschränkung gilt in gleicher Weise zugunsten der Organe, Mitarbeiter und Erfüllungsgehilfen von Retresco.

(7) Für Datenverluste haftet Retresco – außer bei vorsätzlichem Handeln – nur in dem Umfang, in dem die Daten mit vertretbarem Aufwand reproduzierbar sind.

§ 7 Vergütung

(1) Es gelten die Preise und Konditionen der separaten schriftlichen Verträge zwischen den Vertragsparteien.

(2) Sämtliche Preisangaben sind Nettoangaben und verstehen sich zzgl. der jeweils geltenden Mehrwertsteuer.

(3) Die Vertragsparteien behandeln Preisvereinbarungen vertraulich.

(4) Zahlungen sind mit Zugang der Rechnung fällig und innerhalb von 20 Tagen unter Angabe der Vertragsnummer auf folgendes Konto zu überweisen:

[redacted]

(5) Verzögert der Kunde die Zahlung einer fälligen Vergütung um mehr als vier Wochen, ist Retresco nach vorheriger Mahnung mit Fristsetzung und Ablauf der Frist zur Sperrung des Zugangs zur rtr textengine.io berechtigt, wodurch keine Texte mehr bereitgestellt werden. Der Vergütungsanspruch von Retresco bleibt von der Sperrung unberührt. Der Zugang wird nach Begleichung der Rückstände unverzüglich wieder freigeschaltet.

(6) Etwaig anfallende Zusatzkosten (z.B. Reisen zum Unternehmenssitz des Kunden etc.) werden separat berechnet und im Vorfeld angekündigt. Die Erstattung der Kosten von Reisen außerhalb von Berlin beschränkt sich auf Bahnfahrten der 2. Klasse, Flüge in der Economy Class und Hotels bis maximal 4 Sterne. Kosten für Reisen innerhalb von Berlin werden nicht in Rechnung gestellt.

§ 8 Laufzeit und Kündigung

(1) Der Vertrag tritt mit Unterschrift durch den Kunden in Kraft und wird auf unbestimmte Zeit geschlossen. Die Mindestvertragslaufzeit beträgt 12 Monate. Danach verlängert sich die Laufzeit jeweils um weitere 12 Monate, wenn der Vertrag nicht mit einer Frist von 3 Monaten zum Ende der jeweiligen Laufzeit gekündigt wird.

(2) Die außerordentliche Kündigung aus wichtigem Grund bleibt beiden Parteien bei Vorliegen der gesetzlichen Voraussetzungen vorbehalten.

(3) Ein wichtiger Grund für Retresco liegt insbesondere dann vor, wenn der Kunde trotz Mahnung mehr als zwei Monate mit der Zahlung einer fälligen Vergütung in Verzug ist.

(4) Kündigungserklärungen bedürfen zu ihrer Wirksamkeit der rechtskräftig unterzeichneten Schriftform mittels Brief oder als eMail-Anhang. Die Einhaltung dieser Form ist Voraussetzung.

(5) Nach Beendigung des Vertragsverhältnisses wird Retresco sämtliche in der rtr textengine.io gespeicherten Daten, Cartridges und Texte löschen, soweit keine Aufbewahrungspflichten oder -rechte bestehen.

§ 9 Geheimhaltung und Datenschutz

(1) Beide Parteien haben über alle ihnen bekanntwerdenden geschäftlichen und betrieblichen Angelegenheiten Stillschweigen zu bewahren und sämtliche im Zusammenhang mit der Vertragserfüllung stehenden Informationen streng vertraulich zu behandeln, es sei denn, dies ist zuvor im Einzelfall ausdrücklich schriftlich gestattet worden.

(2) Die Parteien verpflichten sich und sichern zu, dass die erhaltenen Informationen nicht zu Wettbewerbs- und sonstigen Zwecken und/oder gegen die bereitstellende Partei verwendet werden.

(3) Die Geheimhaltungsverpflichtung der Parteien und ihrer Mitarbeiter ist nicht auf die Laufzeit der vertraglichen Beziehung beschränkt, sondern besteht auch nach Beendigung der Vertragsbeziehung fort.

(4) Den Parteien und ihren Mitarbeitern ist bekannt, dass der Verrat von Geschäfts- oder Betriebsgeheimnissen nicht nur Schadensersatzansprüche bewirken, sondern auch strafrechtliche Folgen gemäß §§ 43 II, 44 BDSG, 206 STGB, 17ff UWG nach sich ziehen kann.

(5) Retresco hält sich an die gesetzlichen Datenschutzbestimmungen.

(6) Wenn und soweit der Kunde auf von Retresco technisch verantworteten IT-Systemen personenbezogene Daten verarbeitet oder verarbeiten lässt, ist eine Auftragsverarbeitungsvereinbarung abzuschließen.

(7) Abweichend von Absatz (1) räumen die Parteien sich für die Vertragslaufzeit gegenseitig ein unbegrenztes Recht ein, den Namen und das Firmenlogo der jeweils anderen Partei in Firmenbroschüren, Pressemitteilungen und Internetauftritten als Referenz bzw. Dienstleister anzugeben.

§ 10 Schlussbestimmungen

(1) Für diese Geschäftsbedingungen, sowie die gesamten Rechtsbeziehungen zwischen Retresco und dem Kunden der rtr textengine.io, gilt das deutsche Recht als zwingend vereinbart. Andere nationale oder internationale Rechte werden ausgeschlossen. Es gilt das Recht der Bundesrepublik Deutschland.

(2) Erfüllungsort ist der Sitz der Retresco GmbH.

(3) Gerichtstand ist das zuständige Amtsgericht in Berlin, soweit die Rechtslage keinen anderen Gerichtstand zwingend vorschreibt.

(4) Sollte eine Bestimmung in diesen Allgemeinen Geschäftsbedingungen unwirksam sein, so wird hiervon die Wirksamkeit aller sonstigen Bestimmungen oder Vereinbarungen nicht berührt.

Berlin, Juni 2018

Literaturverzeichnis

Adler, Benjamins, Rechtsfragen der Softwareüberlassung, 2014.

Alpert, Frank, Kommerzielle Online-Nutzung von Computerprogrammen, Computer und Recht (CR) 2000, S. 345–350.

Ammann, Thorsten, Künstliche Intelligenz und ihre Herausforderungen bei der Gestaltung von IT-Verträgen, in: *Taeger, Jürgen (Hrsg.)*, Recht 4.0 - Innovationen aus den rechtswissenschaftlichen Laboren, 2017, S. 503–513.

Auer-Reinsdorff, Astrid/ Conrad, Isabell (Hrsg.), Handbuch IT- und Datenschutzrecht, 3. Auflage, 2019.

AX Semantics, AX Semantics NLG Cloud, abrufbar unter: https://cloud.ax-semantics.com/ (zuletzt abgerufen am 25.05.2021).

Bartsch, Michael, Software als Rechtsgut, Computer und Recht (CR) 2010, S. 553–559.

Beaucamp, Guy/ Beaucamp, Jakob, Methoden und Technik der Rechtsanwendung, 4. Auflage, 2019.

Beck, Susanne, Grundlegende Fragen zum rechtlichen Umgang mit der Robotik, Juristische Rundschau (JR) 2009, S. 225–230.

Bettinger, Torsten/ Scheffelt, Michael, Application Service Providing: Vertragsgestaltung und Konflikt-Management, Computer und Recht (CR) 2001, S. 729–741.

Bierekoven, Christiane, Lizenzierung in der Cloud, IT-Rechtsberater (ITRB) 2010, S. 42–44.

Binder, Reinhart/ Vesting, Thomas (Hrsg.), Beck'scher Kommentar zum Rundfunkrecht, 4. Auflage, 2018.

Blank, Hubert (Hrsg.), Mietrecht Großkommentar des Wohn- und Gewerberaummietrechts, 14. Auflage, 2019.

Boehm, Franziska, Herausforderungen von Cloud Computing-Verträgen: Vertragstypologische Einordnung, Haftung und Eigentum an Daten, Zeitschrift für Europäisches Privatrecht (ZEuP) 2016, S. 358–387.

Borges, Georg/ Meents, Jan Geert (Hrsg.), Cloud Computing, 2016.

Braun, Heiko, Die Zulässigkeit von Service Level Agreements - am Beispiel der Verfügbarkeitsklausel, 2006.

Bräutigam, Peter (Hrsg.), IT-Outsourcing und Cloud-Computing, 4. Auflage, 2019.

Brennscheidt, Kirstin, Cloud Computing und Datenschutz, 2013.

Brüggemann, Sebastian, Urheberrechtlicher Schutz von Computer- und Videospielen, Computer und Recht (CR) 2015, S. 697–703.

Bundesverfassungsgericht, Pressemitteilung Nr. 4/2017, vom 17. Januar 2017, abrufbar unter: https://www.bundesverfassungsgericht.de/SharedDocs/Pressemitteilungen/DE/2017/bvg17-004.html (zuletzt abgerufen am 25.05.2021).

Cichon, Caroline, Internetverträge, 2. Auflage, 2005.

Czychowski, Christian/ Bröcker, Klaus Tim, ASP - Ein Auslaufmodell für das Urheberrecht?, Multimedia und Recht (MMR) 2002, S. 81–84.

Die Redaktion, Eilmeldung zu NPD-Urteil: SPIEGEL ONLINE passiert ärgerlicher Fehler, SPIEGEL vom 17.01.2017, abrufbar unter: http://www.spiegel.de/politik/deutschland/npd-urteil-spiegel-online-passiert-aergerlicher-fehler-bei-eilmeldung-a-1130347.html (zuletzt abgerufen am 25.05.2021).

Dornis, Tim, Der Schutz künstlicher Kreativität im Immaterialgüterrecht, Gewerblicher Rechtsschutz und Urheberrecht (GRUR) 2019, S. 1252–1264.

Dörr, Konstantin Nicholas, Mapping the field of Algorithmic Journalism, Digital Journalism 2016, S. 700–722.

Dreier, Thomas/ Schulze, Gernot (Hrsg.), Urheberrechtsgesetz Kommentar, 6. Auflage, 2018.

Dreier, Thomas/ Vogel, Rupert, Software- und Computerrecht, 2008.

Dreyer, Gunda/ Kotthoff, Jost/ Meckel, Astrid/ Hentsch, Christian-Henner (Hrsg.), Urheberrecht, 4. Auflage, 2018.

Dropbox Inc., Dropbox, abrufbar unter: https://www.dropbox.com/de/ (zuletzt abgerufen am 25.05.2021).

Duden, Wörterbuch, abrufbar unter: https://www.duden.de/rechtschreibung/Rohdaten (zuletzt abgerufen am 25.05.2021).

Eckhoff, Lars, Zur Zulässigkeit von Preisanpassungsklauseln in AGB, Gesellschafts- und Wirtschaftsrecht (GWR) 2016, S. 243–246.

Ehinger, Patrick, Urheberrechtlicher Schutz von neuronalen Netzen und Erzeugnissen von K.I.-Software, Kommunikation und Recht (K&R) 2019, S. 12–14.

Ehinger, Patrick/ Grünberg, Lara, Der Schutz von Erzeugnissen künstlicher Kreativität im Urheberrecht, Kommunikation und Recht (K&R) 2019, S. 232–237.

Elster, Alexander, Gewerblicher Rechtsschutz: umfassend Urheber- und Verlagsrecht, Patent- und Musterschutzrecht, Warenzeichenrecht und Wettbewerbsrecht, 1921.

Ensthaler, Jürgen/ Möllenkamp, Heinz T., Reichweite des urheberrechtlichen Softwareschutzes nach der Umsetzung der EG-Richtlinie zum Rechtsschutz der Computerprogramme, Gewerblicher Rechtsschutz und Urheberrecht (GRUR) 1994, S. 151–158.

Erdmann, Willi/ Rojahn, Sabine/ Sosnitza, Olaf (Hrsg.), Handbuch des Fachanwalts Gewerblicher Rechtsschutz, 3. Auflage, 2018.

Ernst, Stefan, Vertragsgestaltung im Internet, 2003.

Ertel, Wolfgang, Grundkurs Künstliche Intelligenz, 4. Auflage, 2016.

F.A. Brockhaus, Brockhaus Enzyklopädie, 21. Auflage, 2005-2006.

Faust, Florian, Digitale Wirtschaft - Analoges Recht: Braucht das BGB ein Update?, Gutachten zum 71. Deutschen Juristentag, 2016.

Fechner, Frank, Medienrecht, 21. Auflage, 2021.

Frieling, Tino, Die Einrede des nicht erfüllten Vertrags nach § 320 BGB im Mietverhältnis, Zeitschrift für die gesamte Privatrechtswissenschaft (ZfPW) 2018, S. 467–493.

Fuchs, Jochen G., SaaS, Cloud, ASP: Durchblick durch den Abkürzungsdschungel der Software-Anbieter, t3n vom 18.04.2015, abrufbar unter: https://t3n.de/news/saas-cloud-asp-durchblick-605570/ (zuletzt abgerufen am 25.05.2021).

Gelhausen, Tom, Modellextraktion aus natürlichen Sprachen: Eine Methode zur systematischen Erstellung von Domänenmodellen, 2010.

Gerlach, Ingo/ Oser, Peter, Handelsrechtliche Behandlung von Implementierungskosten bei SaaS-Verträgen im Rahmen von Cloud Computing, DER BETRIEB 2019, S. 1969–1971.

Giessmann, Marius/ Goutrié, Christine/ Herzog, Michael A., Unsichtbar und unverständlich: Kennzeichnungen von Roboterjournalismus, in: *Dachselt, Raimund/Weber, Gerhard (Hrsg.)*, Mensch und Computer 2018 - Tagungsband, 02.-05. September 2018, 2018, S. 225–232.

Google Inc., Google App Engine, abrufbar unter: https://cloud.google.com/appengine/ (zuletzt abgerufen am 25.05.2021).

Graefe, Andreas, Guide to Automated Journalism, 2016, abrufbar unter: https://academiccommons.columbia.edu/doi/10.7916/D8QZ2P7C/download (zuletzt abgerufen am 25.05.2021).

Graefe, Andreas/ Haim, Mario/ Haarmann, Bastian/ Brosius, Hans-Bernd, Readers' perception of computer-generated news: Credibility, expertise, and readability, Journalism 2018, S. 595–610.

Grützmacher, Malte, „Software aus der Datendose" - Outsourcing, Cloud, SaaS & Co., Computer und Recht (CR) 2015, S. 779–787.

Haarkötter, Hektor, R2-D2 am Nachrichtenticker, Tendenz 2017, S. 24–26.

Habel, Dominic, Roboterjournalismus, 2019.

Haedicke, Maximilian, Patentrecht, 5. Auflage, 2020.

Haim, Mario/ Graefe, Andreas, Automatisch interessant? Der Einfluss von Involvement auf die Wahrnehmung computergenerierter Texte, in: *Rössler, Patrick/Rossmann, Constanze (Hrsg.)*, Kumulierte Evidenzen, 2018, S. 189–206.

Haim, Mario/ Graefe, Andreas, Automatisierter Journalismus, in: *Nuernbergk, Christian/Neuberger, Christoph (Hrsg.)*, Journalismus im Internet, 2. Auflage, 2018, S. 139–160.

Hantschel, Ines, Softwarekauf und -weiterverkauf, 2011.

Harriehausen, Simone, Der VW-Abgasskandal im Leasingverhältnis, Neue Juristische Wochenschrift (NJW) 2018, S. 3137–3142.

Härting, Niko, Die Gewährleistungspflichten von Internet-Dienstleistern, Computer und Recht (CR) 2001, S. 37-43.

Hasebrink, Uwe/ Schulz, Wolfgang/ Dreyer, Stephan/ Kirsch, Anna-Katharina/ Loosen, Wiebke/ Puschmann, Cornelius/ Roessel, Lies van/ Schmidt, Jan-Hinrik/ Schröder, Hermann-Dieter, Zur Entwicklung der Medien in Deutschland zwischen 2013 und 2016, Februar 2017, abrufbar unter: https://www.bundesregierung.de/resource/blob/997532/752272/cfbcb2bc28dd2a6fc33eb5f5c2a437b0/2017-06-27-medienbericht-data.pdf?download=1 (zuletzt abgerufen am 25.05.2021).

Hasselblatt, Gordian N. (Hrsg.), Münchener Anwaltshandbuch Gewerblicher Rechtsschutz, 5. Auflage, 2017.

Haun, Matthias, Cognitive Computing, Heidelberg 2014.

Heilmann, Stefan, Anonymität für User-Generated Content?, 2013.

Heimann, Felix, Der Pressekodex im Spannungsfeld zwischen Medienrecht und Medienethik, 2009.

Hennrich, Thorsten, Cloud Computing - Herausforderungen an den Rechtsrahmen für Datenschutz, 2016.

Herberger, Maximilian, „Künstliche Intelligenz“ und Recht, Neue Juristische Wochenzeitschrift (NJW) 2018, S. 2825–2829.

Hetmank, Sven/ Lauber-Rönsberg, Anne, Künstliche Intelligenz – Herausforderungen für das Immaterialgüterrecht, Gewerblicher Rechtsschutz und Urheberrecht (GRUR) 2018, S. 574–582.

Hoeren, Thomas, Dateneigentum - Versuch einer Anwendung von § 303a StGB im Zivilrecht, Multimedia und Recht (MMR) 2013, S. 486–491.

Hoeren, Thomas, IT-Vertragsrecht, 2. Auflage, 2012.

Hoffmann-Riem, Wolfgang, Verhaltenssteuerung durch Algorithmen – Eine Herausforderung für das Recht, Archiv des öffentlichen Rechts (AöR) 2017, S. 1–42.

Hilber, Marc (Hrsg.), Handbuch Cloud Computing, 2014.

IBM, IBM Watson, abrufbar unter: https://www.ibm.com/watson/ (zuletzt abgerufen am 25.05.2021).

Jensen, Lars, Die Schreib-Maschine, brand eins 2015, S. 100–103.

John, Robert, Haftung für künstliche Intelligenz, 2007.

Jörg, Florian S., Application Service Providing-Vertrag, in: *Jörg, Florian S./Arter, Oliver (Hrsg.)*, Internet-Recht und IT-Verträge, 5. Tagungsband, 2005.

Jötten, Herbert Kai, Logout: Zivilrechtliche Haftung im Rahmen ausgewählter Internetdienstleistungen, 2010.

Junker, Abbo, Die Entwicklung des Computerrechts in den Jahren 2001/2002, Neue Juristische Wochenzeitschrift (NJW) 2003, S. 2792–2799.

Kastl, Graziana, Algorithmus - Fluch oder Segen?, Gewerblicher Rechtsschutz und Urheberrecht (GRUR) 2015, S. 136–141.

Kaulartz, Markus, Cloud Computing und Vertragsrecht: Eine rechtliche Untersuchung unter besonderer Berücksichtigung von PaaS-Clouds, 2015.

Keßler, Oliver, Intelligente Roboter – neue Technologien im Einsatz, Multimedia und Recht (MMR) 2017, S. 589–594.

Kian, Bardia, Cloud Computing, 2016.

Koch, Frank A., Application Service Providing als neue IT-Leistung, IT-Rechtsberater (ITRB) 2001, S. 39–42.

Köhler, Markus/ Fetzer, Thomas, Recht des Internet, 8. Auflage, 2016.

Kolle, Gert, Der Rechtsschutz der Computersoftware in der Bundesrepublik Deutschland, Gewerblicher Rechtsschutz und Urheberrecht (GRUR) 1982, S. 443–461.

Lauber-Rönsberg, Anne, Autonome „Schöpfung“ - Urheberschaft und Schutzfähigkeit, Gewerblicher Rechtsschutz und Urheberrecht (GRUR) 2019, S. 244–253.

Legner, Sarah, Erzeugnisse Künstlicher Intelligenz im Urheberrecht, Zeitschrift für Urheber- und Medienrecht (ZUM) 2020, S. 807–812.

Lehmann, Michael/ Giedke, Anna, Cloud Computing - technische Hintergründe für die territorial gebundene rechtliche Analyse, Computer und Recht (CR) 2013, S. 608–616.

Leistner, Matthias, Der neue Rechtsschutz des Datenbankherstellers - Überlegungen zu Anwendungsbereich, Schutzvoraussetzungen, Schutzumfang sowie zur zeitlichen Dauer des Datenbankherstellerrechts gemäß §§ 87a ff. UrhG, Gewerblicher Rechtsschutz und Urheberrecht Internationaler Teil (GRUR Int) 1999, S. 819–839.

Lenhard, Frank, Vertragstypologie von Softwareüberlassungsverträgen, 2006.

Lent, Wolfgang, Aktuelle Rechtsfragen der Gegendarstellung in elektronischen Presseangeboten, Zeitschrift für Urheber- und Medienrecht (ZUM) 2016, S. 954–960.

Lent, Wolfgang, Besondere Impressumspflichten im Online-Journalismus, Zeitschrift für Urheber- und Medienrecht (ZUM) 2015, S. 134–140.

Lettl, Tobias, Urheberrecht, 3. Auflage, 2018.

Leupold, Andreas/ Glossner, Silke (Hrsg.), Münchener Anwaltshandbuch IT-Recht, 3. Auflage, 2013.

Lewke, Christian, „…aber das kann ich nicht tun!": Künstliche Intelligenz und ihre Beteiligung am öffentlichen Diskurs, InTeR 2017, S. 207–216.

Lobe, Adrian, Roboterjournalismus: Prosa als Programm, FAZ.net vom 21.02.2017, abrufbar unter: https://www.faz.net/aktuell/feuilleton/medien/roboterjournalismus-prosa-als-programm-14873449.html (zuletzt abgerufen am 25.05.2021).

Lobe, Adrian, Roboterjournalismus: Der Computer bestimmt, was auf die Titelseite kommt, FAZ.net vom 03.07.2016, abrufbar unter: https://www.faz.net/aktuell/feuilleton/debatten/das-magazin-the-drum-bekommt-einen-kuenstlichen-chefredakteur-14317589.html (zuletzt abgerufen am 25.05.2021).

Löber, Lena Isabell/ Roßnagel, Alexander, Kennzeichnung von Social Bots, Multimedia und Recht (MMR) 2019, S. 493–498.

Lokshin, Pavel, Erdbeben-Bericht: Algorithmus macht Journalismus, ZEIT Online vom 18.03.2014, abrufbar unter: https://www.zeit.de/digital/internet/2014-03/algorithmen-journalismus (zuletzt abgerufen am 25.05.2021).

Los Angeles Times, The Homicide Report, abrufbar unter: https://homicide.latimes.com/ (zuletzt abgerufen am 25.05.2021).

Marly, Jochen, Praxishandbuch Softwarerecht, 7. Auflage, 2018.

Martini, Mario, Algorithmen als Herausforderung für die Rechtsordnung, Juristenzeitung (JZ) 2017, S. 1017–1025.

Matzat, Lorenz, Was ist eigentlich Roboterjournalismus?, Groundbreaking Journalism 2014, S. 36–39.

McGuire, Mary-Rose, Nutzungsrechte an Computerprogrammen in der Insolvenz - Zugleich eine Stellungnahme zum Gesetzentwurf zur Regelung der Insolvenzfestigkeit von Lizenzen, Gewerblicher Rechtsschutz und Urheberrecht (GRUR) 2009, S. 13–22.

Mell, Peter/ Grance, Timothy, The NIST Definition of Cloud Computing, 2011, S. 1-3.

Ménière, Yann/ Pihlajamaa, Heli, Künstliche Intelligenz in der Praxis des EPA, Gewerblicher Rechtsschutz und Urheberrecht (GRUR) 2019, S. 332–336.

Mes, Peter, Patentgesetz Gebrauchsmustergesetz, 5. Auflage, 2020.

Metzger, Axel, Verträge über digitale Inhalte und digitale Dienstleistungen: Neuer BGB-Vertragstypus oder punktuelle Reform?, Juristenzeitung (JZ) 2019, S. 577–586.

Mey, Stefan, Glossar, Groundbreaking Journalism 2014, S. 60–69.

Mey, Stefan, Mein Kollege, der Roboter, Groundbreaking Journalism 2014, S. 40–42.

Milker, Jens, »Social-Bots« im Meinungskampf, Zeitschrift für Urheber- und Medienrecht (ZUM) 2017, S. 216–222.

Müller-Hengstenberg, Claus D./ Kirn, Stefan, Vertragscharakter des Application Service Providing-Vertrags, Neue Juristische Wochenzeitschrift (NJW) 2007, S. 2370–2373.

Müller-Hengstenberg, Claus D./ Kirn, Stefan, Intelligente (Software-)Agenten: Eine neue Herausforderung unseres Rechtssystems - Rechtliche Konsequenzen der „Verselbstständigung“ technischer Systeme, Multimedia und Recht (MMR) 2014, S. 307–313.

Nägele, Thomas/ Jacobs, Sven, Rechtsfragen des Cloud Computing, Zeitschrift für Urheber- und Medienrecht (ZUM) 2010, S. 281–292.

Narrative Science, Quill, abrufbar unter: https://narrativescience.com/Products/Our-Products/Quill (zuletzt abgerufen am 25.05.2021).

Nebel, Jens/ Stiemerling, Oliver, Aktuelle Programmiertechniken und ihr Schutz durch § 69a UrhG, Computer und Recht (CR) 2016, S. 61–69.

Niemann, Fabian/ Paul, Jörg-Alexander (Hrsg.), Rechtsfragen des Cloud Computing, 2014.

Nirk, Rudolf/ Ullmann, Eike/ Metzger, Axel, Patentrecht, 4. Auflage, 2018.

Nordemann, Axel/ Nordemann, Jan Bernd/ Czychowski, Christian (Hrsg.), Urheberrecht, 12. Auflage, 2018.

Ory, Stephan, Der Medienstaatsvertrag – Neuer Wein in neuen Schläuchen?, Zeitschrift für Urheber- und Medienrecht (ZUM) 2019, S. 139–152.

Ory, Stephan/ Sorge, Christoph, Schöpfung durch Künstliche Intelligenz?, Neue Juristische Wochenzeitschrift (NJW) 2019, S. 710–713.

Oster, Jan, Rechtliche Antworten auf die Künstliche Intelligenz im Mediensektor, MedienWirtschaft 2019, S. 32-37.

Ottmann, Thomas/ Widmayer, Peter, Algorithmen und Datenstrukturen, 6. Auflage, 2017.

Ovchinnikova, Ekaterina, Natural Language Understanding and World Knowledge, in: Integration of World Knowledge for Natural Language Understanding, 2012, S. 15–37.

Paal, Boris P./ Heidtke, Aron, Vielfaltssichernde Regulierung der Medienintermediäre nach den Vorschriften des Medienstaatsvertrags der Länder, Zeitschrift für Urheber- und Medienrecht (ZUM) 2020, S. 230–240.

Papastefanou, Stefan, KI-gestützte Schöpfungsprozesse im geistigen Eigentum, Wettbewerb in Recht und Praxis (WRP) 2020, S. 290–296.

Paschke, Marian/ Berlit, Wolfgang/ Meyer, Claus (Hrsg.), Hamburger Kommentar Gesamtes Medienrecht, 4. Auflage, 2021.

Peter, Stephan, Verfügbarkeitsvereinbarungen beim ASP-Vertrag, Computer und Recht (CR) 2005, S. 404–412.

Pohle, Jan/ Ammann, Thorsten, Software as a Service - auch rechtlich eine Evolution?, Kommunikation und Recht (K&R) 2009, S. 625–631.

Prütting, Hanns/ Wegen, Gerhard/ Weinreich, Gerd (Hrsg.), PWW Bürgerliches Gesetzbuch Kommentar, 15. Auflage, 2020.

Puchelt, Jonas, Vertragstyp(olog)isierung bei IT-Projektverträgen, in: *Taeger, Jürgen (Hrsg.)*, Recht 4.0 - Innovationen aus den rechtswissenschaftlichen Laboren, 2017, S. 475–488.

Redeker, Helmut, Software – ein besonderes Gut, Neue Juristische Online-Zeitschrift (NJOZ) 2008, S. 2917–2926.

Redeker, Helmut, IT-Recht, 7. Auflage, 2020.

Rehbinder, Manfred, Nachrichten als Sprachwerke, Zeitschrift für Urheber- und Medienrecht (ZUM) 2000, S. 1–6.

Rehbinder, Manfred/ Peukert, Alexander, Urheberrecht und verwandte Schutzrechte, 18. Auflage, 2018.

Reichelt, Patrick, Einführung in den Roboterjournalismus, 2017.

Reinemann, Susanne/ Remmertz, Frank, Urheberrechte an User-generated Content, Zeitschrift für Urheber- und Medienrecht (ZUM) 2012, S. 216–227.

Reinholz, Fabian, Planspiel: Urheberrechtsschutz für den Bundesligaspielplan?, Gewerblicher Rechtsschutz und Urheberrecht – Praxis im Immaterialgüter- und Wettbewerbsrecht (GRUR-Prax) 2011, S. 438–442.

Reintzsch, Dirk, Cloud Computing in der anwaltlichen Beratungspraxis, Bonner Rechtsjournal (BRJ) 2013, S. 23–27.

Reiter, Ehud/ Dale, Robert, Building Natural Language Generation Systems, 2000.

Retresco, Allgemeine Geschäftsbedingungen, Stand: Oktober 2020, abrufbar unter: https://www.retresco.de/allgemeine-geschaeftsbedingungen/ (zuletzt abgerufen am 25.05.2021).

Reul, Adolf, Aufhebung der Genehmigungspflicht bei Wertsicherungsklauseln – Das neue Preisklauselgesetz (PreisklauselG), Mitteilungen des Bayerischen Notarvereins, der Notarkasse und der Landesnotarkammer Bayern (MittBayNot) 2007, S. 445–452.

Röhrborn, Jens/ Sinhart, Michael, Application Service Providing – juristische Einordnung und Vertragsgestaltung, Computer und Recht (CR) 2001, S. 69–77.

Säcker, Franz Jürgen/ Rixecker, Roland/ Oetker, Hartmut/ Limperg, Bettina, Münchener Kommentar zum BGB, Band 1: Allgemeiner Teil (8. Auflage 2018), Band 2: Schuldrecht Allgemeiner Teil I (8. Auflage 2019), Band 3: Schuldrecht Allgemeiner Teil II (8. Auflage 2019), Band 4: Schuldrecht, Besonderer Teil I (8. Auflage 2019), Band 5: Schuldrecht - Besonderer Teil II (8. Auflage 2020), Band 6: Schuldrecht Besonderer Teil III (8. Auflage 2020), Band 6: Schuldrecht Besonderer Teil IV (8. Auflage 2020).

Schack, Haimo, Urheber- und Urhebervertragsrecht, 9. Auflage, 2019.

Scheja, Katharina, Schutz von Algorithmen in Big Data Anwendungen, Computer und Recht (CR) 2018, S. 485–492.

Schierbaum, Laura, Sorgfaltspflichten von professionellen Journalisten und Laienjournalisten im Internet, 2016.

Schippan, Martin, Der Schutz von kurzen Textwerken im digitalen Zeitalter, Zeitschrift für Urheber- und Medienrecht (ZUM) 2013, S. 358–373.

Schmidt, Hubert, Einbeziehung von AGB im unternehmerischen Geschäftsverkehr, Neue Juristische Wochenzeitschrift (NJW) 2011, S. 3329–3334.

Schneider, Jochen, Handbuch EDV-Recht, 5. Auflage, 2017.

Schulze, Reiner, Bürgerliches Gesetzbuch - Handkommentar, 10. Auflage, 2019.

Schuster, Fabian, Leistungsabgrenzung in IT-Verträgen, Computer und Recht (CR) 2013, S. 690–695.

Schuster, Fabian, Softwareprojekte und Dauerschuldverhältnisse, Computer und Recht (CR) 2018, S. 209–215.

Schwartmann, Rolf, Praxishandbuch Medien-, IT- und Urheberrecht, 4. Auflage, 2017.

Schweizer, Thorsten, Der Roboterjournalist - Dein Freund und Helfer?, Forecast 2017, S. 27–29.

Sedlmeier, Tobias/ Kolk, Daniel, ASP - Eine vertragstypologische Einordnung, Multimedia und Recht (MMR) 2002, S. 75–80.

Servais, Kilian, Der Softwarepflegevertrag, 2014.

SID, SID – Sport-Informations-Dienst, abrufbar unter: https://sid.de/ (zuletzt abgerufen am 25.05.2021).

SID, SID Daten, abrufbar unter: https://sid.de/produkte/sid-daten/ (zuletzt abgerufen am 25.05.2021).

Sieber, Armin, Dialogroboter, 2019.

Söbbing, Thomas, Cloud und Grid Computing: IT-Strategien der Zukunft rechtlich betrachtet, Multimedia und Recht (MMR) 2008, S. XII–XIV.

Solmecke, Christian/ Arends-Paltzer, Petra/ Schmitt, Robin, Legal Tech, 2019.

Spanner-Ulmer, Birgit/ Bruder, Ralph, Zusammenarbeit von Mensch und Technik im Medienbereich, MedienWirtschaft 2019, S. 25–31.

Specht, Louisa/ Herold, Sophie, Roboter als Vertragspartner?, Multimedia und Recht (MMR) 2018, S. 40–44.

Spindler, Gerald/ Schuster, Fabian (Hrsg.), Recht der elektronischen Medien, 4. Auflage, 2019.

Staff Writer, IBM Watson & The Drum team up for first magazine edited with AI, The Drum vom 15.06.2016, abrufbar unter: http://www.thedrum.com/news/2016/06/15/ibm-watson-drum-team-first-magazine-edited-ai (zuletzt abgerufen am 25.05.2021).

Staudinger, Julius von (Hrsg.), Staudinger BGB, 13. Auflage, verschiedene Jahre.

Steinbach, Armin, Social Bots im Wahlkampf, Zeitschrift für Rechtspolitik (ZRP) 2017, S. 101–105.

Stögmüller, Thomas, Klauselmäßige Zugangsbeschränkung beim Online-Banking, Computer und Recht (CR) 2001, S. 183–185.

Stürner, Rolf (Hrsg.), Jauernig Bürgerliches Gesetzbuch, 17. Auflage, 2018.

Stuttgarter Zeitung, Feinstaubalarm und Feinstaub in Stuttgart und Region, abrufbar unter: https://www.stuttgarter-zeitung.de/feinstaub (zuletzt abgerufen am 25.05.2021).

Tröger, Julius/ Klack, Moritz/ Pätzold, André, Alle Berliner Messstationen unter EU-Jahresgrenzwert, abrufbar unter: https://www.morgenpost.de/berlin/article127420411/Wo-die-Feinstaub-Belastung-in-Berlin-am-hoechsten-ist.html (zuletzt abgerufen am 25.05.2021).

Ulmer, Eugen/ Kolle, Gert, Der Urheberrechtsschutz von Computerprogrammen, Gewerblicher Rechtsschutz und Urheberrecht Internationaler Teil (GRUR Int) 1982, S. 489–500.

Uskenbayeva, Sandugash, Produkthaftung für Software im Internet, 2008.

Volkmann, Viktor, Hate Speech durch Social Bots, Multimedia und Recht (MMR) 2018, S. 58–63.

Wandtke, Artur-Axel/ Bullinger, Winfried (Hrsg.), Praxiskommentar zum Urheberrecht, 5. Auflage, 2019.

Wank, Rolf, Die Auslegung von Gesetzen, 6. Auflage, 2015.

Weber, Stefan, Roboterjournalismus, Chatbots & Co., 2019.

Weberling, Johannes, Medienrechtliche Bedingungen und Grenzen des Roboterjournalismus, Neue Juristische Wochenzeitschrift (NJW) 2018, S. 735–739.

Weissthanner, Margot, Urheberrechtliche Probleme Neuer Musik, 1974.

Wenzel, Karl Egbert/ Burkhardt, Emanuel H., Urheberrecht für die Praxis, 5. Auflage, 2009.

Westerholt, Margot von/ Berger, Konrad, Der Application Service Provider und das neue Schuldrecht, Computer und Recht (CR) 2002, S. 81–88.

Weyand, Joachim/ Haase, Heiko, Anforderungen an einen Patentschutz für Computerprogramme, Gewerblicher Rechtsschutz und Urheberrecht (GRUR) 2004, S. 198–204.

Wiebe, Andreas, Schutz von Maschinendaten durch das sui-generis-Schutzrecht für Datenbanken, Gewerblicher Rechtsschutz und Urheberrecht (GRUR) 2017, S. 338–345.

Wikidata, Main Page, abrufbar unter: https://www.wikidata.org/wiki/Wikidata:Main_Page (zuletzt abgerufen am 25.05.2021).

Wildemann, Horst, Künstliche Intelligenz ist wie ein Kleinkind, Frankfurter Allgemeine Zeitung für Deutschland, Frankfurter Allgemeine Zeitung für Deutschland vom 06.05.2019, S. 16.

Wischmeyer, Thomas, Regulierung intelligenter Systeme, Archiv des öffentlichen Rechts (AöR) 2018, S. 1–66.

Witt, Carl-Heinz, Der Dieselskandal und seine kauf- und deliktsrechtlichen Folgen, Neue Juristische Wochenzeitschrift (NJW) 2017, S. 3681–3686.

Witzel, Michaela, Gewährleistung und Haftung in Application Service Providing-Verträgen, IT-Rechtsberater (ITRB) 2002, S. 183–187.

Young, Mary Lynn/ Hermida, Alfred, From Mr. and Mrs. Outlier To Central Tendencies, Digital Journalism 2015, S. 381–397.

Schriften zum Medien-, Urheber- und Wirtschaftsrecht

Herausgegeben von Prof. Dr. Georgios Gounalakis

Band 1 Thomas Lang: Immaterialgüterrechtliche Lizenzierung und kartellrechtliche Verhaltenskontrolle. Eine Untersuchung der Reichweite gemeinschaftskartellrechtlicher Eingriffsbefugnisse in Immaterialgüterrechtspositionen vor dem Hintergrund der schutzrechtsspezifischen wettbewerblichen Ausschließlichkeit. 2009.

Band 2 Anna-Karina Bonacker: Der Widerruf von Fernabsatzverträgen am Beispiel der Internetauktion eBay. 2009.

Band 3 Rainer Jürgen Scharf: Der unbefristete Widerruf internetbasierter Verträge. Zugleich ein Beitrag zur Dogmatik des § 355 BGB. 2009.

Band 4 Sebastian Gorski: Effizienz, Wahlfreiheit und Gleichbehandlung? Eine Untersuchung der Einführung von Wettbewerb zwischen musikalischen Verwertungsgesellschaften durch die Europäische Kommission. 2009.

Band 5 Daniel Walter: Die rechtliche Behandlung der Erbringung unbestellter Leistungen nach § 241a BGB. 2009.

Band 6 Richard Helwig: Die Kompetenz der Europäischen Gemeinschaft zur Schaffung eines europäischen Medienkonzentrationsrechts. Notwendigkeit, Voraussetzungen und Reichweite einer möglichen Regulierung zur Sicherung von Medien- und Meinungsvielfalt in Europa. 2009.

Band 7 Bettina Yunis: Alternative Streitbeilegung über elektronische Datennetze. 2011.

Band 8 Andreas Walter: Störerhaftung bei Handeln Dritter. 2011.

Band 9 Andreas Zenner: Die zivilrechtliche Verantwortlichkeit des Abschlussprüfers für den Bestätigungsvermerk. 2011.

Band 10 Kristine Wagner: Die Privatkopie als urheberrechtliche Schrankenregelung. 2011.

Band 11 Ina Lutz: Testierfreiheit und Pflichtteilsrecht im spanischen Código Civil im Vergleich mit dem deutschen Bürgerlichen Gesetzbuch. Unter besonderer Berücksichtigung von Immobilienerbschaften. 2011.

Band 12 Heiko Drebes: „Datenschutz" für Unternehmen im B2B? Schutz der Daten des geschäftlichen E-Business im Spannungsfeld zwischen technisch-organisatorischer und rechtlicher Regulierung. 2012.

Band 13 Heiko Zimmer: Zugriff auf Internetzugangsdaten. Unter besonderer Berücksichtigung der Verhältnismäßigkeit einer verdachtsunabhängigen Vorratsdatenspeicherung. Eine Interessenabwägung zwischen Datenschutz, Strafverfolgung und Urheberrecht im Internet. 2012.

Band 14 Ricarda Leffler: Der strafrechtliche Schutz des Rechts am eigenen Bild vor dem neuen Phänomen des Cyber-Bullying. Eine Untersuchung der Normanwendungs- und Auslegungsprobleme der strafrechtlichen Bildnisschutzvorschriften bei deren Verletzung im Rahmen von Internetdelikten. 2012.

Band 15 Nadine Kristin Keil: Verdachtsberichterstattung. Medienberichterstattung über Straftatverdächtige. 2013.

Band 16 Alexandra Sommerhoff: Meinungsvielfalt und Medienkonvergenz. Die Sicherung der Meinungsvielfalt in Deutschland und Großbritannien. 2013.

Band 17 Christoph Wege: Roman und Persönlichkeitsrecht. Ein partikulardogmatischer Entwurf. 2013.

Band 18 Florian Jäkel: Netzneutralität im Internet. Verfassungsrechtliche Aspekte und Sicherungsmechanismen. Zugleich ein Beitrag zu Kommunikations- und Medienfreiheiten im Internet. 2013.

Band 19 Lars Querndt: Selektivvertrieb und eBay-Versteigerungen. Die kartellrechtliche Zulässigkeit des eBay-Ausschlusses aus dem Selektivvertrieb in Vertragshändlerverträgen und Markenlizenzen unter besonderer Berücksichtigung des Markenrechts. 2014.

Band 20 Catherine M. Manley: The Trademark Paradox. Trademarks and Their Conflicting Legal and Commercial Boundaries. 2015.

Band 21 Arne Neubauer: Internetvertrieb im Kartellrecht. Eine kritische Auseinandersetzung mit herstellerseitigen Vertriebsbeschränkungen. 2015.

Band 22 Kristin Grimm: Lizenzketten im Urheberrecht. Zum Schicksal der Unterlizenz nach Beendigung des Hauptlizenzvertrages. 2016.

Band 23 Georgios Gounalakis / Greg Taylor (eds.): Media Diversity Law. Australia and Germany Compared. 2016.

Band 24 Marten Hinrichsen: Marktabgrenzung in Zeiten der Medienkonvergenz. Zur Bestimmung des sachlich relevanten Werbemarktes in der deutschen und europäischen Medienfusionskontrolle. 2016.

Band 25 Kristin Eglinski: Bildberichterstattung im 21. Jahrhundert. Das Recht am eigenen Bild bei Kriminalberichterstattungen. Ein Rechtsvergleich zum US-amerikanischen Recht. 2017.

Band 26 Fabian Ibel: Schranke hinter den Schranken. Interessenabwägung jenseits der urheberrechtlichen Schranken der §§ 44a ff. UrhG. 2019.

Band 27 Cornelia Bettina Gersch: Die Neuabgrenzung von Urheber- und Designrecht. 2019.

Band 28 Gianandrea Schmidt: Ehrverletzungen in der elektronischen Presse. 2020.

Band 29 Automatisierter Journalismus - Rechte und vertragliche Schuldverhältnisse. 2021.

www.peterlang.com

www.ingramcontent.com/pod-product-compliance
Ingram Content Group UK Ltd.
Pitfield, Milton Keynes, MK11 3LW, UK
UKHW021842290926
8980IPUK00005B/609

9 783631 857182